LA LEY DE EDUCACIÓN SUPERIOR

LA LEY DE EDUCACIÓN SUPERIOR

Impactos, desafíos e incertidumbres

Red de Estudios en Educación Superior
(REES)

La Ley de Educación Superior: impactos, desafíos e incertidumbres / Osvaldo Barsky... [et al.]. – 1a ed. – Ciudad Autónoma de Buenos Aires: Teseo, 2018.
416 p.; 20 x 13 cm.
ISBN 978-987-723-153-3
1. Universidades. 2. Gestión Educacional. I. Barsky, Osvaldo
CDD 378.007

© Editorial Teseo, 2018
Buenos Aires, Argentina
Editorial Teseo
Hecho el depósito que previene la ley 11.723
Para sugerencias o comentarios acerca del contenido de esta obra,
escríbanos a: **info@editorialteseo.com**
www.editorialteseo.com
ISBN: 9789877231533

Índice

La Red de Estudios en Educación Superior 9
Prefacio 11
    Osvaldo Barsky y Ángela Corengia

SECCIÓN I. La Ley de Educación Superior 24.521 y la nueva agenda de política universitaria 37

1. Debate sobre la Ley de Educación Superior de los 90 y la universidad de hoy 39
    Eduardo Sánchez Martínez

2. La Ley 24.521 de Educación Superior. Su impacto modernizante y la necesaria nueva agenda de política pública universitaria 51
    Graciela Giménez y Juan Carlos Del Bello

SECCIÓN II. La CONEAU: análisis de los procesos de evaluación y acreditación de la calidad universitaria 87

3. Universidad de masas y evaluación institucional. Apuntes para un balance a 20 años de creación de la Comisión Nacional de Evaluación y Acreditación Universitaria (CONEAU) en Argentina ... 89
    César E. Peón y Juan Carlos Pugliese

4. El interés público por la calidad, la autonomía universitaria y el respeto a la pluralidad de proyectos institucionales. Un balance sobre la aplicación del artículo 43 de la Ley de Educación Superior en Argentina 111
    Rodolfo De Vincenzi

5. Percepciones de los académicos sobre la mejora de la calidad de la educación universitaria argentina 119
    Ariana de Vincenzi

6. Aportes para el análisis del impacto de las políticas de evaluación y acreditación en Argentina. Desafíos e incertidumbres 141
    Ariadna Guaglianone

SECCIÓN III. Desarrollo y evaluación de la función de investigación y posgrados 171

7. La evaluación de la función investigación en contexto 173
   Mario Lattuada

8. Y 20 años no es nada. El efecto de las políticas de aseguramiento de la calidad y de financiamiento en la función de investigación de las universidades con carreras de Medicina 189
   Cecilia Adrogué, Ángela Corengia, Ana García de Fanelli y María Pita Carranza

9. La evolución de la ciencia, la crisis del sistema internacional de revistas científicas y propuestas de políticas 213
   Osvaldo Barsky

10. Los doctorados en la Argentina: crecimiento y desempeño 253
    Catalina Wainerman

SECCIÓN IV. Miradas institucionales.. 285

11. La compleja dinámica pendular de la regionalización en la construcción del sistema de educación superior universitaria de gestión estatal en Argentina 287
    Claudio Rama

12. La investigación institucional en las universidades argentinas .. 313
    María Pita Carranza y Julio Durand

SECCIÓN V. La universidad privada 339

13. Expansión, impacto y particularidades del sector privado universitario argentino a partir de la sanción de la Ley de Educación Superior (1995-2015) 341
    Marcelo Rabossi

14. La educación universitaria privada en Argentina 365
    Osvaldo Barsky y Ángela Corengia

Los autores 409

La Red de Estudios en Educación Superior

En la Ciudad de Buenos Aires, en agosto de 2015, los rectores Juan Carlos del Bello de la Universidad Nacional de Río Negro, Rodolfo De Vincenzi de la Universidad Abierta Interamericana, Ernesto Schargrodsky de la Universidad Torcuato Di Tella, Carlos Rosenkrantz de la Universidad de San Andrés y Fernando Fragueiro de la Universidad Austral firmaron el protocolo que dio lugar a la creación de la Red de Estudios de Educación Superior, en adelante la REES.

La REES es un espacio para la reflexión, el diálogo y la colaboración entre sus integrantes sobre temáticas vinculadas a la educación superior, con la intención de promover la cooperación científica, tecnológica, educativa y cultural entre sus miembros, así como un permanente intercambio con la sociedad y el Estado.

Entre sus objetivos se destacan: a) realizar estudios y proyectos de investigación en el campo de la educación superior, b) producir información de calidad sobre el sistema universitario argentino, c) contribuir a la formulación de políticas públicas de educación superior que impulsen una mejora de las instituciones y del conjunto del sistema, d) formar y capacitar recursos humanos en las temáticas definidas por la REES y e) organizar actividades científicas y de divulgación sobre la universidad argentina.

Las instituciones fundadoras firmantes del presente acuerdo se encuentran representadas por Juan Carlos del Bello y Graciela Giménez de la Universidad Nacional de Río Negro, Osvaldo Barsky y Ariadna Guaglianone de la Universidad Abierta Interamericana, Marcelo Rabossi de la Universidad Torcuato Di Tella, Catalina Wainerman de la Universidad de San Andrés, Ángela Corengia y Julio Durand de la Universidad Austral.

Este libro reúne los aportes de importantes académicos que desarrollan las temáticas vinculadas a los procesos e impactos que han producido las reformas de la Educación Superior a partir de las políticas implementadas en la década de los 90 en la Argentina.

Red de Estudios en Educación Superior (REES)

Prefacio

OSVALDO BARSKY Y ÁNGELA CORENGIA

El retorno a la democracia en 1984 implicó un proceso de crecimiento de la masificación y expansión institucional de las universidades estatales con ingreso irrestricto y sin aranceles en el nivel de grado, que dadas las limitaciones de las instituciones educativas y las constricciones de la economía, llevaban inevitablemente a una profunda crisis académica y presupuestaria.

Una década después se observaban numerosas falencias en un sistema universitario de débil articulación; con fuerte expansión de las carreras profesionalistas; baja calidad en muchas áreas; distribución de las partidas presupuestarias en el Congreso Nacional estrechamente asociadas al peso de los dos partidos políticos tradicionales; alta deserción y altas tasas de repitencia asociadas a la baja dedicación de los estudiantes y al predominio de las dedicaciones parciales de los profesores, así como a la extensa duración de las carreras de grado y al ingreso irrestricto; caótica expansión de los posgrados sin parámetros de calidad razonables; escaso desarrollo de los procesos de investigación y de la efectiva implementación de los concursos para la selección de los docentes.

Como respuesta a esta situación la década de 1990 fue extremadamente intensa en materia de iniciativas sobre la educación superior argentina. A mediados del año 1991 comenzó a elaborarse el Programa de Fortalecimiento a la Gestión y Coordinación Universitaria –conocido como Proyecto 06– como consecuencia de un acuerdo firmado entre el Ministerio de Cultura y Educación (MCE) y el Consejo Interuniversitario Nacional (CIN) con la cooperación técnica del Programa de las Naciones Unidas para el Desarrollo (PNUD). Este proyecto, coordinado por Víctor Sigal y Carlos Marquis, incluía la realización de trabajos de asistencia técnica en el área de las universidades y la formulación de proyectos de políticas públicas que tomaran en cuenta distintas dimensiones de su gestión. Cada uno de los subproyectos –costos, calidad de la enseñanza, fortalecimiento de la coordinación interuniversitaria y capacitación de administradores– tuvo impactos diferenciados en la comunidad universitaria, siendo incorporados por una buena parte de las universidades estatales.

En 1993 asumió como secretario de Políticas Universitarias Juan Carlos del Bello, acompañado por Eduardo Mundet y Eduardo Sánchez Martínez al frente de ese organismo. Entre 1993 y 1994 el gobierno nacional tomó la iniciativa de promover la modernización del sistema universitario impulsando la discusión de la nueva Ley de Educación Superior y diseñando el Programa de Reforma de la Educación Superior (PRES). Un instrumento estratégico del PRES fue la creación del Fondo para el Mejoramiento de la Calidad Universitaria (FOMEC), cuyo director ejecutivo fue Carlos Marquís, destinado a las universidades estatales, y con recursos e instrumentos para el fortalecimiento de los posgrados y las carreras universitarias de grado.

Inicialmente el FOMEC iba a ser destinado exclusivamente a las carreras de grado. Pero en 1995 se realizó el primer estudio integral sobre los posgrados universitarios en el país (Barsky, 1995), que mostró una relevancia mucho mayor a la percibida hasta entonces, e impulsó que se destinara una parte importante de los recursos al mejoramiento de la calidad de los posgrados.[1] Para ello se creó la Comisión de Acreditación de Posgrados (CAP), que permitiría ordenar el sistema y canalizar adecuadamente los recursos hacia posgrados acreditados.

El 20 de julio de 1995 el Congreso de la Nación después de un intenso debate sancionó la Ley 24.521 de Educación Superior, que en los meses siguientes fue promulgada y reglamentada. Su aplicación implicó avanzar con fuerza y recursos en diversas temáticas de la situación universitaria, particularmente en los procesos de evaluación y acreditación de la calidad universitaria en las carreras de grado consideradas de interés público y en las carreras de posgrado.

Las reformas modernizadoras que introdujo la LES se sitúan en un marco de transformaciones en la educación superior de América Latina y el mundo, promovidas por los Estados nacionales desde finales de la década de los años 80 principalmente en Europa, con el fin de estimular un mejor desempeño de las universidades mediante la introducción de la evaluación externa y la rendición de cuentas, ampliando simultáneamente la autonomía académica, económica y financiera. El Estado pasaba a desempeñar más un papel de evaluador *ex post* que interventor *ex ante* en cuestiones académicas y económicas. Se podría resumir el paradigma de las reformas a escala mundial como la construcción de una nueva relación entre las instituciones universitarias y el Estado. El paradigma subyacente en esas reformas era una mixtura de regulaciones e incentivos con un aumento gradual de las autonomías institucionales sometidas a una evaluación de resultados con incentivos económicos y simbólicos para que las universidades incrementaran su calidad y eficiencia (Giménez y Del Bello, 2016: 10).

---

[1] El autor de este estudio integró una mirada comparativa internacional más amplia y lo publicó en forma de libro (Osvaldo Barsky, *Los posgrados universitarios en la República Argentina*, Editorial Troquel, Buenos Aires, 1997). Al ponerse en marcha la CONEAU fue responsable del Área de Acreditación de Posgrados.

En Argentina su sanción despertó fuertes polémicas y las objeciones ideológicas principales reaparecieron en el año 2016 mediante la Ley 27.204 sancionada en las postrimerías del gobierno kirchnerista. Curiosamente las objeciones iniciales vinieron de quienes durante años habían debatido en múltiples eventos la necesidad de generar mecanismos de evaluación y acreditación, dada la dudosa calidad de muchas de las actividades universitarias que se desarrollaban tanto en el ámbito de las universidades estatales como de las privadas. Frente a los procesos concretos que plantearon las acciones de la Comisión Nacional de Evaluación y Acreditación Universitaria (CONEAU), creada por ley, parte de los miembros de las comunidades académicas de Argentina, que carecían en general de hábitos de evaluación de sus actividades, resistieron la aplicación de estas prácticas. De hecho la Universidad de Buenos Aires y otras estatales siguen sin realizar un proceso de evaluación institucional global, que podría poner de manifiesto la heterogeneidad entre facultades y carreras, y las dificultades académicas en algunas de ellas. Fue necesario una firme aplicación de estas políticas y la utilización de estímulos materiales a través del Fondo de Mejoramiento de la Calidad Universitaria (FOMEC) y del Programa de Incentivos a los Docentes Investigadores para que las comunidades académicas estatales de mejor nivel o de mayor capacidad para percibir las ventajas de los procesos de evaluación se sumaran a estas iniciativas. A las universidades privadas, pese a su desconfianza y resistencia inicial, les implicó un encuadramiento que ayudó a fortalecer procesos de mejoras, incluida la expansión de los procesos de investigación, y la ley les abrió el acceso a proyectos de investigación financiados por el Estado aunque bloqueando su participación en los programas de mejora financiados por el FOMEC.

Dentro de las políticas encaradas desde la Secretaría de Políticas Universitarias tuvo alta relevancia el esfuerzo de construcción de un sistema de estadísticas universitarias (Sistema de Información Universitaria, SIU), del que se carecía, lo que impedía realizar análisis sobre la situación del sistema universitario, que de esta manera se desarrollaron con fuerza en los diez años subsiguientes a la sanción de la ley Sancionada la Ley de Educación Superior se creó la Comisión Nacional de Evaluación y Acreditación Universitaria (CONEAU) bajo la presidencia de Emilio Fermín Mignone, cuyo primer director ejecutivo fue Jorge Balán, al que lo sucedió César Peón, marcando un punto de inflexión en el proceso de reforma y modernización de la educación superior, avanzando sobre la evaluación de las universidades y la acreditación de grado (carreras del artículo 43) y posgrado.

En este libro se abordan temas relevantes planteados a partir de la sanción de la Ley 24.521: sus efectos centrales, una posible agenda de cambios, los procesos de evaluación y acreditación de la calidad universitaria, el desarrollo y evaluación de la función de investigación y la temática de los posgrados, cambios en los procesos de regionalización de las universidades y la evolución de las universidades privadas.

En la primera sección se plantean los alcances de esta ley y las posibilidades de reformas a la misma en relación con el debate histórico sobre la autonomía universitaria, los órganos de gobierno y la participación de los claustros, el financiamiento y la gratuidad, el régimen de títulos, la situación de los profesores y los alumnos, y la regulación del sistema.

En el primer capítulo, "Debate sobre la Ley de Educación Superior de los 90 y la universidad de hoy", Eduardo Sánchez Martínez, que coordinó la elaboración del proyecto de ley, en una conferencia del año 2013 reproducida en este capítulo, avanza sobre los temas que juzga pertinentes para las reformas de la ley. El autor destaca que las leyes no son ajenas al contexto y al momento en que fueron concebidas y sancionadas, y la ley consistió en la introducción de algunos elementos de cuasimercado en un marco de regulación estatal más riguroso y sofisticado que el existente hasta entonces. Ese planteo lo lleva entonces a sostener que los grandes cambios generados en estas dos décadas han confluido en un amplio acuerdo en que la educación es un bien público y no un bien de mercado. También en que la autonomía de las universidades debería ser una autonomía responsable, y no una autonomía para encerrarse en la defensa de intereses puramente corporativos. Que se debe avanzar hacia una universidad más inclusiva, más abierta a su medio, más dispuesta a atender las necesidades y demandas de la comunidad.

Otro comentario sustantivo del autor destaca que las leyes solo son marcos normativos destinados a orientar comportamientos, tanto individuales como institucionales, que no cambian solo porque la ley lo diga, y son importantes en la medida que fijan los principios y los ejes a partir de los cuales se busca organizar o reorganizar el sector, pero suelen ser estériles si no se complementan con mecanismos que operen sobre las prácticas de los actores. Se basa, obviamente, en el impacto de la ley a partir de las numerosas medidas de aplicación en materia de evaluación y acreditación, de estímulos económicos y de la elevada capacidad de gestión aplicada además de las alianzas y acuerdos sólidos capaces de operar efectivamente sobre las prácticas de los actores.

Por eso señala que es necesario ponderar tanto el momento en que resulta oportuno promover su cambio como los contenidos que se propone cambiar. Y premonitoriamente apuntaba que no se debe olvidar que, en esta materia, un cambio de legislación suele crear problemas complicados para la gobernanza de las universidades y hasta puede alterar sustancialmente la vida de las instituciones que se regulan.

En su exposición muestra que la norma de la ley de 1995, que fue la primera que legisló sobre el conjunto de las universidades, debería dar lugar a una regulación más avanzada sobre la enseñanza superior no universitaria previo acuerdo con las provincias y con la integración de nuevos institutos tecnológicos de nivel superior para mejorar la inclusión en la educación superior de nuevas alternativas que el desarrollo del país demanda. Para todo ello ve como imprescindible un sistema de créditos académicos a nivel nacional que facilite el reconocimiento de los tramos de estudio cursados en otras instituciones del sistema.

La necesidad de una autonomía responsable implica para el autor que esta autonomía sea amplia pero no absoluta, que la independencia que las universidades tienen garantizada debe ir acompañada por una correlativa responsabilidad pública por sus actos, para lo cual la ley actual prevé, entre otros institutos, la evaluación institucional y un régimen de títulos con ciertas exigencias para el caso de algunos títulos profesionales. La evaluación institucional es, precisamente, un instrumento concebido para ayudar a mejorar lo que se hace y a rendir cuentas de eso que se hace y de sus resultados, que opera como una contrapartida de la autonomía. Su objetivo, como es sabido, es ante todo el mejoramiento de la calidad.

Estos procesos fueron impulsados decisivamente por la gestión de Juan Carlos del Bello como secretario de Políticas Universitarias entre 1993 y 1996. Por ello resulta relevante su mirada sobre los años transcurridos desde entonces en el sistema universitario argentino, particularmente en relación con los efectos de la Ley de Educación Superior. En coautoría con Graciela Giménez, su capítulo "La Ley 24.521 de Educación Superior. Su impacto modernizante y la necesaria nueva agenda de política pública universitaria" realiza un balance sobre el impacto modernizador que la misma tuvo sobre las universidades argentinas, señalando que como marco regulatorio la ley amplió los alcances de la autonomía universitaria. Para ello los autores repasan los temas de la autonomía, los órganos de gobierno y la participación de los claustros, el financiamiento y la gratuidad, el régimen de títulos, los profesores, los alumnos y la regulación del sistema.

En cada uno de los temas tratados se encuentra destacada la riqueza conceptual que incluyó la Ley de Educación Superior. En contraste, señalan el carácter profundamente regresivo de las reformas introducidas a fines de 2015 con la Ley 27.204, bajo una retórica progresista. El artículo pone en el centro de las perspectivas la ausencia de una nueva agenda de la política pública universitaria que debería orientar futuras reformas, que no tendrían que ser reducidas a una mera ampliación de derechos sino asociadas a los nuevos procesos de enseñanza y aprendizaje, mediados por las nuevas tecnologías de la información y la comunicación.

En cada uno de los puntos analizados, se encuentra una mirada crítica sobre la situación actual y una rica agenda de propuestas que constituye un insumo indispensable para encarar una agenda gubernamental de cambios en la situación del sistema universitario.

En la segunda sección la problemática se centra en los procesos de evaluación y acreditación de la calidad universitaria desarrollados a partir de la creación de la Comisión Nacional de Evaluación y Acreditación Universitaria (CONEAU). El exhaustivo capítulo de Ariadna Guaglianone, "Aportes para el análisis del impacto de las políticas de evaluación y acreditación en Argentina. Desafíos e incertidumbres", abarca los procesos de evaluación institucional y de acreditación de las carreras de grado, en los contextos en los cuales se desarrollaron, dando cuenta de las condiciones institucionales y las motivaciones que permitieron la implementación de las mismas.

La autora señala que a partir de las iniciativas institucionales y de la política desarrollada desde la Secretaría de Políticas Universitarias basada en acuerdos bilaterales con las universidades para realizar procesos de evaluación institucional, se plasmaron diferencias en el seno del Consejo Interuniversitario Nacional (CIN) que impidieron que este organismo planteara un sistema alternativo de evaluación. Al mismo tiempo que las universidades privadas, representadas en el Consejo de Rectores de Universidades Privadas (CRUP), que centraron su resistencia en la creación de un ente estatal encargado de la evaluación y propusieron que las instituciones universitarias constituyeran sistemas voluntarios de evaluación y acreditación externa, tuvieran éxito en su planteo.

Después de presentar en detalle los mecanismos de la evaluación institucional, el análisis se focaliza en la acreditación periódica de las carreras de grado cuyos títulos corresponden a profesiones reguladas por el Estado y cuyo ejercicio pudiera comprometer el interés público poniendo en riesgo de modo directo la salud, la seguridad, los derechos, los bienes o la formación de los habitantes. El trabajo destaca que la práctica de la acreditación, específicamente de las carreras de grado que comprometen el interés público, respondió a un consenso y un acuerdo con la comunidad disciplinaria, la cual aceptó las políticas de aseguramiento de la calidad. La participación de las asociaciones profesionales y de las agrupaciones de decanos en la elaboración y discusión de los estándares permitió involucrar a la comunidad académica en la acreditación de un modo más participativo.

Sin embargo, en materia de efectos, hoy es posible observar que la acreditación de las carreras ha empezado a generar, al interior de las universidades, una diferenciación sustantiva entre las carreras que se someten a la acreditación y las que no. Se plasma no solo en una atención particular en la unidad académica sino también en la acción de la universidad como contraparte necesaria para el acceso a financiamientos de las mejoras o en la asignación de fondos específicos para cumplir con los planes acordados. Esta diferenciación se produce al interior de las universidades entre las ciencias básicas y las sociales y humanas, de las que solo se ha identificado a Psicología como incluida entre las carreras que deben someterse a acreditación. Solamente hacia las primeras las universidades se encuentran abocadas a cumplir los compromisos y financiar los proyectos de mejora.

La acreditación de las carreras de grado produjo una situación inversa a la evaluación. La acreditación aceleró los procesos de cambio en las carreras por la necesidad de cumplir con el estándar. Se convirtió en una herramienta para la planificación y la gestión en las instituciones. Estos impulsos de mejora partirían de tres cuestiones: su carácter punitivo, su continuidad obligatoria (la mayoría de las carreras han acreditado por tres años, con compromisos a cumplir) y la posibilidad de financiamiento a las universidades de gestión pública, para el cumplimiento de los compromisos. En este sentido la práctica de la acreditación ha absorbido a la de la evaluación institucional.

El capítulo 4, de César E. Peón y Juan Carlos Pugliese, "Universidad de masas y evaluación institucional. Apuntes para un balance a 20 años de creación de la Comisión Nacional de Evaluación y Acreditación Universitaria (CONEAU) en Argentina", describe las cinco grandes áreas de evaluación y acreditación de la CONEAU. El capítulo destaca que la CONEAU ha desarrollado actividades de evaluación externa universitaria adoptando la perspectiva de la evaluación diagnóstica entendida como una variante adaptada a las condiciones institucionales imperantes en el sistema universitario argentino.

Pero según los autores, los pares evaluadores han descuidado las variables contextuales provenientes del medio en el que están insertas las universidades, así como los antecedentes históricos que configuran las bases de la "cultura institucional". Para establecer una correcta política de acreditación que tome en consideración las condiciones locales de aplicación de los estándares, el Estado precisa disponer de la posibilidad de ejercitar una mirada que abarque el conjunto del sistema. Los actuales informes de evaluación externa no favorecen esta mirada, o al menos no están diseñados para inducirla y facilitarla. Las limitaciones de la evaluación diagnóstica dificultan la comparación interinstitucional en virtud de que admiten amplios márgenes de variación según los Comités de Pares Evaluadores circunstanciales. El enfoque de política públicas que permitiría superar estas limitaciones supone incorporar las dimensiones del impacto y la pertinencia, que hasta ahora han quedado excluidas de la evaluación, en atención al derecho de las instituciones universitarias a operar haciendo ejercicio irrestricto de su autonomía.

El capítulo 5, de Rodolfo De Vincenzi, "El interés público por la calidad, la autonomía universitaria y el respeto a la pluralidad de proyectos institucionales: un balance sobre la aplicación del artículo 43 de la Ley de Educación Superior en Argentina", destaca que la acreditación de carreras, prevista en el artículo 43, tenía por objeto –originariamente- proteger el interés público en aquellas profesiones reguladas, cuyo ejercicio ponía en riesgo -de modo directo- la salud, la seguridad, los derechos, los bienes o la formación de los habitantes. Para ello, requería el cumplimiento de condiciones mínimas de carga horaria, contenidos básicos, intensidad de la formación práctica, asociadas a las actividades reservadas con exclusividad para dichas profesiones reguladas, todo lo cual debía ser dispuesto por el Ministerio de Educación (ME), en acuerdo con el Consejo de Universidades (CU).

Sin embargo, en la práctica las resoluciones adoptadas por el ME, así como los acuerdos plenarios del CU, devinieron en un amplio número de estándares que, además de atender los requisitos impuestos en el artículo 43 de la LES, buscaron también operar como mecanismos de aseguramiento de la calidad, que excedían los umbrales de las competencias profesionales, vinculadas con el ejercicio profesional de los títulos incluidos en el artículo 43. Es así que el número de estándares se fue multiplicando, incorporando prescripciones sobre diversos aspectos de la vida, el gobierno y la gestión de las carreras afectadas, así como los de la institución universitaria que las alberga. Sin embargo, resulta difícil justificar la correlación entre la verificación de su cumplimiento y el riesgo que justifique la intervención del Estado, por verse afectado en modo directo el interés público por la salud, la seguridad, los derechos, los bienes o la formación de los habitantes.

Asimismo, atentaría contra la diversidad el hecho de que la evaluación y ponderación de estos estándares se realice sin contextualizarlos con los fines y propósitos declarados en los proyectos institucionales de cada institución universitaria. En tal sentido, parecería más aconsejable que aspectos como los propuestos en estos estándares sean evaluados en el marco de las instancias de internas de evaluación institucional y complementadas por las evaluaciones externas, tal como se lo promueve en el artículo 44 de la LES.

El autor propone que para "balancear la diversidad (referida a la institución) y la homogeneidad (relativa a los requerimientos de calidad)", los aspectos que no surgieran explícitamente de las regulaciones previstas en el artículo 43, sean evaluados con lógica de consistencia interna, a través de los mecanismos previstos en el artículo 44 de la LES. Para ello, resultaría necesario realizar una revisión de los actuales estándares que se aplican para la acreditación de carreras incorporadas al artículo 43, de modo de redefinir o suprimir aquellos que no respondieran a los alcances previstos en dicho artículo.

El capítulo 6, de Ariana de Vincenzi, "Percepciones de los académicos sobre la mejora de la calidad de la educación universitaria argentina", se apoya en una investigación destinada a identificar los cambios en pos de la calidad producidos en tres instituciones universitarias privadas argentinas creadas en la década de 1990, tomando como marco de referencia el periodo transcurrido a lo largo de dos procesos de evaluación institucional atravesados por cada una de las instituciones seleccionadas.

El estudio analizó la percepción de los actores institucionales acerca del impacto de los procesos de aseguramiento de la calidad en las instituciones universitarias advirtiéndose regularidades en sus opiniones. En términos generales y en coincidencia con las investigaciones relevadas, los actores consultados reconocen que el sistema nacional de aseguramiento de la calidad ha contribuido al mejoramiento de la gestión institucional, con una mayor responsabilidad de las autoridades institucionales sobre la gestión de la calidad educativa. Asimismo advierten que los mecanismos de aseguramiento de la calidad han aportado a otorgar mayor transparencia de las instituciones universitarias al disponer de información sistematizada sobre su funcionamiento y al desarrollo de sistemas de información institucional. Por último, se reconoce que el aseguramiento de la calidad como política pública ha contribuido a incorporar en las instituciones universitarias una cultura de evaluación.

Desde la perspectiva de las autoridades institucionales a cargo de la gestión institucional se advierten algunas amenazas o limitaciones resultantes de los procesos de acreditación y evaluación, como son la excesiva burocratización de actividades e informes, el riesgo a un isomorfismo coercitivo que atente contra la diferenciación institucional o la falta de consistencia en los informes de evaluaciones externas.

La mayoría de los cambios institucionales para la mejora de la calidad de las instituciones universitarias son atribuidos por los actores institucionales a factores internos y externos, coincidentemente con las conclusiones a las que arriban las investigaciones. Las razones multifactoriales de los cambios institucionales reflejan la complejidad de demandas, oportunidades, necesidades e intereses a las que se ven expuestas las instituciones universitarias y que promueven respuestas también de diferente naturaleza. Los cambios más significativos se advierten en la gestión de las instituciones universitarias con una mayor preocupación en la función docencia: se definen políticas de capacitación docente, se producen cambios en los planes de estudio, se promueven cambios en las políticas de investigación y se incrementan las actividades de extensión con la comunidad.

En la tercera sección se analizan el desarrollo y evaluación de la función de investigación y los posgrados. Mario Lattuada en el capítulo 7, "La evaluación de la función investigación en contexto", señala que la Ley de Educación Superior incorporó la función de investigación junto a la docencia y la extensión como los tres pilares fundamentales de la actividad de las universidades argentinas. Además, incluyó la evaluación de la calidad de esas funciones y la creación de organismos y procedimientos para implementarlas. El texto de la ley expresa su preocupación por la *pertinencia de la investigación* en el sentido de su compromiso con el desarrollo productivo y social del país, y la necesidad del *aseguramiento de la calidad* en función de la eficiencia de la organización para cumplir con su misión. Su importancia no ha sido menor en cuanto a la influencia ejercida en el componente investigación de las universidades nacionales, tanto de gestión pública como privada. No obstante, su proyección se realiza sobre un sistema cuyos principales recursos humanos y producción científica se lleva a cabo desde mediados de la década de 1950 bajo el dominio de numerosos organismos de ciencia y tecnología, especialmente del CONICET.

El capítulo aborda la problemática de la evaluación de la investigación científica de las universidades argentinas en el marco de determinado contexto histórico e institucional que dificulta el consenso entre los criterios de pertinencia y calidad promovidos por la ley, y ubica la problemática de la evaluación como un proceso social conflictivo que requiere transformaciones culturales y organizacionales y, a su vez, de importancia relativa en el marco de variables externas al proceso de evaluación que son decisivas para la construcción de una sociedad basada en el conocimiento. Las preocupaciones sobre el tema de la evaluación de la investigación en las universidades, como en la mayoría de los organismos que integran el sistema científico y tecnológico, trascienden las características que pueden asumir el proceso técnico, la discusión sobre sus indicadores y el ámbito institucional de las mismas. Difícilmente pueda entenderse aislada del contexto, del sistema de ciencia y tecnología y de la historia de las instituciones que lo integran. Desde que el conocimiento se constituye en un bien de mercado y en buena medida un factor competitivo para empresas, sectores y países, la evaluación de la producción científica ya no queda encerrada en el mundo académico y en los criterios de las comunidades disciplinares. Las empresas, las organizaciones de la sociedad civil y los Estados se constituyen en partes comprometidas de los procesos de financiamiento y, por lo tanto, de la orientación y evaluación de la investigación científica. En este sentido, los criterios de *pertinencia* pasan a ocupar un lugar tanto o más importante que la calidad de los proyectos y sus ejecutores.

En el caso de las empresas esta situación puede ser menos incierta, difícilmente financien algo que no consideren de utilidad. En el caso del Estado, la definición de la pertinencia requiere de un diagnóstico y un plan estratégico sólido a partir del cual puedan definirse los criterios de selección de mediano plazo en función de cierto proyecto de país. A esto se agrega la cuestión de la *calidad*, habitualmente desplazada y aislada de la pertinencia y reservada a las comunidades disciplinares, quienes despliegan sus particulares tradiciones o culturas de evaluación. En un contexto político, económico e institucional que promueve la incorporación de conocimiento en la innovación del sector productivo y el desarrollo del país, los mecanismos de evaluación tradicionales de las ciencias básicas, generalizados al conjunto del sistema como factor excluyente, se constituyen en un obstáculo relevante para posibilitar una contribución plena en este sentido, en particular para las ciencias aplicadas, tecnológicas y las ciencias sociales. En la evaluación de la calidad, algunas comunidades científicas suelen generalizar la utilización de algunos instrumentos como las publicaciones en revistas indexadas y los factores de impacto y citación, que fueron originalmente creados con otros fines.

Existen otros consensos no escritos ni suficientemente difundidos, más allá del reducido grupo que coyunturalmente se hace cargo de los procesos de evaluación, y que construyen la tradición de diferentes instituciones y organismos: la productividad promedio en materia de publicaciones, el número de personas con doctorado que se haya dirigido, la existencia de estancias en el exterior, etc. En todo caso, la historia de la ciencia en la Argentina se ha caracterizado por avances y retrocesos sobre una tendencia que en materia de evaluación ha pasado de criterios hegemónicos a criterios dominantes que son cuestionados en un proceso de expansión, diversificación y profesionalización del sistema en su conjunto. En el programa de incentivos, que inicialmente tuvo un significativo impacto en el reconocimiento de la actividad de investigación de numerosos docentes, el proceso de evaluación se ha convertido en un acto de carácter administrativo. Diferente es el caso para el financiamiento de proyectos. En la mayoría de las universidades suele adoptarse un criterio "sindical" de evaluación: todos los que se presentan reciben algo similar independientemente de las necesidades, el valor o aporte del proyecto, o la jerarquía de los integrantes del grupo de investigación.

El autor propone establecer definiciones precisas y explícitas *ex ante* de los criterios de pertinencia y de calidad a ser evaluados en proyectos y trayectorias, garantizando cierta permanencia de los mismos en el mediano plazo por parte de la institución evaluadora y su adecuada difusión absolutamente a todos los interesados. Contemplar el valor y el impacto de los diferentes aportes y resultados de una investigación, en una diversidad de productos además de las publicaciones. Considerar que el contenido específico de una publicación es más importante que el medio en que se publica y la métrica de la publicación. Desarrollar mecanismos institucionales de supervisión de la efectiva aplicación por los evaluadores de los criterios establecidos. Promover instancias colectivas de evaluación con integrantes que se renueven periódicamente, incluyendo las organizaciones o dependencias que constituyen sus lugares de trabajo, para reducir los riesgos de beneficios endogámicos. Promover la posibilidad de dictámenes en disidencia debidamente fundados para que las autoridades de las instituciones puedan decidir adecuadamente la dirección de las investigaciones que se desarrollan en las mismas. Incorporar integrantes "no pares" en las comisiones de evaluación de proyectos de investigaciones aplicadas.

En el capítulo 8, "Y 20 años no es nada. El efecto de las políticas de aseguramiento de la calidad y de financiamiento en la función de investigación de las universidades con carreras de Medicina", de Cecilia Adrogué, Ángela Corengia, Ana García de Fanelli y María Pita Carranza, se analizan las políticas de aseguramiento de la calidad a través de la acreditación de las carreras de grado y las acciones del MINCYT sobre la función de investigación en un campo disciplinario en particular, las carreras de Medicina ofrecidas tanto en el sector público como en el privado. Ello encuentra fundamento, por un lado, en la importancia que tiene el poder de la base disciplinaria en la explicación del cambio organizacional en el sector universitario, y por el otro, en la necesidad de controlar por campo de conocimiento a fin de poder observar si hay una respuesta diferencial en el sector privado frente al público ante el estímulo de los mecanismos de regulación y financiamiento gubernamental.

Cabe además destacar que el sector de la enseñanza de la salud creció fuertemente en términos de oferta de carreras y matrícula en el sector privado en esta última década. Pero el gran cambio cuantitativo en materia de investigación es la creación de institutos y universidades dedicadas integralmente a las ciencias de la salud -además de la generación en otras de Facultades de Medicina-. Estos están organizados en el quehacer científico por las ciencias básicas ligadas a esta disciplina, cuyos parámetros internacionales y nacionales los asimilan a estas actividades en las universidades estatales y los asocian estrechamente al CONICET y a la Agencia Nacional de Promoción Científica y Tecnológica (ANPCyT).

En este capítulo se intenta dar respuesta a la siguiente pregunta de investigación: ¿qué efecto tuvieron las políticas de acreditación de carreras de grado y las políticas de financiamiento del MINCYT en la función de investigación de las universidades públicas y privadas con carreras de medicina acreditadas por CONEAU? Se concluye que cuando se mantiene constante el campo disciplinar, el efecto de la política de acreditación de carreras de grado en la función de investigación es mayor en aquellas universidades con menor desarrollo de investigación, sean estas de gestión pública o privada. Estas debieron alcanzar -a través del cumplimiento de compromisos y/o recomendaciones- el perfil de calidad exigido en los estándares (isomorfismo coercitivo y normativo).

En lo que se refiere a las políticas de financiamiento a la investigación impulsadas desde el MINCYT, se observa que su efecto es mayor en las universidades de gestión pública y en aquellas universidades de gestión privada cuyo perfil institucional está más orientado a la investigación. Se espera que una mayor articulación entre las políticas de aseguramiento de la calidad implementadas por la CONEAU y las de financiamiento de la investigación impulsadas desde el MINCYT genere condiciones para la mejora de esta función en cada una de las instituciones universitarias, sean estas de gestión pública o privada, más orientadas a la docencia o a la investigación. Esto exige la implementación de una mayor cantidad y calidad de políticas públicas de financiamiento a la investigación "no competitivas" vinculadas a los procesos de acreditación.

Como hipótesis, los autores sostienen que estos nuevos liderazgos internos se caracterizan por aprovechar no solo los instrumentos ya analizados en esta investigación, sino también -y principalmente- por generar nuevas oportunidades de crecimiento e impacto de la investigación a través de la explotación de otros instrumentos de política pública y/o institucional, como son los Proyectos de Desarrollo Tecnológico y Social (PDTS) y las Unidades de Vinculación Tecnológica (UVT), la creación de redes y asociaciones y la trasferencia de esos conocimientos a su entorno local, nacional, regional e internacional.

El capítulo 9, "La evolución de la ciencia, la crisis del sistema internacional de revistas científicas y propuestas de políticas", de Osvaldo Barsky, destaca que en parte significativa de la comunidad científica internacional se ha desarrollado una fuerte crítica a la aplicación del "factor de impacto" de las revistas científicas como parámetro para comparar la producción científica de las personas y las instituciones. La crítica se ha extendido a la asociación entre la asignación de subvenciones a la publicación en revistas altamente reputadas destacando que no solo publican artículos de alta calidad y que además no son las únicas que lo hacen.

En el capítulo se sintetiza una extensa investigación acerca de los antecedentes sobre los sistemas de organización de la información científica, incluyendo los aportes desde la historia de la ciencia, desde la bibliometría y el manejo de documentación. Se presenta el debate en Estados Unidos sobre la organización de la información científica, la construcción de la cultura de la citación y el rol de Eugene Garfield y del Institute for Scientific Information (ISI) en la entronización de las citas en las revistas científicas como el principal instrumento de medición de la calidad de la investigación.

Luego de analizar las transformaciones en las comunicaciones en la ciencia el capítulo se centra en la situación argentina, planteando la deformación en los registros de la producción científica llevados por el Ministerio de Ciencia y Tecnología, que desde el año 2008 ha dejado de publicar la información suministrada por el sistema reemplazándola por la que proporciona el ISI y SCOPUS, dos empresas multinacionales privadas construidas históricamente desde la dominancia de los criterios de evaluación de las colectividades académicas dominantes en Estados Unidos y Europa occidental.

El predominio en los procesos de evaluación nacionales de los criterios de las ciencias básicas ha merecido en los últimos años diferentes respuestas. La primera ha sido la de los investigadores de los organismos de ciencia y tecnología que hacen investigación aplicada, y que ha impulsado resoluciones ministeriales y de las comunidades académicas planteando la diferenciación en los criterios de evaluación de estas actividades. La segunda respuesta se expresa en resoluciones obtenidas en el CONICET por los investigadores del CONICET de las ciencias sociales y humanas fijando criterios diferenciales para la evaluación de los investigadores de estas áreas disciplinarias.

La tercera respuesta ha sido la sanción de la Ley de Repositorios Digitales Institucionales Abiertos de Ciencia y Tecnología (26.899) el 13 de noviembre de 2013. Enfrentando el monopolio de las grandes editoriales internacionales que publican las revistas de ciencia y tecnología, comienzan a generar respuestas institucionales en distintos países. Argentina ha sido uno de los primeros en avanzar sobre el peso de estos monopolios que capturan la difusión de la producción científica e imponen su venta a la comunidad científica y a los países. Una de las primeras formas de romper con estos procesos ha sido la sanción de esta ley que hace que los investigadores argentinos financiados por el Estado nacional (la gran mayoría) tengan obligación de que el producto de sus investigaciones financiadas estatalmente esté disponible para el uso de la comunidad científica en un plazo no mayor a 6 meses.

El capítulo destaca que las tendencias al cambio del esquema tradicional de control del conocimiento y criterios de evaluación en las ciencias de Argentina se fortalecen. Dichos cambios ponen en cuestión los *rankings* internacionales de las universidades basados en la dominancia de la función de investigación calificada por criterios de evaluación crecientemente cuestionados, lo que también afecta al sistema internacional monopólico de generación de revistas científicas y a los organismos controlados por dichas corporaciones editoriales (ISI-SCOPUS). Los sistemas nacionales de ciencia y los mecanismos de evaluación asociados irán en esta dirección, en la medida que las comunidades académicas y los Estados nacionales van retomando el control de estos procesos.

Se proponen políticas en relación con la evaluación y las publicaciones científicas destinadas a cambiar los criterios de evaluación científica en los organismos rectores del sistema de CyT en conexión con la cultura de la evaluación incorrectamente subsumida en la cultura de la citación. También otras destinadas a crear o fortalecer revistas nacionales/regionales de alto nivel, de manera de quebrar la inercia de la publicación en revistas internacionales como principal elemento de prestigio y acumulación de antecedentes, y fortalecer la consolidación y el desarrollo de revistas académicas con referato. Para ello financiar los recursos humanos encargados de su dirección académica y de su gestión técnica y administrativa utilizando los sistemas de acceso abierto, que favorecen la rapidez y economía de las publicaciones, además de consolidar a las editoriales universitarias de las universidades estatales y privadas fortaleciendo sus redes y destinando partidas significativas del presupuesto global de ciencia y tecnología al financiamiento de los procesos de construcción de editoriales científicas/universitarias y revistas nacionales y regionales de calidad.

En el capítulo 10, "Los doctorados en la Argentina: crecimiento y desempeño", de Catalina Wainerman, se destaca que a partir de mediados de la década de 1990 en la Argentina y en América Latina asistimos a una expansión explosiva y desordenada de posgrados. El movimiento no fue homogéneo, alcanzó el máximo en las especializaciones, que no demandan tesis, un nivel intermedio en las maestrías y uno mínimo en los doctorados. Tampoco fue homogéneo en todos los campos disciplinares. Entre 1994 y 2007, el crecimiento fue mayor en humanidades, seguido por ciencias sociales, y finalmente, por ciencias exactas y naturales.

La expansión de los posgrados fue junto con la de los mecanismos institucionales de impulso a la investigación articulados con la docencia; también con la creación de organismos de control y acreditación de la calidad de las universidades, facultades, departamentos y programas, para los cuales la formación de posgrado de los docentes y su producción de investigación es prioritaria. Este movimiento contribuyó a una demanda exponencial de *magistri* y doctores entre los docentes universitarios y entre profesionales de un mercado laboral que exige cada vez más y más altas credenciales. Pero el impulso a la producción de conocimiento junto a los mecanismos de acreditación y control no fue acompañado de políticas para la formación en investigación del personal docente, que debió "reciclarse" de un día para otro para hacer investigación, tampoco de una preocupación por el monitoreo del funcionamiento de los posgrados, ni de las estadísticas necesarias para hacerlo. De existir, permitiría indagar no solo en el funcionamiento de los programas, sino además identificar los momentos en las trayectorias de los estudiantes más "densos" en cuanto a la probabilidad de desertar, y alertar dónde y cuándo tomar medidas para mejorar. En este escenario, crece la conciencia de las altas tasas de deserción de los posgrados, producto de la no ejecución y/o terminación de las tesis, junto a la morosidad en el tiempo de terminación. La Argentina (como muchos países) carece de datos válidos y confiables que permitan evaluar la eficiencia de este nivel, y carece de investigaciones que se propongan hacerlo.

El crecimiento de los programas doctorales, que forman a la mayoría de los investigadores en la Argentina, fue y es acompañado y vigilado estrechamente por organismos de control costosos y complejos. A dos décadas del inicio de este proceso, las evidencias muestran la necesidad de preocuparse por su desempeño. Un estudio piloto sobre 18 doctorados en universidades del área metropolitana de Buenos Aires revela que las tasas de graduación y el tiempo a la graduación en ciertos campos disciplinares están lejos de ser satisfactorios. Con la conciencia de que los programas estudiados no son representativos en términos estadísticos del sistema total de doctorado de la Argentina, se afirma que en el conjunto de los 18 programas que se estudian, el nivel de doctorado argentino se comporta de modo similar a otros países, tanto en sus niveles de eficiencia, como en las diferencias existentes entre campos disciplinares. Las tasas de graduación en ciencias sociales y humanas son más bajas, y el promedio de tiempo a la graduación más alto que en las ciencias exactas y naturales.

Es importante destacar que la constatación de dichas diferencias no supone jerarquizar un campo disciplinar por encima del otro. Tampoco tratar de transferir el modelo de trabajo y de formación de un campo al otro, porque tienen diferencias epistémicas muy variadas e insoslayables. Pero la deserción y el prolongado tiempo hasta la graduación en las ciencias blandas existe y es un problema que merece ser enfrentado para intentar mejorarlo.

Resta remarcar que el estudio de los niveles de eficiencia no tuvo un objetivo de cuantificación *per se*. Se buscó indagar el funcionamiento de los programas doctorales con vistas a su mejoramiento porque la misma podría no solo elevar la cantidad de investigadores en la Argentina en un contexto de necesidad de crecimiento económico y de producción de conocimiento, sino también administrar los recursos más eficientemente en un marco de financiamiento siempre escaso.

La autora señala que el estudio de la eficiencia de los doctorados conduce a reconocer la necesidad de producir estadísticas válidas y confiables que es menester que el Estado encare para que la evaluación y acreditación sean más que formales y estén al servicio del diseño de políticas de auténtico mejoramiento de los programas de formación; la indispensable necesidad de abrir a los investigadores de la Educación Superior la enorme cantidad de información que el Estado recoge en el ejercicio de su política de asignación de becas doctorales (CONICET) y en la acreditación de carreras y programas (CONEAU); la necesidad de sensibilizar a las unidades académicas con respecto a la utilidad de registrar estadísticamente las trayectorias académicas de los estudiantes para monitorear sus programas y, especialmente, incluir personal capacitado en el campo de la estadística en las instituciones; la necesidad de "pedagogizar" los roles de director/tutor de tesis, y de docentes-investigadores para desempeñar los cuales no alcanza con ser experto en el contenido disciplinar sino, además, tener la capacidad entrenada para formar investigadores.

La cuarta sección explora dos cuestiones estructurales relevantes: el desarrollo de la investigación institucional sobre las universidades argentinas y los procesos de regionalización del sistema de educación superior en el país.

El capítulo 11, "La *investigación institucional* en las universidades argentinas", de María Pita Carranza y Julio Durand, define a la "investigación institucional" como el conjunto de actividades que se desarrollan dentro de una institución de educación superior con el objeto de brindar información en apoyo del proceso de planeamiento institucional, la formación de políticas y la toma de decisiones. La investigación institucional involucra la recolección de datos, el análisis o la realización de estudios útiles o necesarios diseñados para entender e interpretar la institución, decidir acerca de las operaciones actuales o realizar planes para el futuro, y mejorar la eficiencia y la eficacia de la institución. De esta manera, se está en condiciones de tomar decisiones más inteligentes e informadas y de formular políticas acertadas.

Con la puesta en marcha de los mecanismos de aseguramiento de la calidad que impulsó la Ley de Educación Superior N° 24.521 en 1995, la creación de la Coordinación de Investigaciones e Información Estadística (CIIE) y la implementación del Sistema de Información Universitario (SIU), se hizo más frecuente la producción de informes internos y hacia los organismos de control que contienen información valiosa sobre la realidad institucional. Consecuentemente, existe una mayor disponibilidad de estadísticas universitarias que permiten estudiar el sistema en su conjunto con mayor precisión y certidumbre. De acuerdo con esto, se infiere que a pesar de la "invisibilidad" de la investigación institucional es posible identificar en las universidades argentinas, una cantidad de actividades que se pueden adscribir a esta práctica, aunque no es tan claro que estén integradas al proceso de toma de decisiones. Este capítulo analiza las actividades que se realizan en las universidades argentinas que se pueden considerar investigación institucional: la información de que se dispone, cómo se obtiene, cómo se utiliza, qué actividades se realizan y con qué tipo de análisis se cuenta, quién las lleva adelante y el impacto que tienen en la gestión de las universidades.

En el caso de la Argentina, el análisis muestra que se han realizado una serie de esfuerzos tendientes a mejorar la calidad de la información a partir de los cambios introducidos por la nueva Ley de Educación Superior. Los procesos de evaluación y acreditación promovidos por la nueva legislación dieron un impulso a la producción de información, ya que las instituciones se vieron en la necesidad de contar con datos confiables acerca de las distintas dimensiones de la realidad universitaria. Por otro lado, también se hizo énfasis en dotar al sistema de elementos para mejorar la confiabilidad de la información para la toma de decisiones y el análisis institucional, mejorar los procesos de gestión y brindar más información a la sociedad. Así se fomentó la construcción de sistemas de información en las universidades, a partir de la creación del SIU y del otorgamiento de fondos para su implementación.

Sin embargo, a pesar de que los esfuerzos tendieron a que estos sistemas se implementaran de manera unificada y centralizada, de acuerdo con la información relevada esto parece no haber sido conseguido. De las fuentes también surge que si bien la cobertura de información de estos sistemas es amplia y que se dispone de una gran cantidad de datos, no se ha construido un conjunto sistemático de componentes coordinado e integrado, por lo que se dificulta la capacidad de los sistemas para realizar operaciones de procesamiento de datos que generen información oportuna y relevante, y así incrementar la eficiencia y eficacia para la toma de decisiones.

Por otra parte, la utilización que se realiza de la información que se genera es escasa, y se remite en mayor medida a dar respuesta a los requerimientos de la Secretaría de Políticas Universitarias y de la CONEAU. No se ha logrado aún instalar en las instituciones la necesidad de contar con información confiable y actualizada, por varios motivos. En principio, no hay una cultura institucional de utilizar los datos para la gestión. De las entrevistas realizadas surge que la producción y análisis de la información queda muchas veces subordinada a las necesidades de corto plazo y las decisiones que se toman están más influidas por cuestiones políticas. Así, no han existido tradicionalmente en las instituciones argentinas, políticas que incluyan de manera articulada y sostenida la producción de análisis y reportes efectivos acerca de la institución.

El proceso de autoevaluación impulsó a las universidades a hacer un análisis más profundo de la información cualitativa y cuantitativa, poniendo en marcha mecanismos de aseguramiento de la calidad que contribuyeron al desarrollo de oficinas y unidades académico-administrativas encargadas de ejecutar o impulsar las acciones relacionadas con la evaluación institucional y la acreditación de carreras. Pero de acuerdo con la información brindada por los entrevistados, los equipos que se conforman muchas veces son coyunturales y es difícil que se mantengan a lo largo del tiempo.

De esta manera, las tareas de producción y análisis de la información son, en general, una tarea más de las que se realizan en determinadas dependencias de la universidad, y cuando las unidades de producción de la información existen, terminan trabajando de manera aislada y desarticulada tanto del nivel central como de las otras dependencias de la universidad. Si bien estas unidades son lo más cercano a lo que se puede considerar una unidad de investigación institucional, el análisis de las diversas fuentes muestra que no tienen una estructura adecuada, y que, en general, las personas que la integran tienen un perfil preponderantemente técnico que dificulta la posibilidad de conducir análisis más profundos de la información que obtienen.

Sin embargo, se han encontrado en algunas universidades, espacios de investigación y equipos en condiciones de llevar adelante estudios y análisis más sofisticados, aunque fuera del ámbito de las unidades de producción de información. Pero al estar muchas veces circunscriptos al ámbito de una facultad o departamento, hay dudas de que las instituciones conozcan las iniciativas de muchas de las investigaciones en curso o previstas. Sin un apoyo institucional, las líneas de investigación difícilmente puedan tener continuidad. Finalmente, si bien las universidades, como toda institución de carácter público, tienen la obligación de difundir y socializar su información, esto difícilmente sucede. Ello responde, también, a un problema cultural, ya que tradicionalmente en nuestro país la información difícilmente se difunde o comparte.

El capítulo 12, "La compleja dinámica pendular de la regionalización en la construcción del sistema de educación superior universitaria de gestión estatal en Argentina", de Claudio Rama, analiza la dinámica de construcción del sistema de educación universitaria de gestión estatal en Argentina atendiendo a las dimensiones de su regionalización. El análisis histórico devela una tensión permanente en la diferenciación institucional en lo atinente a su regionalización.

El capítulo se centra en los procesos de descentralización educativa operados en las últimas décadas en el sistema de educación universitaria estatal, las universidades llamadas en argentina "nacionales" por su origen histórico que en el siglo XIX las diferenció de las provinciales. Se detiene en las luchas y dinámicas alrededor de la creación de universidades en el segundo nivel de los Estados: la génesis universitaria de carácter provincial; la universidad federal; la universidad regional de tipo provincial; el Plan Taquini y la descentralización del Estado mediante universidades nacionales; la dinámica de la regionalización universitaria en el marco de la dinámica política marcada por la democracia política; las nuevas iniciativas de universidades públicas provinciales en el siglo XXI en Argentina; las nuevas universidades nacionales; el fracaso de la vuelta del modelo centralista de universidad federal.

El estudio explora las tensiones alrededor de la construcción del sistema de educación superior en lo que se refiere a la conformación de sistemas diferenciados a escala regional y visualiza bajos niveles de diferenciación institucional y de competencia institucional, pero indica las complejidades de esa diferenciación regional, el carácter no resuelto políticamente de tales procesos, y cómo su dinámica ha estado asociada a procesos político-ideológicos. La regionalización de la educación superior se constituye en una derivación de la relación política entre la nación y las provincias que muestra múltiples expresiones, pero donde la dominante ha sido la tensión entre la construcción de espacios de poder y de desarrollo académico a escala local y el objetivo desde los ámbitos nacionales de regular nacionalmente la educación superior.

La quinta sección se detiene en el análisis del desarrollo de la universidad privada en el país. El capítulo 13, de Marcelo Rabossi, "Expansión, impacto y particularidades del sector privado universitario argentino a partir de la sanción de la Ley de Educación Superior (1995-2015)", destaca los aspectos diferenciales del sistema de universidades privadas de Argentina en relación con los del resto de Latinoamérica.

Chile, Brasil y Colombia transitaron el camino de la reforma de mercado. La distribución de fondos públicos bajo mecanismos de incentivos y la expansión de la universidad privada dan cuenta de ello. Si bien es cierto que el caso argentino no escapó al paradigma propuesto, lo que de alguna manera puede observarse en la sanción y el espíritu de la Ley de Educación Superior (LES) en 1995, las diferencias exhibidas con el resto de la región son grandes y significativas. La reacción contraria a las reformas de tipo competitivo y orientadas al mercado, principalmente por parte de las universidades públicas, diferencia a este país de los principales de la región.

El objetivo de este capítulo es analizar el impacto que en el sector privado tuvo la aparición de la Comisión de Evaluación y Acreditación de la Calidad Universitaria (CONEAU) desde su creación en 1996 hasta 2005, y dentro de la lógica que promovió la LES. Específicamente, se describe el rol que este organismo de control tuvo tanto en lo que respecta al crecimiento del sector, como en el tipo de instituciones que directa o indirectamente alentó. Es decir, al tipo de oferta académica que se vio favorecida por la regulación impuesta por esta entidad de carácter regulatorio.

El caso universitario privado argentino se circunscribe dentro de los parámetros de un nacimiento tardío. En cuanto a la demanda o número de alumnos, el mercado privado no se ha mostrado tan dinámico en relación con el resto de la región, esto sobre todo a partir de la década de 1980, si bien es cierto que un crecimiento sostenido durante los años 1960 y 1970 llevó al sector a reclutar a uno de cada cinco alumnos al final de esta última década. De cualquier manera, en los sistemas relevantes de la región, al menos en lo concerniente a cantidad de alumnos, a principios de los años 1980, en Chile y Perú por ejemplo, la porción privada se acercaba al 40% mientras que en otros casos, como Brasil y Colombia, el número de estudiantes superaba a los inscriptos en su contraparte pública.

Así, la década de 1980 en Argentina se presenta como de retroceso privado producto de una fuerte expansión pública. Ocurre que la universidad nacional se posiciona nuevamente en su rol de absorción luego de 7 años (1976-1983) de acceso restringido al sector público impuesto por el gobierno militar. En ese sentido, el objetivo del gobierno electo en 1983 fue devolverle a la universidad nacional su carácter democratizador. Se elimina todo tipo de arancelamiento, exámenes de ingreso y cupos. La universidad privada siente el impacto de una política pública menos selectiva de alumnos y por primera vez el porcentaje de estudiantes que eligen la opción no estatal cae tanto en términos relativos como en absolutos. En ese momento Argentina se presentaba como un caso único en la región en donde se observaba un retroceso relativo del sector privado universitario en relación con su contraparte pública.

Sin embargo, dicha restricción, que no permitió el ingreso al mercado de nuevas universidades de carácter privado, queda sin efecto a fines de los años 1980. Esta nueva apertura provoca un fuerte crecimiento de la oferta no estatal. Como consecuencia directa de la nueva regulación, por primera vez la cantidad de instituciones privadas supera en número a las de origen público. Sin embargo, analizando este período de fuerte promoción de lo privado, o mejor dicho, de no limitación a propuestas alternativas a lo estatal, la demanda privada no logra una similar dinámica. Así, si tomamos como referencia la década que se extiende desde 1986 a 1995, el porcentaje de alumnos en entidades privadas en relación con el sector público creció solo 0,6 puntos porcentuales. En cuanto a las características de esta segunda expansión de la oferta, la que va desde 1989 a 1995, el perfil institucional de estas nuevas universidades se circunscribe dentro de un *mix* de lo que podríamos denominar entidades de elite y aquellas definidas como de absorción de demanda, pero en este último caso de las denominadas "serias".[2]

El ingreso de la CONEAU como organismo regulador rápidamente alteró el panorama privado. La fuerte expansión de la oferta que se observó durante el primer lustro de los 1990 llega a su fin. Durante dicho período en promedio se abrieron casi cuatro universidades por año

Sin embargo, desde la creación de la Comisión de Acreditación y Evaluación la demanda por educación universitaria privada se presenta ampliamente favorable. Dicha tendencia se mantiene firme hasta el fin de la década y aun después, y hasta 2014. Los indicadores de crecimiento muestran cierta solidez con respecto a la cantidad de alumnos que eligen el sector privado para continuar estudios universitarios. En términos cuantitativos, se observa un crecimiento del 5,8% anual durante el período 2000-2010. A su vez, durante los años 2010 a 2014 sigue creciendo, pero esta vez a una tasa menor (3,6% anual). Por otro lado, el sector público muestra un cierto amesetamiento, creciendo solo al 1,8% anual durante el período 2000-2010. Sin embargo, y sin duda impulsado por la expansión de la oferta académica pública a través de la apertura de seis nuevas universidades nacionales desde 2010 hasta 2014, el sector parece incrementar su tasa de expansión al ubicarse ahora en un 2,3% anual (SPU, 2014). En definitiva, y según datos oficiales al año 2014, el mercado de estudiantes universitarios cuenta con 1.871.445 de alumnos en carreras de grado, de los cuales el 21,6% se encuentra en una universidad privada.

---

[2] En este punto el autor distingue entre las de absorción de demanda "puras", las que explican el fuerte crecimiento del enrolamiento privado en América Latina (Levy, 1986), y las que denomina "serias". Estas últimas se diferencian de las primeras por reclutar a una masa de alumnos mayor que una privada típica, pero se encuentran fuertemente reguladas por el Estado. Sobre todo, como en el caso argentino, cuando dicha regulación es estricta. De allí el término de "serias".

Si bien es cierto que la expansión privada ha tomado a muchos Estados por sorpresa, o deliberadamente se han dejado sorprender como forma de retener su posición de elite del sistema, según lo ya visto, la Argentina es un caso en donde la regulación y el control nació mucho antes de la creación de la propia CONEAU. Desde sus comienzos, el Ministerio de Educación (MdE) se mostró como una entidad rigurosa en la selección y acreditación de universidades privadas aptas para ofrecer el servicio educativo. En este sentido, podríamos categorizar el crecimiento del sector privado en cuatro grandes períodos.

No cabe duda de que la CONEAU actuó como un filtro evitando una fuerte expansión de la oferta, fenómeno que sí ocurrió en los principales países de la región. Para comprender aun mejor la relevancia de la CONEAU como entidad barrera al ingreso, desde 1966 hasta 2011 se presentaron 118 proyectos de apertura de nuevas universidades privadas. Solo 18 obtuvieron un dictamen favorable. Argentina se presenta como un espacio en donde la calidad de la alternativa privada es relativamente homogénea, y así el rango en términos de seriedad de propuesta institucional entre universidades es limitado. En otras palabras, la CONEAU ha evitado una expansión de baja calidad, como lo ocurrido en otros sistemas de la región.

En cuanto a las disciplinas, hay una caída relativa de las dos áreas que en 1995 explicaban casi el 86% de los alumnos en universidades privadas, las ciencias sociales y las aplicadas, tendencia que se evidencia ya a mediados del 2000 y que continúa hasta 2014. Dicha caída de 16 puntos porcentuales es absorbida en casi un 70% por las carreras comprendidas en las ciencias de la salud. Actualmente el sector universitario nacional cuenta con 13 escuelas o facultades de medicina contra 20 en el sector privado.

El capítulo 14, de Osvaldo Barsky y Ángela Corengia, "La educación universitaria privada en Argentina", comienza con un análisis de la evolución histórica de la educación superior privada en Argentina a partir de los enfrentamientos entre los sectores liberales que hegemonizaron el poder político desde mediados del siglo XIX y la Iglesia católica. Esta última creó en 1910 la Universidad Católica de Buenos Aires, que alcanzó a crear la Facultad de Derecho que comenzó a funcionar en 1912, pero los títulos obtenidos por sus egresados no fueron reconocidos por el Estado, lo que forzó su cierre en 1922. En 1955 el gobierno cívico-militar que sucede al peronismo establece en la Ley de Educación Superior sancionada el artículo 28, que es reglamentado en 1958 en el gobierno de Arturo Frondizi, y planteaba la facultad de la iniciativa privada para crear universidades con capacidad para expedir títulos o diplomas académicos, otorgada por el Estado nacional con exámenes públicos y a cargo de los organismos que designara el mismo Estado. Las universidades así creadas no podrían recibir recursos públicos y sus estatutos y condiciones de funcionamiento deberían ser aprobados por el Estado.

La prohibición de recibir recursos financieros estatales creó de hecho una gran dificultad para el desarrollo de carreras científicas que implicaban altos costos de equipamiento e insumos, y también la posibilidad de contratar recursos humanos de alta dedicación, lo que afectaba en materia de investigación y calidad de la enseñanza a todas las disciplinas.

Dictado en 1955 el decreto que autorizaba la existencia de las universidades privadas, las entidades con larga tradición formativa de nivel superior fueron las primeras en tomar la iniciativa. Se necesitaba para ello contar con docentes, espacios físicos adecuados, organización académica y cierta legitimación social que impulsara la inscripción de estudiantes. El peso dominante lo tuvieron las cinco entidades católicas asentadas donde se contaba con estas condiciones. Inicialmente las universidades privadas desarrollaron estrategias de captación de alumnos de grado similares a las universidades estatales, centradas en las carreras profesionales que garantizaran una cantidad significativa de estudiantes. De todos modos en las universidades de origen católico se desarrollaron algunos doctorados en carreras de humanidades. Al generarse institutos especializados en ingeniería y en ciencias de la computación, en ciencias de la educación y sociales, y particularmente una oferta relevante en ciencias de la administración y negocios, se fue diversificando el perfil de las ofertas. En el último período, ha sido relevante el crecimiento de los institutos ligados a las ciencias médicas.

En las últimas décadas hay un continuo crecimiento porcentual del sector privado de grado y posgrado en alumnos muy superior al estatal, y continuo crecimiento en egresados en ambos casos. Entre 2003 y 2013 la matrícula de los estudiantes de las universidades privadas creció a una tasa del 6,2% anual contra el 1,2 de las universidades de gestión estatal. Esta tendencia se corrobora al analizar los nuevos inscriptos que crecieron en estos años a una tasa del 0,4% en el sector estatal contra un 5,6% en el sector privado En materia de egresados de grado las universidades estatales crecieron entre 2002 y 2013 a una tasa del 3,0% contra el 7,2% del sector privado.

La rápida expansión de las universidades privadas en las últimas décadas, si bien guarda semejanza con los procesos operados en otros países de la región en cuanto al aspecto cuantitativo, no debe confundirnos sobre las peculiaridades del desarrollo operado en la Argentina en esta temática. Su creación tardía en clima político muy adverso, la sometió desde sus inicios a severos controles de calidad de sus egresados que debían rendir exámenes de egreso al final de sus carreras en las universidades estatales. En 1995, las universidades pasaron a ser evaluadas para su creación por la Comisión Nacional de Evaluación y Acreditación Universitaria, que frenó bruscamente la expansión acelerada producida entre 1989 y ese año, y además los posgrados debieron ser acreditados por la CONEAU a través de pares evaluadores provenientes dominantemente del CONICET y de las universidades estatales, las universidades debieron someterse a la evaluación institucional continua y crecientemente las carreras de grado que comprometieran la salud, la seguridad y los bienes de los habitantes pasaron a tener acreditación obligatoria.

Todo ello determinó que a diferencia de buena parte del sistema universitario latinoamericano, donde la calidad fue controlada a través del sistema estatal restrictivo (cuyo ejemplo máximo es Brasil) y el sector privado fue complementario y con débiles controles de calidad explícitos, en Argentina las universidades privadas debieron ajustar sus estándares de calidad a las exigencias de la CONEAU y a la ley vigente. Ello diferencia el caso argentino globalmente de los modelos de "absorción de demanda" que prevalecen en otros países de la región y que exclusivamente desarrollan programas de docencia. Esto mismo provocó la consolidación de procesos de mejoras en la calidad de las instituciones, incluida su gestión, y fortaleció a los académicos de mayor capacidad.

El perfil de las instituciones fue atractivo entonces para numerosos académicos y para profesionales ligados al desarrollo de actividades importantes en el funcionamiento social, sobre todo en materia de carreras de salud, de administración y negocios, de ciencias sociales y humanas. La creciente incorporación de becarios e investigadores del CONICET y la consolidación de un sistema de posgrado con núcleos de alto prestigio fueron cambiando crecientemente la visualización de la calidad de las instituciones por la sociedad. En un balance de las casi seis décadas de existencia de las instituciones privadas de enseñanza superior, en contextos de alta inestabilidad económica y de agudos conflictos sociales, es llamativa la consolidación y permanencia de las instituciones. Solo tres de las 67 creadas dejaron de funcionar.

La heterogeneidad del sistema privado y la natural competitividad entre sus instituciones para la captación de estudiantes, particularmente en la Ciudad de Buenos Aires, ha afectado la capacidad de iniciativas asociadas entre las instituciones que estén en relación con el peso adquirido por las mismas, a pesar de los avances impulsados desde el CRUP. Las renovaciones generacionales y la creciente profesionalización de las instituciones seguramente fortalecerán las tendencias positivas apuntadas en este artículo. La creciente inserción de cuadros técnicos y profesionales provenientes de las universidades privadas en los organismos de conducción del Estado nacional seguramente facilitará el acceso a recursos de los distintos programas existentes y permitirá también la consolidación de apoyos provenientes de los organismos de ciencia y tecnología. Finalmente el fortalecimiento de equipos especializados en el manejo de nuevas tecnologías y la capacidad de operar con adecuados sistemas de *marketing* muestra que existe un amplio campo de expansión en un país de las dimensiones territoriales en que operan. La experiencia de estas décadas indica que las universidades han sido capaces de sobrevivir en períodos de crisis económicas importantes para luego expandirse con fuerza en los momentos de auge económico. Seguramente estas condiciones de contexto y el perfil de las políticas públicas marcarán los ritmos de la expansión, pero las cifras de largo plazo presentadas parecen indicar que las tendencias de crecimiento sostenido del sistema se mantendrán.

El conjunto de artículos presentados enriquece el diagnóstico sobre el impacto de la Ley de Educación Superior y dibujan los rasgos esenciales de una posible agenda de cambios. Esperamos que aporte a un debate imprescindible que permita el desarrollo de nuevas políticas de transformación de un sistema históricamente lento en la percepción de sus debilidades.

SECCIÓN I.
La Ley de Educación Superior 24.521 y la nueva agenda de política universitaria

1

Debate sobre la Ley de Educación Superior de los 90 y la universidad de hoy[1]

Eduardo Sánchez Martínez

Aunque el contexto político del país no haga prever que en lo inmediato el Congreso de la Nación vaya a abordar la problemática de una nueva Ley de Educación Superior, un debate sobre el tema, con la seriedad intelectual que se espera en un ámbito universitario, es por cierto bienvenido. Y como el propósito del debate al cual se convoca es discurrir en torno a la Ley de Educación Superior y la universidad que tenemos hoy, comenzaré planteando a modo de introducción tres observaciones que me parecen pertinentes.

Tres observaciones iniciales

Mi primera observación, más que obvia, es que *las leyes no son ajenas al contexto y al momento* en que fueron concebidas y sancionadas. Son, en este sentido, expresión de su época.

La Ley de Educación Superior (LES) actualmente vigente es expresión de una época que para algunos se caracteriza por la invasión de las leyes del mercado en diversos ámbitos, entre ellos los educativos. Aunque en el caso de la educación superior (ES) un análisis más riguroso muestra que esa supuesta *marketización* ha consistido, en todo caso, en la introducción de algunos elementos de cuasimercado en un marco de regulación estatal más riguroso y sofisticado que el existente hasta entonces, es claro que en este nuevo siglo ha habido un cambio de diagnóstico y de políticas, por lo menos en sus grandes enunciados. Como en muchos otros países del continente, hay hoy un amplio acuerdo, explícito, en que la educación es un bien público y no un bien de mercado, con todas las implicaciones que ello tiene. Se coincide también, por lo menos en los discursos, en que la autonomía de las universidades debe ser una autonomía responsable, y

---

[1] Conferencia dictada en el debate organizado por los rectorados de la Universidad Nacional de Córdoba y la Universidad Nacional de Río Cuarto, en octubre de 2013.

no una autonomía para encerrarse en la defensa de intereses puramente corporativos. Está igualmente claro que hoy se trata de avanzar hacia una universidad más inclusiva, que supere lo que Carolina Scotto ha caracterizado como una mera "inclusión excluyente". Y hay también acuerdo en avanzar hacia una universidad más abierta a su medio, más dispuesta a atender, en cumplimiento de sus funciones específicas, las necesidades y demandas de la comunidad, que como se sabe no siempre coinciden.

Es por lo tanto lógico que se piense en una nueva ley, aunque esto exige acuerdos y consensos que no son fáciles de alcanzar en un campo tan complejo y heterogéneo como el de la ES. Es sabido, en este sentido, que los cambios en la legislación, especialmente en la legislación universitaria, son por lo general el resultado, no solo de los nuevos sentidos y orientaciones que se asignan a las políticas públicas del sector, sino también de la relación de fuerzas y de la existencia de nuevas orientaciones y prácticas políticas que se dan al interior de las instituciones universitarias.

Por otra parte, es también lógico pensar que en tiempos de cambios sociales y tecnológicos tan profundos y acelerados como los que hoy tenemos, que tanta incidencia tienen en las instituciones que estas normas regulan, ninguna ley puede tener la duración que tenían en otros tiempos, cuando la dinámica social y la complejidad del sistema universitario eran totalmente diferentes. De hecho, la actual ley lleva a esta altura casi dos décadas de existencia, dos décadas en que la sociedad y la universidad, por lo menos en algunos aspectos, han cambiado sustancialmente.

La segunda observación que quisiera hacer tiene que ver con lo que podríamos llamar la *potencialidad transformadora de las leyes*.

Las leyes son, por lo general, instrumentos importantes para impulsar cambios. Lo son en todas partes, cualquiera sea el objeto que regulen. Y en muchos casos lo han sido en Argentina, en donde las leyes no solo han sido expresión de determinadas políticas, sino que las han inducido, como en ocasiones han inducido o impulsado determinadas políticas educativas. Pero como ha sugerido A. Chiroleu, tanto la ley de los 90 a la que aquí nos referimos como otras leyes de educación de antes y de ahora, y como el imaginario existente hoy sobre lo que se puede esperar de una nueva LES, comparten la creencia de que las leyes por sí mismas pueden transformar la realidad, sin tener en cuenta que en sí mismas solo son marcos normativos destinados a orientar comportamientos, tanto individuales como institucionales, que no cambian solo porque la ley lo diga.

Como ella misma lo dice, las leyes son importantes en la medida que fijan los principios y los ejes a partir de los cuales se busca organizar o reorganizar el sector, pero suelen ser estériles si no se complementan con mecanismos *ad hoc* que operen sobre las prácticas de los actores. Son estériles, agregaría yo, si no se complementan con políticas y planes que den una cierta orientación y racionalidad a la acción, con asignaciones presupuestarias adecuadas que las hagan factibles, con capacidad de gestión para llevar adelante las transformaciones que se postulan, y con alianzas y acuerdos sólidos capaces de operar efectivamente sobre las prácticas de los actores.

En función de estas y otras condiciones necesarias para que una ley opere realmente en la realidad, diría que la experiencia del pasado enseña que es conveniente ponderar bien, tanto el momento en que resulta oportuno promover su cambio, suponiendo su factibilidad, como los contenidos que se propone cambiar. No se debe olvidar que, en esta materia, un cambio de legislación suele crear problemas complicados para la gobernanza de las universidades y hasta puede alterar sustancialmente la vida de las instituciones que se regulan.

Mi tercera observación es que *la LES de los 90 introdujo innovaciones importantes* de acuerdo con el clima de ideas de la época, y que como acabo de decir, ha tenido hasta hoy la más extensa vigencia (18 años) después de nuestra primera ley universitaria, la Ley Avellaneda, que duró 62 años.

Esto no dice nada de la bondad o calidad de la ley, pero sí hace ver, tratándose de una ley que regula instituciones que gozan de autonomía, que no ha sido de ningún modo un obstáculo insalvable para que las universidades lleven a cabo, dentro de ese marco legal, las políticas y acciones que han creído necesarias y convenientes a lo largo de todos estos años.

Esto me hace pensar que sería tan ineficaz suponer que cuando cambian los marcos de sentido y las políticas las leyes pueden permanecer intocadas, como lo sería desechar sin más los cambios introducidos por la legislación anterior, sin un análisis previo, honesto y responsable tanto de las normas mismas como de sus resultados.

Tanto la experiencia comparada como nuestra propia experiencia en materia de legislación universitaria enseñan que las instituciones crecen y se desarrollan cuando en los procesos de cambio se reconoce lo que ha resultado positivo de la legislación anterior, en la medida, por supuesto, que ello no sea inconsistente con el nuevo marco de principios y de sentido que se quiere promover.

No es tirando todo por la borda cada vez que hay un cambio como las instituciones y los países crecen y se desarrollan, sino aprovechando y mejorando lo que ha resultado positivo de experiencias anteriores y desechando lo que no ha conducido a mejorar las cosas.

Arreglos institucionales innovadores

En este sentido, creo que más allá de que hayan cambiado los sentidos, las orientaciones y las políticas que se quieren instrumentar, hay en la experiencia anterior arreglos institucionales y respuestas innovadoras para algunos de los desafíos y problemas de la ES que no se deberían dejar de considerar a la hora de debatir un cambio de legislación.

¿Qué es, en mi opinión, lo que cabría rescatar en la hipótesis de un cambio de ley? Mencionaré cinco núcleos de cuestiones que a mi juicio merecerían ser considerados.

a. Un marco regulatorio para el conjunto de la ES

En materia de ES, venimos de una muy larga tradición de regular "sectores" aislados y desarticulados. En toda nuestra historia, hasta 1995 ninguna de las muchas leyes que hemos tenido han regulado el conjunto de las instituciones de ES, ni siquiera encontramos alguna legislación para el conjunto de universidades. Han sido todas legislaciones sectoriales. La LES actualmente vigente fue la primera en hacerlo, y aunque hay opiniones encontradas sobre esto, estoy convencido de que fue un acierto.

Y creo que hoy es aun más necesario que ayer fortalecer las bases para avanzar hacia un sistema de ES más integrado, que incluya:

1. Las *universidades*, tanto de gestión estatal como de gestión privada.
2. Las denominadas *instituciones de ES no-universitarias*, que requieren ciertamente una mejor y más efectiva regulación, previo acuerdo con las provincias, a las que tales instituciones pertenecen.
3. Nuevos *institutos tecnológicos* de nivel superior, que reúnan los mejores estándares de formación profesional posible, que hoy son una necesidad imperiosa para multiplicar las alternativas de ES que hagan efectivamente posible la inclusión y la educación superior universal a la que el país debe encaminarse, y cuya creación debiera constituir por ello un objetivo estratégico de las políticas nacionales de ES.

Es verdad que la articulación de un sistema así requiere algo más que una serie de "acuerdos" entre las institucionales involucradas, como los previstos en la LES vigente, que en la práctica ha resultado ciertamente ineficaz. Aunque de factura difícil en un sistema federal complejo, es hora de pensar en *un sistema de créditos académicos*, que facilite el reconocimiento de los tramos de estudios cursados en otras instituciones del sistema, que es un problema persistente en nuestra ES. Esto es algo que excede lo que puede hacer cada universidad, que desde luego tienen atribuciones para establecer sus propios sistemas de crédito, pero que no podrían hacerlo a nivel del sistema como tal, que es lo que hace falta.

b. Una autonomía responsable

Creo que está fuera de toda discusión la importancia y significación que la autonomía tiene para las universidades. Pero esto no siempre ha sido reconocido y recogido en la legislación universitaria. Dejando de lado los casos de intervención directa y grosera en las universidades, varias de nuestras leyes del pasado se han limitado a garantizar la "autonomía académica" o la "autonomía científica y docente", sin hacer ninguna referencia a la autonomía institucional. Sin embargo, aunque conceptualmente se debe distinguir la autonomía (que es una cualidad que diferencia a las instituciones universitarias) de la libertad académica (que es una cualidad que se puede predicar de los miembros de las comunidades académicas), estoy convencido de que en nuestra realidad, teniendo en cuenta nuestras peripecias del pasado, la autonomía institucional es condición *sine qua non* para que la libertad académica quede garantizada.

Y ello porque sin autonomía institucional careceríamos de un ámbito suficientemente protegido y preservado donde sea posible el desarrollo del pensamiento crítico e independiente, que es condición básica para que pueda existir libertad académica.

Ahora bien, autonomía no es equivalente a soberanía, como a veces pareciera suponerse cuando se la entiende de un modo absoluto, sin contrapartida alguna por parte de las instituciones autónomas. En este sentido, las regulaciones de la LES fueron realmente innovadoras, al apuntar a garantizar y aun ampliar la autonomía pero con diversas contrapartidas, necesarias para que no termine aislando a la universidad de la sociedad a la cual se debe y de la nación a la cual pertenece.

En la concepción de la ley, esta autonomía amplia aunque no absoluta debe ser también una autonomía responsable, que implica que la independencia que las universidades tienen garantizada debe ir acompañada por una correlativa responsabilidad pública por sus actos y por lo que de ellos resulta. Y para avanzar en el cumplimiento de esa responsabilidad ante la sociedad, la ley prevé, entre otros institutos, la evaluación institucional y un régimen de títulos con ciertas exigencias para el caso de algunos títulos profesionales, que han sido objeto de críticas porque pueden afectar la autonomía. Aunque esta posibilidad desde luego existe, me parece que el modo como esas innovaciones han sido concebidas y reguladas ofrece una razonable seguridad de que la autonomía no quede sustancialmente afectada. Y es, en todo caso, un arreglo institucional que trata de conciliar del mejor modo posible dos bienes indispensables: la autonomía de las universidades y el interés de la sociedad en que ello no termine sirviendo solo a la mera satisfacción de intereses, aunque sean legítimos, de la propia corporación universitaria.

Esta idea de una autonomía responsable, que implica admitir y promover la mirada externa y la rendición de cuentas ante la sociedad (la *accountability*), merece en mi opinión ser continuada y profundizada.

c. Una evaluación institucional que ayude a mejorar y rendir cuentas

La evaluación institucional es, precisamente, un instrumento concebido para ayudar a mejorar lo que se hace y a rendir cuentas de eso que se hace y de sus resultados, que opera como una contrapartida de la autonomía.

Su objetivo, como es sabido, es ante todo el mejoramiento de la calidad, pero también poner a disposición del público, de la sociedad, información confiable sobre los resultados de lo que se hace y sobre lo que son las universidades por adentro, sus fortalezas y sus puntos débiles. Bien concebida y aplicada, la evaluación es capaz de ayudar a que las universidades dejen de ser verdaderas "cajas negras", como ocurre con frecuencia, con las implicaciones que ello tiene para las familias, para los propios estudiantes, para los empleadores y para otros tantos *stakeholders*.

Se ha criticado, en parte con razón, el carácter obligatorio que la evaluación tiene en la ley. Sin entrar en los argumentos que en su momento se adujeron para justificar esa obligatoriedad, la estrategia seguida por la CONEAU ha sido en este punto inteligente, y en los hechos se ha pasado de una evaluación "obligatoria" a una evaluación que en realidad es "acordada o concertada" con las universidades.

¿Qué garantías ofrece la LES para que no afecte la autonomía? Podría sintetizarlas así:

- Debe comenzar con una "autoevaluación" de la propia universidad, que es el punto de partida necesario de la evaluación externa.
- Es una evaluación que está a cargo de pares académicos, y no de instancias o supervisiones administrativas.
- Con el propósito de asegurar la diversidad, debe hacerse en función de los objetivos definidos por la propia institución, aunque cabe aceptar que en algún momento los propios objetivos, en tanto ellos tengan que ver con lo que es exigible a cualquier universidad, debieran someterse a evaluación.
- El órgano evaluador, en tanto organismo descentralizado que no depende jerárquicamente del Ministerio de Educación, goza de una razonable independencia de criterio.
- En fin, la evaluación institucional tiene por objeto ofrecer "recomendaciones" y no medidas punitivas.

Se hacen muchas críticas a los procesos de evaluación que se llevan a cabo en función de lo establecido en la LES, pero en mi opinión muchas de esas críticas son en verdad a su forma de instrumentación, o son críticas a la aparente impotencia del modelo de evaluación adoptado para dominar las dificultades que en realidad existen, más allá de lo que diga la norma, para evaluar y mejorar *la enseñanza*, que es en todos los países y sistemas la función universitaria hasta ahora más esquiva a ser evaluada y mejorada. No son estas realmente críticas a la forma como la evaluación ha sido concebida y legislada.

Valdría por lo tanto la pena tener en cuenta esta innovación y sus resultados a la hora de concebir y trabajar en una nueva ley.

d. Un régimen de títulos que concilie autonomía y responsabilidad del Estado

Prácticamente desde 1885 la legislación universitaria argentina ha establecido que es atribución de las universidades el otorgamiento tanto de grados académicos como de títulos habilitantes para el ejercicio profesional. Como es sabido, en la legislación comparada existen dos modelos en esta cuestión: en las universidades que siguen la tradición napoleónica, los títulos certifican la formación académica y habilitan para el ejercicio profesional; en las universidades que siguen la tradición anglosajona, por lo general los títulos solo certifican el grado académico, quedando la habilitación a cargo de otras instancias, que varían según los países y sus tradiciones.

La Ley 24.521 introdujo cambios importantes en este régimen, vinculándolo con la figura de la acreditación de carreras. En realidad, si bien no se aparta totalmente de nuestra ya larga tradición en la materia, la ley opta por un "camino intermedio", luego de que la alternativa de separar grado académico y habilitación profesional, propuesta en un primer anteproyecto de ley, no encontrara el consenso necesario en las universidades.

Es un camino intermedio porque prevé una regla general, para la totalidad de las carreras, y una regla específica, para algunas pocas carreras en particular. Para los dos casos se continúa con la tradición de no separar el grado académico de la habilitación para el ejercicio profesional, pero mientras que para la generalidad de las carreras las universidades tienen amplia autonomía para definir tanto el perfil de los títulos (los conocimientos y capacidades que certifican) como su alcance (las actividades para las que tienen competencia los poseedores del título), para aquellas carreras que forman profesionales que en su ejercicio pueden poner en riesgo de modo directo ciertos bienes y valores que requieren ser especialmente protegidos por el Estado porque hacen al interés público (como la salud de la población, la seguridad, etc.) se exige que sean "acreditadas".

La acreditación es un sistema de certificación de calidad que se basa en una evaluación en función de estándares, que operan como patrones contra los cuales se compara la realidad que se observa al momento de evaluar esas carreras.

Como ha ocurrido más de una vez, en ese proceso suelen surgir problemas y cuestionamientos:

1. porque no se logra superar los estándares, lo cual puede desde luego ocurrir, aunque debe saberse que los estándares no los fija la ley ni la CONEAU sino que son de hecho fijados por las propias universidades;
2. porque las carreras sujetas a acreditación son demasiadas, lo cual es verdad, aunque conviene tener presente que son otra vez las universidades, reunidas en el Consejo de Universidades, las que establecen cuáles son las carreras que deben acreditarse;
3. porque la validez del título depende de la acreditación, lo cual es cierto, aunque vale la pena saber que, aunque en verdad es lógico que así ocurra, esto no lo dice la ley sino un decreto reglamentario;
4. porque suspender la inscripción de alumnos a primer año cuando no se cumplen los estándares es una sanción excesiva, que sin duda puede hacerse, aunque sería posible una aplicación más flexible que ponga el acento en el mejoramiento de la carrera y no tanto en la sanción;
5. porque se terminan cristalizando los planes de estudio, en tiempos de fuertes cambios e innovaciones sociales y disciplinarios. Aunque este es un cuestionamiento que no se escucha con la frecuencia que sería deseable y necesaria, sin duda es válido y debe atenderse para atenuar en la mayor medida posible sus consecuencias.

En mi opinión, hay aquí aspectos que se deben considerar y mejorar. La acreditación es un tema complejo que genera más de un punto de tensión con la autonomía. Pero la solución no consiste en terminar con ella. Porque sin acreditación quedarían sin cautelar bienes y valores, como la salud, los derechos o la seguridad de la población, que hacen al interés público y que corresponde al rol de un Estado activo y responsable saber cuidar. Y conviene también saber que sin acreditación no hay hoy mayores posibilidades de movilidad internacional de estudiantes y de profesores, ni de inserción académica en el mundo, con las implicaciones que ello tiene en un mundo cada vez más globalizado.

Esta es, por lo tanto, otra de las innovaciones de la LES que no debería dejarse de lado, sino tratar de mejorarla teniendo en cuenta la experiencia de su aplicación. Hay aquí valores que se deben conciliar del mejor modo posible (la autonomía de las universidades y el interés público que corresponde al Estado custodiar), problemas técnicos complejos que no se pueden soslayar, y dificultades en su aplicación que se deben tratar de superar. En la hipótesis de que se trate legislativamente una nueva ley de ES, este es un punto que merece la máxima atención: por un lado, hay algunos puntos del artículo 43 de la ley vigente, que regula la cuestión, que necesitan ser mejorados; y por otro lado, en relación con las carreras de posgrado, ha llegado probablemente la hora de dejar de lado su carácter obligatorio, ya que las razones que se aducían para justificarlo puede suponerse que han quedado ya superadas. Todo esto, y más, debiera ser parte del trabajo a llevar a cabo en vistas a evaluar la conveniencia y oportunidad de una nueva ley, pero en el mundo en que vivimos, no parece posible prescindir de la acreditación, y la forma como ella ha sido concebida en la LES de los 90 merece ser considerada con responsabilidad, más allá de los escozores ideológicos que ello suele generar.

e. Un sistema de ES diversificado que ofrezca oportunidades y posibilidades para todos

Un sistema de ES más integrado y con mejores articulaciones, como el que seguramente todos queremos, supone la existencia de una plataforma institucional diversificada, con distintos tipos de instituciones que respondan a diferentes expectativas individuales, a diferentes necesidades nacionales y regionales, y a diferentes demandas de la sociedad. Y supone admitir, por cierto, que la diversidad es un valor positivo que no solo hay que tolerar sino que vale la pena promover y fortalecer porque enriquece el sistema y abre más oportunidades para todos.

Una plataforma institucional diversificada supone admitir que el sistema de ES está integrado, entre otras, por:

- universidades de gestión estatal y universidades de gestión privada, cada una con su propia identidad, lo que también enriquece la diversidad;
- instituciones universitarias e instituciones de ES no universitarias, algunas de cuyas funciones específicas difieren y vale por ello mismo mantener y fortalecer;
- institutos tecnológicos de formación profesional, que debieran ser parte de una política nacional de ES atenta a los requerimientos de un país económicamente más competitivo y de una sociedad más integrada y equitativa;
- modalidades de enseñanza presencial y modalidades de enseñanza virtual, que valiéndose de los avances que la pedagogía y la tecnología hoy ofrecen, ayuden a multiplicar las oportunidades para que todos tengan la posibilidad de tener la educación a la que tienen derecho y el país puede ofrecerles.

Lo que verdaderamente debe importar, como condición para una diversidad sustentable y fecunda, y de lo cual una Ley de Educación Superior debe ocuparse, es que haya una regulación pública equilibrada y exigente, que establezca reglas de juego razonablemente equitativas y estables a las cuales todos deben atenerse.

En suma, el objetivo de una nueva ley para la universidad de hoy y de mañana debiera ser, en mi opinión, el de avanzar en la conformación de un sistema de ES suficientemente amplio, inclusivo y de calidad, con creciente capacidad no solo de autoevaluación sino también de autorregulación: una autorregulación exigente y responsable, que se atenga a las reglas de juego básicas que regulan el sistema, y que no excluya la mirada externa, la transparencia y la rendición de cuentas ante la sociedad que la ha creado, que la sostiene, y a la cual la universidad se debe. En esa tarea hay ya un camino recorrido, hay varios avances y arreglos institucionales innovadores, definidos normativamente en la LES actual y experimentados en sus casi dos décadas de vigencia, que se deberían analizar críticamente en vistas a su mejor aprovechamiento en la hipótesis de un cambio de legislación, y no echar todo ligeramente por la borda.

Referencias bibliográficas

Brunner, J.J. (2013), "New Dynamics of Latin American Higher Education", *International Higher Education*, n. 71 (Spring), pp. 20-22.

Cantini, J.L. (1997), *La autonomía y la autarquía de las universidades nacionales*, Buenos Aires, Academia Nacional de Educación.

Chiroleu, A. (2010), Respuestas a la entrevista "Acerca de una nueva Ley de Educación Superior", Revista *Pensamiento Universitario*, año 13, n. 13, pp. 43-46.

Dill, D.D. &, BEERKENS, M. (2013), "Designing the Framework Conditions for Assuring Academic Standards: Lessons Learned about Professional, Market, and Government Regulation of Academic Quality", *Higher Education*, vol. 65, n. 3, pp. 341-357. Disponible en: https://goo.gl/QkUALc.

Levy, D. (2011), "Public Policy for Private Higher Education: A Global Analysis", *Journal of Comparative Policy Analysis: Research and Practice*, vol. 13, n. 4, pp. 383-396.

Lynch, K. (2006), "Neo-liberalism and Marketisation: The Implications for Higher Education", *European Educational Research Journal*, vol. 5, n. 1, pp. 1-17. Disponible en: https://goo.gl/CER6dr.

Mignone, E.J. (1998), *Política y Universidad. El Estado legislador*, Buenos Aires, s/ed.

Mundet, E. (1999), "Los grandes ejes de la Ley de Educación Superior y la experiencia de su aplicación", en E. Sánchez Martínez (ed.), *La educación superior en Argentina: transformaciones, debates, desafíos*, Buenos Aires, SPU/Min. Educación, pp. 49-67.

Puiggrós, A.V. (coord.) (2011), *Hacia una nueva Ley de Educación Superior*. Consulta realizada por la Comisión de Educación de la Honorable Cámara de Diputados de la Nación. Documentos y Proyectos (2008-2011), Buenos Aires, Editorial UNLaM.

Salmi, J. (2008), "The Growing Accountability Agenda: Progress or Mixed Blessing?", IMHE Programme on Institutional Management in Higher Education, OECD. Disponible en: https://goo.gl/fNvf4U.

Sánchez Martínez, E. (2004), "La legislación sobre educación superior en Argentina. Entre rupturas, continuidades y transformaciones", en O. Barsky, V. Sigal y M. Dávila (coords.), *Los desafíos de la universidad argentina*, Buenos Aires, Siglo XXI Editores, pp. 243-285. También disponible en: https://goo.gl/oUd3jY.

Santiago, P.; Tremblay, K.; Basri, E. & Arnal, E. (2008), *Tertiary Education for the Knowledge Society*. Special Features: Governance, Funding, Quality. París, OECD.

Scotto, C. (2013), Intervención en el debate preparatorio del III Encuentro Internacional de Rectores Universia Río 2014. Disponible en: https://goo.gl/R3PG49.

2

La Ley 24.521 de Educación Superior

Su impacto modernizante y la necesaria nueva agenda de política pública universitaria

Graciela Giménez y Juan Carlos Del Bello

Introducción

Los estudios de las normas universitarias tipifican y reglamentan "grandes universales" que como arquetipos son modelos de ideas que luego se repiten en otros patrones institucionales. Seguidamente decantaremos siete cuestiones paradigmáticas o representaciones que constituyen el inconsciente colectivo universitario:

1. La autonomía
2. Los órganos de gobierno y la participación de los claustros
3. El financiamiento y la gratuidad
4. El régimen de títulos
5. Los profesores
6. Los alumnos
7. La regulación del sistema

La LES de 1995 se ocupa de estos universales apartándose sustancialmente de la tradición histórica con innovaciones muy importantes, como el modo de concebir la autonomía -"la ley más autonomista de la historia después de la Ley Avellaneda", según Alejandro Finocchiaro (2004)-, la evaluación institucional y la acreditación de carreras, el régimen de títulos, las bases para la articulación de las instituciones que la hicieron el instrumento de modernización del sistema de educación superior que conocemos en la actualidad. Eduardo Sánchez Martínez (2003) en un profeso estudio sobre legislación universitaria explica que fue la primera ley argentina que se ocupó del conjunto de las instituciones de educación superior y no solamente de las universidades, que permite entrever en ese articulado y la sonada discusión parlamentaria un contenido cultural de la "época" de un arquetipo o universal universitario: el sistema, el conjunto.

Las reformas modernizadoras que introdujo la LES se sitúan en un marco regional de transformaciones en la educación superior de América Latina y el mundo, promovidas por los Estados nacionales desde finales de la década de los años 1980 y principalmente en la década del 90, especialmente en Europa, con el fin de estimular un mejor desempeño de las universidades: la introducción de la evaluación externa y la rendición de cuentas, ampliando simultáneamente la autonomía académica y económica y financiera. Nuevas normativas incorporaron mecanismos de evaluación externa y acreditación de la calidad e instrumentaron nuevos mecanismos de financiamiento. El Estado pasaba a desempeñar más un papel de evaluador *ex post* que interventor *ex ante* en cuestiones académicas y económicas. Se podría resumir el paradigma de las reformas a escala mundial como la construcción de una nueva relación entre las instituciones universitarias y el Estado. El paradigma subyacente en esas reformas era una mixtura de regulaciones e incentivos descriptos en un aumento gradual de las autonomías institucionales sometidas a una evaluación de resultados con incentivos económicos y simbólicos (categorización de docentes que investigan) para que las universidades incrementaran su calidad, relevancia y eficiencia. Sin embargo, dice Daniel Saimolovich (2010) que "en general la implantación de sistemas de evaluación/acreditación es generalizada e irreversible, pero avanza a diferentes velocidades; y la introducción de mecanismos financieros alternativos es limitada y, con frecuencia, aleatoria y fluctuante". El aumento de la autonomía alcanzado en los sistemas cuyos gobiernos impulsaron reformas es descripto a partir de seis criterios:

- autonomía académica para determinar la estructura académica de cada institución y decidir sobre la creación de carreras y el contenido de los planes de estudio;
- autonomía para determinar el sistema de ingreso, permanencia y egreso de los estudiantes;
- autonomía sobre la relación laboral y salarial del personal docente y no docente;
- autonomía para asignar y reasignar los recursos económicos provistos por el Estado a través de las leyes anuales de presupuesto;
- autonomía para disponer del patrimonio, generación y uso de recursos económicos de otras fuentes, incluido tomar créditos;
- autonomía organizacional, para determinar los órganos de gobierno, su composición y el modo de elección o designación, sobre la base de algunas pocas normas básicas.

La autonomía

Primero existió la autonomía y luego se la definió, dice Finocchiaro (2004), y agrega como curiosidad que la autonomía no fue motivo ni razón del reformismo del año 1918, no aparece descripta en el manifiesto liminar, ni tampoco en el año 1947 con Perón dado que se la empareja con la autarquía. Luego de la creación de la UBA en 1821 y la nacionalización de la Universidad de Córdoba en 1854, se dictó en 1885 la primera ley universitaria, conocida como la Ley Avellaneda, que les permitiría preservarse del poder político de manera crítica e independiente, y en sus antípodas servir a los intereses corporativos académicos y políticos que se gestan en el ámbito de las organizaciones. No obstante, cabe destacar que la designación final de los docentes concursados recaía en el Poder Ejecutivo sobre la base de ternas que elevaba la institución universitaria. La autonomía tampoco formó parte del articulado de ninguna de las leyes posteriores.

En la práctica las universidades gozaron hasta los años 1990 de un nivel de autonomía acotada, incluso en los períodos de gobierno democráticos o de democracia restringida. Nos referimos tanto a las cuestiones académicas (sometimiento de los planes de estudio a la aprobación ministerial) y presentación de los requerimientos presupuestarios desagregados –incluido el tamaño de los planteles docentes- al Ministerio de Economía. Hacia finales de los años 1980, con el auge de la vuelta a la democracia en la región y las universidades en politizada efervescencia, hubo un reclamo de atribuciones que luego devino en su definición y normalización. Sin embargo el capítulo 2 del título IV de la LES superó ampliamente lo que hasta ese momento se entendía por autonomía cuando describe en específico sus *atribuciones, potestades y límites*. Ese concepto de soberanía que subyace en la autonomía -"no hay ningún orden jurídico superior por encima o la facultad de autonormarse sin limitaciones"- no había alcanzado la expresión lograda en el artículo 29 de la LES:

> a) Dictar y reformar sus estatutos, los que serán comunicados al Ministerio de Cultura y Educación a los fines establecidos en el artículo 34 de la presente ley…

Las objeciones que recibió el primer inciso, que es histórico y viene de la Ley Avellaneda, se fundaban en esa concepción de autonomía que la igualaba con la soberanía. Específicamente la UBA reclamó por la obligación de la comunicación al Poder Ejecutivo (a través del Ministerio de Educación) de los estatutos, como una opción a la intervención del Poder Judicial para observar las cartas magnas universitarias. El fallo no le dio la razón a la UBA en este reclamo, porque aunque no se discute el autogobierno, la autarquía, la potestad para decidir en materia académica, es al

Congreso de la Nación a quien le corresponde aprobar el marco legal de las normas de organización institucional de las universidades tanto para su creación, asignación presupuestaria y eventual intervención. Por eso en la LES se menciona solamente en estas tres ocasiones la frase "Congreso Nacional": así de absoluta y seria fue la concepción de autonomía que asombra a los estudiosos de la materia.

> b) Definir sus órganos de gobierno, establecer sus funciones, decidir su integración y elegir sus autoridades de acuerdo a lo que establezcan los estatutos y lo que prescribe la presente ley; (...) d) Crear carreras universitarias de grado y de posgrado...

El segundo inciso subraya más aun el valor de la autonomía y posibilita todo tipo de ensayos y alternativas institucionales, como se verá en el apartado que sigue sobre formas de gobierno y participación. En esa misma línea, el inciso (c) habilita la creación de carreras, que en la actualidad y debido al panorama del sistema universitario argentino (SUA) requeriría una revisión o posiblemente un agregado que vincule esta soberana voluntad (de las universidades nacionales) con una iluminada planificación y ordenamiento de la oferta habida cuenta de la superposición, escasa pertinencia, falta de coordinación para crear carreras innecesarias y costosas que a la larga implican una mala asignación de los recursos públicos. En su defecto, si no interviene el Estado al menos cabría un enfoque de autorregulación de las instituciones, confiriendo al Consejo Interuniversitario Nacional la emisión de un dictamen no vinculante.

> f) Otorgar grados académicos y títulos habilitantes conforme a las condiciones que se establecen en la presente ley...

El inciso que establece la facultad de expedir grados académicos y títulos habilitantes resolvía una atribución que estuvo en disputa desde el origen de la universidad en el mundo: ¿quién habilita para ejercer la profesión? ¿La corporación académica, la profesional o el Estado? La LES establece que la intervención del Estado a través del Ministerio de Educación será con carácter de revisión y en el caso de las profesiones que entrañen riesgo en su ejercicio, *cuya nómina será con carácter restrictivo*, deberán cumplir condiciones adecuadas para la formación. En la actualidad hay 72 títulos regulados y en aumento y con ello el cercenamiento de ejercicio profesional de los que no entrañan riesgo, como se verá más adelante.

No obstante, cabe advertir que los líderes de la reforma del Poder Ejecutivo Nacional promovieron sin éxito la separación de la acreditación académica de la habilitación profesional, siguiendo el modelo anglosajón, principalmente estadounidense. Pocas fueron las adhesiones de las universidades nacionales y privadas a este enfoque, primando un criterio corporativo. Sin duda separar la habilitación profesional de la acreditación de una formación académica determinada profundizaría la autonomía de las universidades.

> g) Impartir enseñanza, con fines de experimentación, de innovación pedagógica o de práctica profesional docente, en los niveles preuniversitarios, debiendo continuar en funcionamiento los establecimientos existentes actualmente que reúnan dichas características...

La potencialidad del desarrollo de educación preuniversitaria consagrada en el inciso (g) casi de forma daba cuenta de una necesidad de continuar el funcionamiento de los que ya estaban, mas la historia sucedida muestra que en el actual contexto los resultados de esas iniciativas representan las versiones de elite del nivel secundario, desde hace un tiempo obligatorio y en su desgracia con una de las peores crisis estructurales de sentido, recursos, resultados, actores. Pareciera necesario alentar una reinterpretación de este inciso de manera que las universidades contribuyan efectivamente a potenciar el nivel secundario, fuente primera de sus estudiantes, antes que a concentrar recursos en esa dirección que debe ser urgente materia de decisión en su conjunto por parte del Consejo Federal de Educación.

> i) Establecer el régimen de admisión, permanencia y promoción de los estudiantes, así como el régimen de equivalencias...

Este inciso consagraba la más grande autonomía sobre un tema polémico como es la admisión, permanencia y promoción de los estudiantes, y se resolvió en la dirección de considerar la amplia variedad de estrategias y orientaciones sobre el ingreso vigentes en el sistema al momento de la sanción de la LES que describían dos tendencias generalizadas: irrestricto o directo, y por otro lado no directo, que puede incluir cupos o *numerus clausus*, el curso nivelatorio obligatorio, el curso y examen de ingreso, las entrevistas de admisión, materias introductorias, el CBC, etc. Veinte años después las reformas sancionadas por el Honorable Congreso Nacional a partir de uno de los proyectos de la Dip. Nac. Adriana Puiggros (Ley 27.204) darían cuenta *prima facie* de un supuesto avance, hipotéticamente revolucionario, pero que en la práctica cuando se corre el velo a los fetiches, uno de ellos el "ingreso irrestricto", esta última reforma constituye un verdadero retroceso e intromisión en un aspecto clave: la autonomía académica.

La educación superior como derecho humano no es solo un derecho individual, sino también un derecho social, y el Estado no puede estar ajeno si las preferencias individuales de los argentinos se orientan mayoritariamente a carreras tradicionales con ejercicio liberal de la profesión, que, lamentablemente, representan hoy más del 50% de la matrícula universitaria, no puede estar ajeno a que determinen una estructura académica institucional desequilibrada, con carreras masivas, que contrasta con una limitada capacidad educativa, y por otro lado carreras con pocos alumnos y baja asignación de recursos destinados a potenciales alumnos de carreras prioritarias. Juan Carlos Tedesco, Oscar Ozlak y otros autores sobre historia de la educación argentina señalan que desde principios del siglo XX la orientación de la universidad argentina poco tenía que ver con el "progreso económico". En contraste, en los países emergentes del sudeste asiático, el 70% de los estudiantes cursan carreras de ingeniería, ciencias exactas y naturales, más vinculadas al desarrollo económico.

En el fondo, el ingreso irrestricto es asimilable al razonamiento de la mano invisible del mercado para asignar las preferencias de los consumidores, en este caso por el "servicio de la educación universitaria". Si las orientaciones vocacionales de los jóvenes argentinos que aspiran a cursar estudios universitarios se concentran en Derecho y Contador Público, ¿el Estado y las universidades públicas y privadas deberían asegurar la cantidad de plazas demandadas, al margen de la capacidad educativa entendida en un sentido amplio de infraestructura, laboratorios, clínicas y, fundamentalmente, docentes calificados, y de sus propias estrategias de planificación del desarrollo institucional?

El ingreso irrestricto fue un reclamo democratizador en los inicios de la recuperación de la democracia en 1983. Los exámenes de ingreso de la universidad de los largos períodos dictatoriales correspondían a un modelo universitario de elite. Treinta años de democracia han permitido consolidar un sistema universitario de masas. En aquel entonces, salvo las facultades de la UTN, la Universidad Nacional de Lomas de Zamora y la Universidad Nacional de Luján, no existía ninguna otra universidad pública en el conurbano bonaerense, un conglomerado de millones de habitantes. En este período se crearon 12 universidades en ese territorio. Tampoco existía una universidad nacional por provincia. Hoy el subsistema universitario público nacional cuenta con 51 universidades y al menos una en cada provincia.

El enfoque del ingreso irrestricto, pensado desde la ampliación de derechos individuales, conspira contra la irrenunciable planificación del sistema educativo que debe realizar el Estado y agrede la inteligencia de la universidad autónoma y cogobernada, que ha sabido gestionar las carencias de los jóvenes ingresantes, ampliar su capacidad educativa y resolver con responsabilidad la tensión entre el interés individual y el interés público.

Además, la imposición del ingreso irrestricto es contradictorio con el mantenimiento del artículo 29 inciso (j) de la LES, que establece dentro de los alcances de la autonomía universitaria la definición de los sistemas de admisión, permanencia y egreso de los estudiantes. Por lo tanto coexisten dos normas contradictorias, lo que da pie a la judicialización del tema.

Asimismo la LES establece la acreditación obligatoria de las carreras de interés público (artículo 43). La jurisprudencia establece que la acreditación de la calidad de estas carreras (Medicina, Odontología, todas las ingenierías, Arquitectura, Farmacia, Bioquímica, etc.) está condicionada a que la cantidad de estudiantes admisibles debe ser consistente con la capacidad educativa de la institución. La adopción obligatoria y automática del ingreso irrestricto sin el simultáneo aumento de la capacidad educativa dará lugar a la caída de la acreditación, al no asegurarse una enseñanza de calidad.

Hubo en estos veinte años de aplicación de la LES presentaciones judiciales que observaron que la ley implicaba una intromisión normativa sobre cuestiones de exclusiva injerencia de los estatutos y órganos de gobierno de cada institución, además de inmiscuirse en problemáticas que son ajenas a su responsabilidad. Rodeadas de garantías y con una correlativa responsabilidad sobre sus actos, las universidades argentinas en estas dos décadas no han padecido la restricción de sus actos y no ha tenido lugar ninguna intervención por parte del Congreso de la Nación, ni tampoco ninguna intervención de la fuerza pública a solicitud de autoridades universitarias o jueces competentes. Hoy más que nunca es absolutamente vigente el amplio concepto de autonomía responsable fijado por la LES, que como oxímoron permite congraciar las eventuales *concesiones* de la autonomía en nombre de la responsabilidad que le cabe al Estado frente al interés público.

Los órganos de gobierno y la participación de los claustros

La LES estableció pisos mínimos de participación relativa de docentes y estudiantes, propició o dio pie a la participación de no docentes siguiendo la tradición francesa (y la anterior Ley universitaria 20.654 de 1974, conocida como "Ley Taiana" o "Ley Perón/Balbín") y limitó la participación de los graduados considerando solamente a aquellos que no tuvieran relación laboral con la universidad. La LES otorgó una amplia libertad para que las instituciones definieran en sus estatutos los órganos de gobierno que creyeran convenientes. Esta libertad que lleva dos décadas aún no permite apreciar demasiada diversidad en las estructuras organizativas de los cuerpos colegiados, aunque se han explorado modelos y criterios alternativos o no tradicionales en las universidades nuevas, lo mismo que la composición de estos órganos.

A la LES se le atribuyó en ruidosas movilizaciones, antes y después de su sanción, limitar la composición de los órganos colegiados y negar el cogobierno, argumento mítico que el tiempo convirtió en olvidada falacia, porque en la realidad la ley garantizó la responsabilidad indelegable de los profesores en la vida universitaria, tanto así que fijó un mínimo de participación de los docentes en sus órganos colegiados: no menor al 50%, con base en el acuerdo alcanzado previo a la sanción parlamentaria de la ley entre la SPU y las universidades, en el marco del Consejo Interuniversitario Nacional, firmado un año antes. Cabe recordar que la Ley Perón/Balbín, que alude el acuerdo político del peronismo y el radicalismo, establecía un piso de participación docente del 60% en los órganos colegiados de gobierno.

La LES estableció como requisito que los estudiantes debían tener el 30% de la carrera aprobada para integrar la conducción colegiada del gobierno y así decidir con pertinencia sobre la universidad toda. Este mínimo de exigencia basado en un razonable conocimiento y experiencia de la vida universitaria fue pensado en algún momento como el 50%. No resistía ningún análisis serio y riguroso que estudiantes crónicos fueran parte del gobierno universitario. El alcance y objeto de las decisiones de gobierno después de veinte años puede haber cambiado pero no sustancialmente: los consejos superiores deciden sobre presupuesto, creación de carreras, reglamentación de concursos, evaluación docente, por lo que pareciera que esa exigencia de antecedentes en la institución fuera vigente. Una comparación de los porcentajes de representación de los claustros entre 1995 y 2015 muestra cambios sustantivos, como se aprecia en el estudio de Nosiglia y Mulle (2009).

Una clave de la reforma fue establecer que sobre los órganos unipersonales de gobierno recaían las funciones ejecutivas, mientras que en los órganos colegiados las funciones legislativas o normativas. Esta reforma contribuyó a una mejora en los niveles de eficacia y eficiencia del gobierno universitario. No obstante, en la práctica la mayoría de las universidades no modificaron la agenda de temas a cargo de los órganos colegiados de gobierno, que en términos metafóricos continuaron tratando cuestiones subalternas ("hormigas") tales como licencias, becas y tratamiento de expedientes individuales, en vez de concentrarse en la "gran política" del egreso y la deserción ("los elefantes").

El Consejo Social, que desde la ley se alentó a constituir como una orientación del objetivo de anclaje territorial que tienen que alcanzar las universidades lejos del modelo de torre de marfil, no parece haber sido un instrumento eficaz para promover la interacción con el medio, sin embargo otras formas alternativas lograrían mejor articulación con la comunidad.

La incorporación de miembros externos al gobierno universitario es una tendencia internacional reciente (p.e. países nórdicos) que obedece a una ruptura de la identidad autonomía/autogobierno proponiendo un sistema de gobierno con participación de los claustros (docentes, estudiantes y no docentes) y de la sociedad civil a través de sus organizaciones libres de productores, trabajadores y otras no gubernamentales, y de la representación de la soberanía popular del nivel territorial: gobiernos provincial y municipales, estos últimos a escala regional. Estas reformas no son ajenas a la importancia que asumen las universidades en la sociedad y la economía del conocimiento. Los gobiernos se involucran cada vez más en los destinos de las instituciones, ampliando al mismo tiempo los alcances de la autonomía de estas (creación de programas de docencia sin autorización previa ministerial, autarquía económico-financiera, contratación de docentes a nivel de cada institución, etc.).

Así, en la reciente experiencia universitaria comparada en los órganos colegiados de gobierno participan actores externos a la universidad, y las formas de elección de los máximos órganos unipersonales de gobierno (rector o equivalente) alteran el clásico mecanismo de "abajo hacia arriba" (*bottom up*) por el de "arriba hacia abajo" (*top down*). Los rectores en los países nórdicos y Holanda son designadas por las Juntas Directivas (de 9 a 11 miembros en Dinamarca) o Consejos de Administración (de 20 a 30 miembros en Francia), aplicando incluso el mecanismo del concurso público de antecedentes y oposición para elegir al rector y otorgándole facultades de elección de los responsables de las unidades académicas (decanos, directores o equivalentes).

Lamentablemente, solo una institución universitaria nacional, la Universidad Nacional de Río Negro (UNRN), adoptó un sistema de gobierno en línea con las tendencias internacionales. Ello no es ajeno a que su rector organizador y normalizador fuera el autor de la LES.

El sistema de gobierno de la UNRN
En la UNRN hay una clara separación de funciones ejecutivas y normativas, para órganos unipersonales y colegiados de gobierno, que se enmarcan en preceptos tendientes a asegurar una buena gobernanza de la institución. Entendemos por gobernanza "la manera en que las instituciones se hallan organizadas y son operadas internamente, desde el punto de vista de su gobierno y gestión, y sus relaciones con entidades y actores externos con vistas a asegurar los objetivos de la educación superior" (Brunner, 2010).
En la misma línea se considera que las organizaciones universitarias

exitosas son aquellas que logran modificar su gobernanza, o sea, el funcionamiento de su gobierno y sus formas de gestión, para adaptarla a las cambiantes demandas del entorno en que se desenvuelven y a las transformaciones estructurales de aquel.

Por otro lado, el sistema de tres consejos de UNRN: Gestión y Programación Estratégica (CPyGE); Docencia, Extensión y Vida Estudiantil (CDEyVE); Investigación, Desarrollo y Transferencia de Tecnología CIDyTT), cumplen con las funciones clásicas asignadas a un único Consejo Superior, en cuanto a facultades y competencias.

Cabe advertir que esta modalidad de organización no puede ser equivalente a las Comisiones (docencia, investigación, extensión, presupuesto, etc.) del modelo de un Consejo Superior, ya que ello afectaría la representación de miembros externos. En efecto, un ministro de Economía provincial no tendría mayor interés en participar en debates sobre modificaciones de un plan de estudios, por lo que su participación está limitada al CPyGE, así como una empresa innovadora u organismo nacional de ciencia y tecnología tampoco tendría mayor interés en participar en un debate como el mencionado, por lo que su participación está acotada al CIDyTT. En otras palabras, el sistema de tres consejos facilita la participación de miembros externos en el gobierno universitario.

Considerando estos antecedentes, y evaluando las probabilidades de implementación en el país a partir de la experiencia transitada de esta universidad patagónica que comenzó a funcionar en 2009 y prevé la participación de miembros externos en sus órganos de gobierno, es posible concluir que estas reformas requieren de características culturales y sociales que aún son incipientes en nuestro país.

El sistema de gobierno adoptado se enmarca en lo establecido por la Ley 24.521 de Educación Superior. El artículo 53, segundo párrafo explicita al "Consejo Superior u órgano que cumpla similares funciones", y en el inc. (a) de dicho artículo se prescribe que el claustro docente tenga la mayor representación relativa no inferior al 50% de la totalidad de sus miembros, disposición que el Estatuto Universitario respeta para los tres Consejos arriba mencionados. Los restantes incisos del artículo 53 establecen condiciones de participación de los claustros de estudiantes, no docentes y graduados (incluso para estos últimos no se establece la obligatoriedad). Así como en ningún artículo de la ley en general, y en la sección 2 de órganos de gobierno de las instituciones universitarias nacionales en particular, se establecen disposiciones que cercenen la participación de actores externos, el Estatuto de la UNRN adoptó una posición proactiva para sumarlos a compartir la toma de decisiones en sus ámbitos de gobierno.

> Las funciones ejecutivas se reservan para los órganos unipersonales y las de definición de políticas y de control a los órganos colegiados, como se prevé en el artículo 52 de la Ley 24.521. También el Estatuto prevé la constitución de un Consejo Social a nivel de la universidad y de consejos sociales a nivel de cada sede (art. 56 de la LES), que aún no han sido constituidos. Ello en virtud de que transcurridos siete años de desarrollo de la institución, se ha considerado que la participación de representantes externos en los órganos colegiados de gobierno sustituye la existencia de ese Consejo Social. No obstante, aún no se ha considerado oportuno hacer una reforma estatutaria para su eliminación.
>
> El sistema electoral adoptado por la UNRN refleja en gran medida el tipo de órganos colegiados de Francia, y la elección directa del rector y vicerrectores de sede sigue la modalidad española y de un grupo todavía minoritario, pero creciente, de universidades nacionales argentinas. Con respecto a la elección de autoridades unipersonales, la LES no establece ninguna regulación. Nosiglia y Mulle (2015) analizan que si bien en ese momento hubo intención de fijar su elección directa, no contó con el apoyo de la mayoría, por lo que este mecanismo se dejó librado a la decisión de las instituciones. Las universidades nacionales argentinas con elección directa de autoridades unipersonales son 13: Comahue, Cuyo, La Pampa, Luján, Misiones, Río Cuarto, Río Negro, Salta, San Juan, San Luis, Santiago del Estero Villa María y Villa Mercedes.[1]

El financiamiento y la gratuidad

El modo de sostenimiento financiero de las universidades nacionales más allá de los reiterados cambios de legislación ha sido y sigue siendo básicamente a partir del Tesoro Público, es decir, por las contribuciones del Estado nacional. Se trata de un tema que está regulado no solo por las leyes universitarias que por lo general solo establecen el principio general y algunas normas básicas al respecto (modelo de asignación de recursos basado en indicadores objetivos como alumnos activos, egresados, etc.), sino también por las leyes anuales de presupuesto a través de las cuales

---

[1] Nosiglia, María-Catalina y Verónica Mulle (2015), "El gobierno de las instituciones universitarias a partir de la Ley de Educación Superior 24.521: un análisis de los estatutos universitarios", en Revista Iberoamericana de Educación Superior (RIES), México, UNAM-IISUE/Universia, vol. VI, núm. 15, disponible en: https://goo.gl/vddHG3.

se asignan los recursos a las universidades y su utilización respetando las leyes de contabilidad o de administración financiera que rigen para toda la administración pública nacional.

La gran reforma económica de las universidades fue el sistema de asignación de una suma global (*block grant*) para cada universidad, lo que implicó otorgar autarquía para su asignación o distribución para las funciones sustantivas universitarias (educación, investigación y extensión). Con anterioridad el presupuesto de cada universidad desagregaba los gastos en personal, bienes de consumo y de uso, servicios no personales, etc., quitando autonomía al gobierno universitario para su distribución. En períodos de ajuste fiscal, las universidades eran pasibles, al igual que el resto de las instituciones públicas, de sufrir las políticas de congelamiento de vacantes, por ejemplo.

En la tradición legislativa argentina no hay, a pesar de que el tema surge en el debate público una y otra vez, experiencias concretas de financiamiento universitario a través de impuestos de afectación específica. Solo la Ley 13.031 de 1947 estableció un impuesto del 2% sobre el importe anual de los salarios del que son responsables los empleadores, aunque en los hechos el impuesto de referencia nunca se aplicó efectivamente.[2]

> Artículo 2. El Estado, al que le cabe responsabilidad indelegable en la presentación del servicio de educación superior de carácter público, reconoce y garantiza el derecho a cumplir con ese nivel de la enseñanza a todos aquellos que requieran hacerlo y cuenten con la formación y capacidad requeridas.

Es evidente que sin el aporte del Estado la prestación del servicio no podría garantizarse. Se trata de una explicitación que luego se completa con el artículo 58, donde se hace referencia a los otros recursos indispensables que la ley alienta y estimula:

> Artículo 58. Corresponde al Estado nacional asegurar el aporte financiero para el sostenimiento de las instituciones universitarias nacionales, que garantice su normal funcionamiento, desarrollo y cumplimiento de sus fines. Para la distribución de ese aporte entre las mismas se tendrán especialmente en cuenta indicadores de eficiencia y equidad. En ningún caso podrá

---

[2] "2º Con el impuesto del dos por ciento (2%) que toda persona de existencia física, ideal, con o sin personalidad jurídica, o sucesión indivisa que empleare trabajo de otra, está obligado a satisfacer sobre el importe anual de los 'sueldos' y 'salarios' que abonare. Los 'sueldos' y 'salarios' sobre los que corresponderá ingresar el impuesto a que se ha hecho referencia precedentemente, se determinarán de acuerdo con lo establecido en el párrafo primero del art. 2º del Decreto Ley 33.302/45 (Ley 12.921). Quedan exentos de este impuesto los 'sueldos' y 'salarios' que se paguen al servicio doméstico y los abonados por los fiscos nacional, provinciales y municipales y los de las entidades que en su totalidad pertenezcan a los mismos".

disminuirse el aporte del Tesoro nacional como contrapartida de la generación de recursos complementarios por parte de las instituciones universitarias nacionales.

Fue una innovación de la ley incluir la referencia a los indicadores de eficiencia y eficacia, lo mismo que las pautas de distribución que en su relevancia aluden a mecanismos de revisión del presupuesto universitario como se hace hasta ahora.

Sin embargo la reciente modificación de la LES por el Proyecto Puiggros constituye un retroceso al eliminar el párrafo del artículo 58 que preveía estos criterios objetivos para la distribución del aporte económico del Estado nacional entre las universidades nacionales. Esta norma promovió la adopción de un modelo de pautas de distribución presupuestaria por parte del CIN, que ahora estaría cuestionado, abriendo paso a distribuciones presupuestarias negociadas con base en posicionamientos políticos, método fuertemente cuestionado por la literatura sobre financiamiento de la educación superior. A partir de la LES los criterios discrecionales de asignación de recursos fueron gradualmente reemplazados por criterios objetivos, por cierto no perfectos y sujetos por lo tanto a la mejora continua. Por eso fue sorpresivo el Decreto N° 2585 de 26/11/2015, que asignó discrecionalmente $ 432 millones a nueve universidades nacionales, inmediatamente después de la promulgación de la Ley 27.204, cuando $ 400 millones de ese total debían distribuirse entre todas las universidades nacionales según el modelo consensuado por el CIN, basado en alumnos activos y relaciones técnicas docente/alumno, y $ 32 millones correspondían a todas las universidades que no habían alcanzado los diez años de vida desde su creación. Este suceso evidenció el retroceso que provocó esta reforma de barniz progresista.

Asimismo el artículo 59 consagra la autarquía económico-financiera para la gestión y administración de las universidades y siguiendo el modelo descriptivo de los alcances de la autonomía, describe de forma no taxativa una enumeración de atribuciones:

a) Administrar su patrimonio y aprobar su presupuesto. Los recursos no utilizados al cierre de cada ejercicio, se transferirían automáticamente al siguiente; b) Fijar su régimen salarial y de administración de personal; c) Podrán dictar normas relativas a la generación de recursos adicionales a los aportes del Tesoro nacional, mediante la venta de bienes, productos, derechos o servicio, subsidios, contribuciones, herencias, derechos o tasas por los servicios que presten, así como todo otro recurso que pudiera corresponderles por cualquier título o actividad. Los recursos adicionales que provienen de contribuciones o tasas por los estudios de grado, deberán destinarse prioritariamente a becas, prestamos, subsidios o créditos u otro tipo de ayuda estudiantil y apoyo didáctico; estos recursos adicionales no podrán utilizarse para financiar gastos corrientes. Los sistemas de becas, préstamos u otro tipo de ayuda estarán fundamentalmente destinados a aquellos estudiantes que demuestren aptitud suficiente y respondan adecuadamente a las exigencias académicas de la institución y que por razones económicas no pudieran acceder o continuar los estudios universitarios, de forma tal que nadie se vea imposibilitado por ese motivo de cursar tales estudios; d) Garantizar el normal desenvolvimiento de sus unidades asistenciales, asegurándoles el manejo descentralizado de los fondos que ellas generen, con acuerdo a las normas que dicten sus Consejos Superiores y a la legislación vigente; e) Constituir personas jurídicas de derecho público o privado, o participar en ellas, no requiriéndose adoptar una forma jurídica diferente para acceder a los beneficios de la ley 23.877; f) Aplicar el régimen general de contrataciones, de responsabilidad patrimonial y de gestión de bienes reales, con las excepciones que establezca la reglamentación. El rector y los miembros del Consejo Superior de las instituciones universitarias nacionales serán responsables de su administración según su participación, debiendo responder en los términos y con los alcances previstos en los artículos 130 y 131 de la ley 24.156. En ningún caso el Estado nacional responderá por las obligaciones asumidas por las instituciones universitarias que importen un perjuicio para el Tesoro nacional.

Uno de las innovaciones de este artículo es la relativa a la descentralización salarial que fija el inciso (b), que permite que haya tantos regímenes de administración de personal docente y no docente como universidades, aunque en la práctica no hay diferencias sustanciales. Además habilitó a establecer políticas salariales diferenciadas, donde tampoco de hecho se aprecian sustantivas diferencias. A partir de la LES las nuevas universidades, como la Universidad Nacional de Quilmes, adoptaron modelos no convencionales de régimen laboral docente, establecidas las remuneraciones de acuerdo con incentivos relacionados con el rendimiento y no con el mero paso del tiempo (antigüedad). La crisis de 2001 obligó al Estado a establecer el régimen de paritarias nacionales y con ello se abortó la capacidad autonómica prevista en la LES para que las universidades nacionales (UUNN) hicieran reformas en el componente principal del proceso educativo y el de mayor incidencia en el gasto total universitario. Las paradojas de la historia nos muestran que en los diez años de mayor crecimiento presupuestario (2005/2015) el Estado nacional financió plantas docentes móviles incrementales, definidas autónomamente por las instituciones sin que necesariamente tuvieran un correlato en equivalente incremento de nuevos inscriptos.

El otro inciso innovador y con fuerte polémica fue el relativo a las tasas por los estudios de grado. En rigor lo único que hace la LES es dejar el punto en mano de las universidades como corresponde a un régimen institucional de autonomía, con la única condición de que aquellas que cobraran aranceles debían destinar esos ingresos prioritariamente a becas y apoyo a los estudiantes. La tradición universitaria argentina fue determinante en la definición de esta materia por parte de las instituciones universitarias estatales: la gratuidad de los estudios de grado presenciales.

Se sabe que fue en pocas ocasiones implementado dado que las universidades estatales argentinas son renuentes a establecer contribuciones de estudio ni a los estudiantes de los quintiles de ingreso más favorecidos ni tampoco a los extranjeros que vienen a estudiar al país, debido a que en sus países los estudios universitarios son arancelados. Sin embargo aunque marginal en su implementación, este inciso fue modificado mediante la Ley 27.204.

Una aclaración previa para contextualizar el tema de la gratuidad trata del error de atribuirla a las proclamas de la Reforma Universitaria de 1918, cuando en realidad esta nunca la tuvo entre sus postulados. Como recuerda Emilio Mignone (1998), "después del 18 se siguieron cobrando sin oposición derechos o aranceles, aunque modestos, y la gratuidad fue adoptada por el gobierno peronista constitucional y no precisamente por gestión de la FUA (Federación Universitaria Argentina), entonces en la oposición". Fue, en efecto, en 1949 cuando se suspendió el cobro de aranceles en la enseñanza, incluyendo de hecho a la enseñanza superior. El tema de los aranceles, describe Cantini (1997), tuvo en la historia universitaria argentina distintas expresiones que sintetiza en cuatro tipos:

1. Gratuidad absoluta: Ley 14.297 de 1953; Ley 20.654 de 1974 y Ley 23.151 de 1984.
2. Gratuidad solamente de la enseñanza de grado: Ley 17.245 de 1967 y Ley 23.569 de 1988.
3. Arancelamiento implícito: Ley 1597 de 1885 (Ley Avellaneda) y los Decretos-Leyes 6403/55 y 7361/57.
4. Arancelamiento explícito: Ley 13.031 de 1947 y Ley 22.207 de 1980.

Pero fue la reforma constitucional de 1994, al establecer que corresponde al Congreso sancionar leyes que garanticen "los principios de gratuidad y equidad" de la educación pública estatal, la que generó un debate jurídico que se extendió dogmáticamente hasta la actualidad en varios sectores, sin lugar para cuestionamientos o dudas que contrasten con la realidad. La guía de carreras de la SPU informa que hay en el país 6016 carreras de grado y pregrado. El 11% se corresponde con titulaciones de grado de tipo ciclo de complementación, a los que acceden egresados con títulos de grado. Más de 400 de esas ofertas son estatales. Se trata de una modalidad de formación que prevé la articulación de los estudios previos con el ejercicio de la profesión para el cual el egresado no contaba con competencias, por ello 290 son carreras orientadas a la Educación. En general, las universidades estatales, con base en los territorios provinciales, planifican estas carreras en consonancia con los requerimientos de la misma jurisdicción a partir de un diagnóstico conocido por todos: no hay suficientes docentes en las aulas o los que están en ejercicio no tienen formación *ad hoc*. Ello significa que no son jóvenes ni recién egresados de la escuela secundaria sino que son profesionales: biólogos, químicos, ingenieros, maestros, en su mayoría trabajadores docentes que no hicieron la carrera de profesorado. Estos ciclos hoy están arancelados, las universidades no los dictan de manera gratuita y son muchos los casos en los que los Ministerios de Educación provinciales becan a sus docentes para que alcancen esa formación.

Asimismo, los posgrados en el subsistema estatal universitario tampoco son gratuitos; salvo algunos doctorados, el resto, especialmente las maestrías profesionales y las especializaciones, son en su totalidad aranceladas.

Igual criterio siguen las UUNN para el dictado de carreras virtuales, cuyos aranceles se justifican por la entrega de bibliografía digitalizada, carpetas de trabajo y gastos de conectividad.

Con este panorama y el cambio de la LES a través de la Ley 27.204, que aun sin reglamentar ya tuvo cuatro presentaciones de amparo judicial, pareciera conveniente restringir la gratuidad de la enseñanza universitaria a los estudios de grado (técnico universitario, licenciado o equivalente) de ciclo completo (hasta 3 años de duración en las tecnicaturas y un mínimo de 4 años para las licenciaturas o equivalentes) y modalidad de dictado presencial en línea con lo definido por Cantini como tipo (ii).

Aunque históricamente las "otras fuentes" de recursos con que se financian las universidades nacionales han sido de muy escasa relevancia, hoy son más variadas y en conjunto aportan un 10% del total de los recursos.

El régimen de títulos

La LES no se apartó finalmente de la tradición napoleónica profesional de la universidad argentina de reunir formación académica y habilitación para el ejercicio profesional, a diferencia del modelo estadounidense. Aunque había habido anteproyectos que separaban estas dos calificaciones con la visión de que tenía ventajas para asegurar el nivel de competencias de los profesionales, también se consideraron los efectos perversos sobre todo por el derecho adquirido de las universidades privadas, cuyas primeras diez cohortes de egresados tuvieron que validar su título mediante un examen de estado, y por la dificultad de instrumentación debido a la cantidad de habilitaciones que requieren anualmente las profesiones.

Se dejó finalmente en manos de las universidades la definición de los planes de estudios, tanto en el perfil (lo que se aprende) como en sus alcances (lo que podrá hacer una vez graduado, antes conocidas como incumbencias) con la sola condición de que los planes de estudio respeten la carga horaria mínima fijada por el Ministerio de Educación en acuerdo con el Consejo de Universidades (CU), en el que participan los subsistemas estatal y privado. Luego el título universitario certifica el grado académico y habilita para el ejercicio profesional y todo lo que ello implica es responsabilidad de las universidades.

Hasta aquí la tradición. La LES introduce una excepción que es una innovación de importancia en la legislación y la vida universitaria: el concepto del riesgo público en el ejercicio de las profesiones.

El artículo 43 y sus consecuencias

Esta excepción es clara y trata de garantizar la competencia de la actuación profesional de los titulados de carreras que en su ejercicio pudieran poner en riesgo de modo directo bienes y valores que deben ser protegidos: la salud, la educación, la seguridad. Y ello se delega en la CONEAU en tanto agencia estatal u otras agencias de evaluación y acreditación reconocidas por el Estado, quien a modo de recaudo preventivo acreditará las carreras verificando que cumplan con los lineamientos de formación, intensidad de las actividades prácticas y estándares mínimos de calidad fijados por el Ministerio de Educación. Lo que no quedó claro es cuáles serían todos esos títulos, dado que la norma indica que la incorporación sería con criterio restrictivo, y si bien al inicio se contaba con que fueran Medicina, Abogacía y algunas ingenierías, el tiempo, las consecuencias de los procesos de acreditación (sello de calidad) y de la definición de actividades reservadas (cepo, cotos, alambrados profesionales) y la presión de las corporaciones produjo desde 2012 una profunda revisión de los criterios establecidos por el artículo 43.

Dos años después, en 2014, el Consejo de Universidades (CU) aprobó la revisión de las regulaciones de los títulos universitarios, a través de un nuevo texto doctrinario interpretativo que incluye la redefinición de las carreras del artículo 43 de la LES, en particular en cuanto a los alcances y actividades reservados de los títulos, y los estándares para la acreditación. Al momento de publicación de este trabajo se ha iniciado el tratamiento en el CU de una nueva redacción de actividades reservadas de 72 títulos ya registrados como de riesgo, como un subconjunto de los alcances de los títulos universitarios que se estima conducirá a superar las prácticas de las corporaciones profesionales que procuran ampliar lo más posible el monopolio del ejercicio profesional, y reducir drásticamente la presión de las comunidades académicas disciplinares por ingresar al régimen de las carreras reguladas. A su vez, la apertura del financiamiento por vía de contratos programa de estas carreras contribuye también a frenar la presión.

En la agenda de políticas universitarias a partir del mandato del CU resta aún revisar los estándares para la acreditación. Después de veinte años de vigencia y experiencia en procesos de aseguramiento de la calidad, tanto en evaluación institucional como de acreditación de las carreras, un vasto registro de expertos/pares entrenados, el *benchmarking* y el conocimiento agregado de estas prácticas hacen necesario que el sistema defina nuevas metas y reglas de juego. Algunos de los problemas reconocidos en la definición actual de estándares para la acreditación:

1. no fueron previstos para el cumplimiento real sino ideal, que por naturaleza es difícil de alcanzar;
2. se formulan para relevar la consistencia con el exterior de la institución más que su lógica interna de calidad;
3. no son todos homologables entre las carreras: se advierte que no son total o parcialmente similares en su contenido y foco de análisis (así sean copias de resoluciones anteriores);
4. incluyen dimensiones transversales que requieren análisis complejos para la preparación de los pares intervinientes: "contexto institucional", "planes de estudio", "cuerpo académico", "alumnos y graduados", "infraestructura y equipos";
5. incluyen prescripciones que solo pueden ser alcanzadas por las universidades consolidadas;
6. requieren de la interpretación intersubjetiva de los pares respecto del "valor" a asignar a un estándar para el caso en que son ambiguos;
7. No parecería haber diferencia normativa entre alcanzar y no alcanzar el estándar o cuando se supera el umbral mínimo con creces.

Los estándares internacionales de calidad

Una revisión comparada de los estándares a partir de la experiencia de la red internacional de agencias INQAAHE (Fórum 2012) -que nuclea más de 250 agencias de acreditación a nivel mundial-, a partir del análisis de las guías, normativas o criterios definidos por las agencias para implementar procesos de acreditación, señaló que existe una tendencia a adoptar pocos estándares, abiertos y no prescriptivos. Ello implica implementar menor cantidad de estándares, con "mayor amplitud" en su definición para favorecer la diversidad de instituciones y de programas/carreras, en detrimento de los requerimientos de estándares "bien operativos" pensados para proteger la reputación del país, aun frente al riesgo de peligrar la autonomía de las universidades.

Esta propuesta se complementa con la creación de un sistema de calidad interna propio en cada universidad que suponga objetivos, criterios de calidad, sistemas de monitoreo y definición de resultados esperados, como así también la creación de una oficina de apoyo al sistema de calidad institucional y la necesidad de que estas cuenten con una unidad de apoyo a la calidad educativa institucional, que articulen su accionar con las agencias, de tal modo que se pueda descentralizar y sustentar parte del proceso de acreditación en las prácticas evaluativas de cada universidad.

Retomando, en tal sentido, el análisis de los estándares definidos para evaluar las carreras incorporadas al artículo 43 en Argentina, existe una prevalencia de estándares centrados en los "procesos" y prácticamente son nulos los focalizados en los "resultados" de aprendizaje. Asimismo, algunos de esos estándares han quedado asociados a aspectos que se consideran relevantes para las universidades tradicionales (cantidad de profesores con doctorados, cantidad de profesores con dedicación exclusiva, producción científica en revistas indexadas) y que no se corresponden con aquellos aspectos que hacen a la calidad de nuevas instituciones (relación docente-alumno, empleabilidad de los graduados, reputación académica, participación de externos en la institución, etc.).

Las tendencias actuales en materia de estándares advierten lo siguiente:

- Se hace foco en los resultados de aprendizaje de los alumnos y estándares basados en la evidencia.
- Los estándares consideran la diversidad.
- Se desarrollan estándares globales.

De acuerdo con estas tendencias, las agencias de aseguramiento de la calidad también están modificando y ampliando su perspectiva y considerando parámetros internacionales. Entre otras cuestiones, para adaptarse a las nuevas tendencias, las agencias consideran aspectos vinculados a la transparencia de procesos y procedimientos para la revisión de los estándares regular y sistemáticamente, y para identificar claramente los objetivos y unidades de análisis para los cuales son desarrollados esos estándares.

Adicionalmente y en cuanto al régimen de acreditación vale la hipótesis de la modificación o quizás eliminación total de las actividades reservadas en las carreras del artículo 43, de la obligatoriedad de la acreditación del posgrado con excepción de los doctorados, de la modificación del gobierno de la CONEAU y de la eventual creación de agencias de evaluación y acreditación disciplinares.

Los profesores

Aunque la LES no modificó la tradición legislativa sobre el régimen docente, estableció obligaciones que vinieron a asegurar pisos de calidad para la carrera académica (artículo 51). Se destaca la obligación de que los jurados de los concursos –único procedimiento para el acceso a la carrera académica en la universidad pública- los integren profesores regulares, con la mención expresa de dos modos de contratación que flexibilizan este principio: los docentes interinos "cuando sea imprescindible y mientras se sustancie el correspondiente concurso" y las "personalidades de reconocido prestigio y méritos académicos". También indicó la LES que el 70% de la planta docente de cada universidad nacional debía ser concursada.

En la práctica las UUNN, salvo pocas excepciones, no han concursado el 70% de sus planteles docentes, predominando el docente interino, quien no posee ciudadanía universitaria y por ende está proscripto en los procesos electorales para elegir el gobierno universitario. Los concursos docentes son "administrados" desde estrategias de preservación del poder por agrupamientos académicos con ADN político partidario predeterminado.

En 1995, año de sanción de la LES, el promedio de relación técnica docente/alumno en las 33 universidades nacionales era de 7,5 estudiantes por docente. Con los datos publicados por la SPU en su último anuario de 2013, el cociente es de 11,9 para un total de 48 universidades nacionales, lo que contrasta con los números anteriores. Se observa asimismo que la cantidad de estudiantes creció solamente un 10% en el período, si se considera la definición de alumno regular establecida por la LES. Resultaría un panorama con evidencias de ineficiencia si se pondera el cociente promedio simple de autoridades superiores sobre la cantidad de instituciones, 55,2 en 1995 y 74,6 en 2013, y su correlato en el incremento del ratio de estudiantes por autoridad superior, lo que es indicador de un ejercicio poco responsable de la autonomía universitaria.

Cuadro 1. Datos generales del sistema de UUNN. Años 1995 y 2013

	1995	2013	% crec.
UUNN	33	48	45%
Docentes	102.330	121.208	18%
Docentes eq. simple	161.411	256.260	59%
No doc.	32.342	48.643	50%
Autoridades	1.823	3.580	96%
Alumnos	766.847	1.437.611	87%
		860.025 (*)	12%

Cuadro 2. Relaciones técnicas docentes/alumnos. Años 1995 y 2013

	1995	2013	2013 (*)
Cantidad alumnos	766.847	1.437.611	860.025
Al./Doc.	7,5	11,9	7,1

Al./Doc. Equiv. simple	4,8	5,6	3,4
Al./No doc.	23,7	29,6	17,7
Al./Aut. Sup.	420,7	401,6	240,2

Fuente: elaboración propia a partir de Anuarios de Estadísticas Universitarias, SPU.
(*) Considera estudiantes como el total de reinscriptos con dos materias aprobadas el año anterior más los ingresantes. Cuadro 2.1.8. Anuario 2013 de SPU.

Para apreciar indicadores objetivos sobre la asignación de los recursos humanos se puede analizar el cuadro siguiente por institución.

Cuadro 3. Datos generales del sistema de UUNN por institución. Años 1995 y 2013

	Docentes		Docentes eq. simple		No doc.		Autoridades		Alumnos	
Universidad	1995	2013	1995	2013	1995	2013	1995	2013	1995	2013 (*)
Total general	102330	121208	161411	256260	32342	48643	1823	3580	766847	860025
Arturo Jauretche		610		551		164		9		6276
Avellaneda		357		176		227		14		3555
Buenos Aires	21701	22527	31762	39265	10162	13402	194	350	179550	185931
Catamarca	938	1129	1978	2623	465	561	40	57	5066	6903
Centro de la PBA	1689	1852	3029	4319	345	705	50	86	5614	8235
Chaco Austral		280		542		39		9		2053
Chilecito		427		859		172		9		1187
Comahue	1422	2573	3177	5825	582	868	56	78	13421	18712
Córdoba	6546	7480	11522	17729	2676	3732	66	112	86121	69724

Cuyo	3797	3865	6710	9024	1.426	1546	64	88	18476	19919
Entre Ríos	1368	1591	2470	4194	351	539	9	75	7437	10591
Formosa	670	717	930	1919	78	513	28	28	4237	6239
Gral. Sarmiento	–	620	–	1330	–	268	–	13	–	4334
San Martín	187	1436	357	1879	24	945	23	35	847	9100
José C. Paz		271		442		88		10		3090
Jujuy	627	970	1338	2589	304	399	26	28	4.798	6927
La Matanza	938	2626	2040	5164	163	466	47	51	10.841	22970
La Pampa	1005	1199	1723	3249	288	404	41	47	3903	6041
La Plata	9051	10831	12644	22895	1979	2873	138	226	71.542	62939
La Rioja	...	1777		3926	...	266	...	91	4597	12340
Lanús		727		1123		326		13		7911
Patagonia Austral	–	858		1949	–	353	...	29	–	4624
Patagonia S. J. Bosco	1757	1788	2693	3615	526	546	40	44	7696	6186
Litoral	2242	3817	4030	6918	823	1051	119	186	17.103	27195
Lomas de Zamora	2155	2460	2502	4071	460	553	50	78	25.162	25360
Luján	1137	1514	2068	3260	422	700	37	178	12.856	11937
Mar del Plata	3479	3521	5671	7347	483	873	56	80	19.197	14955
Misiones	1173	1263	2046	3203	404	496	52	40	8.834	13106
Moreno		259		184		121		30		2091

Nordeste	3912	3361	4665	6505	1435	1789	78	118	44.940	33195
Noroeste de la PBA		587		806		175		42		3807
Oeste		192		279		121		17		1281
Quilmes	368	1015	804	2130	125	409	...	35	1944	12876
Río Cuarto	1241	1703	3477	4881	425	551	38	103	8399	9843
Río Negro		716		1412		173		14		5495
Rosario	5269	6227	7531	14903	2.053	2571	136	384	53958	43069
Salta	1225	1464	2991	3982	498	538	35	48	12446	12994
San Juan	2648	2636	6092	7339	1226	1047	48	51	10818	14701
San Luis	1114	1711	3156	4946	591	828	36	79	8049	8343
Santiago del Estero	865	892	1787	2692	251	429	27	39	4034	9427
Sur	1611	2376	3361	5017	454	534	47	73	9499	11937
Tecnológica Nacional	18.431	10879	19668	23296	1.210	2129	85	212	40.011	52739
Tucumán	3764	4385	9189	11393	2113	3017	157	115	65451	33124
Tierra del Fuego		203		415		87		11		571
Tres de Febrero		985		1451		306		12		9914
Villa María		584		1367		252		27		4632
Villa Mercedes		92		122		36		14		879
Artes		1855		3154		455		92		10767

Fuente: elaboración propia a partir de Anuarios de Estadísticas Universitarias, SPU.

No hay datos consolidados que permitan comparar una situación inicial (1995) con la actualidad en cuanto al nivel de formación alcanzada por las plantas docentes. Se conoce que ha sido gradual el mejoramiento de este indicador, tanto por los estímulos directos, como el Programa de Incentivos a los Docentes Investigadores, más otras estrategias compartidas con la agenda de política científica tecnológica con sus efectos en el desarrollo incremental del sistema de posgrados o del cuarto nivel educativo; e indirectos a partir de los requerimientos de la acreditación y la creciente estrategia de movilidad e internacionalización del SUA. Sin embargo la primera evidencia de que las calificaciones educativas de los docentes universitarios se ha modificado sustantivamente son los indicadores sobre los títulos alcanzados: el 10% tiene título de doctor y el 4% de maestría.

Los estudiantes

La LES delega lo sustantivo del régimen de alumnos a cada universidad y establece algunos principios y exigencias básicas dirigidas a asegurar calidad y desempeño mínimo: contar con título secundario (artículo 7). También aparece mejor definida la excepción destinada al ingreso de mayores de 25 años que no cuenten con el título secundario pero que en su lugar cuenten con experiencia laboral acorde. Como no hay estudios sobre la implementación de esta excepción en el sistema sería de utilidad medir su impacto tanto así como los "nuevos inscriptos por equivalencias" que registra la SPU en sus estadísticas.

La reciente modificación sobre el artículo 7 incluye una redundancia a las atribuciones de cada institución para los ingresantes que no cuenten con el título secundario, indicando que "este ingreso debe ser complementado mediante los procesos de nivelación y orientación profesional y vocacional que cada Institución de Educación Superior debe constituir pero que en ningún caso debe tener un carácter selectivo excluyente o discriminador". Va de suyo que las universidades desarrollan actividades preparatorias para todos los tipos de ingreso, incluyendo esta excepción en particular habida cuenta de la estudiada desarticulación entre los niveles educativos.

El estándar de la regularidad que estableció la LES en su artículo 50: "que los alumnos aprueben por lo menos dos (2) materias por año, salvo cuando el plan de estudio prevea menos de cuatro (4) asignaturas anuales, en cuyo caso deben aprobar una (1) como mínimo", fue eliminado con la nueva LES 27204 en línea con el desempeño por debajo de esos requerimientos mínimos, sobre todo en las universidades nacionales, donde el 50% de los alumnos no aprueban las dos materias requeridas para mantener la regularidad. Ese indicador, además de expresar las debilidades en la performance y avance en la carrera (que se agrega a la baja tasa de graduación), se asocia a un problema más estructural de eficiencia del sistema.

En este sentido la reforma a la LES constituye un retroceso al eliminarse los condicionamientos académicos que posibilitan a los estudiantes ser beneficiados con becas y otras ayudas. Esta omisión del texto de la reforma de la LES es asimismo contradictoria con lo dispuesto en la Constitución Nacional a propósito de los principios de "gratuidad y equidad" que no pueden ser examinados de manera separada. Pero además, la educación superior será efectivamente un bien público y no una mera declaración, si además de la gratuidad, que en Argentina ha sido un factor clave para el ingreso de estudiantes provenientes de hogares de clase media, se asegure el ingreso a la universidad de los estudiantes provenientes de los hogares de menores ingresos, lo que solo es posible si el Estado y la sociedad establecen potentes sistemas de becas. En los últimos 12 años se lograron grandes progresos en este sentido, pero son muy insuficientes: alcanzan a menos del 10% del total de los estudiantes y el monto de las becas es equivalente a la cuarta parte del salario mínimo, vital y móvil, por lo que no garantiza una dedicación completa a los estudios.

Obsérvese que la reforma no prevé ninguna norma para asegurar que el presupuesto nacional incluya una partida para becas (subsidio a los estudiantes), separada y diferenciada de los fondos destinados a las instituciones universitarias (subsidio institucional). Es decir, se abandona un criterio que no solo es meritocrático. Bajo el supuesto de la autonomía universitaria podrían establecerse otros criterios de regularidad. El legislador omitió, probablemente por desconocimiento, que no son pocas universidades públicas en las que hay fuertes presiones para eliminar este criterio de regularidad, con propósitos electorales internos (aumenta el padrón de alumnos) y el goce de beneficios asociados, como la bonificación del transporte urbano. No hay que olvidar que no hace mucho tiempo atrás participaban en el gobierno colegiado de las universidades públicas "estudiantes crónicos".

El planeamiento de los recursos cooperantes para la formación (docencia, infraestructura) que hacen las universidades es en función de una población que no es tal (el neto de alumnos activos) y que además progresa en las carreras con indicadores de calidad bajos, atribuibles a factores extrasistema, tales como el conocimiento previo y el nivel socioeconómico y clima educativo del hogar de procedencia. El panorama se completa cuando los graduados que ingresan al mercado laboral no logran aumentar el nivel de capital humano (por el escaso bagaje de conocimiento científico-técnico) debido al deficiente proceso pedagógico, muy a pesar de la obtención de su título universitario. En síntesis, en un sistema en que el gasto público está fuertemente delineado por el gasto docente, es decisiva en su eficiencia la relación graduados/alumnos. El estudio comparado de Piffano (2005) sobre inversión en capital humano correlaciona los indicadores de ingreso *per capita* promedio del país, la población ocupada en la rama de los servicios y el número de graduados, y concluye que si bien el gasto público por alumno es bajo, el gasto por graduado es semejante a los países con mayor desarrollo relativo y el nivel de eficiencia, como se dijo, es uno de los más bajos del continente.

Se afirma que en los últimos diez años no solo mejoró el financiamiento público del sistema universitario, sino también la tasa de graduación. Sin embargo, los datos oficiales sobre la cantidad de graduados y en particular la tasa de variación decenal de los graduados (4,2%), si bien superior a la tasa de matriculación o ingreso a la universidad (0,5%), esconde un problema importante: la duplicación del cálculo a partir de la introducción generalizada de títulos intermedios y la apertura de carreras cortas que forman técnicos superiores. Muchas universidades ahora otorgan títulos intermedios de diplomatura a los dos años, que acreditan una formación académica general pero que no habilitan para ejercicio profesional alguno, y los títulos de técnico en el proceso de formación de carreras de grado de larga duración (por ejemplo Analista de Sistemas como título intermedio hacia la titulación de Licenciado en Sistemas o Informática). Tampoco se desconoce que esta tasa de graduación no considera la cohorte de ingreso, indicador que la SPU dejó de publicar hace más de diez años y que hacía consistente el cálculo al ponderar la duración de los estudios a partir del año de ingreso de los estudiantes. De esta manera el cálculo aproximado de la tasa de graduación que se efectúa trata del cociente entre los que ingresan sobre los graduados: 24% en las estatales y 34% en las privadas.

Es preferible reconocer que el problema de la baja tasa de graduación es grave, como consecuencia de factores múltiples, que ocultarlo. No hay magia en ninguna ley de educación superior que pueda corregir este déficit estructural. Los análisis simplistas erróneamente atribuyen a las leyes potestades "curativas de males crónicos", omitiéndose así el debate riguroso sobre la política pública sectorial que va mucho más allá de marcos normativos generales.

La baja tasa de graduación, y con ello el alto costo por egresado del sistema universitario argentino, resulta de la conjunción de una serie de factores, entre los que se destacan: (a) el bajo nivel de competencias en comprensión de textos y análisis abstracto que debería tener un egresado del nivel medio que aspira a realizar estudios de nivel superior; (b) la baja dedicación de los estudiantes al estudio, ya que en una alta proporción trabajan y estudian, y (c) la inadecuación de los planes de estudio que suponen dedicación completa de los estudiantes, de imposible cumplimiento.

La historia reciente de fuerte incremento de los recursos materiales no ha significado una mejora de los aprendizajes.

La historicidad del acceso a los estudios universitarios permite observar distintas tendencias a través de las prácticas que se fueron cambiando y combinando: el cupo, el ingreso irrestricto, los exámenes de ingreso, los sistemas propedéuticos, el CBC de la UBA, los cursos preparatorios, la articulación con el nivel medio, el apoyo a los últimos años del secundario, las entrevistas de admisión, etc. Las universidades han experimentado diversas acciones de las que no resultan lecciones a nivel de recetario.

La preocupación del Estado y de las instituciones por regular la entrada al nivel se sostuvo en los objetivos de equidad y eficiencia del sistema, y llegando al año 2000 agregó las metas de pertinencia y calidad. Así, a los mecanismos de acceso que desde el retorno a la democracia se propusieron garantizar el ingreso directo o irrestricto, en los años 90 las instituciones incorporaron criterios de mayor racionalidad y en los últimos diez años agregaron la perspectiva de la calidad institucional (especialmente orientada al proceso de formación).

Los marcos normativos de la educación cambiaron en estos diez años, en particular el secundario completo, los 13 años que la Ley de Educación Nacional 26.206 establece como educación obligatoria para todos los niños y jóvenes argentinos. Distintas políticas públicas han confluido en la planificación de esta nueva obligación del Estado: desde la ley de financiamiento educativo de 2005 (que establece entre otras obligaciones que el PBI destinado a educación debe alcanzar el 6%); la asignación universal por hijo que garantiza la escolaridad, vacunación y control de salud; la inversión en infraestructura para construir y equipar escuelas; los incentivos para la formación docente y la introducción de las nuevas tecnologías de la información y la comunicación de la era digital: la conectividad a Internet, el programa Conectar Igualdad, etc.

El salto cuántico en términos de calidad en la formación de los estudiantes que egresan del secundario, coinciden algunos estudios, no ocurrió y repercute en la universidad, que es el subsistema estandarizado para la continuidad de los estudios superiores. Mientras que los resultados de los Operativos Nacionales de Evaluación (ONE) que se toman al finalizar el secundario cada tres años muestran una mejoría en el rendimiento en todas las áreas excepto en lengua (habilidades de escritura y lectura) entre 2007 y 2012, los resultados de las pruebas PISA (*Programme for International Student Assessment*), que se toman cada dos años, confirman que los estudiantes secundarios tienen desempeño insuficiente en lengua, matemáticas y ciencias. En la edición 2012, los alumnos argentinos obtuvieron en Matemática -donde hizo foco el 60 por ciento de la prueba- resultados similares a PISA 2009, al mantener los 388 puntos obtenidos hace tres años. Los resultados de los países se miden sobre un corte de 500 puntos -que es el desempeño promedio de los países asiáticos-, y al respecto, la Argentina en Lengua descendió dos puntos, de 398 a 396, y en Ciencia creció cinco dígitos, de 401 a 406, respecto a la examinación anterior. Los estudios concluyen que los egresados del nivel medio argentino tendrían conocimientos equivalentes a 2,3 años menos de escolaridad que los egresados de ese nivel en los países de la OECD, y que los egresados poseen entre el 40 y el 60% menos de los conocimientos imprescindibles.

Ana García de Fanelli (2011) ha verificado las bajas calificaciones de Argentina en términos absolutos y en términos comparativos con otros países de América Latina, pero lo que es más preocupante es que la tendencia no registra mejoras. Las instituciones formatean anualmente estrategias que favorezcan la integración de los estudiantes que egresan de la escuela secundaria con una certificación del Estado que indica la culminación de los estudios a través de resultados promediables sobre 14 áreas de estudio, pero no acredita competencias ni saberes, ni tampoco orienta el futuro trayecto formativo de quien lo ostenta. Las estadísticas sobre el desempeño de los ingresantes a las universidades advierte que estos jóvenes recién egresados del secundario trabajan en su primer empleo y presentan severas dificultades que se evidencian en la desaprobación o escasa presentación en las fechas de exámenes finales, inasistencias o ausencias de cursadas, demora excesiva en la duración de los estudios y abandono intermitente. Las estrategias de apoyo de becas, tutorías, clases de consultas, aunque importantes, siguen siendo insuficientes.

Se propone calibrar la hipótesis de la articulación entre universidad y escuela secundaria en aspectos sustantivos: la organización de las instituciones, matrícula, las formas de transmisión y producción del conocimiento, las trayectorias curriculares, la formación de los docentes, los modos de certificar y evaluar, y las garantías y metas de calidad exigibles.

Sin un buen secundario, la educación superior está comprometida. CEPAL afirma que los estudios secundarios son el umbral mínimo para no caer en la pobreza. Hay que reconocer que la responsabilidad primaria de la solución del problema recae en el propio nivel medio, por lo que las instituciones universitarias solo pueden realizar acciones remediales con discutible impacto en la permanencia del ingresante y su progreso académico, en virtud de que las acciones remediales son de ejecución temporal acotada (un trimestre en el mejor de los casos). La responsabilidad de la calidad del nivel medio es de las provincias que tienen competencia en la materia, pero también del Ministerio de Educación de la Nación. Cabe recuperar la propuesta del Consejo Nacional de Educación Superior de los 90, que propiciaba un Certificado Nacional de Aptitudes Básicas, resultado de un examen a la finalización del secundario, que en una primera etapa serviría como indicador de calidad de este nivel educativo. Es preferible aceptar la realidad y no negarla, y que una política de Estado se proponga metas de mejora a alcanzar en diez y veinte años de plazo, con monitoreo anual de mejoramiento gradual y sistemático del nivel medio.

En este contexto y hasta tanto el nivel medio encare un profundo cambio, cabe analizar la factibilidad de desarrollar a nivel universitario un Ciclo Básico Común (CBC), que si bien recupera la denominación que emplea la UBA, no tendría nada que ver en sus contenidos. El CBC que se propone es de carácter nivelatorio o propedéutico y debería tener preferentemente un año de duración y, si ello no es políticamente posible, por lo menos un semestre (*second best*). El CBC comprendería las asignaturas obligatorias de Lengua, Matemática y Técnicas de Estudio, además de las asignaturas específicas según las áreas disciplinarias en las que se inscriban los alumnos. Seguramente Física y Química para las ingenierías, Biología para las ciencias de la salud, etc. Los alumnos que consideren contar con estos conocimientos y competencias podrían rendir libre las asignaturas.

Para aumentar la dedicación a los estudios, la ampliación de los programas de becas es la clave.

Finalmente, en relación con los planes de estudio, se propone el modelo cubano. La duración de las carreras y distribución cuatrimestral y anual de los planes de estudio para estudiantes de tiempo completo son comparables con los de Argentina. Pero para aquellos estudiantes que simultáneamente trabajan, en Cuba los mismos planes de estudio tienen una duración y distribución cuatrimestral más extendida en el tiempo, por ejemplo 6 años en vez de 4, y su dictado es exclusivamente en horario vespertino.[3]

La ausencia de una planificación académica del currículum que reconozca la realidad de estudiantes con baja dedicación al estudio conlleva a que los propios estudiantes "planifiquen" no necesariamente de la mejor manera su formación a lo largo del tiempo. No es un secreto la sobreinscripción en asignaturas por cuatrimestre y el abandono temprano, con la negativa consecuencia de iniciar defectuosamente y con baja dedicación el estudio de las materias que finalmente los alumnos terminan cursando. O las pésimas estrategias de los estudiantes de no considerar adecuadamente las correlativas. Así, se produce el cursado de materias en momentos no óptimos, o el freno natural por no superar materias que operan como "tapón" a la continuación de los estudios. Estimamos que un Programa de Tutoría debería implementarse con particular atención a los alumnos ingresantes, aunque consideramos que es una política superior tener dos modalidades de cursada de los planes de estudio.

---

[3] En Argentina, correspondería eximir de ese horario a quienes trabajan de noche (restaurantes, hoteles, etc.), los que podrían cursar las asignaturas en otros horarios.

La regulación del sistema

Hace veinte años funcionaban en el país 36 universidades nacionales y 49 privadas, hoy son 60 y 63 respectivamente. Además, en la actualidad funcionan varias universidades provinciales y dos internacionales. La gran expansión del sistema de educación superior que ocurrió en nuestro país en los últimos veinticinco años se concretó a través de dos vertientes, el crecimiento de la matrícula (si bien en niveles acotados) y la expansión institucional. En cuanto a esta última, al crecimiento del número de instituciones, a la creación de universidades públicas y privadas, se suma la expansión territorial de las instituciones existentes, por medio de la creación de sedes, subsedes, extensiones áulicas y centros de apoyo para programas de educación a distancia.

Las políticas públicas de los últimos doce años reivindican el rol promotor del Estado. En este contexto, el sistema universitario exige una planificación que, por un lado, sistematice y organice los esfuerzos del Estado, del sistema y los actores locales y, por otro, atienda la demanda de ampliar la cobertura geográfica de la educación superior contribuyendo al objetivo de ampliar los niveles de democratización y contribuir a la formación de más y mejores graduados de acuerdo con las necesidades del país, de su desarrollo integral y de las regiones.

La LES estableció instancias concretas de coordinación macroinstitucional (la experiencia internacional demuestra que cuando queda solo en manos de las propias universidades no es efectiva) y para ello definió cuatro ámbitos de consulta y coordinación en relación con (a) la organización territorial, como son los Consejos Regionales de Enseñanza Superior (CPRES); (b) el aseguramiento de las garantías de calidad de las universidades mediante la evaluación y acreditación, a cuyo objeto se define en un capítulo completo a la CONEAU; (c) el Consejo de Universidades para definir políticas, patrones y estándares para el funcionamiento, acordar con el Consejo Federal de Educación y expedirse sobre los efectos jurídicos de la ley; (d) el CIN y el CRUP para coordinar en cada sector "planes y actividades", ser órganos de consulta y participar del CU.

Las fallas de coordinación son quizás el síntoma más agudo en materia de planificación del sistema, porque si bien los ámbitos existen y funcionan (algunos con mucho rezago), en la práctica no logran concretar resultados efectivos a partir de la escasa voluntad de los hacedores de la política pública universitaria en esta materia, sumado al obstáculo que representa una sesgada visión autonómica de las instituciones que se resisten a considerar que las decisiones de estos organismos sean vinculantes. Véase si no el caso de la expansión de las universidades estatales, o bien sean nuevas o bien el emplazamiento de las sedes por fuera de su territorio de origen. La LES fue clara para definir las responsabilidades para la articulación de este sistema binario, sin embargo la autonomía de unas, como ya se dijo, y la de las provincias, de las cuales dependen las instituciones superiores terciarias no universitarias y los secundarios, ha sufrido entumecimiento teórico además de fracturas y bloqueos burocráticos. En otros estudios hemos considerado los siguientes instrumentos y decisiones como posibilidades de replantear la (no) planificación del sector:

1. Propiciar una norma similar al Decreto 451/73 de Cámpora/Taiana de suspensión de la aprobación de universidades nuevas hasta tanto se defina un modelo/estudio de organización del sistema universitario.
2. Estudiar el funcionamiento e integración del sistema. Se conoce que la producción y sistematización de la información sobre el sistema no solo ha mermado en frecuencia sino en calidad. ¿Contribuyen los posgrados en el campo y la producción de bibliografía especializada a construir reformas y mejoras?
3. Legitimar con el funcionamiento los órganos de planificación del sistema previstos por la LES: la SPU, el CU, los CPRES, el MERCOSUR Educativo. Los órganos consultivos y de asesoramiento han producido en estos años propuestas que no alcanzaron efectividad. ¿Por qué? ¿Por qué el máximo órgano de planificación del sistema no ha tenido parte en la regulación del mismo? El (no) funcionamiento de los CPRES ha motivado no pocas veces cuestionamientos en el ámbito del CIN y el CRUP, mientras que en las actas de sus reuniones se registran con exclusividad temas relativos al desarrollo de oferta por fuera de la sede original, con prevalencia de las privadas en el grado y las nacionales en el posgrado. Con ánimo de referenciar el tratamiento de estos temas debe señalarse que la discusión en el ámbito del CIN es alcanzada por una ideología corporativa superestatista que no guarda relación con la realidad.
4. El sistema de educación superior debería contemplar una nueva agenda de su evaluación, hoy como hace veinte años monopolizada por la CONEAU, con mandato para intervenir en la autorización de las nuevas universidades, el registro público de instituciones no universitarias para dictar posgrados y llevar a cabo la evaluación externa del sistema, que sin embargo no ha trascendido su rol de instrumentación de políticas sobre la calidad y más bien poco sobre la pertinencia. La CONEAU ha realizado la evaluación externa tres veces a la Universidad Nacional de Cuyo y del Sur; en dos ocasiones a la UNSAM, UNPA, UNT, UNL y UNNE, y en solo una ocasión a 31 UUNN. Trece universidades nacionales no han realizado a la fecha ninguna autoevaluación ni han accedido a la etapa de evaluación externa, cuatro de ellas son instituciones "tradicionales", como la

UBA, Catamarca, Entre Ríos y Mar del Plata, y otras de muy reciente creación que aún no han logrado la mayoría de edad (diez años de funcionamiento académico). Podría concluirse que hay todo un panorama sobre la pertinencia de la expansión esperando ser descubierto detrás de esta rica experiencia evaluativa.

5. Propiciar una articulación efectiva con el sistema de educación terciaria (no universitaria). Parece declarativo y no lo es, los subsistemas se regulan, expanden y se ignoran. ¿Son las metas de planificación tan diferentes? ¿Se podrán coordinar los esfuerzos, más cuando provienen de la misma fuente de financiamiento? El sistema de Educación Superior No Universitaria (ESNU) está integrado por 1312 unidades de servicio educativo estatal (y 1249 privadas) de las 24 jurisdicciones, el tipo de oferta predominante en el ámbito estatal es de formación docente y en el ámbito privado en cambio es del tipo técnico profesional. Lo mismo ocurre con la distribución de la matrícula de alumnos. Cursan estudios más de 853.000 estudiantes. Las experiencias de articulación entre ambos sistemas son escasos y descansan en su mayoría en los ciclos de complementación o especializaciones universitarias en la actualidad superpuestos con la oferta de postítulos, posgrados o *stages* del Instituto Nacional de Formación Docente (INFD). Otro posible aspecto susceptible de ser coordinado entre ambos subsistemas es el relativo a la clasificación de los títulos universitarios (no docentes) para el ejercicio de la docencia.

En el caso de la CONEAU, con dos evaluaciones externas sobre su funcionamiento e impacto en el sistema, sobresale el cambio cultural de las instituciones por el afianzamiento de prácticas para la mejora de la calidad, desde la "adaptación y la resistencia" a una práctica normal e institucionalizada (aunque ritual, como reconocen algunos estudios). También el incremento de su burocratización para administrar los procesos de acreditación de una nómina creciente de títulos de carrera de grado nuevos y en funcionamiento, de más de 4000 posgrados, llevó a la IESALC en la última evaluación a destacar la superación de los problemas detectados en la primera evaluación del año 2007, pero también el aumento de algunos temas "peligrosos":

1. la sobrecarga de trabajo lleva a la CONEAU a retrasos o a evaluaciones rutinarias;
2. lo limitado de la estructura, organización e infraestructura de la CONEAU lleva a la no consolidación de su equipo técnico y a la falta de impacto de su acción;
3. que como consecuencia de los dos puntos anteriores, la CONEAU no alcanzase legitimidad social.

Sin embargo, el organismo evaluador no alcanza a dimensionarse suficientemente cuando concluye que "el avance mostrado por la CONEAU durante el periodo 2008-2014 en todas y cada una de sus funciones es extraordinario", el gris panorama sobre "la normatividad de todas las áreas, la revisión de los procedimientos de evaluación, la modificación de los actos administrativos así como de mejoras en la comunicación de sus procesos de certificación de calidad y acreditación universitaria". La CONEAU necesita y ha tenido propuestas de mejora sobre estos temas, pero no llegan a implementarse, por caso el citado "entrenamiento de los pares evaluadores", la "redacción de los dictámenes" o la necesidad de abreviar las evaluaciones de proyectos de creación de nuevas carreras para que no resulten asemejados a carreras en funcionamiento. Es decir, el funcionamiento de la CONEAU no es una panacea, como lo plantea el informe de evaluación externa, y cabe preguntarse si como en los sistemas de estímulo a la I+D+I, no se está ante un panorama que favorece la desigualdad (efecto Mateo).

La integración de la agencia (Decreto 173) establece que se priorizarán "personalidades de reconocida jerarquía en el campo académico, científico o de gestión institucional que ejercerán sus funciones a título personal y con independencia de criterio", lo que deberá ser motivo de creciente demanda por parte del sistema. También que esa conformación integre especialistas de distintas áreas de conocimiento y vinculados a distintas regiones del país. En la actualidad no es probable asegurar el cumplimiento de esas exigencias. De doce miembros, siete pertenecen a la región metropolitana, dos son de la provincia de Buenos Aires, uno es misionero, uno de Santa Fe y uno de Mendoza. Solamente seis son investigadores activos y uno no es profesor concursado, sino paradójicamente vicepresidente del organismo y docente interino de la única universidad (UBA) que resistió la aplicación de la LES y obtuvo judicialmente –por errores del servicio jurídico ministerial- la protección legal de no someterse a los procesos de evaluación y acreditación de la calidad.

Por otra parte la procedencia y representación de los miembros que fue fijada por el artículo 47 con el objeto de garantizar la independencia y una atinada selección por parte de las cámaras e incluso del representante del Poder Ejecutivo (Ministerio de Educación) que requiere el acuerdo del Senado, se debió a las necesarias concesiones a los bloques parlamentarios donde debía discutirse la ley, que en la actualidad no solo se mantienen sino que se han desvirtuado al punto de que su único cometido es sostener estructuras de poder e intereses de las corporaciones universitarias más tradicionales. Si se observa la tarea parlamentaria en las respectivas comisiones de educación se puede advertir que más del 95% de sus iniciativas se corresponden con los niveles de formación primario o secundario.

Reflexiones finales

Sin lugar a dudas el análisis de la LES a 21 años de su promulgación, desapasionado por la distancia temporal, permite concluir que la misma tuvo un impacto modernizador del sistema universitario. Al mismo tiempo que como marco regulatorio amplió los alcances de la autonomía universitaria, redefinió el papel del Estado en relación con las instituciones, poniéndose el acento en un control remoto, a distancia.

Las universidades modificaron sus estatutos adecuándose a la LES, y pese a la retórica discursiva sobre la necesidad de su modificación por su origen espurio de un decenio marcado por la hegemonía neoliberal, en privado nadie tiene una voluntad efectiva para su derogación y sustitución por una nueva ley de educación superior o al menos universitaria. La LES fue disfuncional al período neoliberal, a diferencia del resto de los países de América Latina, con la sola excepción de Uruguay, el sistema universitario ni se desreguló ni se privatizó.

Los únicos cambios significativos de la LES de 2015 constituyen un retroceso bajo una retórica paradójicamente progresista.

El mayor problema es la ausencia de una agenda nueva de la política pública universitaria que atienda los problemas no resueltos del siglo XX (equidad, igualdad de oportunidades y calidad) junto con los del siglo XXI, signado por los procesos de enseñanza y aprendizaje mediados por las nuevas tecnologías de la información y la comunicación, que atienden a estudiantes que son "nativos digitales".

La agenda es la que debería identificar los cambios que requiere el marco regulatorio, o sea la LES. La hipótesis es que se requieren cambios, pero no de la magnitud y sentido de posiciones demagógicas y facilistas basadas únicamente en el principio de la ampliación de derechos, que por cierto ninguna otra posición reniega. Tampoco que la mayoría de los ejes centrales de la agenda pública descansarán en la supuesta magia de una nueva ley de educación superior. Sí lo harán en la férrea voluntad y protagonismo del Estado para desarrollarla en consulta con los actores del sistema universitario nacional, las instituciones, los profesores, los estudiantes y los no docentes.

Referencias bibliográficas

Cantini, J.L. (1997), *La autonomía y la autarquía de las universidades nacionales.* Buenos Aires: Academia Nacional de Educación.
Del Bello, J.C. et al. (2004), *La agenda universitaria I. Propuestas de políticas públicas.* Marquis, C. (ed). Buenos Aires. Universidad de Palermo, Colección de Educación Superior.

Del Bello, J.C. *et al.* (2014), *La agenda universitaria II. Propuestas de políticas públicas*. Marquis, C. (ed). Buenos Aires. Universidad de Palermo, Colección de Educación Superior.

Finocchiaro, A. (2004), *UBA contra Estado nacional. Un estudio sobre autonomía universitaria.* Buenos Aires, Ed. Prometeo.

García de Fanelli A. (2011), "Situación y desafíos de la educación universitaria". Exposición en el ciclo *Desafíos de la Educación para el Tricentenario*, Buenos Aires, 28 de junio, Fundación RAP.

Mignone, E. (1998), *Política y Universidad. El Estado Legislador*, Buenos Aires. Ed. IDEAS.

Sánchez Martínez, E. (2002), *La legislación sobre educación superior en Argentina. Entre rupturas, continuidades y transformaciones.* UNESCO.

Piffano H. (2005), *Microeconomía aplicada a la educación universitaria: teoría y práctica comparada.* La Plata: PreBI-SeDCI-UNLP.

SECCIÓN II.
La CONEAU: análisis de los procesos de evaluación y acreditación de la calidad universitaria

3

Universidad de masas y evaluación institucional

Apuntes para un balance a 20 años de creación de la Comisión Nacional de Evaluación y Acreditación Universitaria (CONEAU) en Argentina

César E. Peón y Juan Carlos Pugliese

La creación de la CONEAU

En la última década del siglo XX se consolidó una nueva forma de relación entre el Estado, la sociedad y la universidad. De un Estado que osciló entre la intervención directa y la prescindencia distante durante las décadas anteriores pasamos a verificar la emergencia del Estado evaluador y de una sociedad que comienza a reclamar fe pública respecto de la calidad de las instituciones de educación superior.

Este cambio en el triángulo de coordinación (Brunner, 1994), integrado por los vértices universidad, Estado y sociedad, impactó en las modalidades de financiamiento de las universidades estatales, que de disponer de presupuestos inerciales e incrementales fundados en criterios históricos pasan a modalidades por metas y objetivos previamente convenidos que, según los casos, incluyen porciones más o menos significativas de sus presupuestos.

Estas transformaciones, que hacen a la relación de las universidades con su entorno, coinciden con la emergencia y consolidación de la "universidad de masas" en América Latina, proceso que con distintos ritmos y características se inició a mediados de la década del 60 y continúa su marcha hasta nuestros días.

Una característica del proceso que facilita la masificación es la aparición extendida de demandas de credenciales universitarias por parte de la sociedad que percibe el valor estratégico del conocimiento y reconoce a las universidades como sus principales administradoras. Junto con esto la sociedad les comienza a reclamar a los Estados que den fe pública de la calidad de las universidades en crecimiento, diversificación y expansión numérica.

Estos rasgos salientes, que caracterizan la situación de la educación superior en Argentina y América Latina desde la década de 1970, en que los efectos de la masificación se empiezan a hacer evidentes, explican en gran medida la creación dentro de las estructuras de gobierno de instancias de distinto rango especializadas en el diseño de políticas públicas para los niveles terciario y cuaternario de la educación. En la mayoría de los países de América Latina los Estados han destinado energías políticas y recursos presupuestarios para la creación de órganos de gobierno de rango secretarial en los organigramas del Ejecutivo, y para la creación de comisiones nacionales integradas por miembros de las comunidades académicas y científicas con atribuciones para evaluar y acreditar la calidad de la educación superior. Todo esto acompañado por la promulgación de las normas legales pertinentes, que en la mayoría de los casos cobran la forma de leyes sancionadas por los parlamentos nacionales.

Durante todo este proceso de transformación profunda del sistema universitario se han consolidado, sin embargo, algunos de los rasgos que han caracterizado a la universidad argentina desde el parteaguas histórico de la Reforma de 1918. Entre ellos se destacan:

- La autonomía académica y la autarquía económica.
- La gratuidad de los estudios de grado en las universidades estatales.
- Los mecanismos de conducción colegiada de los claustros.
- La promoción académica y científica por méritos validados mediante concursos públicos y abiertos, y otros mecanismos de ingreso y promoción meritocráticos a la carrera docente e investigativa.
- El incremento y afianzamiento del presupuesto del Estado asignado a la educación, la ciencia y tecnología, y a las universidades estatales verificado en la última década.

En estos últimos veinte años, junto con el cambio del paradigma productivo que deviene de la revolución científico-tecnológica, se verifica la búsqueda de la calidad que comienza a constituirse en una dimensión incorporada a la agenda universitaria argentina y que encuentra su marco legal en la Ley de Educación Superior 24.521, sancionada en 1995, que crea la Comisión Nacional de Evaluación y Acreditación Universitaria (CONEAU) como organismo descentralizado, con autonomía funcional y autarquía presupuestaria.

La CONEAU funciona desde el mes de agosto de 1996 y tiene mandato legal para realizar las siguientes tareas.

Evaluaciones externas: de la totalidad de las instituciones universitarias, que tienen lugar como mínimo cada seis años y se llevan a cabo en el marco de los objetivos definidos por cada institución. Son complementarias de las autoevaluaciones que efectúan los establecimientos para analizar sus logros y dificultades, y sugerir medidas orientadas al mejoramiento de la calidad. Las evaluaciones externas tienen como principal objetivo asistir a las instituciones en sus propuestas de mejoramiento de la calidad.

Acreditación periódica de carreras de posgrados: de acuerdo con los estándares que establezca el Ministerio de Educación en consulta con el Consejo de Universidades. Ello se materializó en la Resolución ministerial 1168/97, por la cual la CONEAU ha realizado la acreditación de especializaciones, maestrías y doctorados en la primera convocatoria.

Evaluación de proyectos institucionales para la creación de nuevas universidades e institutos universitarios: dictamina sobre la base de evaluaciones de los proyectos respectivos, en lo relativo a la puesta en marcha de nuevas instituciones universitarias nacionales y el reconocimiento de las provinciales, así como el otorgamiento de la autorización provisoria y reconocimiento definitivo de las instituciones universitarias privadas.

Acreditación periódica de carreras de grado: cuyos títulos correspondan a profesiones reguladas por el Estado, tal como lo determine el Ministerio de Educación en acuerdo con el Consejo de Universidades.

Reconocimiento de entidades privadas de evaluación y acreditación: de conformidad con la reglamentación que fije el Ministerio de Educación con respecto a la naturaleza y forma de constitución de dichas entidades.

En consecuencia, tiene dos áreas diferenciadas: evaluación y acreditación, por lo que pueden asociarse a la distinción que hace Brinkman (1997: 5) entre la evaluación para certificación de la calidad como base para establecer planes de mejoramiento, y evaluación para el control de la calidad. La primera, tal como ocurre en la industria –el gerenciamiento de la calidad en las industrias modernas–, está centrada en los procesos de la institución: "cómo podemos mejorar, qué cambios deben operarse, cómo innovamos".

La certificación de la calidad se refiere a los procesos de producción y no al producto en sí mismo. Este es el campo de la evaluación institucional. La acreditación, entonces, está más cerca del concepto de control a partir de normas preestablecidas que la evaluación institucional, y en este sentido es un tipo diferente de evaluación. Es un procedimiento más estricto y está muy orientado a la verificación de adecuación a pautas y criterios definidos en forma general, aunque por supuesto también implica un proceso evaluativo y resulta un elemento de ayuda al mejoramiento de la calidad de los programas educativos. Tal vez allí radique la diferencia fundamental: el acento está puesto con intensidad en la verificación y la adecuación a las normas.

El término "acreditación" es el más utilizado por el discurso educativo sobre la calidad en los Estados Unidos, que es el lugar donde el sistema de acreditación periódica de carreras ha nacido y se ha desarrollado desde fines del siglo pasado para luego extenderse a otros países del mundo. Allí funcionan distintos tipos de instituciones evaluadoras: por un lado, están los cuerpos regionales que son asociaciones de acreditación en las que tienen participación las universidades y que evalúan instituciones y no programas: "Se enfoca principalmente en la evaluación de la calidad y el proceso mismo de la acreditación funciona como un proceso evaluativo. (...) La evaluación o certificación se centra en las metas globales, en la misión general y en los procesos de la universidad".

Esto es lo que en Argentina se ha tendido a identificar con la evaluación institucional. En la mayoría de los casos, la acreditación de carreras de grado y posgrado está estrechamente ligada a dos cuestiones vitales para la subsistencia y desarrollo de dichas carreras: el reconocimiento oficial de sus títulos y el financiamiento de sus actividades.

Títulos y habilitación profesional

En la Argentina existe una arraigada tradición que vincula los títulos que emiten las universidades con la habilitación profesional. Este sistema introduce un elemento distintivo al establecer una nueva relación entre la acreditación de las carreras y la validez y reconocimiento oficial de los títulos.

En principio se continúa la práctica de que las universidades otorguen títulos académicos y habilitantes, pero se introducen controles periódicos de calidad en aquellas carreras definidas como de "interés público" para dar fe –mediante procedimientos de evaluación y acreditación de la calidad- de la consistencia y pertinencia de los mismos.

En la perspectiva de diseñar e implementar políticas públicas para las universidades, la Secretaría de Políticas Universitarias ha consensuado con el sistema de educación superior los siguientes objetivos básicos:

- La integración (articulación) del sistema.
- La calidad de la enseñanza y la optimización de la gestión de las instituciones.
- La pertinencia de las instituciones para con la sociedad.
- La equidad aportando a una mejor distribución del acervo cultural en la población.

El financiamiento incremental a través de contratos-programa, el aumento de los salarios docentes y no docentes y la previsibilidad vigente en la transferencia de fondos constituyen las condiciones necesarias para establecer una agenda de transformaciones académicas consensuadas, que se encuadran en los objetivos de política del Ministerio de Educación, Ciencia y Tecnología.

Hoy el compromiso con los propósitos de la Reforma del 18 tiene que ver con el cumplimiento cabal del papel del Estado como financiador, evaluador y garante de la fe pública de la calidad de las universidades, que deben volver a inspirarse en el ideario de aquellos estudiantes que reclamaban estudiar más y mejor para poner sus conocimientos al servicio de la sociedad.

Para concretar los principios enunciados se impulsan programas y líneas de políticas tendientes a:

- Establecer ciclos de contenidos básicos para paliar los problemas del ingreso y el abandono de los estudios universitarios.
- Articular verticalmente a las universidades con la escuela secundaria y el mercado laboral.
- Articular horizontalmente a las universidades y los institutos terciarios.
- Asegurar la calidad mediante la acreditación de las carreras que habiliten profesiones reguladas por el Estado y las carreras de posgrado, la evaluación institucional de las universidades, y el impulso a la autorregulación de las carreras de tal manera que la totalidad de la oferta universitaria contenga juicios acerca de su calidad emitidos con la intervención de pares expertos.
- Promover el mejoramiento de la información estadística del sistema universitario para fundar adecuadamente el diseño de políticas de desarrollo y articulación.
- Buscar el mejoramiento de las carreras de ingeniería y demás carreras críticas asociadas a las cadenas de competitividad.
- Reorientar los programas de becas hacia dichas áreas prioritarias y fomentar la vinculación tecnológica y la extensión.
- Jerarquizar la docencia universitaria e incrementar las dedicaciones y concursos.

Como conclusión de este apartado podríamos decir que autonomía universitaria, cogobierno y compromiso con la ciencia y la sociedad vuelven a ser los valores que la Reforma del 18 nos legó para reactualizar en las condiciones de un presente problemático y seguir orientándonos en la incertidumbre de un mundo globalizado y competitivo.

Cultura de la evaluación y desafíos de la universidad

Conviene abrir este apartado estableciendo una precisión para disipar un error muy difundido entre los mismos universitarios que gustan concebir a sus instituciones como actores sociales. Es necesario, entonces, recordar que las instituciones no son actores sociales y que la universidad, en tanto institución, es un sistema de reglas que como tal contiene actores sociales pero ella misma no es un actor. Desde el punto de vista de las reglas que la constituyen como institución, la universidad debe ser analizada como producida por reglas constitutivas y reproducidas por normas prácticas.

Las reglas constitutivas operan al modo de una constitución que fundamenta el edificio institucional, las reglas prácticas tienen que ver con el accionar de los agentes sociales que integran la institución, y significan y resignifican las reglas constituyentes así como las normas que van surgiendo en la práctica independientemente de las grandes reglas constitutivas.

Entre las normas que las universidades argentinas han ido modificando e incorporando a lo largo de las últimas décadas está la de hacer de la evaluación una herramienta de la gestión y una práctica institucional crecientemente extendida.

¿Qué se quiere significar cuando se habla de la existencia, o inexistencia, de una "cultura de la evaluación?

La cultura de la evaluación es un aspecto de un espectro cultural más amplio que podríamos definir, por ahora imprecisamente, como la cultura que sustentan las distintas comunidades científicas y académicas articuladas en las instituciones universitarias.

En un primer momento podríamos decir que la cultura de la evaluación es una dimensión de la cultura universitaria, entendiendo por cultura universitaria el conjunto de ideas, creencias y valores sustentados y practicados por los integrantes de las instituciones universitarias.

Como dimensión de un conjunto mayor, la cultura de la evaluación, más que un territorio acotado (a la manera de un campo de conocimientos y prácticas específico), es un conjunto de conocimientos y procedimientos que atraviesa el conjunto de las funciones, prácticas y saberes comprometidos en las instituciones universitarias.

Así es posible afirmar que la evaluación está siempre presente en toda institución (y prácticamente en toda acción humana consciente), y de lo que se trata es de dilucidar qué tipo de evaluación se practica en cada caso.

La evaluación es inevitable. Esta es una verdad de Perogrullo pero vale la pena recordarla. Sin evaluar sería imposible decidir, elegir, seleccionar y, por ende, actuar. Esto es lo mismo que decir que toda acción supone una evaluación de la situación, de los objetivos a los que apunta y de los medios que selecciona para su consecución.

El hecho de que la evaluación sea consustancial a las acciones humanas hace de la misma una práctica espontánea, a la cual los actores sociales no pueden sustraerse. El carácter axiológico de la conducta humana es indiscutible, lo que debe considerarse es el carácter espontáneo o consciente de tal actividad axiológica.

Esto equivale a decir que los humanos no podemos despojarnos de la necesidad de evaluar para decidir cursos de acción. Y que las acciones mejoran cuando las evaluaciones que las orientan son conscientes y sistemáticas.

Así tendríamos en una primera etapa del desarrollo de la llamada cultura de la evaluación que esta comienza a desarrollarse y consolidarse en una comunidad determinada desde el momento en que se valora la necesidad de transformar a la evaluación de espontánea en sistemática. Sin evaluación sistemática y reflexiva no solo no hay acción sino que es imposible planificar acciones estratégicas que se propongan concretar fines y realizar valores racionalmente escogidos.

Hoy la universidad tiene que planificar sus acciones en un contexto inédito donde los crecientes niveles de pobreza y exclusión, el desempleo, la parálisis económica, la crisis del Estado y del sistema financiero y el fantasma de una hiperinflación latente no pueden obnubilar y paralizar nuestra capacidad de análisis al punto de que olvidemos que la única inversión socialmente redituable que puede hacer una comunidad es la de optar por la educación, la de invertir en capital social y humano, la de preparar a sus futuros ciudadanos que serán quienes, al fin, terminarán de sacar al país de la crisis. Por eso ahora es cuando realmente debe hablarse de la educación y de los contenidos relevantes para reinsertarnos en el mundo.

Hoy, entonces, se trata de educar en el contexto de la sociedad del conocimiento entendiendo que, mientras que la idea de una sociedad basada en el conocimiento enfatiza los aspectos culturales del fenómeno, la de una economía del conocimiento resalta un hecho central y cada vez más evidente: el de que, en las sociedades postindustriales y globalizadas, el conocimiento se ha convertido en un insumo económico estratégico.

Sin ánimo de simplificar podríamos decir que así como en etapas anteriores del desarrollo del capitalismo el acceso a los alimentos, los yacimientos de minerales y fuentes de energía y materias primas industriales fue estratégico para la economía y la sociedad, hoy se nos hace innegable que ese lugar lo ocupa cada vez más el conocimiento.

Hoy para producir hay que saber no solo cómo hacerlo sino también cómo realizar los productos accediendo a mercados crecientemente sofisticados y altamente exigentes, para lo cual hay que dominar el uso de sistemas complejos de información, control y supervisión de procesos de la más variada índole y regidos por el cambio rápido. Para ilustrar esto recordemos algo que los empresarios saben y practican cuando organizan sus empresas, recurriendo a altas y nuevas dosis de conocimientos y organizando la producción en el modo *just in time* para evitar la inmovilización de las mercaderías en *stocks* que inmovilizan capital y pueden volverse obsoletos en el breve tiempo que separa la producción de la comercialización.

Obviamente no estamos ante el requerimiento de cualquier tipo de conocimiento, sino una forma del mismo que a la vez que es conocimiento avanzado también es aplicado y predictivo. Actualmente para ser competitivos hay que conocer cómo producir con métodos modernos, cómo vender adaptando los productos a los mercados, cómo prever los cambios de escenario y, fundamentalmente, como acceder al conocimiento de todo eso. Conocimiento que muchas veces está en Internet, pero cuyo acceso depende de criterios que orienten las búsquedas y operacionalicen los procedimientos de selección.

La plétora de información y la facilidad de acceso a ella puede volvernos ignorantes por exceso y saturación. Lo único que puede guiarnos en la jungla informática y salvarnos del inmovilismo por profusión y abundancia es la disposición de criterios y certezas que están contenidos en aquellas disciplinas que siguen siendo las bases de nuestra cultura: las disciplinas básicas, los saberes primordiales, los conocimientos que recuperan la lógica, los principios y los valores que hicieron de occidente un fenómeno social y cultural único.

Las instituciones sociales que en el mundo occidental y moderno se han especializado en conservar, depurar, reproducir e incrementar esos valores y criterios junto con los conocimientos avanzados contenidos en las distintas disciplinas son las de educación superior y, dentro de ellas, especialmente las universidades.

Sería lógico pensar, entonces, que las instituciones universitarias deberían ver incrementado su prestigio en consonancia con la creciente importancia que la economía y la sociedad le otorgan al conocimiento. Pero es dado observar que esto no ocurre de manera automática y a menudo presenciamos un preocupante divorcio entre la sociedad y las universidades.

Nos animamos a decir que en muchos casos este divorcio no se debe tanto a que los conocimientos avanzados y los criterios y valores para su evaluación y selección estén insuficientemente arraigados en las universidades, sino que falla la capacidad de transferencia y aplicación social de los mismos.

En épocas pasadas los problemas y sus soluciones formaban parte del mismo contexto de información y reflexión. A cada problema le correspondía –casi naturalmente- un abanico de soluciones frente a las cuales los decisores públicos o privados podían ejercer sus opciones. La elección, racionalmente guiada, de la correcta adecuación entre los medios y los fines era cuestión de cálculo, y la implementación de las acciones tendientes a lograr los fines era técnicamente accesible y socialmente viable.

En la actualidad la situación ha variado notablemente. Los problemas no están claramente definidos y deben ser objeto de diagnósticos en contextos cambiantes y fluidos, en consonancia con esto la elaboración de soluciones demanda más creatividad que otrora y nunca la encontraremos prefigurada como receta probada.

La universidad tiene que reencontrarse con la sociedad no solo para expresar y contener sus necesidades y demandas sino fundamentalmente para actuar propositivamente liderando la innovación y el cambio que requieren los procesos de globalización e informatización, y las diversas acciones de reingeniería social, económica y especialmente cultural que están demandando nuestros tiempos.

Creemos que ese es su desafío fundamental y que para afrontarlo con éxito no solo deberá ponerse a la cabeza de la innovación e incorporación de las nuevas tecnologías y conocimientos, sino que deberá volver su mirada hacia las tradiciones primordiales que le dieron origen y recuperar el valor de los saberes básicos como guía para la acción colectiva y la búsqueda de soluciones a los graves problemas que nos aquejan.

Este desafío que le plantea la sociedad a la universidad está acompañado de otro que pone en cuestión la propia organización interna de las instituciones de educación superior. Es impensable que las universidades puedan acompasarse a los tiempos si antes o simultáneamente no se acondicionan y modernizan internamente incorporando las nuevas tecnologías y saberes para hacer de la evaluación permanente, y de la búsqueda constante del mejoramiento institucional, una práctica efectiva y una dimensión de su gestión cotidiana.

La necesidad de impulsar una "política del conocimiento" que dote de ética al uso de la ciencia

La sociedad ya es consciente de que el desarrollo tecnológico verificado en el último medio siglo supera en magnitud a todo el acumulado en épocas anteriores y que este fenómeno está acompañado por la creciente importancia que tiene el conocimiento científico y tecnológico para nuestra vida cotidiana, decididamente inmersa en la llamada sociedad del conocimiento.

Junto con esto sabemos que tal desarrollo, caracterizado por el uso generalizado de la ciencia aplicada en tecnologías, está desprovisto de controles éticos al punto de que lo acompañan altísimos y preocupantes índices de iniquidad económica y social expresada en el desempleo y la exclusión de amplias porciones de la población de la región.

De todas las profecías de los lejanos años setenta, la que se está cumpliendo con más dramática puntualidad es aquella con que concluía el texto clásico de Fernando Henrique Cardozo y Enzo Faletto (1969) sobre el desarrollo latinoamericano cuando pronosticaba que las economías de nuestros países tendrían altas tasas de crecimiento pero que este se daría en la forma de un desarrollo "excluyente y concentrado".

Lo que no decía aquel texto era que junto con ello se iría desarrollando en la población un reclamo generalizado de controles éticos de la política que hoy se expresa de muy variadas maneras, desde el activo repudio del "que se vayan todos" hasta el desencanto del voto castigo, las abstenciones electorales y el creciente rechazo ciudadano de la impunidad ante la corrupción política.

Esta situación nos alerta sobre la necesidad de transformar la política dotándola de dimensiones éticas que la coloquen al servicio de la gente promoviendo la equidad económica y social.

Como ya observaba Max Weber a fines del siglo XIX, la ética del político moderno debe ser una ética de la responsabilidad. Una ética que se haga cargo de las consecuencias de las decisiones políticas seleccionando los medios técnicamente adecuados para la consecución de los fines buscados y que reconozca que la relación entre fines y medios es de implicancia mutua.

El problema central de la política en nuestros días se resume en la necesidad de reconocer no solo que el fin no justifica los medios, sino que los medios "hipotecan" los fines condicionándolos y alejando las metas de las intenciones originales.

La ética del compromiso, bien intencionada y principista, creída de que los medios se legitiman por los fines nobles que persiguen, incurre en el error de ignorar los efectos de las acciones y descuida las consecuencias que ocasionan sus actos.

Cuando el compromiso de los dirigentes articula intereses políticos con soluciones técnicamente eficaces desprovistas de cuidado por las consecuencias de tales elecciones, estos se alejan de los beneficiarios de sus políticas y pueden ocasionar más daño que bienestar, como de hecho ocurrió entre nosotros en épocas recientes cuando se desencadenaron los procesos de exclusión social que hoy padecemos.

Ahora bien, si hay algo que caracteriza a la universidad, algo que podemos denotar como específicamente universitario y que hace de ella una institución diferente a un simple centro de investigaciones o de enseñanza, es que está llamada a inculcar el valor del conocimiento asociado a la responsabilidad social respecto de su uso.

La universidad es el ámbito adecuado para dotar de ética a la ciencia y a la técnica, y lo característicamente universitario tiene que ver con ese plus ético que imbuye a la educación superior dotando al conocimiento de una dimensión política que lo hace público y lo conecta con las necesidades de la gente.

Esta política del conocimiento debe ser una política con mayúsculas que trascienda los partidos y las corporaciones, y que se pregunte sobre el uso social de la ciencia y la tecnología buscando dotarlas de controles éticos que orienten su uso e incorporen la búsqueda del bienestar de las mayorías como un valor deseable y posible gracias al inmenso potencial que el conocimiento avanzado tiene para lograrlo.

Evaluación institucional, problemas teóricos y metodológicos

A diferencia de la acreditación (*assessment*) de la calidad –que no busca ir más allá de constatar la calidad académica y científica de las carreras de grado y posgrado para dar fe pública y verificar de manera más o menos estática un estado de cosas o situación cualificable según alguna escala de estándares de calidad convencionales–, la evaluación de la calidad para el mejoramiento (*enhanssement*) institucional se propone establecer un diagnóstico que estime no solo la calidad alcanzada sino también el potencial de mejorabilidad de la institución.

Esto supone que para ser mejorable toda institución tiene que ser: evaluable, diagnosticable y susceptible de asumir un plan de mejoramiento. Así, lo que podríamos llamar "evaluabilidad" tiene que ver con que no todas las instituciones son evaluables y mejorables y no todos los planes de mejoramiento son viables. Existe un conjunto de prerrequisitos de la evaluación que deben considerarse como condiciones necesarias y en ausencia de los cuales la evaluación, en sentido estricto, es imposible. Para que una institución sea evaluable es necesario que se cumpla lo siguiente:

- Disponga de información suficiente, confiable y actualizada sobre sí misma.
- Exista una disposición para la evaluación que involucre a los principales agentes institucionales.
- Exista un programa de evaluación metodológicamente consistente.

Junto con estas condiciones es necesaria la presencia de una "voluntad política" que impulse el proceso de evaluación institucional, dado que las condiciones por sí solas no operan otros efectos que los de su tendencia inercial a la reproducción.

La peculiar combinación de la información, la metodología y la apertura institucional en un hecho que provoque esos resultados específicos que llamamos "evaluación institucional" debe operarse deliberadamente, dado que solo puede ser el resultado del accionar de un agente consciente y capaz de determinar si en la situación institucional existen los prerrequisitos de la evaluación o si es necesario producirlos total o parcialmente.

Así como decimos que una institución es evaluable dadas, y solo dadas, ciertas condiciones, también podemos sostener que no todas las instituciones pueden ser mejorables.

La idea expresada por Burton Clark cuando califica a las universidades de "anarquías organizadas" va más allá de la paradoja contenida en el oxímoron. Cómo es posible pensar el orden del desorden, la anarquía de la organización. No se nos ocurre otra manera que la de entender una situación donde se combinan las rutinas con la creatividad. Kant decía que la paloma que al volar siente la resistencia del aire imagina que en el vacío podría volar mejor. Aquí está planteado de manera magistral el sentido de los límites y la libertad. Primero porque no se puede concebir libertad sin objetivos, libertad indeterminada; segundo porque se entiende que los límites son a la vez el sustento, el apoyo de la acción, sin el cual la acción no podría ocurrir, y tercero porque sin límites solo hay vértigo y caída sin sentido.

Así podemos pensar que la definición de Clark supone que entre anarquía y organización existe una relación de implicación mutua en la que el orden de las rutinas burocráticas sirve de apoyatura para el desorden creativo de la "anarquía" académica.

La forma institucional que describe Clark cuando califica a las universidades como instituciones "laxamente acopladas" reitera la figura de la "anarquía organizada" en un nivel diferente, dado que tal estado de tensión entre el orden y el desorden presupone que las partes de la institución están en relación de "acoplamiento laxo".

Si combinamos los pares conceptuales que estamos analizando podemos obtener un cuadro descriptivo de cuatro situaciones:

	Laxitud de las partes	Acoplamiento de las partes
Anarquía	Laxitud anárquica (1)	Anarquía acoplada (3)
Organización	Organización laxa (2)	Organización acoplada (4)

En la situación (1), combinación de laxitud de las partes con anarquía, se genera un máximo de desorden institucional en el que no se da ninguna de las condiciones de evaluabilidad institucional y, por ende, tampoco de mejorabilidad. La institución como tal es inviable.

En la situación (2), combinación de anarquía con acoplamiento, hay coincidencia con la idea de Clark de organizaciones "pesadas en la base", donde la cohesión institucional está más garantizada por agentes horizontalmente dispuestos que por jerarquías verticales.

En la situación (3), combinación de laxitud y organización, encontramos una fórmula acertada para describir el funcionamiento de las instituciones universitarias que buscan cumplir sus objetivos académicos y científicos. En sentido estricto en las universidades es funcionalmente necesario que la organización esté al servicio de los fines académicos y científicos para facilitar el ejercicio de la libertad de cátedra, la tolerancia ideológica y epistemológica, y las actividades científicas y extensivas que le competen.

En la situación (4), combinación de organización y acoplamiento, se representa una conjunción de máxima rigidez y burocratización institucionales. El caso no es meramente "teórico". Como situación polar respecto de (1) –que en definitiva constituye un diseño institucional inviable–, podría pensarse carente de entidad real, pero no cuesta mucho aceptar que los conceptos de organización y acoplamiento describen un estado de cosas en que una institución se ha tornado sobreburocratizada, ritualista en sus procedimientos y reiterativa en sus formalismos.

Los dos casos polares (1) y (4), el desorden de la anarquía y el orden de la sobreorganización, adolecen del mismo defecto: inhiben la creatividad y la innovación, que son condiciones necesarias para el ejercicio del pensamiento académico y científico. Lo que es seguro es que, sin embargo, son terreno fértil para la emergencia del autoritarismo como solución a la parálisis institucional. La anarquía porque desemboca en un reclamo de orden a cualquier precio, y la sobreorganización porque entroniza a la ortodoxia como forma única y probada de operar.

Por todo lo dicho se concluye que es necesario incorporar en las evaluaciones institucionales la dimensión de análisis de cómo los establecimientos resuelven la tensión entre tradición e innovación.

Reflexiones para fortalecer la enseñanza pública

Convengamos que toda tarea de educación es de por sí un asunto público, un asunto que compromete a los individuos más allá de su esfera privada, y que por ello conviene hablar de dos tipos de instituciones educativas: las de gestión estatal y las de gestión privada.

Para fortalecer las instituciones educativas de gestión estatal, no bastará con mantener y ampliar las mejoras presupuestarias, sino que será necesario que la sociedad revalorice el rol de los educadores y reconozca la importancia del conocimiento avanzado en el contexto de la sociedad del conocimiento y la información.

Cuando se habla de educación es necesario tener en cuenta que la tarea educativa no está en manos de una sola institución funcionalmente especializada como las escuelas, sino que es poco lo que estas pueden hacer sin el apoyo de las familias y los grupos primarios que contienen a los estudiantes, y el acompañamiento de las distintas organizaciones de la sociedad civil que deben concurrir con el Estado a la creación de situaciones de "gobernanza educativa".

En el nivel de la educación superior existen innumerables estudios que demuestran que los estudiantes universitarios que cuentan con familias que valoran el conocimiento avanzado y ponderan la necesidad de hacer una carrera son los que finalmente tienen posibilidades de titularse y encontrar trabajo en su profesión.

Podríamos decir que la crisis de educativa en general, y universitaria en particular, tiene raíces profundas que no son exclusivamente presupuestarias, a estas hay que agregarles la crisis de valores que ha deteriorado las relaciones entre los docentes y los estudiantes, siendo decisivo el descrédito que acompaña a la idea de tomar el estudio como una responsabilidad y una tarea laboriosa y ardua.

Universidad pública transparente y de alta calidad

Obviamente, lograr instituciones universitarias transparentes en su accionar y depositarias de la máxima excelencia académica y científica posible es, además de metas deseables, acciones que aportarían decisivamente al fortalecimiento de la educación entendida como un conjunto complejo y articulado de niveles.

Las universidades estatales argentinas han resentido el impacto de la masificación de su matrícula ocurrido durante las tres últimas décadas. Desde entonces sufrieron deterioros en la calidad de los procesos de enseñanza-aprendizaje que se manifiestan en tasas de graduación insatisfactorias y altamente lesivas para los presupuestos universitarios.

Según la información estadística disponible desde 1996, solo el 19% de los ingresantes a las universidades estatales argentinas se gradúa en el tiempo previsto por los respectivos planes de estudio. Si se hacen mediciones posteriores encontramos que transcurrido más de una vez y medio ese plazo la tasa de graduación se incrementa en un diez por ciento redondeando la insatisfactoria cifra de graduación de 40 estudiantes de cada 100.

Los estudiantes de medio tiempo, que combinan estudio con trabajo, alcanzan al 60% como promedio nacional. Siendo el caso que en algunas universidades con dominancia de facultades profesionalistas los estudiantes en estas condiciones ascienden al 80%.

Dado que las mayores tasas de abandono se verifican durante el primer y segundo año, es fácil inferir que las causas del mismo se relacionan tanto con las condiciones económicas y los costos de oportunidad para la manutención como con factores "vocacionales" arraigados en los valores familiares e individuales, y las destrezas intelectuales que tienen los estudiantes al momento del ingreso.

Como puede apreciarse, los problemas que hay que encarar para avanzar en el mejoramiento de la calidad de nuestras instituciones universitarias son múltiples y requieren de una amplia batería de iniciativas altamente creativas, y para su implementación se precisa del concurso del conjunto del sistema universitario, cuya voluntad para superar la actual situación crítica es cada vez más evidente.

La evaluación diagnóstica. Alcances y limitaciones de sus principios teóricos y metodológicos

Como se ha indicado, desde al año 1996 la CONEAU ha desarrollado actividades de evaluación externa universitaria adoptando la perspectiva de la evaluación diagnóstica y entendida como una variante adaptada, por medio de ajustes pertinentes, a las condiciones institucionales imperantes en el sistema universitario argentino.

Mediante la revisión de los informes finales de evaluación externa consultados se confirmó que estamos en presencia de diagnósticos situacionales establecidos en términos del conocido método FODA (diagnóstico de Fortalezas, Oportunidades, Debilidades y Amenazas) desarrollado en el marco de la llamada planificación estratégica.

Para el caso que nos ocupa, podemos observar que en la práctica los pares evaluadores han hecho un uso acrítico del FODA privilegiando los aspectos internos de las instituciones, sus fortalezas y debilidades, y se descuidaron las variables contextuales relacionadas con las oportunidades y amenazas provenientes del medio en el que están insertas las universidades, así como los antecedentes históricos que configuran las bases de la "cultura institucional".

Concomitantemente a esto, los pares evaluadores potenciaron el análisis transversal de las funciones clásicas de las instituciones universitarias: docencia, investigación, extensión y gestión; haciendo énfasis en los principios de la planificación estratégica, que pone el acento en la integración de la institución, la especialización funcional de las partes que componen el sistema y la congruencia en la adecuación entre fines y medios, entendida como un óptimo de eficacia en el logro de objetivos claramente anunciados y alcanzados con el recurso a la selección de los medios pertinentes.

Evaluación diagnóstica, enfoque estratégico y análisis funcional son tres de las características que definen centralmente los informes de evaluación externa que tomamos en consideración. Esto tiene ventajas y limitaciones que, según nuestro entender, se han puesto de manifiesto y reclaman crecientemente una evaluación de la evaluación que mejore las perspectivas de análisis, las metodologías, los procedimientos y, obviamente, los resultados de la evaluación.

Respecto de la evaluación diagnóstica, ya apuntamos su sesgo internalista establecido en detrimento del análisis de contexto. Esta limitación no solo conspira contra la comprensión más acabada de las características de las instituciones universitarias derivadas de las condiciones externas que hacen a su historia, demandas sociales y formas de inserción en el medio, sino que priva a las instancias estatales y sociales de planificación de la información adecuada para encarar el tema de la educación superior como objeto de políticas públicas.

Ejemplificando, puede decirse que los actuales diagnósticos de situación informan sobre defectos tales como la superposición de ofertas de carreras entre universidades de una misma región y lo detectan como una *disfunción*, pero no aportan elementos que informen sobre las causales de tal situación, ni sobre las condiciones existentes en el medio que favorecen tales anomalías y, menos aún, sobre su impacto social, privando así a los interesados de subsanar la carencia de un conocimiento decisivo para planificar políticas correctivas.

El enfoque estratégico y el análisis funcional son tributarios de una misma perspectiva teórica fundada en una concepción de los agentes institucionales entendidos como decisores plenamente racionales. Esto es, como agentes racionales que deciden acciones y planifican políticas en situaciones donde gozan de un óptimo de información y condiciones de perspectiva, tiempo y medios adecuados para tomar la decisión más racional posible. De allí que para el enfoque de planeamiento estratégico el plan de acción institucional –para nuestro caso el plan de mejoramiento institucional- hace caso omiso de las condiciones políticas de implementación de las medidas mejoradoras que son pensadas como técnicamente adecuadas y factibles. Esto es así porque se entiende que las debilidades de la institución resultan de un déficit de información o de racionalidad presente en el órgano decisor en el momento de la toma de decisiones.

El supuesto del decisor racional, además de ser claramente irreal en el caso de las universidades, se hace más inadecuado por el hecho de que las características institucionales[1] de estas conspiran claramente contra la posibilidad de una adecuada separación entre política y administración.[2] Separación imprescindible si se quiere pensar a las universidades integradas a un sistema nacional de educación superior que debe ser objeto de controles públicos y políticas de coordinación estatal y social.

Estado, sociedad y universidad conforman una nueva especie de *triangulo de hierro* de primordial importancia en el desarrollo de las *sociedades del conocimiento*, o de las también llamadas *sociedades con economías fundadas en el conocimiento*. Dicho rápidamente la universidad utiliza fondos públicos con el doble fin de satisfacer la demanda social de las élites profesionales y científicas y de *manipular el conocimiento avanzado*[3] que actualmente funge como insumo decisivo en todos los ámbitos de la vida económica, social y política.

Como supervisor de las credenciales profesionales y académicas que otorgan las universidades y financiador del subsistema estatal, el Estado da fe pública de la calidad de la educación superior. En tal caso la evaluación no solo tiene el propósito de diagnosticar situaciones mejorables sino que también acredita la calidad de la gestión de los programas académicos, investigativos y extensivos de las instituciones universitarias.

Para ello debería establecer evaluaciones claramente enfocadas a la acreditación mediante el recurso de la aplicación de estándares de calidad previamente acordados y parametrizados.

La CONEAU, haciéndose cargo de este aserto, ha comenzado a avanzar en la tarea de estandarizar los procesos de evaluación institucional por medio de la ejecución del Sistema de Información para la Evaluación y el Mejoramiento Institucional (SIEMI),[4] que dada su reciente creación e incipiente implementación aún no hay resultados evaluables, pero la

---

[1] Estas características configuran a las universidades, según Burton Clark, como "anarquías organizadas", esto es, instituciones de base pesada, límites porosos y partes laxamente acopladas. Cfr.: *El sistema de educación superior. Una visión comparada de la organización académica*. Ed. Nueva Imagen y UAM, México, 1991.
[2] Cfr.: Luís Aguilar Villanueva, "Estudio introductorio" al libro de Giandomenico Majone, *Evidencia, argumentación y persuasión en la formulación de políticas*. Fondo de Cultura Económica, México, 1997.
[3] Burton Clark. Op. cit.
[4] En la pestaña SIEMI de la página web de la CONEAU se informa que "Se ha puesto en marcha el Sistema de Información para la Evaluación y el Mejoramiento Institucional (SIEMI). Se trata de un sistema de información sobre la institución universitaria bajo plataforma Web que facilitará la presentación de la información que se considera básica en los procesos de Evaluación Institucional que desarrollan las instituciones universitarias. (...) En el año 2011 se aprobó la Resolución CONEAU N°382/11, que formaliza la articulación de la evaluación institucional con otras evaluaciones realizadas por la institución (institucionales y de carreras de grado y posgrado) y define pautas para la evaluación por parte de pares. Asimismo, en dicha Resolución en su Anexo II, se estableció la información básica que las instituciones universitarias deben presentar en sus respectivos informes de autoevaluación institucional. (...) Con el SIEMI, las instituciones universitarias incorporarán una herramienta para reunir y organizar la información sobre la institución universitaria

sola instauración de dicho programa debe ser entendida como un avance significativo en el tratamiento de la educación superior como una política pública a cargo del Estado.

Para establecer una correcta política de acreditación que tome en consideración las condiciones locales de aplicación de los estándares, el Estado precisa disponer de la posibilidad de ejercitar una mirada que abarque el conjunto del sistema. Ahora bien, los actuales informes de evaluación externa no favorecen esta mirada, o al menos no están diseñados para inducirla y facilitarla. Las limitaciones de la evaluación diagnóstica dificultan, entre otras cosas, la comparación interinstitucional en virtud de que admite amplios márgenes de variación según los Comités de Pares Evaluadores (CPE) circunstanciales, y tienden a redundar en el recurso a los razonamientos funcionalistas, según los cuales la integración institucional y el cumplimiento de las funciones (entendido como ausencia de disfunciones) son la piedra de toque del análisis.

El enfoque de políticas públicas –que permitiría comenzar a superar estas limitaciones- supone incorporar las dimensiones del impacto y la pertinencia, que hasta ahora han quedado excluidas de la evaluación, en atención al derecho de las instituciones universitarias a operar haciendo ejercicio irrestricto de su autonomía.

Las observaciones y recomendaciones, que ya son un lugar común en las opiniones expertas sobre los sistemas universitarios latinoamericanos, no encuentran en el contexto de la evaluación diagnóstica posibilidades de intelección adecuada y, mucho menos, posibilidades de convertirse en objeto de políticas reparadoras establecidas desde la perspectiva del conjunto del sistema.

Veamos las afirmaciones más frecuentes referidas a los sistemas de educación superior:

1. El financiamiento público no encuentra, en el ámbito de las universidades, climas propicios para su buen uso en términos de costos y eficiencia del sistema, que se muestra renuente a la rendición de cuentas sobre el uso de los fondos públicos y privados comprometidos en su gestión.
2. Las modalidades de asignación de recursos sobre base histórica –que son indicadores de la forma en que se ha ejercido la autonomía universitaria- no encuentran apoyos objetivos en datos y actores para formular políticas integradoras del conjunto del sistema educativo que corrijan los actuales desfasajes y desequilibrios regionales de la calidad y pertinencia de las carreras universitarias.

---

en las siguientes dimensiones: el contexto local y regional de inserción; misión y proyecto; organización y programación académica; gobierno y gestión; cuerpo académico; alumnos y graduados; investigación y transferencia; extensión; infraestructura y bibliotecas".

3. Las universidades carecen de condiciones internas para producir datos confiables que operen como una base sólida para el planeamiento. Las dificultades para definir qué es un estudiante dentro de cada unidad académica de una misma institución es un indicador de lo antedicho.

La conexión entre este clima general y las *ineficiencias* más notorias, medidas en términos de acceso, permanencia y egreso de los estudiantes, quedan establecidas en la modalidad de la *caja negra* tan frecuente en los análisis de enfoque sistémico y funcionalista, que tienden a evaluar condiciones y resultados en detrimento de los procesos y sus especificidades determinadas por la cultura institucional y las influencias del medio social compuesto.

Lo antedicho no supone que se debería abandonar el modelo de evaluación diagnóstica, sino recomendar su utilización con una visión que incorpore principios de políticas públicas involucrando en las instancias de evaluación las visiones de la sociedad, sus demandas regionales y locales y, sobre todo, una dimensión histórica de las instituciones universitarias que revise sus propósitos fundacionales, habitualmente contenidos en la llamada *misión institucional*, y que permita recuperarlos críticamente a fin de revitalizar los valores que convocan a las comunidades académicas particulares en torno a proyectos socioculturales que trascienden las visiones economicistas y políticas tan en uso en nuestras instituciones universitarias.

Observaciones generales referidas a los procedimientos de aplicación del enfoque diagnóstico. El recurso a la evaluación por pares

La elaboración de juicios de calidad sobre las instituciones universitarias y sobre sus actividades científicas supone la movilización de amplios recursos intelectuales, que no pueden sobreentenderse contenidos en una persona aislada ni garantizados por un método objetivo establecido a la manera de los procedimientos habitualmente consagrados como *científicos*.

Los juicios de calidad implican la convergencia de una pluralidad de puntos de vista que procesen información y aporten distintas perspectivas a los fines de conformar un espectro de opiniones racionalmente fundadas para completar el complejo cuadro del estado de una determinada institución universitaria.

A esta diversidad de puntos de vista, que convergen en la elaboración de un juicio de calidad, puede accederse mediante la constitución de lo que habitualmente se conoce como Comité de Pares Evaluadores (CPE). En el caso de la evaluación institucional universitaria, la CONEAU recurre a la conformación del CPE, que cumple con los requisitos de ser:

- Operativo, esto es, de dimensiones manejables que, según las características de la institución a evaluar, estará integrado por un mínimo de tres miembros y un máximo de doce.
- No exhaustivo en términos disciplinarios. Si bien no es requisito excluyente que estén contenidas todas las especialidades disciplinarias contempladas en los programas de la institución, se busca realizar un balance en términos de las grandes áreas del conocimiento garantizando que siempre haya un especialista para cada una de las funciones centrales: docencia, investigación, extensión y gestión.
- Enfoque holístico, esto es que aspire a que cada uno de los integrantes pueda analizar la parte con relación al todo, y posea capacidades para aportar juicios fundados sobre el funcionamiento de la institución en su conjunto.

Estas definiciones ponen de manifiesto que evaluar es sinónimo de atribuir valor, destacándose que a su dimensión valorativa se le agregan dos atributos más: su carácter de sistemático y de judicial. Esto último en el doble sentido de que toda evaluación se expresa a la manera de un juicio de calidad y que el proceso para producirlo tiene similitudes con los procedimientos judiciales en tanto hace intervenir a un *jurado* o comité de pares, encuadrado dentro de un contexto normativo que es explícito y revisable.

En síntesis podríamos decir que la evaluación siempre supone un juicio de valor sistemáticamente establecido. Juicio de valor porque estima cómo y cuánto se están cumpliendo determinadas metas, valores, procesos y resultados; estas dimensiones nos advierten sobre la complejidad de los objetos evaluados.

Si nos preguntamos cómo se establecen los estándares de evaluación que utilizan los pares durante las evaluaciones externas, encontramos que pueden distinguirse entre:

- Estándares generales que aportan los pares. Los pares, por ser integrantes de comunidades científicas, académicas y profesionales específicas son portadores de criterios y estándares. Esta observación es extensible a la idea de institución universitaria que poseen y a la que necesariamente tienen como referencia durante la evaluación. Los pares comparan permanentemente la universidad evaluada con sus modelos ideales disciplinarios y universitarios. Estos valores

provienen de su acervo cultural como integrantes de las respectivas comunidades científicas y académicas, y forman parte de lo que podríamos llamar el *sentido común de los evaluadores*, el que ha sido conformado a partir de sus propias experiencias y carece de sistematización y reflexión intencionada. Lo cual no obsta para que el mismo posea conocimientos y criterios valiosos a la hora de evaluar. En el sentido común de los pares se conservan y reproducen los núcleos de buen sentido que orientan la práctica concreta de las evaluaciones y proveen de las guías para resolver las instancias inmediatas de la evaluación.
- Estándares particulares aportados por la Autoevaluación Institucional. En la Autoevaluación están contenidos de manera más o menos explícita un conjunto de estándares que las distintas instancias de autoevaluación han ido elaborando y que fungen como parámetros difíciles de sortear en el proceso de Evaluación Externa.
- Estándares elaborados en el mismo comité de pares durante el proceso de evaluación. Estos estándares son los más problemáticos dado que se establecen en situaciones de muy bajo control racional y adolecen de una alta dosis de discrecionalidad por parte de los miembros de los CPE.

El resultado es un diagnóstico que combina un piso de estándares con un ajuste de evaluación donde no siempre hay una reflexión exhaustiva y deliberada suficiente como para homogeneizar el procedimiento. Todo lo que pueda avanzarse en el sentido de hacer explícito lo implícito y consciente lo que subyace en estado práctico mejorará necesariamente los procedimientos de evaluación.

En este punto podría ensayarse la aplicación de los correctivos oportunamente implementados en el área de acreditación de posgrados, donde se avanzó limitando los márgenes de discrecionalidad de los pares intensificando la tarea de sistematización previa de los datos para que vean más acotado y facilitado su ámbito de opinión, a la vez que se trabajó en el mejoramiento de los formularios de presentación.

En el área de evaluación externa la CONEAU ha detectado que las debilidades de las autoevaluaciones pueden subsanarse parcialmente pautando la presentación de las instituciones universitarias con formularios que prevean un mínimo de información estandarizada, que oficie como piso de la evaluación reflejada en juicios y opiniones de todos los estamentos que integran la institución.

El mejoramiento de las condiciones de posibilidad de evaluación profunda de las universidades argentinas debe basarse en la revisión de la experiencia acumulada en los veinte años de accionar de la CONEAU y en el reconocimiento de las condiciones teóricas y metodológicas de los instrumentos de evaluación implementados en ese lapso. Nos referimos a los alcances y limitaciones del recurso a la evaluación por pares y al uso indiscriminado del método FODA, que deben revisarse como parte de un proceso de "evaluación de la evaluación" que debería incorporarse a la agenda universitaria de los próximos años.

Referencias bibliográficas

Altbach, P. G. & Kelly, Gail P. (1990), *Nuevos enfoques en educación comparada*. Mondadori España.

Buchbinder, P. (2015), *Historia de las universidades argentinas*. Buenos Aires: Sudamericana.

Brinkman, H. (1997), "Universidad: de la planificación a la evaluación". *Seminario permanente de Estudios sobre la problemática universitaria*, Centro de Estudios e Investigaciones de la Universidad Nacional de Quilmes.

Brunner, J. J. (1990), *Educación superior en América Latina: cambios y desafíos*. Santiago de Chile, Chile: FCE.

Brunner, J. J. (1994), "Estado y educación superior en América Latina", en Guy Neave et al., *Prometeo encadenado*, Barcelona: Gedisa.

F. Cardozo & E. Faletto (1969), *Desarrollo y dependencia en América Latina*. México: Siglo XXI.

Del Bello, J.C.; Barsky, O. & Giménez, G. (2007), *La universidad privada argentina*. Buenos Aires: Libros del Zorzal.

Escotet, M.A. (1996), *Universidad y devenir*. Buenos Aires.

García Guadilla, C. (1996), *Conocimiento, educación superior y sociedad en América Latina*. Nueva Sociedad.

Neave, G. & Van G. (1994), *Prometeo encadenado*. Barcelona: Gedisa.

Peón, C. E. & Del Cueto. C. (1999), "La evaluación institucional universitaria en argentina (experiencias recientes: 1997/1999)". *Gestión*. Año 1, N° 2.

Peón C. E. (2003), "Los sistemas de educación superior en la sociedad del conocimiento". En J. C. Pugliese (ed.), *Políticas de Estado para la universidad argentina. Balance de una gestión en el nuevo contexto nacional e internacional*. Buenos Aires: Secretaría de Políticas Universitarias. Ministerio de Educación, Ciencia y Tecnología.

Pérez Lindo, A. (1998), *Políticas del conocimiento, educación superior y desarrollo*. Buenos Aires: Biblos.

4

El interés público por la calidad, la autonomía universitaria y el respeto a la pluralidad de proyectos institucionales

Un balance sobre la aplicación del artículo 43 de la Ley de Educación Superior en Argentina

RODOLFO DE VINCENZI

A veinte años de la sanción de la Ley de Educación Superior (LES) en Argentina (agosto de 1995) y a dieciséis años del dictado de la resolución ministerial que aprobó estándares para la acreditación de la primera carrera que ingresaría al artículo 43 de la LES (Medicina, RM 535/99, agosto de 1999), resulta pertinente elaborar una revisión del camino transitado.

Del análisis de la normativa vigente y sus interpretaciones surge que, en noviembre de 2002, el Consejo de Universidades se manifestó en los siguientes puntos:

- La interpretación que se efectúe de la normativa del artículo 43 tiene íntima relación con el concepto de autonomía universitaria, por lo que debe hacerse en consonancia con el mismo, considerándoselo como una excepción al concepto amplio de autonomía y aplicarse con criterio restrictivo.
- El régimen de títulos consagrado por la ley establece como regla la autonomía de las universidades en esta cuestión, con las excepciones que determina el artículo 43, el que debe aplicarse con criterio de interpretación y aplicación, restrictivo y riguroso.
- El fundamento de la excepción es la necesidad de garantizar a los habitantes un ejercicio responsable en aquellas profesiones que pongan en riesgo valores fundamentales.

La Ley de Educación Superior utiliza una técnica inversa, favorable a la autonomía. Es así que expresamente indica que las facultades que delega en las instituciones universitarias, pese a ser muy significativas en términos de ejercicio de la autonomía institucional, son meramente ejemplificativas (artículo 29). Esto invierte a favor de la autonomía las reglas de interpretación e implica que las universidades son autónomas para decidir en general, salvo en aquellas cuestiones expresamente limitadas.

Un principio básico de hermenéutica jurídica determina que cuando el intérprete encuentra enfrentadas una regla y su excepción, en la duda debe inclinarse por la aplicación de la regla. Dicho de otra forma, que las excepciones a una regla son de interpretación y aplicación restrictiva y rigurosa.

En consecuencia, si conforme a la norma la autonomía es la regla y cualquier limitación constituye excepciones a esa regla, podemos sentar al respecto algunas conclusiones que nos servirán de base para la interpretación del artículo 43:

- Que las limitaciones a la autonomía resultan de interpretación y aplicación restrictiva y rigurosa.
- Que en la duda el intérprete debe inclinarse por la vigencia de la regla.
- Que en principio las limitaciones a la autonomía deben resultar expresas de una norma legal o, por lo menos, de una aplicación razonable del derecho vigente.

El límite a la autonomía estaría dado entonces por el interés público cuando este pudiera quedar comprometido por carreras que pongan en riesgo de modo directo, la salud, la seguridad, los derechos, los bienes o la formación de los habitantes.

En efecto, la acreditación de carreras, prevista en el artículo 43, tenía por objeto –originariamente- proteger el interés público en aquellas profesiones reguladas, cuyo ejercicio ponía en riesgo -de modo directo- la salud, la seguridad, los derechos, los bienes o la formación de los habitantes. Para ello, requería el cumplimiento de condiciones mínimas de carga horaria, contenidos básicos, intensidad de la formación práctica, asociadas a las actividades reservadas con exclusividad para dichas profesiones reguladas, todo lo cual debía ser dispuesto por el Ministerio de Educación (ME), en acuerdo con el Consejo de Universidades (CU).

La regulación, de manera exógena a las universidades, de estos aspectos señalados en el artículo 43 de la LES constituye un avance sobre la autonomía institucional. Sin embargo, dicho avance tiene justificación en el riesgo directo que implica el ejercicio de actividades reservadas exclusivamente para profesiones reguladas por el Estado, en las que se ve afectado en modo directo el interés público por la salud, la seguridad, los derechos, los bienes o la formación de los habitantes.

A título ejemplificativo, y a los efectos prácticos, lo que el Estado deseaba garantizar era que, si un transeúnte tuviera un accidente en la vía pública, el profesional que fuera a asistirlo tuviera las competencias necesarias para mejorar sus chances de vida y recuperar su estado de salud, sin importar de qué institución universitaria hubiera egresado.

Es así que acerca de la certificación de la formación académica recibida, como de las actividades sobre las cuales tienen competencias y habilitan al ejercicio profesional los títulos con reconocimiento oficial, la LES respeta como principio general la autonomía, delegando dicha facultad a las instituciones universitarias. Luego, el Estado se reserva la facultad de intervención solamente para la determinación de la carga horaria mínima para todas las carreras en las que se emitiera título oficialmente reconocido (artículo 42) y, con carácter de excepción, interviene sobre los aspectos ya señalados, solamente cuando se dieran las previsiones del artículo 43.

Sin embargo, en la práctica las resoluciones adoptadas por el ME, así como los acuerdos plenarios del CU, devinieron en número de estándares que, además de atender los requisitos impuestos en el artículo 43 de la LES, buscaron también operar como mecanismos de aseguramiento de la calidad, que excedían los umbrales de las competencias profesionales, vinculadas con el ejercicio profesional de los títulos incluidos en el artículo 43.

Es así que el número de estándares se fue multiplicando, incorporando prescripciones sobre diversos aspectos de la vida, el gobierno y la gestión de las carreras afectadas, así como las de la institución universitaria que las albergan.

En el cuadro adjunto (ver Anexo 1) se puede observar la cuantificación de estándares, por área, señalando que el número máximo para la acreditación de una carrera del artículo 43 resultó ser de 126 estándares (Medicina, RM 535/99).[1] Como ejemplos enumeramos los siguientes:

> "Promover el desarrollo intelectual, el espíritu crítico y el sentido ético de sus estudiantes; en un clima de libertad, equidad, solidaridad y respeto por la diversidad".
> "Contar con una estructura académico/administrativa que garantice el alcance de los objetivos institucionales".
> "Los Sistemas de información y registro deben ser oportunos, confiables y eficientes; para la toma de decisiones y el adecuado funcionamiento de la Institución".
> "Deberá tener un plan institucional de desarrollo estratégico".
> "El personal no docente/administrativo o de apoyo, debe ser adecuado en número y calificación para el funcionamiento de la carrera. Deben desarrollarse actividades de capacitación para este personal".
> "Deben existir programas de bienestar estudiantil".

---

[1] La RM 535/99 no figura en el cuadro adjunto, por ser una RM derogada y reemplazada por la RM 1314/07.

Probablemente, existan amplios consensos sobre la relevancia de estándares de este tipo. Sin embargo, resulta difícil justificar la correlación entre la verificación de su cumplimiento y el riesgo que justifique la intervención del Estado, por verse afectado en modo directo el interés público por la salud, la seguridad, los derechos, los bienes o la formación de los habitantes.

Asimismo, atentaría contra la diversidad que la evaluación y ponderación de estos estándares se realice sin contextualizarlos con los fines y propósitos declarados en los proyectos institucionales de cada institución universitaria. En tal sentido, parecería más aconsejable que aspectos como los propuestos en estos estándares sean evaluados en el marco de las instancias de internas de evaluación institucional y complementadas por las evaluaciones externas, tal como se lo promueve en el artículo 44 de la LES.

Estas intervenciones, resueltas en forma exógena a la institución universitaria evaluada y que avanzan más allá de las previsiones del artículo 43, remiten a cuestiones vinculadas con las relaciones entre autonomía e intervención estatal para atender el interés público, en el marco de la interacción entre universidad y Estado.

Sobre la base de esa hipótesis, los estándares definidos para la acreditación de carreras consideradas "de riesgo" en Argentina han avanzado sobre la regulación de aspectos cuya estandarización no fue prevista en forma explícita en la Ley de Educación Superior, resultando conveniente reflexionar sobre si los estándares adoptados resultaron eficaces para asegurar la calidad. Y en el caso de que sí lo hubieran sido, verificar si aún continúan siendo eficaces, de cara al futuro.

Existen acuerdos dentro del sistema universitario, avalados por las memorias de la CONEAU, respecto de que el camino transitado a través de las acreditaciones de carreras del artículo 43 contribuyó al aseguramiento de umbrales de calidad. En tal sentido, podríamos decir que resultó efectiva la intervención del Estado para garantizar que aquellos que obtuvieran títulos incluidos en las previsiones del artículo 43 (títulos que habilitan al ejercicio de actividades profesionales de riesgo), poseyeran las competencias debidas que lo habiliten efectivamente a su ejercicio profesional.

Pero, una vez alcanzados esos pisos mínimos de calidad, parecería adecuado revisar el criterio con el cuál se construyen los estándares de calidad.

La realidad de las instituciones universitarias, al momento de la sanción de la LES (1995), no pareciera ser la misma que la actual. En los veinte años transcurridos, todas ellas han debido atravesar múltiples procesos de evaluación institucional y de acreditación de carreras de grado y de posgrado. No existía en aquel entonces, al interior de la mayoría de las universidades, cultura de la evaluación, ni capacidad técnica instalada para planificar, en forma autónoma, procesos de evaluación institucional o de carreras.

Las previsiones de la LES, referidas a evaluación institucional y de carreras, y su posterior instrumentación a través de la CONEAU, exigieron a las universidades jerarquizar dichas funciones, creando gradualmente capacidades instaladas, que fueron derivando en verdaderos sistemas internos institucionales de calidad.

La cuestión de los estándares se vincula a tensiones que puedan surgir entre la diversidad de instituciones y la homogeneidad de requerimientos para asegurar la calidad.

Sobre este punto cabe tener presente además que los debates internacionales acerca del desarrollo de procesos de aseguramiento de la calidad resaltan la necesidad de revisar los mecanismos de evaluación de la calidad que emplean las agencias, atento a la creciente diversificación de instituciones y de ofertas académicas, la escasez de recursos financieros y humanos necesarios para llevar adelante las prácticas de evaluación institucional, entre otros factores (INQAAHE Fórum, 2012).

Si analizamos el fenómeno de la diversificación de instituciones de nivel superior (instituciones públicas y privadas; universidades e institutos universitarios; instituciones nacionales e internacionales; con oferta de educación virtual, entre otras) podemos, por un lado, reconocer el beneficio de dar respuesta con ello a las múltiples demandas del contexto (sociales, económicas, tecnológicas, etc.) y, por otro, identificar las limitaciones que este produce sobre los procesos evaluativos.

Surge de este modo un interrogante: *¿cómo balancear la diversidad (referida a las instituciones) y la homogeneidad (relativa a los requerimientos de calidad) a través de la efectiva implementación de procesos de acreditación?*

Como respuesta a ello, la red internacional de agencias INQAAHE (Fórum 2012) -que nuclea más de 250 agencias de acreditación a nivel mundial-, a partir del análisis de las guías, normativas o criterios definidos por las agencias para implementar procesos de acreditación, señaló que existe una tendencia a adoptar estándares abiertos y no prescriptivos. Ello implica implementar menor cantidad de estándares con "mayor amplitud" en su definición, para favorecer la diversidad de instituciones y de programas/carreras, en detrimento de los requerimientos de estándares "bien operativos" pensados para proteger la reputación del país, aun frente al riesgo de peligrar la autonomía de las universidades.

Esta propuesta se complementa con el desarrollo de un sistema de calidad interna propio en cada universidad que suponga objetivos, criterios de calidad, sistemas de monitoreo y definición de resultados esperados, como así también la creación de una unidad de apoyo a la calidad educativa institucional, que articule su accionar con las agencias, de tal modo que se pueda descentralizar y sustentar parte del proceso de acreditación en las prácticas evaluativas de cada universidad.

Antes de retomar el análisis del caso en Argentina, retomaremos dos conceptos –ampliamente desarrollados en el presente estudio- que operarán como categorías para el análisis del balance entre la diversidad de instituciones y su regulación a través de estándares homogéneos. Estas categorías son:

- "Consistencia externa": implica que la institución universitaria (o la carrera) debe satisfacer un nivel o referencia de calidad predeterminado operacionalmente, en forma exógena a ella.
- "Consistencia interna": implica que la institución (o la carrera) debe satisfacer un nivel o referencia de calidad ajustable a sus propios principios y prioridades, conforme a sus propósitos y fines declarados.

Como ya vimos, en Argentina la autonomía universitaria está establecida en la Constitución como derecho. Luego, en el artículo 29 de la Ley de Educación Superior se explicitan algunas atribuciones que debe comprender dicha autonomía, las cuales son consideradas básicas y no taxativas. Es decir que la autonomía universitaria solo puede ser restringida en los casos en que explícitamente lo estableciera la propia ley, como ocurre en el artículo 43, entre otros.

Es así que, en el caso de la acreditación de carreras consideradas "de riesgo", la aplicación de estándares *exógenos* a la institución se justificaría solamente en aquellos aspectos regulados por el artículo 43 de la LES (carga horaria mínima, contenidos básicos, intensidad de la formación práctica y actividades profesionales reservadas con exclusividad).

A excepción del caso antedicho, no se verifica en la LES motivo alguno que justifique la aplicación de estándares de calidad construidos con lógica de consistencia externa, en lugar de con lógica de consistencia interna.

Ello por cuanto la lógica de consistencia interna admite dar lugar a las intervenciones estatales (o exógenas de agencia), preservando la autonomía institucional (evaluaciones institucionales previstas por el artículo 44 de la LES).

Sin embargo, tanto la reglamentación como los procesos de evaluación estuvieron atravesados por algunos supuestos dominantes en el medio académico. Uno de ellos parece ser la asociación entre calidad y regulación.

Cabe tener en cuenta que la noción de regulación es específica de la profesión y no del título. La ley se refiere a las diversas normas (provinciales o nacionales) que regulan el ejercicio profesional, en ejercicio del poder de policía reservado por las provincias. Los títulos son todos regulados por el Ministerio de Educación desde que le dan validez nacional; bajo esta última perspectiva la observación del artículo no tendría sentido (CRUP, 2013).

Asimismo, la calidad no necesariamente es un juego de estandarización de productos y/o procesos y/o insumos. Por el contrario, la estandarización limita la diversidad y las diferencias de criterios para medir calidad -que son inherentes a los distintos tipos de propuestas educativas-. Así es que, en muchos casos, la tendencia a favorecer la homogeneización de algunos aspectos que exceden los alcances del artículo 43 de la LES puede terminar afectando esa diversidad, al condicionar la autonomía institucional.

Los procesos de acreditación de carreras de grado en la Argentina han ignorado, en muchos casos, estas consideraciones.

Concluimos entonces que, en los actuales estándares previstos para la acreditación de carreras incorporadas al artículo 43, se analizan aspectos cuya evaluación y ponderación es realizada por los pares evaluadores externos, sin contextualizarse con los fines y propósitos declarados en los proyectos institucionales de cada institución universitaria. De ese modo, su evaluación y ponderación quedan libradas a la discrecionalidad de los pares evaluadores, que suelen tomar como modelo valorativo su propia experiencia.

Esto muchas veces juega en contra de la necesidad de tomar diferentes modelos de calidad, para atender la diversidad del sistema, además de afectar a la autonomía de estas instituciones, la cual está garantizada por la Constitución Nacional y por la Ley de Educación Superior (LES).

En tal sentido, parecería más aconsejable que aspectos como los propuestos en estos estándares sean evaluados en el marco de las instancias de internas de evaluación institucional y complementadas por las evaluaciones externas, tal como se lo promueve en el artículo 44 de la LES.

Por otro lado, se repite un conjunto mayoritario de estándares homologables entre las distintas carreras incorporadas al artículo 43, que no surgen de la exigencia de dicho artículo de la ley en tanto no forman parte de los aspectos allí regulados, y su redacción -con lógica de consistencia externa- hace que atenten contra las garantías de autonomía institucional establecidas en el artículo 29 de la LES.

Entonces, considerando lo hasta aquí planteado, proponemos que para *balancear la diversidad (referida a la institución) y la homogeneidad (relativa a los requerimientos de calidad)*, los aspectos que no surgieran explícitamente de las regulaciones previstas en el artículo 43 sean evaluados con lógica de consistencia interna, a través de los mecanismos previstos en el artículo 44 de la LES. Para ello, resultaría necesario realizar una revisión de los actuales estándares que se aplican para la acreditación de carreras incorporadas al artículo 43, de modo de redefinir o suprimir aquellos que no respondieran a los alcances previstos en dicho artículo.

Referencias bibliográficas

Argentina, Ministerio de Cultura y Educación (1995), Ley N° 24.521: Ley de Educación Superior.

Consejo de Rectores de Universidades Privadas (CRUP) (2013), *Reflexiones y aportes para la revisión de estándares y actividades profesionales reservadas a las titulaciones incorporadas al artículo 43 LES*, Buenos Aires, CRUP.

De Vincenzi, Ariana (2012), "Informe sobre el Forum 2012 de INQAAHE", Manuscrito no publicado, Consejo de Rectores de Universidades Privadas, Buenos Aires, Argentina.

INQAAHE, *Guidelines of Good Practice in Quality Assurance (GGP)*, disponible en: https://goo.gl/2QLMDu (consultado el 7 de agosto de 2013).

IESALC-UNESCO (2007), *Informe de evaluación externa de la Comisión Nacional de Evaluación y Acreditación Universitaria (CONEAU) de Argentina*, 10 al 13 de julio, Buenos Aires.

5

Percepciones de los académicos sobre la mejora de la calidad de la educación universitaria argentina

Ariana de Vincenzi

Introducción

Entre las profundas transformaciones suscitadas en las últimas décadas en los sistemas de educación superior del mundo, sin dudas los mecanismos de aseguramiento de la calidad asumieron un lugar destacado en el andamiaje de las políticas públicas asociadas al saber avanzado, implicando nuevas conceptualizaciones en torno de la relación entre el Estado y las instituciones universitarias, así como una plataforma especial de crítica en términos de su eficacia.

Este trabajo contribuye con un estado de la discusión sobre esta segunda dimensión en Argentina y con foco en instituciones universitarias privadas que se han creado y puesto en marcha en simultáneo con la difundida política pública de aseguramiento de la calidad, y que han financiado sin apoyo estatal las mejoras derivadas de estos procesos que en Argentina resultan obligatorios.

La eficacia, por su parte, es observada en términos de su relación con los cambios en pos de la calidad, tomando como marco de referencia el tiempo transcurrido entre dos procesos de evaluación institucional que atravesaron tres instituciones universitarias radicadas en la región metropolitana de la República Argentina.

Algunas transformaciones recientes

Diferentes procesos sociales han generado un profundo cambio en el sistema universitario (IESALC, 2006; OCDE, 2008; UNESCO, 2009): desde la masificación y la consiguiente heterogeneidad de los estudiantes; la incorporación de las nuevas tecnologías al ámbito educativo y el desarrollo de la educación a distancia; la diversificación de instituciones y el surgimiento de modalidades disruptivas para impartir educación superior; la globalización y la internacionalización de la educación superior; la demanda de una educación más articulada con el sector productivo y el desarrollo de una oferta académica orientada a la adquisición de competencias profesionales; hasta un modelo de gobierno emprendedor que desafía a las instituciones universitarias a integrar a otros actores sociales externos (*stakeholders*) para aumentar la eficiencia institucional (Brunner, 2011). Asimismo, la crisis del financiamiento público a la educación superior en un contexto de masificación de la matrícula y de diversificación de instituciones, sumada a un proceso de privatización como vía de absorción de la demanda, condujeron a una revisión de los mecanismos de regulación del sistema por parte del Estado. Se incorporan los sistemas de aseguramiento de la calidad[1] como política pública para dar garantía a la ciudadanía de la calidad del servicio educativo universitario (Lemaitre, 2009).

Hacia 1990, la mayoría de los países del mundo habían incorporado un sistema nacional de aseguramiento de la calidad, siendo Reino Unido y Francia los primeros en establecer estos sistemas formales en 1980.[2] Estos sistemas se caracterizan por la presencia de una agencia descentralizada como política asociada al movimiento neoliberal de desregulación, la que gestiona los mecanismos de aseguramiento de la calidad promoviendo una estrecha relación entre las instituciones universitarias y las demandas de la sociedad, a través de procesos de rendición de cuentas ante las políticas que define el Estado (Lemaitre, 2009), que asume un rol evaluador (Neave, 1998) o gerente (Betancur, 2001) a distancia.

En un contexto social como el descripto, la institución universitaria se enfrenta al desafío de gestionar un proyecto institucional que responda a criterios de calidad internos, a criterios requeridos por los contextos nacionales y a aquellos definidos en contextos internacionales (Lemaitre, 2009). La incorporación de mecanismos de aseguramiento de la calidad en la agenda de las políticas públicas de la educación superior provoca una redistribución de las relaciones de poder al interior de la institución universitaria y entre esta, el Estado y la sociedad, cuestión que incide en los cambios organizacionales (Brennan & Shah, 2000; Araujo, 2007; Del Bello, Barsky & Giménez 2007; Stensaker, 2008; Stensaker, Westerheijden, Rosa & Corbett, 2014).

---

[1] Se entiende por sistema de aseguramiento de la calidad la revisión sistemática, estructurada y continua de la calidad en términos de su mantenimiento y mejoramiento (Vroeijenstijn, 1995), vinculando la noción de calidad con el significado que le atribuyen los diferentes actores sociales interesados en la educación superior (Newton & Harvey, 1993).

[2] Cabe señalar que la evaluación de la calidad de la educación superior surge en Estados Unidos a principios del siglo XX como iniciativa privada de asociaciones de instituciones educativas, frente a la proliferación y autonomía de las instituciones universitarias y para dar orientación a los estudiantes y sus familias.

¿Ha mejorado la calidad de la educación universitaria? En aras a procurar el mejoramiento institucional, ¿las universidades han podido balancear las demandas que imponen el Estado y la sociedad sin desatender el desarrollo del propio proyecto institucional?

Estas preguntas orientan el desarrollo de una tesis doctoral titulada *Cambios en el mejoramiento de la calidad de la educación universitaria, un estudio de casos de universidades privadas argentinas*, radicada en el Doctorado en Educación de la Universidad de San Andrés, Argentina. El objetivo principal de la investigación es identificar los cambios en pos de la calidad producidos en tres instituciones universitarias privadas argentinas creadas en la década de 1990, tomando como marco de referencia el periodo transcurrido a lo largo de dos procesos de evaluación institucional atravesados por cada una de las instituciones seleccionadas. Se trata de una investigación cualitativa, longitudinal, con un diseño descriptivo- explicativo sustentado en el análisis documental, entrevistas a los actores principales de cada institución universitaria y cuestionarios a profesores.

En este artículo se presentan avances de dicha investigación, con foco en el análisis de la percepción que tienen los actores académicos (autoridades de unidades académicas y profesores) acerca de:

1. El impacto del sistema de aseguramiento de la calidad argentino en las instituciones universitarias.
2. Los cambios introducidos en la mejora de la calidad educativa de las instituciones que conforman este estudio y los factores desencadenantes de dichos cambios.

La estructura del trabajo contempla primeramente un encuadre conceptual que integra un recorrido sobre las cinco acepciones que prevalecen en la literatura sobre la noción de calidad en la educación superior, el análisis de las funciones del sistema de aseguramiento de la calidad argentino y los marcos de referencia que emplea para la evaluación de la calidad y el estado del arte acerca de las investigaciones sobre el mejoramiento de la calidad. Luego, se analizan los resultados alcanzados a partir de la realización de 24 entrevistas a autoridades académicas y la implementación de cuestionarios a 104 profesores acerca de su percepción sobre los cambios en la mejora de la calidad universitaria.

Definiciones sobre calidad en la educación superior

En el cambiante contexto en que se inscribe la educación superior, el interés por evaluar la calidad se ha convertido en una política pública de la mayoría de los sistemas de educación superior a lo largo del mundo.

La relevancia social y económica que se atribuye al acceso de la población al conocimiento, sumado al incremento de la demanda de una población de menores ingresos y menos capitales culturales que encuentra en la educación superior un mecanismo de movilidad social, ha generado una preocupación por la calidad tanto a nivel nacional como internacional (Campbell & Rozsnyai, 2002; Rama, 2009; Lemaitre, 2016).

A través de la literatura sobre calidad en la educación superior se advierte la naturaleza polisémica del concepto, atribuida a su relatividad respecto del actor social que la evalúa y a las circunstancias sociohistóricas que imponen exigencias específicas a la institución universitaria (Harvey & Green, 1993; Harvey & Newton, 2004; Harvey, 2006; Newton, 2007; Woodhouse, 2012). En la mayoría de las publicaciones se retoman las cinco acepciones de la noción de calidad propuestas por Harvey & Green (1993): excepción; perfección; como logro de un propósito prefijado; como valor agregado; y como transformación.

- La calidad como excepción supone tres variantes: i) la noción tradicional de calidad que otorga a una institución un sentido elitista y de exclusividad. No se juzga contra un sistema de criterios que validen su existencia; ii) la calidad como excelencia, se juzga contra estándares muy altos alcanzables en circunstancias muy limitadas; iii) calidad como logro de estándares mínimos. Esta acepción de calidad sustenta los procesos de acreditación que se llevan a cabo a nivel institucional o de programas, conforme el sistema de aseguramiento de la calidad previsto en cada país.
- La calidad como perfección encierra la noción de consistencia y se traduce en dos premisas: "cero defecto" y "hacer las cosas bien la primera vez". La calidad se define en términos de conformación de especificaciones particulares que no son estándares. En este sentido la calidad supone previsión y no inspección, es decir, es necesario que se asegure que en cada etapa no habrá errores. Cada uno de los miembros de la institución es responsable de la calidad, lo que conlleva la noción de cultura de calidad.
- La calidad para el logro de un propósito prefijado corresponde a una definición funcional de calidad, ya que supone que un servicio o producto se ajusta a un propósito. Se identifican dos perspectivas del propósito, según se trate de las expectativas del usuario o del proveedor. En educación superior, la utilización del concepto de calidad orientado a satisfacer los requerimientos del cliente no se cumple en la práctica. En general los alumnos optan por aquello que está disponible para ellos conforme los requisitos de entrada: cupos limitados, conocimientos previos requeridos, entre otros. A lo sumo, una vez dentro del sistema pueden incidir en la revisión del programa emitiendo su opinión sobre la calidad del servicio o

producto (Harvey, 2006). Considerando la perspectiva del proveedor, la calidad se definiría con base en el cumplimiento de los objetivos o misión de la institución. Según Woodhouse (1999: 29), la calidad entendida como aptitud para el logro de un propósito permite a las instituciones demostrar cómo cumplen con su misión y objetivos, y favorece la diversidad institucional en lugar de forzarlas a clonarse. Esta acepción del concepto de calidad subyace a los procesos de evaluación enfocados en el mejoramiento, donde la autoevaluación tiene un lugar central, y la evaluación externa verifica la capacidad de la institución para autogestionar mecanismos eficaces de aseguramiento interno de la calidad.

- La calidad como valor agregado es la noción que se ha implementado mediante los sistemas de aseguramiento de la calidad de la educación superior desde la década de los 80, y se relaciona con la rendición de cuentas de las universidades al Estado que financia la educación y a los beneficiarios (la ciudadanía).
- La calidad como transformación remite al cambio en la calidad a través del empoderamiento de los actores institucionales (estudiantes, profesores e investigadores). Supone diálogo, trabajo en equipo y capacidad crítica para tomar decisiones relativas a su propia transformación. Diferentes autores (Harvey & Newton, 2004; Harvey, 2006; Stensaker, 2008; Newton, 2012) se refieren a la necesidad de modificar el foco de los procesos de evaluación, pasar de un modelo centrado en la acreditación a otro centrado en la autorregulación, el mejoramiento y el análisis basado en evidencias de buenas prácticas.

Unos y otros enfoques han primado en los sistemas de aseguramiento de la calidad a lo largo del mundo conforme sean los propósitos que persiguen a través de diferentes mecanismos. El control, el cumplimiento y la rendición de cuentas son propósitos a los que subyace una noción de calidad vinculada con la verificación de estándares definidos afuera de la institución. Suponen mecanismos de acreditación a nivel institucional o de programas, siendo el rol del Estado otorgar garantía pública de calidad de la educación superior. Incluso, en muchos casos, estos procesos están vinculados al financiamiento, debiendo la institución demostrar la maximización del beneficio en la mejora de sus servicios por los recursos que percibe. Subyace a este tipo de prácticas evaluativas una noción de calidad como valor agregado. Por otro lado, cuando el propósito del proceso de aseguramiento de la calidad es la mejora de la institución, la noción de calidad se relaciona con la adecuación a su misión y objetivos, siendo un enfoque funcional e inclusivo (Harvey, 2006). En general, se definen desde la agencia nacional de calidad un conjunto de expectativas y/o estándares que la institución debe cumplir, pero el foco central está puesto en la autoevaluación de la institución y su capacidad de autorregulación.

El sistema de aseguramiento de la calidad en la Argentina

La evaluación de la calidad de las instituciones universitarias se instaló en Argentina como política pública a mediados de la década de los años 1990, contando para ello con el apoyo financiero del Banco Mundial a través del Programa de Mejora de la Educación Superior (PRES). Ante una política activa del Estado que en la práctica relativizaba la autonomía de las instituciones, se produjeron tensiones entre el Estado y las instituciones universitarias.

Con la sanción en 1995 de la Ley de Educación Superior (24.521), se estableció en Argentina el marco regulatorio que introdujo la evaluación de la calidad como nuevo eje de la política universitaria, y se creó la Comisión Nacional de Evaluación y Acreditación Universitaria (CONEAU). Las primeras evaluaciones institucionales fueron el fruto de negociaciones entre la Secretaría de Políticas Universitarias y tres universidades nacionales en el año 1993,[3] y se efectivizaron bajo la coordinación de la CONEAU.

La CONEAU es un organismo público, descentralizado y no lucrativo que funciona en jurisdicción del Ministerio de Educación y Deportes. Está conducida por un cuerpo integrado por doce miembros de jerarquía académica y científica y experiencia universitaria, los cuales ejercen sus funciones a título personal, con independencia de criterio y sin asumir la representación de ninguna institución.

Las responsabilidades de la CONEAU establecidas en la ley

Conforme el artículo 46 de la Ley de Educación Superior son sus responsabilidades:

- Acreditar las carreras de grado cuyos títulos correspondan a profesiones reguladas por el Estado y cuyo ejercicio pudiera comprometer el interés público poniendo en riesgo de modo directo la salud, la seguridad, los derechos, los bienes o la formación de los habitantes; así como las carreras de posgrado, cualquiera sea el ámbito en que se desarrollen, conforme a los estándares que establezca el Ministerio de Cultura y Educación en consulta con el Consejo de Universidades.[4] Asimismo, cuando una carrera que requiera acreditación no la obtuviese, por no reunir los requisitos y estándares mínimos

---

[3] Universidad Nacional del Sur, Universidad Nacional de Cuyo y Universidad Nacional de la Patagonia Austral.
[4] El Consejo de Universidades es un órgano de tipo parlamentario integrado por el Comité Ejecutivo del Consejo Interuniversitario Nacional (CIN), la Comisión Directiva del Consejo de Rectores de Universidades Privadas (CRUP), un representante de cada uno de los siete Consejos Regionales de Planificación de la Educación Superior (CPRES) y un representante del Consejo Federal de Educa-

establecidos, la CONEAU podrá recomendar que se suspenda la inscripción de nuevos alumnos en la misma, hasta que se subsanen las deficiencias encontradas.
- Coordinar y llevar adelante evaluaciones institucionales externas y periódicas en el marco de objetivos definidos por cada institución universitaria que abarcarán las funciones de docencia, investigación y extensión, y en el caso de las instituciones universitarias nacionales, también la gestión institucional. Las evaluaciones externas se realizarán con la participación de pares académicos de reconocida competencia y las recomendaciones para el mejoramiento institucional que surjan de las evaluaciones tendrán carácter público. Estas complementarán instancias internas de evaluación institucional llevadas a cabo por las instituciones universitarias, que tendrán por objeto analizar los logros y dificultades en el cumplimiento de sus funciones, así como sugerir medidas para su mejoramiento.
- Pronunciarse sobre la consistencia y viabilidad del proyecto institucional que se requiere para que el Ministerio de Educación y Deportes autorice la puesta en marcha de una nueva institución universitaria nacional con posterioridad a su creación o el reconocimiento de una institución universitaria provincial.
- Preparar los informes requeridos para otorgar la autorización provisoria y el reconocimiento definitivo de las instituciones universitarias privadas, así como los informes con base en los cuales se evaluará el período de funcionamiento provisorio de dichas instituciones.
- Elaborar los dictámenes que se requieren para que el Ministerio de Educación y Deportes reconozca a las entidades privadas que se constituyan con fines de evaluación y acreditación.

La cantidad de funciones que asume la CONEAU comparativamente con agencias de otros países es un aspecto a destacar (Buchbinder y Marquina, 2008), al mismo tiempo que ha generado una sobrecarga de trabajo a la Agencia, conforme fuera observado en la evaluación externa de la CONEAU realizada por expertos de IESALC (IESALC, 2007).

---

ción. Está presidido por el ministro de Educación, aunque este puede delegar la presidencia a un funcionario de categoría no inferior a secretario. Frecuentemente esta delegación se produce en el secretario de Políticas Universitarias

Marcos de referencia para la evaluación de la calidad

En aquellas funciones destinadas a garantizar la calidad, como son los procesos de acreditación de carreras de interés público y posgrados, los marcos de referencia son externos a las instituciones universitarias y a la CONEAU. Estos son establecidos por el Ministerio de Educación y Deportes en acuerdo con el Consejo de Universidades y se publican mediante una resolución del Ministerio de Educación y Deportes en términos de estándares y criterios de evaluación.

En aquellos procesos que se instalan como instancias de evaluación en el circuito del reconocimiento del Estado, como la creación o aprobación de nuevas instituciones universitarias, el marco de referencia es construido por la CONEAU siendo su función básica asesorar y recomendar a este.

En la evaluación institucional el referente es establecido por las instituciones universitarias a través de su experiencia evaluativa y conforme su naturaleza institucional y complementada por la evaluación externa, que concluye con la recomendación de cursos de acción para contribuir al mejoramiento de la institución. En el año 2011 por Resolución CONEAU Nº 382/11, se aprobaron los "Criterios y Procedimientos para la Evaluación Externa y Pautas para la Autoevaluación Institucional". En relación con los criterios para la evaluación externa, se estableció que además de contemplar el informe de autoevaluación institucional y planes estratégicos o de desarrollo que haya elaborado la institución, se incorporarían los documentos de evaluación previos que la CONEAU haya emitido sobre la institución universitaria a ser evaluada -acreditaciones de carreras previstas en el art 43, acreditaciones de carreras de posgrado, informes de seguimiento de las instituciones universitarias privadas con autorización provisoria, informes de evaluaciones externas previos- para propender a un mejor aprovechamiento de los procesos de evaluación universitaria (Resolución CONEAU Nº 382/11, anexo 1). Con respecto a las pautas para la autoevaluación institucional, se define información básica (cuantitativa y cualitativa) que debe ofrecer la institución sobre el contexto local y regional de inserción y sobre la institución (misión y proyecto, organización gobierno y gestión, cuerpo académico, alumnos y graduados, extensión, biblioteca e infraestructura) y se crea el Sistema de Información para la Evaluación y el Mejoramiento Institucional (SIEMI), como sistema informático de recolección de información institucional.

La progresiva conformación de un sistema integrado de información básica sobre las instituciones universitarias es percibido por las instituciones universitarias y por los pares evaluadores que participan de la evaluación externa de las instituciones como un aspecto positivo incorporado a través del sistema nacional de aseguramiento de la calidad. De la lectura comparada de los informes de las tres evaluaciones realizadas de la CONEAU (2002, 2007 y 2015) surge que las instituciones universitarias reconocen la utilidad de los criterios, procedimientos e instrumentos de trabajo propuestos por la agencia, ya que aportan al desarrollo de los propios sistemas de información. Asimismo, del relevamiento de la percepción que tienen los pares evaluadores respecto de los criterios y procedimientos propuestos por la agencia, se desprende que estos han guiado la lectura de la información, "organizan la labor del evaluador, lo orientan desde una perspectiva integral y contribuyen a homogeneizar los informes" (CONEAU, 2015: 37).

Estudios sobre el impacto de los procesos de aseguramiento de la calidad en el mejoramiento de las instituciones universitarias

Desde la década de los 90, los estudios sobre el impacto de los procesos de aseguramiento de la calidad han ido incrementando progresivamente en cantidad y se han expandido por diferentes regiones geográficas. De su análisis, Stensaker (2008) identifica cuatro grandes áreas de impacto: el poder, el profesionalismo, las relaciones públicas y la permeabilidad.

Impacto en el poder

Existe consenso entre diversos autores (Askling, 1997; Barrow, 1999; Brennan & Shah, 2000; Stensaker, 2003 y 2008; Lemaitre & Zenteno, 2012) acerca de que los procesos de aseguramiento de la calidad han contribuido a un mayor liderazgo institucional, que se advierte en la centralización de la información producida por la implementación de estos procesos y en la responsabilidad que se asume sobre los mismos. Brennan & Shah (2000) -basándose en un estudio que realizan en 29 instituciones universitarias de 14 países acerca del impacto de los procesos de aseguramiento de la calidad- concluyen que estos procesos implementados tanto a nivel institucional como de programas contribuyen a fortalecer el gerencialismo, al disponer las autoridades de mayor información para tomar decisiones. Asimismo este estudio advierte sobre una mayor atención de las autoridades en la docencia, que se incorpora en la agenda de la gestión institucional para su discusión, monitoreo y mejoramiento. De este modo, las responsabilidades que tradicionalmente tenían los académicos sobre la calidad educativa son compartidas con las autoridades institucionales, quienes asumen mayor atención sobre la docencia como respuesta a los ejercicios de rendición de cuentas (Stensaker, 2008). Finalmente, se advierta acerca de la construcción de un rol más legítimo y participativo de los estudiantes en la evaluación de la calidad al exponer sus opiniones y experiencias (Harvey& Knight, 1996; Brennan & Shah, 2000; Stensaker, 2007).

Impacto en la profesionalización

El aseguramiento de la calidad ha contribuido a la profesionalización de la gestión universitaria (Lemaitre y Zenteno, 2012), mediante la formalización de documentos escritos y la organización y distribución de tareas orientadas mediante guías que proveen las agencias y que reducirían el misterio y el miedo que producen estos procesos, haciéndolos más predecibles (Stensaker, 2008: 5).

Impacto en las relaciones públicas

El aseguramiento de la calidad resulta en una herramienta de marketing que utilizan las instituciones de educación superior para mostrar cómo están trabajando.

Impacto en la permeabilidad

Al igual que lo señalan Brennan & Shah (2000), Stensaker sugiere que el aseguramiento de la calidad hace más transparentes a las instituciones y permite el uso de la información para la toma de decisiones.

Con respecto a los efectos negativos que arrojan los estudios sobre el impacto de los sistemas de aseguramiento de la calidad en las instituciones universitarias, existe coincidencia en destacar la alta burocratización del proceso (Kogan, 2000; Dill, 2003; Stensaker, 2008; Lemaitre y Zenteno, 2012) y la falta de evidencias que demuestren efectos de los procesos de aseguramiento de la calidad en la enseñanza y el aprendizaje (Massy, 1999; Newton, 2000; Harvey & Newton, 2004; Stensaker, 2008; Harvey 2008).

Acerca de la burocratización del proceso, Harvey y Williams (2010) analizaron los artículos publicados en la Revista *Quality in Higher Education* en el periodo 1995-2010 y concluyeron que "a lo largo de los 15 años se advierte una clara tensión entre el aseguramiento de la calidad como una tarea burocrática y administrativa y el mejoramiento de la calidad de la gestión académica" (24). Del análisis de las publicaciones surge que las evaluaciones externas no contribuyen al mejoramiento, especialmente cuando su propósito es la acreditación, lo que podría atribuirse a la disolución de la confianza en las instituciones universitarias. En un estudio que realiza Newton (2000) acerca de las percepciones de los académicos sobre los mecanismos internos y externos de aseguramiento de la calidad, advierte que, cuando el propósito de la evaluación es la rendición de cuentas, los académicos buscan satisfacer la expectativa del evaluador (dando cuenta de una aceptación pragmática del proceso) aunque se sienten manipulados y desvalorizados por las autoridades institucionales que traccionan un comportamiento corporativo para alcanzar los requerimientos ante la mirada de los evaluadores externos. El proceso de evaluación de la calidad se convierte en un juego de rutinas y acciones corporativas y el mejoramiento de la calidad se percibe como un resultado independiente del proceso.

Con relación a la ausencia de evidencia sustantiva acerca del impacto de los sistemas de aseguramiento de la calidad en la mejora de los procesos de enseñanza y aprendizaje, diferentes autores advierten sobre la importancia de cambiar el foco de los procesos de evaluación. Harvey & Newton (2004) proponen pasar de un modelo centrado en la acreditación a otro centrado en la autorregulación, el mejoramiento y el análisis basado en la evidencia. Martensson, Roxa y Stensaker (2014) resaltan la importancia de considerar las microculturas de las instituciones si se pretende generar cambios en los procesos de enseñanza y aprendizaje. Los autores destacan que existe una evidente distancia en la orientación que se atribuye a los cambios esperados para la mejora de la calidad, entre la organización tradicional de los procesos de aseguramiento de la calidad y aquella que caracteriza a la vida académica. Mientras que la organización formal de estos procesos propone cambios hacia el futuro indicando las estrategias y acciones a desarrollar para alcanzarlos, las microculturas académicas responden a una saga o tradición que las identifica y que condiciona sus cambios y desarrollos. A no ser que las políticas del aseguramiento de la calidad integren la saga de las microculturas académicas, no existirá otro camino que la coerción para el logro de los objetivos propuestos de arriba hacia abajo.

Lemaitre y Zenteno (2012) realizaron un estudio en siete países de Iberoamérica (Argentina, Chile, Colombia, Costa Rica, España, México y Portugal) acerca de la percepción que tienen los actores institucionales (autoridades de las universidades, encargado en la universidad del aseguramiento de la calidad, docentes, alumnos y graduados) sobre el impacto de procesos de aseguramiento de la calidad en las instituciones universitarias. Identificaron regularidades en los actores consultados respecto del reconocimiento de avances en los sistemas de información de las universidades, la incorporación de un sistema gerencial en la toma de decisiones institucionales y la valoración de la docencia como función prioritaria de las universidades. En lo que se refiere al proceso de enseñanza y aprendizaje, todos los actores institucionales coinciden en reconocer cambios vinculados al desarrollo de mecanismos de aseguramiento de la calidad pero también a otras motivaciones y procesos. En general los responsables de la gestión académica y los docentes reconocen cambios en la mejora de los planes de estudio, la programación y el desarrollo académico atribuibles prevalentemente a la gestión interna institucional, al desarrollo de procesos de autoevaluación y a dar respuesta a las demandas del medio.

Con respecto a las investigaciones sobre el impacto de la evaluación institucional en el mejoramiento de las instituciones universitarias argentinas, el estudio realizado por Araujo (2007) en tres universidades de gestión estatal arrojó que "la modificación de situaciones existentes en los establecimientos es localizada en áreas y actividades específicas antes que en el conjunto de la universidad" (89). Dichos cambios institucionales se producen en un marco de tensiones respecto de los problemas identificados y consensos sobre la necesidad de abordarlos mediante soluciones innovadoras. La autora también advierte sobre la incidencia que tienen las acreditaciones de las carreras sobre las decisiones institucionales.

Corengia (2015), en un estudio sobre el impacto de la política de evaluación y acreditación universitaria argentina en las funciones sustantivas de cuatro universidades, se refiere a un impacto menor de la evaluación institucional respecto de la acreditación, atribuible a la ausencia de instrumentos estatales de apoyo al mejoramiento de la calidad institucional y al hecho de que los resultados de la evaluación institucional no tienen implicancias en el reconocimiento oficial o validez nacional de los títulos que emite la institución. En su investigación concluye que los mecanismos de aseguramiento de la calidad coordinados por el Estado han generado un impacto positivo en la mejora de las instituciones universitarias, advirtiendo cambios fácticos en la función de la gestión y la docencia.

Adrogué, Corengia, García de Fanelli, y Carranza (2015) estudiaron los efectos de las políticas de aseguramiento de la calidad y el financiamiento gubernamental para la investigación en dicha función, en cuatro universidades privadas de la Argentina. Como resultado general las autoras advierten una tensión en las respuestas organizacionales: impulsar cambios isomórficos para lograr conformidad y legitimación en su medio o desarrollar estrategias acordes con su misión institucional, los recursos organizacionales y los liderazgos particulares presentes en cada caso. Entre los resultados específicos de esta investigación se destacan algunas particularidades de las instituciones privadas bajo estudio que inciden sobre la respuesta diferencial ante igual entorno de políticas públicas, entre ellas: organizaciones con presencia de múltiples centros de poder y legitimidad (estudiantes, las empresas, autoridades religiosas, el Estado); el importante peso del Estado por tratarse del actor que regula la legitimidad de los títulos; el peso de liderazgos internos que valoran la actividad de investigación en la universidad y tratan de impulsar cambios en la cultura profesional predominante en algunos de los casos analizados.

Regularidades y rupturas en las percepciones de los actores institucionales acerca del mejoramiento de la calidad de las instituciones universitarias y factores desencadenantes de los cambios

Las investigaciones acerca del impacto de los sistemas de aseguramiento de la calidad en las instituciones de educación superior coinciden en destacar la importancia de integrar el contexto en el análisis, haciendo foco en la multiplicidad de factores sociales, políticos, económicos y culturales que atraviesan a la educación superior e inciden tanto en la transformación de la política nacional de aseguramiento de la calidad, como en los cambios que se introducen en las instituciones universitarias. Asimismo resulta relevante considerar el sistema de valores y atributos organizacionales que determinan la particular fisonomía de la estructura de cada institución y que incide en su dinámica organizacional.

De este modo, los resultados que seguidamente se detallan y que se refieren a regularidades y diferencias identificadas en las percepciones de los actores institucionales consultados deben ser considerados como inferencias que se realizan de la información recabada en tres instituciones universitarias de gestión privada radicadas en la región metropolitana de la República Argentina. En todos los casos fueron creadas en la década de 1990, contemporáneas a la creación de la Agencia Nacional de Aseguramiento de la Calidad (CONEAU), han atravesado por dos procesos de evaluación institucional (autoevaluación y evaluación externa) y por varios procesos de acreditación de carreras de grado y posgrado. Considerando la relevancia que se le otorga en las investigaciones sobre cambios organizacionales al tamaño de las instituciones (Araujo, 2007; Brunner y Ferrada Hurtado, 2011; Fanelli y Moguillansky, 2014), se seleccionó una institución pequeña, una mediana y una grande.

Los resultados surgen del análisis de la información obtenida a través de entrevistas semiestructuradas con 24 autoridades institucionales y de cuestionarios *online* respondidos por 104 profesores de las tres instituciones universitarias. Se exploraron las percepciones de los actores institucionales asociadas al:

1. Impacto de los mecanismos de aseguramiento de la calidad en las instituciones universitarias.
2. Los cambios introducidos en la mejora de la calidad de instituciones universitarias y los factores desencadenantes de dichos cambios.

1. Estudio sobre la percepción que tienen los actores institucionales acerca del impacto de los mecanismos de aseguramiento de la calidad en las instituciones universitarias

Tomando en cuenta las conclusiones publicadas en las investigaciones sobre el impacto de los mecanismos de aseguramiento de la calidad en las instituciones universitarias, se exploraron las percepciones de los actores institucionales (autoridades y profesores) en términos de acuerdo, disidencia o desconocimiento respecto de dichas conclusiones.

Se advierten regularidades en las percepciones de la mayoría de las autoridades institucionales y de los profesores en relación con tres efectos de los mecanismos de aseguramiento de la calidad en el mejoramiento institucional, mencionados en las investigaciones relevadas:

1. *"Mayor responsabilidad de las autoridades institucionales sobre la evaluación y aseguramiento de la calidad educativa".*
2. *"Mayor transparencia de las instituciones universitarias al disponer de información sobre su funcionamiento".*
3. *"Desarrollo de una cultura de evaluación institucional".*

Asimismo, las opiniones de los actores institucionales fueron coincidentes al disentir con la apreciación de que *"la evaluación de la calidad es un juego de rutinas y acciones corporativas que no contribuyen al mejoramiento de la calidad"*. Al respecto cabe recordar que los procesos de evaluación y acreditación en Argentina pasaron de ser procesos resistidos a ser aceptados por las instituciones universitarias, alcanzando la CONEAU en la actualidad legitimidad como organismo responsable de implementar políticas de aseguramiento de la calidad del sistema universitario argentino, tal como se desprende de los informes de evaluación de la CONEAU producidos en 2002, 2007 y 2015.

La mayoría de las autoridades institucionales consultadas, directamente afectadas con la gestión interna de las instituciones, consideran que los mecanismos de aseguramiento de la calidad han contribuido a *"la profesionalización del trabajo mediante la formalización de documentos y guías provistas por la agencia"* y a *"la institucionalización de sistemas de información institucional"*. Contrariamente, la mayoría de los docentes no advierte estos cambios institucionales como resultado de la implementación de mecanismos de aseguramiento de la calidad.

Interrogados acerca de las amenazas/limitaciones que arrastran los mecanismos de aseguramiento de la calidad relevadas en las investigaciones respecto de *"riesgos a homogeneizar a las instituciones universitarias limitando la diferenciación institucional"* o *"falta de consistencia interna de los informes de evaluación externa a raíz de una amplia variedad de criterios de evaluación entre los comités de pares externos"*, se identificaron opiniones diversas. La mitad de las autoridades institucionales coincidieron con ambas afirmaciones y la otra mitad disintió con ellas. Por su parte los docentes mayoritariamente rechazaron ambas afirmaciones.

Con respecto a la percepción de las autoridades institucionales sobre los *"riesgos a homogeneizar a las instituciones universitarias limitando la diferenciación institucional"* como resultado de la implementación de mecanismos de aseguramiento de la calidad, la mayoría de las autoridades consultadas de la institución universitaria pequeña coincidieron en advertir los riesgos de un proceso de isomorfismo coercitivo que limitaría la diferenciación de instituciones que, por su menor tamaño, deberían tener requerimientos diferenciados. Dichas autoridades señalaron las dificultades que identifican en el proceso de relevamiento y construcción de algunos de los indicadores solicitados en las guías de evaluación y acreditación que no reflejarían las características distintivas de la institución, y los obliga a tener que producir informes complementarios para compensar dichos riesgos. Contrariamente, la mayoría de las autoridades de la institución mediana disintieron con dicha afirmación y resaltaron que el rumbo institucional está garantizado por la consecución y promoción de los propósitos, valores y principios de la universidad.

Una de las limitaciones más recurrentes identificadas en las investigaciones sobre el impacto del aseguramiento de la calidad en las instituciones universitarias es *"la excesiva burocratización de los procesos de aseguramiento de la calidad"*. Al respecto, las autoridades institucionales coincidieron en advertir dicha carga de trabajo aunque admitieron que al crear unidades de apoyo técnico para el aseguramiento interno de la calidad (en las tres instituciones universitarias existe una oficina de apoyo a los procesos de aseguramiento de la calidad externo que desarrolla además actividades complementarias de apoyo a mecanismos internos de aseguramiento de la calidad), dichas actividades son organizadas y gestionadas desde tales instancias organizativas. Contrariamente, la mayoría de los profesores encuestados no advierten exceso de burocratización como resultado de la implementación de mecanismos de aseguramiento de la calidad.

Por último, la gran mayoría de las autoridades institucionales y de los profesores coincidieron en que los mecanismos de aseguramiento de la calidad coordinados por la CONEAU han contribuido al mejoramiento de la gestión de las instituciones universitarias.

2. Estudio sobre la percepción que tienen los actores institucionales acerca de los cambios introducidos en la mejora de la calidad de instituciones universitarias y los factores desencadenantes de dichos cambios

Interrogados acerca de los cambios producidos en el mejoramiento de la calidad de las instituciones universitarias, las autoridades institucionales y los profesores coincidieron en identificar cambios en los planes de estudio, en las políticas institucionales de capacitación docente, de investigación y de extensión.

Acerca de los cambios introducidos para el mejoramiento de la calidad de los planes de estudio, la gran mayoría de las autoridades institucionales rescataron cambios en los diseños curriculares y en el desarrollo de mecanismos para el seguimiento de la actualización de los planes de estudio. En tanto que poco más de la mitad de los profesores (53%) reconocen cambios en la mejora de los planes de estudio. Todos los actores institucionales (autoridades y profesores) aducen que dichos cambios curriculares están motivados en factores internos y externos a la institución, reconociendo entre estos últimos el impacto de las acreditaciones de las carreras consideradas de interés público.

Con respecto a los cambios promovidos en el mejoramiento de las políticas de capacitación docente, las autoridades institucionales de las tres instituciones universitarias advierten sobre la incorporación de programas de formación pedagógica para la capacitación en servicio de sus profesores y atribuyen dichos cambios a factores internos del desarrollo institucional. En la universidad grande y en la pequeña estos programas de formación docente revisten el carácter de carreras y los profesores acceden a ellas mediante sistemas de incentivos (universidad grande) o de becas (universidad pequeña). Además, ambas instituciones cuentan con una unidad de apoyo pedagógica que ofrece cursos y talleres de capacitación a los profesores conforme necesidades específicas que se detectan en cada carrera. En la universidad mediana existe una unidad académica responsable de desarrollar actividades de capacitación pedagógica para los profesores, al mismo tiempo que cada unidad académica en forma independiente desarrolla sus propios programas de capacitación pedagógica en servicio. En síntesis, se advierte una clara preocupación por la función docencia en las tres instituciones universitarias con políticas explícitas orientadas a la capacitación docente.

Los cambios en el mejoramiento de las políticas de investigación fueron ampliamente reconocidos por la totalidad de las autoridades académicas entrevistadas y atribuidos al desarrollo y maduración de la universidad, en tanto que los cambios en el mejoramiento de las políticas de extensión fueron principalmente advertidos por las autoridades académicas de la universidad grande y atribuidos a factores internos y externos a la institución. Las autoridades de las instituciones pequeña y mediana coincidieron en señalar que el área de extensión no se encuadra en políticas institucionales, sino que se aborda mediante acciones sueltas que han incrementado en cantidad y se encuentran dispersas en las diferentes unidades académicas de la institución.

Por su parte la mayoría de los profesores (63%) advierten cambios en la calidad de las políticas de investigación, y en menor porcentaje (51%) reconocen cambios en el mejoramiento de las políticas de extensión, adjudicando ambos cambios a motivaciones internas y externas a la institución.

En cuanto a los procesos de enseñanza y aprendizaje, tanto las autoridades institucionales a cargo de la gestión académica de facultades o carreras como los profesores coinciden en advertir cambios en el mejoramiento de las metodologías de enseñanza, así como en los mecanismos de seguimiento del rendimiento académico de los estudiantes, atribuyendo los motivos de tales cambios a factores internos de la dinámica organizacional. Un aspecto a destacar es la baja percepción de cambios identificados por las autoridades académicas y por los profesores en el mejoramiento de las normas y condiciones de ingreso de los estudiantes a la universidad, a pesar de los cambios sustantivos que se advierten en los perfiles de ingresantes a las instituciones universitarias, tanto en expectativas y características sociodemográficas como en sus trayectos académicos o experiencias profesionales previas.

Conclusiones

La institución universitaria ha venido abordando y respondiendo a lo que Clark (1998) denominó "vértigo de adaptación": las demandas que recaen sobre ella superan su capacidad de respuesta, produciendo una crisis de legitimidad y relevancia institucional frente a la sociedad y las demandas del mercado laboral.

El desarrollo e implementación de sistemas nacionales de aseguramiento de la calidad han impactado en las instituciones universitarias generando, como se señaló anteriormente, una redistribución del poder entre las instituciones universitarias, la sociedad y el Estado. En el marco de las tensiones lógicas que devienen de las múltiples demandas a las que se enfrenta la institución universitaria, surge el desafío de conservar la identidad de un proyecto institucional sin desatender a las demandas que devienen del contexto y aquellas que instala el Estado a través de una agenda de aseguramiento de la calidad.

En los avances presentados de la investigación titulada *Cambios en el mejoramiento de la calidad de la educación universitaria*, se analizó la percepción de los actores institucionales acerca del impacto de los procesos de aseguramiento de la calidad en las instituciones universitarias advirtiéndose regularidades en sus opiniones. En términos generales y en coincidencia con las investigaciones relevadas, los actores consultados reconocen que el sistema nacional de aseguramiento de la calidad ha contribuido al mejoramiento de la gestión institucional, con una mayor responsabilidad de las autoridades institucionales sobre la gestión de la calidad educativa. Asimismo advierten que los mecanismos de aseguramiento de la calidad han aportado a otorgar mayor transparencia de las instituciones universitarias al disponer de información sistematizada sobre su funcionamiento y al desarrollo de sistemas de información institucional. Por último, se reconoce que el aseguramiento de la calidad como política pública ha contribuido a incorporar en las instituciones universitarias una cultura de evaluación.

Desde la perspectiva de las autoridades institucionales a cargo de la gestión institucional se advierten algunas amenazas o limitaciones resultantes de los procesos de acreditación y evaluación, como son la excesiva burocratización de actividades e informes, el riesgo de un isomorfismo coercitivo que atente contra la diferenciación institucional o la falta de consistencia en los informes de evaluaciones externas.

La mayoría de los cambios institucionales para la mejora de la calidad de las instituciones universitarias son atribuidos por los actores institucionales a factores internos y externos, coincidentemente con las conclusiones a las que arriban las investigaciones. Las razones multifactoriales de los cambios institucionales reflejan la complejidad de demandas, oportunidades, necesidades e intereses a los que se ven expuestas las instituciones universitarias y que promueven respuestas también de diferente naturaleza.

Los cambios más significativos se advierten en la gestión de las instituciones universitarias con una mayor preocupación en la función docencia: se definen políticas de capacitación docente, se producen cambios en los planes de estudio, se promueven cambios en las políticas de investigación y se incrementan las actividades de extensión con la comunidad.

Por último, siendo este estudio un avance de un trabajo de investigación más complejo en su abordaje metodológico, las conclusiones aquí vertidas deben ser contempladas como inferencias resultantes de las percepciones de los actores institucionales consultados y que serán integradas en un análisis más profundo y amplio de los cambios en la mejora de la calidad de las tres instituciones bajo estudio. Planteada esta reserva, no obstante, es posible ratificar el protagonismo de los mecanismos de aseguramiento de la calidad, pero simultáneamente, su relatividad habida cuenta de las diversas reconversiones que poseen en los corredores universitarios, lo cual conduce a la necesidad de seguir profundizando las particulares aristas de su eficacia como política pública.

Referencias bibliográficas

Adrogué, C.; Corengia, Á.; García de Fanelli, A. & Pita Carranza, M. (2015), "Políticas públicas y estrategias para el desarrollo de la investigación en las universidades privadas argentinas". *Education Policy Analysis Archives*, 23.
Araujo, S. (2007), "Evaluación institucional y cambio universitario. Un difícil proceso de reconstrucción". En P. Krotsch, A. Camou y M. Prati (coords.), *Evaluando la evaluación. Políticas universitarias, instituciones y actores en Argentina y América Latina*, 69-94.
Askling, B. (1997), "Quality Monitoring as an Institutional Enterprise". *Quality in Higher Education*, 3 (1), 17-26.
Barrow, M. (1999), "Quality-management Systems and Dramaturgical Compliance". *Quality in Higher Education*, 5 (1), 27-36.
Betancur, N. (2001), "Las políticas universitarias en América Latina en los años noventa: del Estado proveedor al Estado gerente". *Pensamiento Universitario*, 9 (9).
Brennan, J. & Shah, T. (2000), "Quality assessment and institutional change: Experiences from 14 countries". *Higher Education*, 40 (3), 331-349.
Brunner, J. J. (2011), "Gobernanza universitaria: tipología, dinámicas y tendencias". *Revista de Educación*, (355), 137-159.
Brunner, J. J. & Ferrada Hurtado, R. (2011), *Educación superior en Iberoamérica. Informe 2011*. Santiago de Chile: CINDA-UNIVERSIA. Disponible en: https://goo.gl/4tGRUc.
Buchbinder, P. & Marquina, M. (2008), *Masividad, heterogeneidad y fragmentación: el sistema universitario argentino 1983-2007*. Biblioteca Nacional.
Campbell, C. & Rozsnyai, C. (2002), "Quality Assurance and the Development of Course Programmes". *Papers on Higher Education*.
Clark, B. (1998), "Creating entrepreneurial universities. Organizational pathways of transformation". *IAU PRESS Issues in Higher Education*, Oxford, Oxford Pergamon.
CONEAU (2002), *Contribuciones para un análisis del impacto del sistema de evaluación y acreditación*, disponible en: https://goo.gl/p1BfuM
CONEAU (2015). *Informe de autoevaluación*, disponible en https://goo.gl/LqtrGb.
CONEAU (2015). *Informe de evaluación externa de la CONEAU*, disponible en: https://goo.gl/sxQfYH.

Corengia, Á. (2015), *El impacto de la CONEAU en universidades argentinas*. Buenos Aires: Teseo.

De Fanelli, A. G. & Moguillansky, M. (2014), "La docencia universitaria en Argentina. Obstáculos en la carrera académica". *Revista de Política Educativa*, 22 (47).

Del Bello, J.C.; Barsky, O. & Giménez, G. (2007), *La universidad privada argentina*. Buenos Aires: Libros del Zorzal.

Dill, D. (2003), *The regulation of Academic quality: an assessment of University Evaluation Systems with Emphasis on the United States*. University of North Carolina, Department of Public Policy Paper.

Harvey, L. & Green, D. (1993), "Defining quality". *Assessment & evaluation in higher education*, 18 (1), 9-34.

Harvey, L. & Newton, J. (2004), "Transforming quality evaluation". *Quality in higher education*, 10 (2), 149-165.

Harvey, L. (2008), "Assaying Improvement", conferencia en el *30th Annual EAIR Forum Polishingthe Silver: Are we really improving Higher Education?*, Copenhagen, Dinamarca, 24-27 de agosto.

Harvey, L. (2006), "Understanding quality", Section B 4.1-1 of "Introducing Bologna objectives and tools", in Purser, L. (ed.), *EUA Bologna Handbook: Making Bologna work*, Brussels European University Association and Berlin, Raabe.

Harvey, L. & Knight, P. (1996), *Transforming Higher Education*. Buckingham, Open University Press and Society for Research into Higher Education.

Harvey, L. & Williams, J. (2010), "Editorial: Fifteen years of quality in higher education (part two)". *Quality in Higher Education*, 16 (2), 81-113.

Isuani, A. (2003), *Estudios sobre algunos resultados de la labor de la CONEAU*, disponible en: https://goo.gl/DPpMDC.

Instituto para la Educación Superior de América Latina y el Caribe, IESALC (2007), *Informe de evaluación externa de la CONEAU*, disponible en: https://goo.gl/QSWUHr

Instituto para la Educación Superior de América Latina y el Caribe, IESALC (2006), *Informe sobre la educación superior en América Latina y el Caribe 2000-2005*.

Kogan, M. Bauer; M. Bleilie, I. & Henkel, M. (2000), *Transforming Higher Education: A comparative study*, London, Jessica Kingsley.

Lemaitre, M. J. (2016), *Aseguramiento de la calidad en América Latina: estado actual y desafíos para el futuro*. CINDA.

Lemaitre, M.J. (2009), "Nuevos enfoques sobre aseguramiento de la calidad en un contexto de cambios". *Calidad en la Educación*, (31), 170-189.

Lemaitre, M.J. y Zenteno, E. (2012), *Aseguramiento de la calidad en Iberoamérica*. Chile: CINDA.

Massy, W. F. (1999), *Energizing quality work: Higher education quality evaluation in Sweden and Denmark.* Stanford, CA: National Centre for Postsecondary Improvement.

Martensson, K.; Roxa, T. & Stensaker, B. (2014), "From quality assurance to quality practices: an investigation of strong microcultures in teaching and learning". *Studies in Higher Education,* 39 (4), 534-545.

Neave, G. (2001), *Educación superior: historia y política: estudios comparativos sobre la universidad contemporánea.* Gedisa.

Newton, J. (2000), "Feeding the Beast or Improving Quality?: academics' perceptions of quality assurance and quality monitoring". *Quality in higher education,* 6(2), 153-163.

Newton, J. (2013), "Is quality assurance leading to enhancement?". *How does quality assurance makes a difference.* University of Chester.

OCDE (2008), "Tertiary Education for the Knowledge Society: Special features: equity, innovation, labour market, internationalisation". *Achieving equity,* 1.

Rama, C. D. (2009), "La tendencia a la masificación de la cobertura de la educación superior en América Latina". *Revista Iberoamericana de Educación,* (50), 173-195.

Stensaker, B. (2008), "Outcomes of Quality Assurance: A Discussion of Knowledge, Methodology and Validity". *Quality in Higher Education,* 14 (1), 3-13.

Stensaker, B. R. (2003), "Trance, transparency and transformation: The impact of external quality monitoring on higher education". *Quality in Higher Education,* 9 (2), 151-159.

Stensaker, B. (2007), "Impact of quality processes". En L. Bollaert *et al.* (eds.), *Embedding quality culture in higher education.* Brussels, Belgium: European University Association, 59-62.

UNESCO (2009), *Conferencia Mundial sobre la Educación Superior-2009: La nueva dinámica de la educación superior y la investigación para el cambio social y el desarrollo.* París.

Westerheijden, D. F.; Stensaker, B.; Rosa, M. J. & Corbett, A. (2014), "Next generations, catwalks, random walks and arms races: Conceptualising the development of quality assurance schemes". *European journal of education,* 49 (3), 421-434.

Woodhouse, D. (1999), "Quality and quality assurance". *Quality and Internationalisation in Higher Education,* 2, 29-44.

6

Aportes para el análisis del impacto de las políticas de evaluación y acreditación en Argentina[1]

Desafíos e incertidumbres

ARIADNA GUAGLIANONE

Introducción

En este momento en el que se ha generalizado la discusión sobre la calidad de la educación superior en el marco de sus dinámicas de cambio y tendencias evolutivas, nos parece necesario analizar algunos impactos de los procesos y los resultados surgidos de las prácticas de evaluación institucional y acreditación de las carreras de grado que se generaron en las universidades argentinas a partir de la sanción de la Ley de Educación Superior N° 24.521, y del surgimiento de la Comisión Nacional de Evaluación y Acreditación Universitaria (CONEAU).

Este trabajo abarca los procesos de evaluación institucional y de acreditación de las carreras de grado en los contextos en los cuales se desarrollaron, dando cuenta de las condiciones institucionales y las motivaciones que permitieron la implementación de las mismas. Se propone examinar el desarrollo del proceso, la participación de actores significativos y los resultados obtenidos en ambos procesos. Finalmente, se evaluarán los desafíos e incertidumbres futuras de los procesos de evaluación y de acreditación.

Se asume una perspectiva teórica, según la cual la universidad se constituye como objeto de estudio desde un enfoque organizacional, y la problemática de la calidad y la cuestión de la evaluación y acreditación

---

[1] El presente trabajo forma parte de un proceso de investigación más amplio vinculado al análisis de las políticas públicas de aseguramiento de la calidad en las universidades argentinas, para luego puntualizar en la investigación sobre el impacto específico de las políticas de acreditación en la enseñanza-aprendizaje, en la función investigación y en el desarrollo del aseguramiento de la calidad en las universidades argentinas. Los trabajos han sido publicados en libros y revistas de la especialidad.

integran el concepto de "cultura de la evaluación". Esta problemática de la evaluación y la acreditación de la calidad universitaria se constituyó, desde un principio, como un problema con fuertes implicancias ideológicas, culturales, políticas y económicas, en un contexto de reformas de la educación superior en Argentina.

El surgimiento de la universidad en la Argentina

La universidad argentina[2] fue, en el contexto latinoamericano, una de las primeras instituciones. El movimiento de reforma universitaria iniciado en Córdoba en 1918[3] le imprimió características distintivas expresadas, fundamentalmente, en una nueva forma de gobierno[4] mediante el cogobierno, del cual comenzaron a participar los profesores, desplazando el poder de elección que tenían las academias externas. La participación de los estudiantes fue entendida como una participación indirecta, a partir de la elección de los profesores que integrarían los cuerpos colegiados. También le imprimió a la universidad un protagonismo político y social que la articulará fuertemente al campo político, al Estado y simultáneamente a las aspiraciones de movilidad social de los sectores medios. Asimismo, impulsó el "modelo napoleónico" centrado en carreras profesionales, dificultando el desarrollo de un modelo de universidad más cercano al "modelo humboldtiano" con énfasis en la investigación científica, en las academias y en las universidades, y el modelo basado en los intereses de la Iglesia y las clases altas de la sociedad. El movimiento de reforma acentuó el carácter profesionalista de la universidad, centrado en el Estado, los negocios y las profesiones: características propias de la universidad latinoamericana tradicional.

A lo largo de su historia la universidad ha sufrido tanto períodos de represión política[5] como de expansión y diversificación en los años 60 y 70, similar al resto de Latinoamérica. Sus tradicionales estructuras

---

[2] La primera universidad en la Argentina fue la Universidad de Córdoba, creada por los jesuitas en el año 1623.
[3] La Reforma del año 1918 constituyó un estallido social que enarboló los idearios del autogobierno, las cátedras libres y paralelas, la modernización de la enseñanza y un fuerte compromiso social.
[4] El sistema de gobierno hasta el momento, fijado en los estatutos de 1883, otorgaba el control de las facultades a graduados que formaban parte de las academias. Estos integraban los cuerpos colegiados, se autorreclutaban, eran vitalicios y designaban a sus propios miembros.
[5] La interrupción del sistema democrático en la Argentina durante los años 1930, 1943, 1955, 1966 y 1976 significó para las universidades, con distintos grados de intensidad, represión, intervención, expulsión de docentes e investigadores, la desintegración de equipos de investigación altamente calificados, entre otras.

académicas, sin embargo, se mantuvieron en el tiempo resistiendo, adaptándose, refuncionalizando o rechazando las demandas de reformas y de modernización académica.

En este contexto se puede hablar de una universidad fuertemente mesocrática, orientada y moldeada por la demanda de movilidad social. Su eficiencia interna y externa presentan debilidades difíciles de resolver para un gobierno universitario que asume la forma de república parlamentaria, dificultando los cambios desde la cumbre de la institución o el sistema. Por otro lado, la orientación profesionalista de las carreras como base del sistema y la articulación con el campo político y corporativo profesional debilitan la capacidad de cambio e innovación desde la base disciplinaria del sistema (Krotsch, 2005).

En las décadas de 1980 y 1990 la reforma en educación superior pone el eje en el debate sobre la evaluación y la calidad. Encontramos una sociedad que critica a la universidad y una universidad que debe rendir cuentas a diferentes sectores de la sociedad (Del Bello, 1993). La reforma en la Argentina, durante la década del 80, se asienta sobre el proceso de normalización y la crisis presupuestaria, con un sistema de educación superior en tensión entre una progresiva demanda de formación universitaria y una creciente restricción al financiamiento público. A esto se agregan un proceso de diversificación de las instituciones producto del surgimiento de una variedad de programas académicos en los estudios de postgrado, la aparición de nuevas modalidades educativas como la enseñanza semipresencial y a distancia, y el crecimiento de la demanda.

La creciente *partidización* y politización de las instituciones, la falta de financiamiento y el aislamiento del Estado, la sociedad y el rechazo al mercado, sumado a la masividad generada por las demandas sociales en condiciones de restricción presupuestaria, produjeron una crisis de calidad, de eficiencia y de eficacia en la educación superior (Mollis, 1994; García de Fanelli 2000; Krotsch, 2005).

En la década del 90, la agenda internacional junto con los organismos nacionales establecieron tres líneas de política centrales: 1) adopción de formas sistemáticas de evaluación de los programas e instituciones; 2) innovación en cuanto a las formas de asignación del presupuesto público y en cuanto a las fuentes de financiamiento (recuperación de costos con equidad y competencia por el financiamiento), y 3) inscripción de estas y otras estrategias dentro de marcos normativos consensuados que permitan, a su vez, la formulación de políticas públicas de reforma (Castro, 2003).

Bajo estas circunstancias, el Estado crea en 1995 el Programa para la Reforma de la Educación Superior (PRES), cofinanciado por el Banco Mundial (BM).[6] Este programa se desarrolla en el marco de la recientemente creada Secretaría de Políticas Universitarias (SPU) del Ministerio de Educación, Ciencia y Tecnología (MECyT), y sus objetivos centrales fueron los siguientes: reforma y ordenamiento del marco legal de la educación superior; introducción de incentivos para el mejoramiento de la calidad de la educación superior y de la asignación de recursos; desarrollo de las políticas de evaluación y acreditación a través de la creación de la Comisión Nacional de Evaluación y Acreditación Universitaria (CONEAU); mayor transparencia en la gestión mediante el mejoramiento de la información; aumento de la inversión en equipamiento e infraestructura para las universidades públicas; introducción de modificaciones a la distribución de los recursos presupuestarios y fortalecimiento de la capacidad de conducción y programación de la SPU.

A partir de la aplicación de estas nuevas políticas públicas, el Estado pasará a ejercer un nuevo tipo de control de carácter indirecto y mediado por los organismos intermedios o de amortiguación: la Secretaría de Políticas Universitarias (SPU), la Comisión Nacional de Evaluación y Acreditación Universitaria (CONEAU), el Consejo de Universidades; y por los programas especiales: la Comisión de Acreditación de Posgrado (CAP), el Fondo para el Mejoramiento de la Calidad Universitaria (FOMEC), el Sistema de Información Universitaria (SIU) y el Programa de Incentivos a los Docentes Investigadores, que posibilitaron la interacción con las universidades estatales y en algunos casos con las universidades privadas con el objetivo de mejorar la calidad de los programas y de las instituciones.

Estas iniciativas generaron fuertes controversias con gran parte de las universidades de gestión pública. Dos grandes actores jugaron roles preponderantes en la discusión y el debate de las reformas en la educación superior. Por un lado el Consejo Interuniversitario Nacional (CIN),[7] y por el otro el Ministerio de Cultura y Educación de la Nación (MCE). Asimismo en el seno del CIN se encontraban posturas diferenciales debido a su conformación, integrado por el total de los rectores de las universidades de gestión pública. En contraposición, el MCE exhibía una postura compacta que se modificará parcialmente en el juego de las negociaciones con el CIN.

---

6 El Programa de Reforma de la Educación Superior (PRES) fue el producto de un préstamo suscripto entre la República Argentina y el Banco Mundial/Banco Internacional de Reconstrucción y Fomento (BM/BIRF, Préstamo 3921-AR), promulgado por Decreto del Poder Ejecutivo Nacional Nº 840/95 en 1995. El Programa contó con una inversión de 273 millones de dólares, de los cuales 165 millones fueron financiados por el BIRF.

7 El Consejo Interuniversitario Nacional es un organismo integrado por todos los rectores de las universidades nacionales de la Argentina.

Mientras que en el CIN se debatía cómo debería ser la evaluación de las instituciones,[8] el MCE desarrollaba una política basada en acuerdos bilaterales con algunas universidades para realizar la evaluación institucional a través de la firma de convenios entre la Secretaría de Políticas Universitarias y cada universidad.[9] Esta situación impidió que el CIN asumiera la coordinación e implementación de un sistema alternativo de evaluación.

Las universidades privadas, representadas en el Consejo de Rectores de Universidades Privadas (CRUP),[10] centraron su resistencia en la creación de un ente estatal encargado de la evaluación y propusieron que las instituciones universitarias constituyeran sistemas voluntarios de evaluación y acreditación externa, alternativa que no prosperó.

En tanto, el sector estudiantil se hizo presente a través de marchas y asambleas. Si bien se manifestaron en contra de la Ley de Educación Superior 24.521, el tema de la evaluación y acreditación no formó parte de las propuestas concretas que pudo haber realizado este sector.

Para el año 1994 las políticas implementadas desde el MCE avanzaban hacia la institucionalización de la evaluación de la calidad en el marco de las concepciones esgrimidas por el MCE que finalizaron plasmadas, después de arduas negociaciones con el CIN y el CRUP, en la Ley de Educación Superior N° 24.521.

A pesar de la diversidad de actores que participaron en el debate y la compleja trama que se fue conformando a partir de las distintas posiciones sobre el tema, las universidades terminaron adaptándose y comprometiéndose con la implementación de estas nuevas políticas.

La reforma de la educación superior en la Argentina

La reforma producida en los años 90 introdujo los conceptos de eficiencia, eficacia, calidad, evaluación y acreditación (Brunner, 1990; Lamarra, 2013), y planteó la necesidad de cambios sustantivos en la lógica institucional de las universidades.

Antes de impulsar la reforma, el MCE elaboró un diagnóstico sobre el funcionamiento de las instituciones universitarias. Entre las falencias pueden destacarse: falta de integración y articulación, se observa la ausencia

---

8 Acuerdo Plenario N° 50. "Evaluación de la calidad universitaria" (1992). Acuerdo Plenario N° 97. "Informe final del Subproyecto 06" (1993). Disponible en http://www.cin.edu.ar/ (recuperado en 19/11/2009). Acuerdo Plenario N° 133. "Documento básico de evaluación de la calidad" (1994).
9 Entre ellas se destacan: Universidad Nacional de Cuyo, Universidad Nacional del Sur, Universidad Nacional de San Juan, Universidad Nacional de Río Cuarto y la Universidad Nacional de Centro de la Provincia de Buenos Aires.
10 El Consejo de Rectores de Universidades Privadas es el organismo que agrupa a los rectores de las universidades privadas en la Argentina.

de un "sistema"; expansión indiscriminada de la matrícula especialmente en las carreras de perfil profesionalista; baja calidad de la formación; distribución del presupuesto de manera inercial y negociado. Se establecen como indicadores de la profunda crisis estructural: a) la relación entre egresados-ingresantes y la alta deserción; b) la duración media de las carreras (altas tasas de repitencia o baja dedicación al estudio); c) problemas de eficiencia externa: planes de estudios excesivamente largos no adecuados a las demandas del medio y a los cambios tecnológicos y del mercado; d) problemas en la conformación del cogobierno; e) dedicación parcial de los docentes; f) escasas obligaciones de realizar investigación; g) múltiples cargos en distintas facultades y universidades; h) baja formación de posgrado; i) pocos concursos docentes; j) homologación salarial para el conjunto de los docentes por antigüedad y no por méritos, y k) dificultades en las políticas de admisión y permanencia en donde se plantea la necesidad de crear sistemas de ingreso que permitan bajar la tasa de deserción y un régimen de permanencia que termine con el estudiante crónico (Marquis & Sigal, 1993).

Para subsanar los problemas detectados en el diagnóstico, el MCE toma las siguientes medidas en el lapso de unos pocos años (1995/1998): aprueba la Ley de Educación Superior Nº 24.521, que establece un marco regulatorio común organizando un sistema integrado; crea la Comisión Nacional de Evaluación y Acreditación Universitaria (CONEAU) e implementa mecanismos de evaluación y de acreditación; elabora y pone en marcha el Programa de Incentivos a docentes-investigadores y el Fondo para el Mejoramiento de la Calidad Universitaria (FOMEC); impulsa la restructuración del sector a través de la expansión de la oferta de formación técnica (establece la figura de colegio universitario) y el crecimiento de la oferta de universidades privadas; diversifica las fuentes de ingreso vía contratos con el sector productivo y la posibilidad de arancelamiento de los estudios de grado junto al impulso de becas y créditos universitarios; fomenta la creación de carreras cortas, flexibles y vinculadas al sector productivo; establece una distribución del presupuesto por indicadores de insumos y resultados con la intención de introducir mecanismos para una gestión administrativa más eficiente; descentraliza la política de remuneraciones docentes, siendo las universidades las que fijan el régimen salarial y la política de personal; establece la exigencia de títulos máximos o iguales al nivel del curso en que se está ejerciendo la docencia, y el régimen de admisión pasa a ser competencia de cada universidad, determinando como requisito para ser alumno regular el rendir dos asignaturas anuales.

En este contexto, se crea el Programa para la Reforma de la Educación Superior desarrollado en el marco de la Secretaría de Políticas Universitarias. El Estado pasará a ejercer un nuevo tipo de control, indirecto, mediado por los organismos intermedios o de amortiguación (SPU, CONEAU, Consejo de Universidades, etc.) y por los programas especiales (FOMEC, Programa de Incentivos a los Docentes Investigadores).

En 1993 el Ministerio firmó 16 convenios con universidades nacionales y dos con asociaciones de facultades para implementar la evaluación institucional.[11] Estos acuerdos preveían asesoramiento para autoevaluaciones, que quedaron en manos de las mismas instituciones, y la asistencia para constituir y coordinar comités de evaluación externa. Dentro de este programa se completaron en 1995 las evaluaciones de tres universidades nacionales: la del Sur, la de la Patagonia Austral y la de Cuyo. La CONEAU, una vez conformada, toma bajo su responsabilidad la prosecución de los restantes convenios en lo relativo a las evaluaciones externas.

En 1994 se crea y se implementa el Programa de Incentivos a los docentes-investigadores. El objetivo del programa fue promover las actividades de investigación en el cuerpo docente. El sistema partió de una categorización de los profesores en cuatro clases, privilegiando la producción científica y publicaciones en revistas con arbitraje.

A finales de 1994, el Ministerio creó la Comisión de Acreditación de Posgrados. La tarea realizada por la CAP fue la primera experiencia en acreditación de posgrado sistemática y generalizada en el país, y constituyó la prueba piloto para la institucionalización de la acreditación desarrollada por la CONEAU. La CAP realizó en 1995 una convocatoria a la acreditación voluntaria de maestrías y doctorados. Respondieron más de 300 carreras de universidades de gestión pública y privada. La CAP dictaminó sobre su acreditación con resultados positivos en aproximadamente dos terceras partes de las solicitudes y clasificó los programas acreditados según la calidad en tres categorías: A (excelente), B (muy bueno) y C (bueno).

El mismo año se crea, a través del Decreto presidencial 480/95, el Fondo para el Mejoramiento de la Calidad Universitaria (FOMEC), orientado en un primer momento a apoyar los proyectos de reforma que las universidades decidieran emprender en pos del mejoramiento de la calidad de la enseñanza. El FOMEC asignó fondos a las universidades estatales mediante proyectos concursables a través de cinco convocatorias anuales entre 1995 y 1999.[12]

El FOMEC tuvo como objetivos:

---

[11] El Ministerio de Educación y Cultura firmó acuerdos con las siguientes universidades: 1) Cuyo, 2) Río Cuarto, 3) Federal de la Patagonia Austral, 4) Patagonia, 5) Centro de la Provincia de Buenos Aires, 6) Nordeste, 7) San Juan, 8) Luján, 9) Sur. Y con las siguientes Asociaciones de Facultades: 10) Facultades de Educación Agropecuaria, 11) Facultades de Medicina. Más adelante con 12) La Pampa, 13) Catamarca, 14) La Rioja, 15) Comahue, 16) Santiago del Estero, 17) Litoral y 18) Misiones.

[12] El presupuesto asignado al FOMEC fue de 230 millones de pesos, de los cuales 145 provenían del Banco Mundial y los 93 millones restantes correspondían a la contrapartida que debían asegurar las universidades nacionales que participaban en los proyectos.

1. Apoyar las reformas académicas; la modernización de los planes de estudios, la creación de ciclos articulados, la departamentalización y la modernización de la gestión.
2. Mejorar la calidad de la enseñanza. Capacitación de los docentes, mejoramiento de los procesos de enseñanza y aprendizaje, evaluación del desempeño de profesores y alumnos, consolidación de programas de posgrado, modernización de bibliotecas, laboratorios, etc.
3. Buscar una mayor eficacia y eficiencia en los procesos de formación académica. Disminuir la deserción y la duración real de las carreras, introducir criterios de racionalización del ingreso, el fortalecimiento institucional, la modernización del gerenciamiento y la gestión universitaria.

En síntesis, la reforma procuraba la diferenciación de las instituciones, la diversificación de las fuentes de financiamiento, la redefinición del rol del Estado en educación superior y la introducción de políticas que prioricen la calidad y equidad (Mignone, 1995).

El sistema se expandió tanto en el ámbito público como en el privado. De este modo el sistema de educación superior (universitario) en el año 2016 se compone de 131 Instituciones,[13] distribuidas de la siguiente manera:

- 60 instituciones de gestión estatal (53 universidades y 7 institutos universitarios)
- 63 instituciones de gestión privada (49 universidades y 14 institutos universitarios)
- 6 universidades provinciales
- 1 universidad extranjera
- 1 universidad internacional

Por iniciativa de la SPU se establece como otra vía fundamental de diversificación de la oferta la expansión de las instituciones terciarias no universitarias de formación técnica y profesional. Esta diversificaron de la oferta orientó la atención del sector servicios (informática, diseño, turismo, hotelería). Estas instituciones se caracterizan por un perfil y calidad académica muy heterogéneos.

También se estimula la creación de los colegios universitarios, los cuales deben ser acreditados por una universidad y ofrecer carreras cortas, flexibles y/o a término (García de Fanelli, 1997).[14]

---

[13] Secretaría de Políticas Universitarias, diciembre 2016.
[14] Esta expansión se produjo a partir del diagnóstico realizado por el MCE en relación con la ampliación de la oferta terciaria no universitaria. El mismo puede rastrearse en los siguientes documentos: MCE (1994a y b), MCE (1995), Del Bello (1994) y MCE (1996).

La diversificación de fuentes de financiamiento en instituciones públicas innovó en la venta de servicios y transferencia de conocimientos al sector privado y respecto de la autorización al arancelamiento de los estudios. Este último, el que mayor resistencia provocaba en el sector estudiantil, no se convirtió en una práctica generalizada. Solo se estableció en algunos casos a través de la figura del bono contribución.

Un momento central de la reforma fue la sanción, en agosto de 1995, de la Ley de Educación Superior N° 24.521. Permitió contar con un instrumento normativo que regularía el funcionamiento de la educación superior en su conjunto. La ley abarca todos los aspectos de la educación superior, tanto en las instituciones de gestión pública y privada como en el sector no universitario. Delimita las responsabilidades sobre el ámbito de dependencia: ámbitos no universitarios de responsabilidad jurisdiccional y de responsabilidad del Estado. Establece un sistema de evaluación institucional para la educación superior no universitaria, y de evaluación y acreditación para la universitaria. Determina competencias en el otorgamiento de títulos, siendo esta para las universidades el de títulos de grado, maestría y doctorado. Y fija pautas para la financiación de las actividades de la misma.

La Ley de Educación Superior dotó de entidad propia al Sistema de Educación Superior entendiéndolo como un "conjunto de elementos que tienen cierta unidad, atribuida básicamente al dinamismo de la cooperación y en la que no está ausente el conflicto" (La Greca, 2000).

Desde principios del año 2010 se generaron distintas propuestas para modificar y aprobar una nueva Ley de Educación Superior[15] (Mancuso, 2012). Sin embargo, hasta la fecha no ha habido ninguna propuesta superadora integral que logre el consenso necesario para la modificación de la misma.[16]

---

15 Proyectos de Ley, con estado parlamentario a diciembre de 2012, de Modificación de la Ley de Educación Superior N° 24.521: Amadeo, Eduardo Pablo. Expte. 3211-D-2012. Trámite Parlamentario: 52 (21/05/2012); Barrios, Miguel Ángel y otros. Expte. 1134-D-2011. Trámite Parlamentario: 0014 (22/03/2011); Donda Pérez, Victoria. Expte. 1296-D-2012. Trámite Parlamentario: 14 (21/03/2012). Reproduce Expte. 2794-D-2010 (3/5/2010); Pinedo, Federico. Expte. 1066-D-2011. Trámite Parlamentario: 12 (18/03/2011). Reproduce Exped. 0801-D-2009. Trám. Parlam.: N° 10 (13/03/2009). Reproduce 4893-D-2007. (Trámite Parlam: 139 (11/10/2007); Puiggrós, Adriana y otros. Expte. 1846-D-2011. Trámite Parlamentario: 029 (14/04/2011); Macaluse, Eduardo y otros. Expediente: 5652-D-2011. Trámite Parlamentario N° 176 (18/11/2011); Storni, Silvia y otros. Expte. 4597-D-2011. Trámite Parlamentario N° 130 (13/09/2011); Cabanchik, Samuel. Expte. S-0054/12 (2/3/2012). Reproduce proyecto Referencia: S-0024/10 (01/03/2010); Giustiniani, Rubén. Expte. S-300/12 (09/3/2012). Reproduce proyecto Referencia: S. 0233/10 (09/03/2012). Osuna, Blanca. Expte. S-2850/11 (30/11/2011).

16 La Ley de Educación Superior 24.521 se encuentra aún vigente. En el mes de octubre de 2015 se ha producido una modificación que establece, entre otros criterios, la responsabilidad principal del Estado en el financiamiento de la educación superior y la gratuidad de los estudios de grado en las universidades públicas. Se procedió a la modificación de los artículos 1, 2 y 50 y a la incorporación del artículo 2bis.

La Comisión Nacional de Evaluación y Acreditación Universitaria (CONEAU) se crea como un organismo descentralizado que funciona en jurisdicción del Ministerio de Educación. Sus funciones se establecen en el artículo 46 de la ley, siendo las mismas:

1. Coordinar y llevar adelante la evaluación externa prevista en el artículo 44.
2. Acreditar las carreras de grado referidas en el artículo 43,[17] así como las carreras de posgrado, cualquiera sea el ámbito en que se desarrollen, conforme a los estándares que establezca el Ministerio en consulta con el Consejo de Universidades.
3. Pronunciarse sobre la consistencia y viabilidad del proyecto institucional que se requiera para que el Ministerio autorice la puesta en marcha de una nueva institución o el reconocimiento de una provincial.
4. Preparar los informes requeridos para otorgar la autorización provisoria y el reconocimiento definitivo de las universidades privadas, así como los informes con base en los cuales se evaluará el período de funcionamiento provisorio de dichas instituciones.

La CONEAU se transformó en el único organismo público nacional de evaluación y de acreditación universitaria y comenzó a funcionar en 1996. Su misión institucional se centró en asegurar y mejorar la calidad de las carreras e instituciones por medio de actividades de acreditación y evaluación de la calidad.

Podemos afirmar que la evaluación y la acreditación han tenido un impacto heterogéneo en la relación entre el Estado y las instituciones. Desde el inicio esta relación se basó en un continuo de situaciones de cooperación y conflicto, acompañado de estrategias de adaptación y resistencia.

Las nuevas políticas lograron instalarse en las universidades, en ciertos casos bajo una modalidad sustantiva; en otros, de manera instrumental, y en algunos otros, con una visión meramente ritualista por la necesidad de cumplir con la ley (Guaglianone, 2013).

---

[17] El artículo 43 hace referencia a las carreras consideradas de interés público que conllevan un riesgo social y cuyo ejercicio profesional puede comprometer el derecho y la seguridad de las personas.

Los procesos de aseguramiento de la calidad

La evaluación institucional

Según la CONEAU "la evaluación institucional supone un proceso complejo para determinar el valor de algo, que implica una delicada tarea de interpretación de un conjunto de elementos que interactúan configurando una realidad particular y significativa…".

> Una evaluación, asimismo, no son los "datos", aunque estos sean indispensables, sino el proceso por el que se aprecia y discierne el valor de las acciones y realizaciones; un proceso profundamente humano que se nutre y se articula en el diálogo, la discusión y la reflexión (Lineamientos para la Evaluación Institucional, CONEAU, 1997).

La evaluación institucional debería ser útil a la propia universidad evaluada y a la comunidad en general. Efectivamente, se trata de mejorar la calidad de la institución interrogándose sobre los resultados, y especialmente sobre las acciones, identificando problemas, y comprendiéndolos en su contexto.

La evaluación institucional debería contemplar el contexto actual y la historia de la institución. Permitiría una adecuada relación entre lo particular (unidades académicas) y lo global (la universidad), sin perder de vista que su objetivo es la institución en su conjunto, entendiendo que la misma tiene una identidad que no se conforma como la suma de sus partes. Asumiría la diversidad como punto de partida y como orientación principal, no solo entre universidades sino hacia su interior, y aportaría información para comprender la realidad institucional, así como para formular propuestas de mejora, cambio o conservación.

> En síntesis, la evaluación institucional sería una herramienta de transformación de las universidades y de la práctica educativa; un proceso con carácter constructivo, participativo y consensuado; una práctica permanente y sistemática que permite detectar los nudos problemáticos y los aspectos positivos. Ello implica la reflexión sobre la propia tarea como una actividad contextualizada que considera tanto los aspectos cualitativos como los cuantitativos; con un alcance que abarca los *insumos, los procesos, los productos y el impacto* que tienen en la sociedad; una tarea fundamental para el gobierno y la gestión administrativa y académica y, en definitiva, una plataforma para el planeamiento institucional (Lineamientos para la Evaluación Institucional, CONEAU, 1997).

Autoevaluación y evaluación externa

La evaluación institucional contempla dos fases: la autoevaluación y la evaluación externa, cada una de ellas con la participación de diferentes actores institucionales.

El informe de autoevaluación consiste es una presentación cuantitativa y cualitativa donde se exponen las actividades, la organización y el funcionamiento de la institución, así como sus objetivos, políticas y estrategias. Constituye un análisis de los procesos y de los resultados, así como también una apreciación sobre su realidad actual a partir de su *sociogénesis*. Se desarrolla sobre una lógica emergente de la institución, de su proyecto institucional. La realizan los propios protagonistas de la institución.

Para que la autoevaluación cumpla su objetivo de tender a una mejora de la calidad es imprescindible que la misma:

- Cuente con un alto grado de participación.
- Adopte una perspectiva contextual e histórica referida a sus objetivos y al proyecto.
- Cubra todas las funciones que desempeña la institución.
- Enfoque a la institución como un todo y no como la mera suma de sus partes.
- Posibilite a los lectores del informe de autoevaluación alcanzar una imagen documentada de la institución.

En la evaluación externa se aprecia la organización y el funcionamiento de la institución, se observa la trama de su desarrollo, se valoran los procesos y los resultados y se recomiendan cursos de acción. La realizan pares académicos que no pertenecen a la institución evaluada, sobre la base del proyecto institucional de la misma y a partir de la autoevaluación.

Las evaluaciones externas evalúan las funciones de docencia, investigación y extensión. En el caso de instituciones de gestión pública, también se evalúa la gestión. Las mismas deberán realizarse como mínimo cada seis años y producir recomendaciones para el mejoramiento de las instituciones cuyo carácter es público (Lineamientos para la Evaluación Institucional, CONEAU, 1997).

En el año 2011 la CONEAU dictó la Resolución 382/11 para ajustar las pautas de la autoevaluación institucional establecidas en el documento "Lineamientos para la Evaluación Institucional". La Resolución establece en su Anexo I la información a considerar en la evaluación externa, el procedimiento a implementar, y especifica los criterios de la misma. En su Anexo II detalla, correlativamente, la información básica que se considera necesaria para sustentar las interpretaciones y juicios de la autoevaluación y de la evaluación externa. Estos anexos dieron lugar al desarrollo de dos instrumentos: el Sistema de Información para la Evaluación y el

Mejoramiento Institucional (SIEMI), de carga *on line* y de presentación obligatoria junto al Informe de Autoevaluación, y una guía para la elaboración del informe del Comité de Pares Evaluadores.[18]

La acreditación de las carreras de grado

La CONEAU tiene entre sus funciones la acreditación periódica de las carreras de grado cuyos títulos corresponden a profesiones reguladas por el Estado y cuyo ejercicio pudiera comprometer el interés público poniendo en riesgo de modo directo la salud, la seguridad, los derechos, los bienes o la formación de los habitantes. El Ministerio de Educación determina, en acuerdo con el Consejo de Universidades, la nómina de títulos que afectan el interés público y que, por lo tanto, están sujetos a los procesos de acreditación. También establece las actividades reservadas al título, la carga horaria mínima, los contenidos curriculares básicos, la intensidad en la formación práctica y los estándares de acreditación.

Hasta mayo de 2015 los títulos incluidos en dicha nómina son los correspondientes a las carreras de Medicina, 23 especialidades de ingeniería,[19] Agronomía, Veterinaria, Farmacia, Bioquímica, Arquitectura, Geología, Odontología, Sistemas, Psicología, Química y Enfermería.

En cuanto a las resoluciones ministeriales correspondientes a la declaración de interés público de las carreras que ingresan al art. 43, se agregaron a los mencionados los profesorados universitarios y las carreras de contador público y enfermería. El dictado de estas resoluciones marca el ritmo de incorporación de carreras a los procesos de acreditación.

Una vez dictadas las resoluciones ministeriales correspondientes a contenidos mínimos, carga horaria, intensidad de la formación práctica y estándares para cada título, la CONEAU convoca las carreras de la disciplina en cuestión. La evaluación para la acreditación es realizada por comités de pares formados por expertos de destacada trayectoria académica y profesional e incluye una visita a las sedes de las carreras.

La labor de los comités concluye con un dictamen debidamente fundado de acreditación, o no, de la carrera. En los casos en que lo consideren necesario, pueden requerir a la institución la elaboración de planes de

---

[18] Disponible en https://goo.gl/A5xJih.
[19] Los títulos son los siguientes: ingeniero aeronáutico, ingeniero en alimentos, ingeniero ambiental, ingeniero civil, ingeniero electricista, ingeniero electromecánico, ingeniero electrónico, ingeniero en materiales, ingeniero mecánico, ingeniero en minas, ingeniero nuclear, ingeniero en petróleo, ingeniero químico, ingeniero hidráulico, ingeniero en recursos hídricos, ingeniero industrial, ingeniero en agrimensura, ingeniero metalúrgico, ingeniero biomédico o bioingeniero, ingeniero en telecomunicaciones, ingeniero en informática, ingeniero forestal y en recursos naturales y zootecnista.

mejoramiento cuya implementación permitirá que la carrera alcance, en un plazo razonable y determinado, los estándares de calidad fijados. En estos casos la acreditación se otorga por un plazo de tres años.

Cumplido ese tiempo se realizan segundas evaluaciones de las carreras acreditadas en estas condiciones. Si la carrera satisface lo establecido por la resolución ministerial correspondiente, la acreditación se otorga por tres años más hasta cumplir con el ciclo completo de seis años. Si así fuera, pero la carrera no ha completado un ciclo completo de dictado, la acreditación se otorga por tres años.

El proceso de acreditación se desarrolla en dos etapas, una autoevaluación y una evaluación externa por pares.

El proceso de autoevaluación consiste en la recolección, producción y sistematización de la información, y la sensibilización de la comunidad académica, ya que son procesos en los que se fomenta la participación de directivos, docentes, alumnos, graduados y otros actores. Luego se analizan las condiciones en que se desarrolla la carrera y sus resultados, con el objetivo de formular juicios a través de los cuales la comunidad académica elaborará una interpretación con perspectiva histórica y contextualizada acerca de su realidad educacional y científica.

Por último, sobre la base de la conciencia adquirida acerca de déficit, objetivos pendientes y eventuales metas de desarrollo, las carreras deberán poder enunciar una agenda de problemas, definida por la comunidad que integra la carrera, y proponer un plan de mejoramiento y las acciones para superarlos.

La segunda etapa es el proceso de evaluación externa llevada adelante por un comité de pares. En ellos recae la responsabilidad del análisis experto. Este se realiza a través del informe de autoevaluación y la visita a la sede de la carrera, que permite determinar el grado de ajuste de una carrera al perfil de calidad. Para la conformación de estos comités se tiene en cuenta la diversidad de las carreras a analizar y una trayectoria profesional y docente calificada.

Los comités de pares realizarán una evaluación sobre la realidad de la carrera, sobre su autoevaluación, la formulación de problemas de planes de mejoramiento a partir de la construcción de juicios evaluativos. Con base en esa evaluación, los pares recomendarán la acreditación por el período que corresponda, la postergación del dictamen -con formulación de requerimientos – o la no acreditación (con o sin aplicación del artículo 76 de la Ley 24.521).[20]

---

[20] El artículo 76 expresa: "Cuando una carrera que requiera acreditación no la obtuviere, por no reunir los requisitos y estándares mínimos previamente establecidos, la CONEAU podrá recomendar que se suspenda la inscripción de nuevos alumnos en la misma, hasta que se subsanen las deficiencias encontradas, debiéndose resguardar los derechos de los alumnos ya inscriptos que se encontraren cursando dicha carrera".

Impacto de los procesos de evaluación institucional y acreditación de las carreras de grado

En la Argentina de los 90, el Estado tuvo un importante protagonismo en la construcción de las prácticas de evaluación y acreditación universitaria. Su intervención se centró en las mejoras de la calidad institucional.

La práctica de la evaluación surgió del conflicto y la negociación entre los distintos actores del sistema universitario y extrauniversitario. Este conflicto se agudizó por la importancia histórica de la concepción de autonomía universitaria y por falta de políticas públicas estables y continuas. Pese a ello, la práctica de la acreditación, específicamente de las carreras de grado que comprometen el interés público, respondió a un consenso y un acuerdo con la comunidad disciplinaria, la cual aceptó las políticas de aseguramiento de la calidad.

La participación de las asociaciones profesionales y de las agrupaciones de decanos en la elaboración y discusión de los estándares permitió involucrar a la comunidad académica en la acreditación de un modo más participativo. La discusión generó consensos no solo en la definición del perfil del profesional sino en la necesidad de mejoras en las carreras.

La integración del sistema de educación superior estuvo focalizada en el Estado. En el momento histórico-político el poder del gobierno era más fuerte que el de las instituciones y por ende, las mismas poseían menores posibilidades de negociación. Las universidades se encontraban en un contexto de normalización, crisis presupuestaria y escasez de fondos para la investigación. Dependían del gobierno y sus ámbitos de gestión se encontraban debilitados en el marco de un sistema complejo, no solo por la variedad de instituciones, sino también por la multiplicidad de organismos de coordinación y toma de decisiones.

Avanzada la aplicación de las políticas en la coordinación del sistema, se produce un giro al eje Estado-oligarquía académica,[21] en donde la última asumió un rol significativo al transformarse en parte de los denominados "cuerpos intermedios de amortiguación",[22] como la CONEAU. Además se establece una burocracia funcional al interior de las instituciones, lo que fomenta la institucionalización de las prácticas de evaluación y acreditación. Se crean sectores que se benefician con las nuevas políticas:

---

[21] Concepto referido a las modalidades de coordinación del Sistema Universitario según Burton Clark.
[22] El sistema de educación puede estar coordinado por la oligarquía académica (profesores), que puede tener un fuerte poder de negociación con la burocracia central. Asimismo, estos grupos tienden a organizarse y crear "cuerpos intermedios de amortiguación". Estos organismos autónomos generalmente están conformados por personas influyentes dentro y fuera de su disciplina e institución.

los funcionarios que las llevan adelante en las universidades, los "técnicos en evaluación y acreditación", los "expertos o pares evaluadores" que integran parte de la oligarquía académica.

Esta comunidad, creada a partir de la figura de expertos o pares evaluadores, adquiere ciertas características, entre ellas: 1) ciertos privilegios, como la libertad de investigar y de enseñar; 2) ser objeto de una heterogeneidad que atraviesa su tarea, dada por la tensión entre una pertenencia disciplinar versus una pertenencia institucional, y 3) cierta tendencia al conservadurismo dada por un nivel estructural de regulaciones que protegen sus intereses legítimos de los académicos (Clark, 1992).

La oligarquía académica comienza a operar en el espacio de la evaluación y la acreditación, en permanente tensión y confrontación con diversos intereses, elaborando juicios evaluativos cruzados con intereses particulares dados por la pertenencia disciplinar o institucional.

La desregulación que se produce en materia de planes de estudio y contenidos, el aporte financiero del Estado según indicadores de calidad y eficiencia, el intento de creación de entes privados de evaluación y acreditación, y una mayor competencia entre las instituciones por alumnos, profesores, reputaciones y recursos revelan una orientación hacia el mercado y la academia. En la lógica académica se observa un hincapié sobre la investigación y la carrera académica.

La evaluación y acreditación, desde su inicio, han desarrollado un carácter político, como espacios sociales de disputa de valores y de poder, además de técnico y metodológico, que se expresa en negociaciones, acuerdos y conflictos. En este sentido podemos decir que el conjunto de teorías, conceptos y prácticas vinculados a la evaluación y la acreditación conforman un campo donde se ponen en juego valores e intereses que posicionan a los actores en distintos lugares respecto de los bienes materiales y simbólicos en disputa. Es en este campo y entre sus actores (gobierno, académicos, empresarios, gestores institucionales, estudiantes) donde se define la agenda de la evaluación y la acreditación, los medios para implementarlas y los logros obtenidos.

La evaluación se desarrolla en un contexto político. Las acciones institucionales y las carreras que se evalúan son producto de decisiones políticas. La evaluación, al llevarse a cabo para colaborar en la toma de decisiones, entra inevitablemente en la arena política y la evaluación en sí misma adopta una postura política, ya que por su naturaleza, expone explícitamente problemáticas, debilidades, legitimidades de objetivos y estrategias de carreras e instituciones.

Las políticas de evaluación institucional no significaron cambios sustantivos en la base del sistema. Las universidades de gestión pública y privada se las apropiaron porque resultaban convenientes para lograr determinados objetivos. En algunos casos permitió avanzar en cambios que la universidad no puede llevar adelante sola, sin el aval de una mirada externa. En otros permitió orientar la gestión y dar una direccionalidad a políticas consensuadas. También fue una herramienta para acompañar y dar impulso a proyectos decididos por la propia universidad.

La evaluación permitió cambios en la medida que generó procesos antes inexistentes, como la autoevaluación integral de la institución. Pero no replanteos significativos sobre la visión, misión y desarrollo de la institución universitaria. No obstante tuvo un impacto de mejoramiento en el ordenamiento de los datos, la elaboración de estadísticas y en algunos casos la constitución de oficinas o dependencias encargadas del desarrollo, implementación, seguimiento de planes estratégicos y de los procesos de certificación de la calidad. También la autoevaluación logró movilizar a los distintos actores de la comunidad académica, aunque muy acotadamente, ante la necesidad de contacto entre distintas áreas y sectores.

Esta tipología sobre la apropiación de la evaluación institucional se vincula con las diferentes tradiciones institucionales y los modelos de gestión. Más allá de casos atípicos,[23] puede observarse que alcanzado cierto equilibrio en el funcionamiento interno en términos de estructuras, intereses de los diferentes grupos y procedimientos, las instituciones intentan preservar el *statu quo* alcanzado. Puede decirse que las instituciones universitarias son organizaciones conservadoras por su poca capacidad de generar cambios internos, siendo más proclives a que los cambios profundos provengan de exigencias externas (Villareal, 2000).

Los procesos de evaluación en general se desarrollan "de arriba hacia abajo" y solo abarcan a un sector de la comunidad académica, que es el que participa a nivel de la gestión o por un interés particular, aunque en gran medida parecería ser más por obligación que por una conciencia sobre su importancia.

En Argentina, las condiciones institucionales para la evaluación de las universidades de gestión pública y privada han dependido en gran medida de dos factores: un impulso externo, en este caso la Ley de Educación Superior, junto con un organismo, la CONEAU, que implementa las políticas de evaluación pero que armoniza con las necesidades de la gestión, y un liderazgo fuerte que maneja las tensiones y negociaciones que surgen.

La incipiente conciencia de la importancia de estos procesos de evaluación institucional en la comunidad académica, la ausencia de financiamiento para la implementación de las mejoras y la burocratización a nivel del organismo de aplicación y de las instituciones han creado solo una incipiente "cultura de la evaluación" en las universidades. Esto impidió incorporarlos como autodiagnóstico permanente que permita revisar sus objetivos y metas de mejoramiento.

---

[23] Se consideran casos atípicos las universidades nacionales del Sur y de Cuyo que se encuentran realizando su tercera evaluación. Las primeras evaluaciones institucionales se realizaron en el marco de los convenios realizados por la SPU y las universidades en el año 1995.

Para el año 2016, la CONEAU había realizado un total de 92 evaluaciones externas, 51 de instituciones estatales y 41 de instituciones privadas, que deberían realizarse cada seis años. Asimismo realizó 28 evaluaciones externas de instituciones de gestión privada que solicitaron el reconocimiento definitivo,[24] sumando un total de 120 evaluaciones institucionales. Además existen diecisiete instituciones que aún no han realizado ningún tipo de evaluación; siendo once de gestión pública y seis de gestión privada. Se encontraban en procesos de evaluación catorce instituciones, de las cuales cuatro son de gestión pública y diez son de carácter privado. Además seis instituciones de gestión privada se encuentran transitando segundos procesos de evaluación y dos instituciones de gestión pública atraviesan su tercer y cuarto proceso de evaluación institucional.

Las evaluaciones institucionales no han alcanzado a generar reformas o cambios con el mismo dinamismo que la acreditación de las carreras. La práctica de la acreditación ha sido considerada por la comunidad académica como una experiencia positiva, donde se ha aprendido y concientizado sobre el estado de las carreras y las facultades, sobre sus fortalezas y debilidades. Al existir compromisos con el organismo evaluador, con tiempos establecidos, se han logrado resultados concretos.

El posible cierre de una carrera como consecuencias de la no acreditación generó una solución intermedia en la implementación de la acreditación, por la cual una carrera puede acreditar por un tiempo menor con compromisos de mejora. De esta manera, una política pensada y basada en el aseguramiento de la calidad se transformó en una estrategia de mejoramiento de la calidad.

En los procesos de acreditación se observa una mayor participación principalmente en la primera convocatoria. Con posterioridad se requiere una intervención menor, ya que se basa en la puesta en marcha de los compromisos, generalmente asumida por los organismos de gestión y transformada en una práctica burocrática. Con todo, el haber transitado la acreditación y la autoevaluación permiten a las autoridades y docentes asumir una mirada más integral de sus fortalezas, debilidades y de las necesidades de mejora de las carreras.

Se considera que la acreditación tuvo mayor aceptación que la evaluación institucional en la comunidad académica, debido a que la misma participa activamente en el proceso, definiendo y acordando los estándares con los cuales se acreditarán las carreras. Estas discusiones y acuerdos garantizan la participación y la inclusión en las problemáticas que

---

[24] Según la Ordenanza Nº 028/01, las instituciones de gestión privada que soliciten el reconocimiento definitivo para su funcionamiento autónomo deben realizar simultáneamente la evaluación externa de la institución solicitante. Posteriormente deberán realizarla, como lo estipula la ley, cada seis años.

se consideran relevantes para la formación de los profesionales y una mayor conciencia en el ámbito de las carreras sobre la necesidad de llevar adelante estos procesos.

Es posible observar que la acreditación de las carreras ha empezado a generar, al interior de las universidades, una diferenciación sustantiva entre las carreras que se someten a la acreditación y las que no. Se plasma no solo en una atención particular en la unidad académica sino también en la acción de la universidad como contraparte necesaria para el acceso a financiamientos de las mejoras o en la asignación de fondos específicos para cumplir con los planes acordados.

Esta diferenciación se produce al interior de las universidades entre las ciencias básicas y las sociales y humanas.[25] Mientras que hacia las primeras la institución se encuentra abocada a cumplir los compromisos y financiar los proyectos de mejora, las segundas profundizan sus dificultades y debilidades.

La acreditación estarían generando disparidades al interior de las instituciones entre las carreras incorporadas al artículo 43 de la LES y las que aún no se consideran de interés público (contempladas en el artículo 42), o que aún no han elaborado sus estándares.

Cabría preguntarse si, como impacto no deseado, la acreditación no estaría generando una diferenciación entre las carreras. Carreras que son reflexionadas por los académicos de la propia comunidad y por los expertos evaluadores, que permiten la detección de las fortalezas y debilidades y la consecución de planes de mejoras financiados tanto por la propia universidad en el caso de las instituciones de gestión privada, como por la universidad y el Ministerio a partir de los programas específicos en las instituciones públicas. Se trata de ver a las carreras que hasta el momento no han sido evaluadas; que tienen un cuerpo docente con bajas dedicaciones, serios problemas de infraestructura, que no acceden a recursos presupuestarios adicionales pero que, paradójicamente, son las que generan la principal masa de egresados del país.

Otro impacto a analizar sería aquel sobre instituciones con un tipo de organización que se han convertido en "federaciones de facultades". La acreditación estaría, en estas estructuras, acentuando esta tendencia de aislamiento entre las unidades académicas, al generar facultades con carreras que acceden a recursos, equipamiento, docentes con formación de posgrado, con dedicaciones exclusivas, con proyectos de investigación. La universidad se encuentra atenta a que esto suceda debido a que la acreditación genera una mayor visibilidad en el conjunto del sistema.

---

[25] Hasta la fecha la única carrera del área de humanidades que se considera que reúne los requisitos el art. 43 es la carrera de Psicología.

Esta diferenciación entre las unidades académicas, según acrediten o no sus carreras, pone en cuestión la idea de la universidad como un todo. Parecería difícil que la evaluación institucional, que fue el comienzo de las políticas públicas de mejoramiento universitario, pudiera desarrollarse a la par de la acreditación, teniendo en cuenta que la evaluación necesita la articulación de las unidades académicas, que aún no se ha resuelto el eje del financiamiento de las mejoras y que requiere de una movilización que englobe a la comunidad académica.

La acreditación de las carreras de grado estaría derivando en una diferenciación importante entre las unidades académicas que haría que la mayoría de las carreras quieran ser incorporadas en el artículo 43 de la ley y transitar la acreditación en busca de calidad, reconocimiento, prestigio y recursos.

Una cuestión que hasta el momento no ha sido eje de discusiones es la real efectividad de la evaluación y de la acreditación teniendo en cuenta los usos del Estado de ambos procesos. Hasta el momento, pareciera que el énfasis está orientado a la mejora de las carreras acreditadas por la CONEAU. Esto se refleja en los programas de financiamiento de la SPU para las universidades de gestión pública, formulados a tal efecto (PROMEI I y II, PROMAGRO, PROMFYB, PROMVET, PROMARQ, PROMED, PROMOD y PROFORZ, PROMINF, PM-Q, PM-G, PM-P y APM). Mientras que no existen programas específicos tendientes a alcanzar las necesarias transformaciones que la evaluación institucional revela.[26]

La presión ejercida por las carreras de exactas, ciencias sociales y humanidades de las instituciones de gestión pública que no acceden a los procesos de acreditación ni al financiamiento de mejoras dio surgimiento a proyectos de apoyo financiados por la Secretaría de Políticas Universitarias. Se destacan el Proyecto de Apoyo para Carreras de Ciencias Exactas y Naturales, Ciencias Económicas e Informática (PACENI), que funcionó entre los años 2009-2011; el Proyecto de Apoyo a Carreras de Ciencias Sociales (PROSOC), que se desarrolló entre los años 2008-2010, y el Proyecto de Apoyo a Carreras de Humanidades (PROHUM), cuyo periodo fue 2010-2012. El período de funcionamiento del financiamiento de dichos proyectos genera incertidumbre sobre la existencia de una política sistemática de mejoramiento de la calidad de las carreras que no realizan procesos de acreditación en el marco del art. 43 de la ley.

No hay duda de que tanto la evaluación como la acreditación devinieron en mejoras para el conjunto de las instituciones universitarias. Entre ellas se destaca el ordenamiento de los datos, la elaboración de estadísticas, la comunicación entre las distintas áreas, la concientización de los

---

[26] La Secretaría de Políticas Universitarias desarrolla una propuesta de "Contratos Programas", fondos para la mejora relacionados con problemas de la universidad de manera integral. Sin embargo no hay datos oficiales sobre universidades que hayan participado de los beneficios del programa.

problemas de las instituciones y de las carreras, y en la mayoría de los casos, la creación de departamentos o estructuras de aseguramiento de la calidad (Corengia, 2015; De Vincenzi, 2013; Guaglianone, 2012, 2013).

No obstante, aún quedan cuestiones por definir respecto al financiamiento de las mejoras, sobre todo en la evaluación institucional, la mirada de los pares sobre la aplicación de los estándares, el desgaste de la acreditación constante, la participación de los actores universitarios, la conciencia del seguimiento como actividad permanente, la articulación al interior de la instituciones de ambos procesos y la diferenciación que está surgiendo entre las carreras de interés público –que atraviesan la acreditación- y las que no.

Siguiendo este razonamiento, deberíamos preguntarnos si la implementación de las políticas de evaluación y acreditación, producto de debates y controversias, requiere una retroalimentación que articule resultados comunes, los que podrían estar señalando debilidades más propias del sistema universitario que de cada una de las instituciones, y permita diseñar estrategias de superación.

Algunas reflexiones

Las políticas en educación superior viraron en los 90 hacia la calidad y el mejoramiento de instituciones y carreras como centro de la gestión. A principios de la década el debate estaba centrado en cuatro temas principales:

1. La diferenciación y diversificación de los Sistemas de Educación Superior
2. El desarrollo del sector privado
3. El financiamiento diversificado
4. Un nuevo contrato entre el sistema y el gobierno

La implementación de las políticas fue llevada adelante por la instancia de coordinación creada por la Ley de Educación Superior: la CONEAU. Se concretó en experiencias de autoevaluación institucional, seguidas de evaluaciones externas; y por la institucionalización de la evaluación de la calidad y de la acreditación de grado y posgrado.

La experiencia acumulada en evaluación ha sido producto de acuerdos entre las instituciones universitarias y la CONEAU, permitiendo formular un diagnóstico de las instituciones evaluadas y una serie mejoras de los aspectos organizativos formales, más que cambios sustantivos. Esto se daría por la ausencia de consecuencias expresas una vez recibidos los informes de evaluación, y por la inexistencia de financiamiento para la implementación de las mejoras.

La acreditación de las carreras de grado produjo una situación inversa a la evaluación. La acreditación aceleró los procesos de cambio en las carreras por la necesidad de cumplir con el estándar. Se convirtió en una herramienta para la planificación y la gestión en las instituciones. Estos impulsos de mejora partirían de tres cuestiones: su carácter punitivo, su continuidad obligatoria (la mayoría de las carreras han acreditado por tres años, con compromisos a cumplir), y la posibilidad de financiamiento a las universidades de gestión pública para el cumplimiento de los compromisos.

En este sentido se considera como un efecto no deseado que la práctica de la acreditación ha absorbido a la de la evaluación institucional. Las instituciones y sus organismos de gestión se hayan más comprometidos en la acreditación de carreras que en la evaluación institucional.

Sin embargo, un logro importante desde la implementación de la evaluación y la acreditación es una creciente "cultura de la evaluación". Una aceptación de dichas prácticas por los actores del sistema.

Un problema creciente que se observa en los procesos de evaluación y acreditación es el trabajo de los comités de pares evaluadores, que ha generado conflictos con las instituciones y carreras, relacionados con interpretaciones subjetivas que dificultan aplicaciones homogéneas para casos similares:

> el encontrar un equilibrio entre una mirada valorativa única, producto de las vivencias y experiencias que traen consigo los pares evaluadores sin que, por el otro lado, esta mirada tan específica esté sesgada por preconceptos u otras subjetividades producto de situaciones e intereses particulares ajenos al rol asignado, pero íntimamente asociados a su pertenencia a la comunidad académica (Marquina. M, 2008: 8).

Paralelamente, se advierte la ausencia de un reconocimiento de la diversidad institucional. La imposición de un único modelo de calidad se potenció debido a que en la evaluación de los pares predomina la "mirada académica", es decir, asociada a la tradición universitaria que otorga relevancia a la investigación, la publicación y la estabilidad (Barsky & Dávila, 2010). En este sentido, quien no se adecue a dichos patrones, aun cuando, por ejemplo, cumpla con eficiencia y calidad con la función de formar buenos profesionales, se verá obligado a tratar de parecer lo que realmente no es, pudiendo incluso perjudicar la labor aceptable que venía realizando hasta el presente (García de Fanelli, 2000).

Sería necesario que la CONEAU incremente la formación de los pares evaluadores, coordinando las diversas fases de la evaluación y acreditación, que impida la generación de juicios de evaluación subjetivos basados en posturas personalistas no vinculados con los propósitos y estándares del aseguramiento de la calidad.

La evaluación y acreditación como regulación y aseguramiento de la calidad se tradujo en prácticas supuestamente objetivas, apoyadas en instrumentos que pretenden convertir la evaluación en búsqueda de datos o indicadores mensurables, y a los evaluadores en estrictamente neutrales. Al respecto, Guy Neave (2001) habla de una "instrumentalidad abrumadora" tendiente a inducir a los académicos a cumplir con los objetivos, las metas y los fines de los dirigentes. Esta visión del "cómo" evaluar es diferente de concebir a la evaluación como "un proceso amplio de conocimiento, interpretación, atribución de juicios de valor, organización e instauración de acciones y metas para el mejoramiento y el cumplimiento de las finalidades públicas y sociales de las instituciones" (Sobrinho, 2003: 38).

Un problema devenido de la incorporación de las carreras de ciencias básicas y tecnológicas al artículo 43 es la diferenciación que la acreditación provoca al interior de las facultades y/o unidades académicas.

El acceso a fondos competitivos para financiar las mejoras y compromisos de las carreras acreditadas, en universidades de gestión pública, o las partidas presupuestarias que deben destinar las universidades de gestión privada, genera disparidades en términos de "mejoramiento de la calidad" en las carreras comprometidas en el artículo 42 que no requieren procesos de acreditación, como son las ciencias sociales y humanidades.

La acreditación tiende a otorgar un mayor peso a ciertas actividades sobre otras. Esto podría tergiversar el sentido del artículo 43, que establece estándares sobre competencias profesionales que resguarden a la sociedad. Los académicos responden maximizando sus objetivos de elevar su nivel de ingresos y su prestigio volcándose a funciones que, de acuerdo con instancias de evaluación y categorización, otorgan mayor puntaje. Teniendo en cuenta los instrumentos de la acreditación y la ponderación que los pares evaluadores hacen de su lectura parecería más conveniente escribir artículos cortos para publicarlos en revistas con arbitraje y asistir a conferencias internacionales prestigiosas, que destinar tiempo a la docencia de grado o a proyectos de investigación de largo plazo (García de Fanelli, 2000).

A modo de conclusión: nuevos escenarios e incertidumbres

Como hemos observado, existen cuestiones que generan escenarios de incertidumbre en las políticas de educación superior. La principal reside en una evaluación de la calidad y la efectividad de los procesos implementados -más allá de la creciente "cultura de la evaluación"-, y de la aceptación de las políticas de evaluación institucional y acreditación de carreras de grado y posgrado en la comunidad universitaria.

Teniendo en cuenta algunos de estos planteos, resta considerar el papel que deberá jugar la CONEAU en la implementación de los procesos de aseguramiento de la calidad. Se pueden retomar los retos que demandaron la atención de los pares evaluadores en junio de 2015, en el segundo informe de evaluación externa de la CONEAU.

Los retos que plantean los evaluadores pueden sintetizarse en el siguiente comentario:

> … la necesidad de optimizar los procesos para mejorar tiempos de respuesta, analizando medios y herramientas que favorezcan la modernización y eficiencia de dichos procesos. Entre las acciones que se estiman necesarias para ello figuran las orientadas a contar con instalaciones más funcionales y con infraestructura más adecuada a las tareas, pero también las que se refieren a cómo facilitar el diálogo interno y las sinergias. La gran cantidad de tareas y el crecimiento vertiginoso de la organización dificulta, muchas veces, la comunicación interna; cada una de las áreas mira con los ojos de su experticia profesional los procesos de la organización. Es importante favorecer el diálogo organizado y sistemático entre las diferentes áreas de trabajo de la CONEAU a fin de potenciar la voluntad de participación y actitud proactiva que existe en el personal y abrir perspectivas para su desarrollo profesional y estabilidad laboral. De igual manera, hay problemas viejos y nuevos en los que la CONEAU puede influir en decisiones externas a ella pero que inciden en su trabajo. Entre las primeras puede mencionarse el caso de las universidades que cuentan con sedes y subsedes; entre las segundas está el previsible incremento de carreras de grado bajo el amparo del artículo 43 de la LES. Ambas representan retos que pueden traducirse en incremento de personal y recursos financieros o reubicación de efectivos por supresión de actividades asociadas con el desarrollo y uso de aplicaciones informáticas (p. 32).

La CONEAU en la actualidad evalúa 131 instituciones, un total de 5354 posgrados acreditados (636 doctorados, 1791 maestrías y 2927 especializaciones). Si tomamos en cuenta las nuevas presentaciones de carreras de posgrado, según los datos oficiales, desde 1997 a 2014[27] se presentaron 2685 carreras nuevas; si realizamos un promedio en los 17 años que abarca el período, la CONEAU estaría evaluando 158 carreras nuevas por año.

---

[27] No se cuenta con el dato desagregado a julio de 2016.

Asimismo deberíamos considerar los posgrados no acreditados, que al no publicarse el dictamen no puede determinarse su cuantificación, pero que requieren de procesos de evaluación.

A ello se agregan las carreras de grado acreditadas, que ascienden a 1428. Tanto las carreras de Medicina como de Ingeniería Veterinaria y Farmacia y Bioquímica se encuentran atravesando la primera fase del segundo ciclo de acreditaciones. Si tomamos los resultados del segundo ciclo, en el caso de Medicina, el 58% de las carreras acreditaron por seis años y el 42% por tres años. En el caso de las ingenierías, el 64% acreditó por seis años, el 33,7% por tres años y el 2,3% no acreditó. Si bien se observan mejoras con respecto a los resultados del primer ciclo, dado que aumentó la cantidad de carreras que acreditan por seis años, aún los porcentajes de las carreras acreditadas por tres años son elevados (42% y 33,7%).

Si observamos el resto de las carreras acreditadas en su primer ciclo, encontramos los resultados que expresa el cuadro 1.

Cuadro 1. Carreras acreditadas en su primer ciclo

	Química (21 carreras)	Arquitectura (29 carreras)	Odontología (14 carreras)	In. Recursos Naturales, Forestal y Zootecnista (16 carreras)	Psicología (62 carreras)	Geología (14 carreras)	Informática (114 carreras)	Biología (62 carreras)
6 años	38%	28%	43%	31%	10%	50%	21%	43%
3 años	62%	72%	47%	50%	72%	50%	64%	43%
No acred.	S/D	S/D	S/D	6%	18%	S/D	15%	S/D
En proceso	—	—	—	13%	—	—	—	14%

Fuente: CONEAU, julio de 2016.

La mayoría de las carreras, en todas las áreas disciplinarias, han acreditado por tres años con compromiso de mejora o no han acreditado, con lo cual podrían solicitar una nueva apertura de la carrera que también demandaría una nueva evaluación de la CONEAU. A este conjunto de carreras debe agregarse la carrera de Enfermería y, una vez definidos los estándares, las carreras de Derecho, Contador Público y profesorados universitarios de todo el país.

La creciente suma de actividades que desarrolla la CONEAU implicó la modificación de sus prácticas en relación con los procesos de acreditación. En el caso de las carreras de grado, cuando acreditan por tres años con mejoras, en los procesos de reacreditación no todas las carreras vuelven a ser visitadas por los pares evaluadores, con lo cual el cumplimiento de las mejoras queda sujeto a una evaluación "en papel sin contacto real con las instituciones y, en consecuencia, a la trivialización de las evaluaciones" (Informe de la Evaluación Institucional de la CONEAU, 2007).

Podría pensarse que la magnitud de actividades que desarrolla la CONEAU estaría generando una sobrecarga de actividades, representada por el retraso en los dictámenes, la creciente evaluación "en papel", las inconsistencias en los dictámenes de los pares evaluadores, el *copy paste* en los dictámenes, entre otros.

En este sentido, después de aproximadamente veinte años de ejecución tanto de la evaluación institucional como de la acreditación, estamos frente a la necesidad de rediscutir la modificación de los procesos de evaluación y acreditación teniendo en cuenta las tendencias internacionales, el formato de agencia (CONEAU) adecuado a la creciente demanda de los procesos de certificación de calidad y las políticas universitarias, para una comprensión más profunda de las características y estilos organizacionales de la universidad argentina. Se advierte que muchas de las políticas dirigidas a la universidad se fundan en diagnósticos generales que no tienen en cuenta la particularidad de un sistema integrado por distintos tipos de instituciones. Esta situación ha impedido reconocer las diversas culturas organizacionales que orientan la práctica de los actores. Dicha visión lineal y acotada ha imposibilitado observar la complejidad de las instituciones, y ha redundado en reformas educativas formales que ponen en duda la efectividad de los procesos de evaluación y acreditación.

Referencias bibliográficas

Barsky, O. & Dávila, M. (2010), La evaluación de posgrados en la Argentina. En O. Barsky & M. Dávila (eds.), *Las carreras de posgrado en la Argentina y su evaluación* (pp. 121-201). Buenos Aires: Teseo-Universidad de Belgrano.

Brunner, J. (1990), *Educación superior en América Latina: cambios y desafíos*. Santiago de Chile: Fondo de Cultura Económica.

Castro, J. (2003), "Fondos competitivos y cambio académico e institucional en las universidades públicas argentinas. El caso del Fondo para el Mejoramiento de la Calidad Universitaria (FOMEC)". *Documento de Trabajo*, Nº *110*, 1-16.

Clark, B. (1992), *El sistema de educación superior. Una visión comparativa de la organización académica*. México: Nueva Imagen.
Comisión Nacional de Evaluación y Acreditación Universitaria (1997), *Lineamientos para la Evaluación Institucional*. Recuperado de https://goo.gl/o5CjXc.
Comisión Nacional de Evaluación y Acreditación Universitaria (2012), *La CONEAU y el sistema universitario argentino. Memoria 1996-2011*. Recuperado de https://goo.gl/zY9YKr.
Comisión Nacional de Evaluación y Acreditación Universitaria (2015), *Calidad en la Educación Superior*. Recuperado de https://goo.gl/LyKjYK.
Corengia, Á. (2015), *El impacto de la CONEAU en Universidades Argentinas*. Universidad de San Andrés. Editorial: Teseo.
Dávila, M. & Guaglianone, A. (2014). "La investigación en las universidades argentinas y su evaluación". *European Scientific Journal*, vol. 10 (16), pp 275-294.
Del Bello, J. C. (1993), "Relaciones entre el Estado y la universidad". *Pensamiento Universitario*, Año 1 (1), 4-45.
De Vincenzi, A. (2013), "Evaluación institucional y mejoramiento de la calidad educativa en tres universidades privadas argentinas". *Revista Iberoamericana de Educación Superior*, volumen 4 (9), pp. 76-94.
Diaz Sobrinho, J. (2003), "Avaliaçao da Educaçao Superior. Regulaçao e emancipaçao". *RAIES*, Vol. 8 (2), pp 31-47. Recuperado de: https://goo.gl/FMUADr.
Fernández Lamarra, N. (2003), "Evaluación y acreditación en la educación superior argentina. La evaluación y la acreditación de la educación superior en América Latina y el Caribe". *IESAL/UNESCO. IES/2003/ED/PI/IO*, 3-33.
García de Fanelli, A. M. (1997), "La reforma de la educación superior en la Argentina: entre el mercado, la regulación estatal y la lógica de las instituciones". *Documento de trabajo 6 / 97*, 1-29.
García de Fanelli, A. M. (2000), "Transformaciones en la política de educación superior Argentina en los años noventa". *Revista de la Educación Superior*, volumen XXIX (114), pp. 1-12. Recuperado de: https://goo.gl/JfiJEB.
Guaglianone, A. (2012), "Las políticas públicas de evaluación y acreditación de las carreras de grado en argentina". *Calidad en la educación*, (36), 187-217. Recuperado de: https://goo.gl/H8yjSv
Guaglianone, A. (2013), *Políticas de evaluación y acreditación en las universidades argentinas*. Buenos Aires: Teseo – UAI.
Informe de Evaluación Externa de la Comisión Nacional de Evaluación y Acreditación Universitaria (2015), Recuperado de: https://goo.gl/FrFXWF.

La Greca, J.M. (2000), "La educación superior en el sistema educativo argentino". Trabajo presentado en el *II Encuentro Nacional de Docentes Universitarios Católicos*. Buenos Aires, Argentina.

Mancuso, M. (2012), "A 17 años de la LES: Los actuales proyectos para la educación superior". Trabajo presentado en las *VII Jornadas de Sociología de la Universidad Nacional de La Plata* "Argentina en el escenario latinoamericano actual: debates desde las ciencias sociales", diciembre, La Plata. Buenos Aires. Argentina.

Marquina, M. (2008), "Académicos como pares evaluadores en el sistema argentino de evaluación de universidades: diez años de experiencia". *Revista de la Educación Superior*, volumen XXXVII (148), pp. 7-21.

Marquis, C. & Sigal, V. (1993), *Evaluación del mejoramiento de la calidad universitaria. Estrategias, procedimientos e instrumentos*, Secretaría de Educación/PRONATASS. Ministerio de Cultura y Educación.

Mignone, E. (1995), "Educación en los 90: el desafío de la calidad, la pertinencia, la eficacia y la equidad", *Boletín de la Academia Nacional de Educación*, N° 19, 4-15.

Mollis, M. (1994), "Crisis, calidad y evaluación de las universidades: tres temas para el debate". En Krotsch, P. y Puiggros A. (comp.). *Universidades y evaluación: estado de la discusión*. Buenos Aires. Editorial Aike.

Neave, G. (2001), *Educación superior: historia y política. Estudios comparativos sobre la universidad contemporánea*. Barcelona: Gedisa.

Villarreal E. (2000), "Innovación, organización y gobierno de las universidades españolas". Trabajo presentado en el *Seminario Internacional sobre gobierno y gestión de las universidades*. Barcelona. UPC.

Fuentes

Comisión Nacional de Evaluación y Acreditación Universitaria (CONEAU): http://www.coneau.edu.ar
Consejo de Rectores de Universidades Privadas: http://www.crup.org.ar
Consejo Interuniversitario Nacional: http://www.cin.edu.ar
Ministerio de Educación: http://www.me.gov.ar/spu
Ley de Educación Superior N° 21.521, 1995.
Consejo Interuniversitario Nacional (CIN), 1992. Acuerdo Plenario N° 50. "Evaluación de la calidad universitaria". Disponible en http://www.cin.edu.ar/ (recuperado: 14/10/2009).
Consejo Interuniversitario Nacional (CIN), 1993. Acuerdo Plenario N° 97. "Informe final del Subproyecto 06". Disponible en http://www.cin.edu.ar/ (recuperado: 19/11/2009).

Consejo Interuniversitario Nacional (CIN), 1994. Acuerdo Plenario N° 133. "Documento básico de evaluación de la calidad". Disponible en http://www.cin.edu.ar/ (recuperado: 08/12/2009).

Consejo Interuniversitario Nacional (CIN), 1994. Acuerdo Plenario N° 140. "Proyecto de Ley de Educación Superior". Disponible en http://www.cin.edu.ar/ (recuperado: 22/12/2009).

Consejo Interuniversitario Nacional (CIN), 1994. Acuerdo Plenario N° 144. "Ley de Educación Superior". Disponible en http://www.cin.edu.ar/ (recuperado: 22/12/2009).

INFOMEC (1996), Boletin informativo del fondo para el mejoramiento de la calidad universitaria, Buenos Aires: Ministerio de Cultura y Educación.

SECCIÓN III.
Desarrollo y evaluación de la función de investigación y posgrados

7

La evaluación de la función investigación en contexto

Mario Lattuada

La Ley de Educación Superior N° 24.521, sancionada hace dos décadas, incorporó la función de *investigación* junto a la *docencia* y la *extensión* como los tres pilares fundamentales de la actividad de las universidades argentinas. Además, incluyó la *evaluación* de la calidad de esas funciones y la creación de organismos y procedimientos para implementarlas.

El texto de la ley expresa su preocupación por la *pertinencia* de la investigación en el sentido de su compromiso con el desarrollo productivo y social del país, y la necesidad del aseguramiento de la *calidad* en función de la eficiencia de la organización para cumplir con su misión.

Su importancia no ha sido menor en cuanto a la influencia ejercida en el componente investigación de las universidades nacionales, tanto de gestión pública como privada. No obstante, su proyección se realiza sobre un sistema cuyos principales recursos humanos y producción científica se realiza desde mediados de la década de 1950 bajo la égida de numerosos organismos de ciencia y tecnología, especialmente del CONICET, cuyos investigadores y centros de investigación se radican en un número considerable en las estructuras universitarias. La relación histórica entre ambas instituciones se ha caracterizado, hasta una época bastante reciente, por diferencias y tensiones institucionales. En esa relación, diversas culturas institucionales se manifiestan en los procesos de evaluación, a veces en forma de clivajes, otras de confrontación, pero también de conjunción e interpenetración.

El objetivo de este trabajo consiste en abordar la problemática de la evaluación de la investigación científica de las universidades argentinas en el marco de determinado contexto histórico e institucional que dificulta el consenso entre los criterios de *pertinencia y calidad* promovidos por la ley, y ubica la problemática de la evaluación como un proceso social conflictivo que requiere transformaciones culturales y organizacionales y, a su vez, de importancia relativa en el marco de variables externas al proceso de evaluación que son decisivas para la construcción de una sociedad basada en el conocimiento.

Es necesario advertir que en el universo integrado por las 58 universidades nacionales y cinco provinciales de gestión pública, y las 63 universidades privadas de la Argentina, existen excepciones a las consideraciones generales que se realizan en este ensayo, el cual trata de dar cuenta de tendencias predominantes y no de las contadas excepciones a la regla.

Los múltiples objetos de la evaluación

La evaluación de la investigación en las universidades y en los organismos de ciencia y tecnología contempla en la actualidad numerosos aspectos y abre una complejidad difícil de reducir a un único objetivo, significado o procedimiento.

En cuanto a su objeto específico puede incluir la evaluación de un *proyecto* en sus aspectos de originalidad, calidad, factibilidad y pertinencia para su financiamiento; la evaluación del *personal* que realiza investigación a través de su formación, capacidad adquirida, actividad realizada y productos que caracterizan su trayectoria en el marco de ingreso a una posición determinada o su evolución dentro de un escalafón o programa; y la evaluación de sus *productos*, expresados en la *publicación* de los resultados y su contribución al avance del conocimiento y de las disciplinas, y/o en la *transferencia* y aplicación de los conocimientos y desarrollos generados en la sociedad y el mercado.

Cada una de estas cuestiones reúne particularidades que implican diferentes aspectos a tener en cuenta en la evaluación de acuerdo con el tipo de instituciones que las contienen y sus fines (organismos de ciencia y tecnología, universidades, empresas, organizaciones de la sociedad civil, etc.).

Las preocupaciones sobre el tema *evaluación de la investigación* en las universidades, como en la mayoría de los organismos que integran el sistema científico y tecnológico, trascienden las características que puede asumir el proceso técnico, la discusión sobre sus indicadores y el ámbito institucional de las mismas.

La problemática de la *evaluación de la investigación* en las universidades argentinas difícilmente pueda entenderse aislada del contexto, del sistema de ciencia y tecnología y de la historia de las instituciones que lo integran.

Pertinencia

Desde que el conocimiento se constituye en un bien de mercado y en buena medida un factor competitivo para empresas, sectores y países –y en este caso contributivo a su soberanía-, la evaluación de la producción científica ya no queda encerrada en el mundo académico y en los criterios de las comunidades disciplinares. Las empresas, las organizaciones de la sociedad civil y los Estados -a través de sus diferentes agencias de promoción de la ciencia y la tecnología, incluidas las universidades- se constituyen en parte comprometida de los procesos de financiamiento y, por lo tanto, de la orientación y evaluación de la investigación científica, independientemente del grado de eficiencia que tengan para hacerlo y los mecanismos que utilicen.

En este sentido, los criterios de *pertinencia* pasan a ocupar un lugar tanto o más importante -en cuanto a prioridad- que la *calidad* de los proyectos y sus ejecutores. Pero la *pertinencia* como la *calidad* suelen ser esos *oscuros objetos del deseo* que no siempre se encuentran claramente explicitados y menos aun aplicados.

En el caso de las empresas esta situación puede ser menos incierta, tienen relativamente más claro lo que necesitan, difícilmente financien algo que no consideren de utilidad o beneficio, y cuando existe cierto riesgo del emprendimiento buscan trasladarlo al Estado -es decir, a todos los ciudadanos que pagan sus impuestos- aplicando los instrumentos públicos que incentivan la innovación.

En el caso del Estado, la definición de la *pertinencia* requiere de un diagnóstico y un plan estratégico sólido a partir del cual puedan definirse los criterios de selección de mediano plazo en función de cierto proyecto de país. Es probable que ante la existencia de un vacío en este aspecto, las propias organizaciones del sistema de ciencia y tecnología -en el mejor de los casos- sean quienes definen sus estrategias institucionales y su lugar en el mundo, aunque no siempre esos planes sean suficientemente explícitos, consensuados, conocidos o comprendidos por las comunidades de investigadores que las integran.

Calidad

A esto se agrega la cuestión de la *calidad*, habitualmente desplazada y aislada de la *pertinencia* y reservada a las comunidades disciplinarias -o multidisciplinarias en algunos casos-, quienes despliegan sus particulares tradiciones o culturas de evaluación y aplican cierto sesgo en función de sus interrelaciones en círculos de pertenencia, reconocimiento e influencia generados en comunidades científicas relativamente pequeñas. Como decía la publicidad de una conocida tarjeta de crédito y frase repetida por respetados miembros de la comunidad: "pertenecer tiene sus privilegios".

En cierto modo, su proceder se asemeja al concepto de los *anillos burocráticos* desarrollado por Fernando Henrique Cardoso (1975) para explicar un tipo de modalidad *privada* de articulación de intereses por la que determinados grupos constituyen círculos de información y presión (y por lo tanto de poder), imponiendo sus criterios y requerimientos en los procesos de decisión pública. Aquí podríamos traducirlos como "anillos de prestigio", por los cuales los representantes de determinadas disciplinas, y dentro de ellas quienes pertenecen a determinadas organizaciones (centros e institutos de investigación), se encuentran en forma permanente en el control de instituciones o del proceso de toma de decisiones de las mismas, como la evaluación de la calidad en la investigación científica.[1]

En un contexto político, económico e institucional que promueve la incorporación de conocimiento en la innovación del sector productivo y el desarrollo del país, los mecanismos de evaluación tradicionales de las ciencias básicas, generalizados al conjunto del sistema como factor excluyente, se constituyen en un obstáculo relevante para posibilitar una contribución plena en este sentido, en particular para las ciencias aplicadas, tecnológicas y las ciencias sociales.

En la evaluación de la *calidad*, algunas comunidades científicas –no únicamente en la Argentina ni tampoco exclusivamente en el Consejo Nacional de Investigaciones Científicas y Técnicas (CONICET)- suelen generalizar la utilización de algunos instrumentos como las publicaciones en revistas indexadas y los factores de impacto y citación, que fueron originalmente creados con otros fines.[2] Esta perspectiva cuenta con objeciones sólidamente fundadas. Entre las más recientes se destacan el discurso de Randy Schekman, Premio Nobel de Medicina 2013, y el documento denominado *San Francisco Declarationon Research Assessment*, elaborado por The American Society for Cell Biology en 2012, entre otras (*Debate Universitario*, 2013: 3; 2014: 4).

No obstante, existen verdaderos *talibanes* de los índices y las métricas de las publicaciones que han aplicado los mismos para medir desde la calidad de la producción científica, la trayectoria de los investigadores y la formación de los recursos humanos bajo su dirección, todo con la misma regla. Como se sabe, ninguna de estas revistas publica trabajos en función de criterios de *pertinencia* establecidos a partir de las necesidades de los países o de las instituciones, lo cual hace difícilmente compatible un adecuado equilibrio entre *pertinencia* y *calidad*.

---

[1] Probablemente el caso más emblemático de estos *anillos de prestigio* lo constituyan las comisiones asesoras disciplinares, y especialmente la Junta de Calificaciones del CONICET, aunque los mismos se extienden luego a partir de la lógica de su influencia a la ANPCyT, comisiones ministeriales, CONEAU, universidades e instituciones de la sociedad civil vinculadas a la ciencia y tecnología.

[2] Un detallado análisis histórico y crítico sobre el proceso de construcción de los criterios de evaluación adoptados por determinadas comunidades académicas a partir de la instalación de los índices bibliométricos y el crecimiento del negocio de las editoriales académicas es realizado por Osvaldo Barsky (2015).

Sin llegar a esos extremos, existen otros consensos no escritos ni suficientemente difundidos más allá del reducido grupo que coyunturalmente se hace cargo de los procesos de evaluación, y construyen la tradición de diferentes instituciones y organismos: la productividad promedio en materia de publicaciones, el número de personas con doctorado que se haya dirigido, la existencia de estancias en el exterior, etc.

Si este reduccionismo puede considerarse arbitrario para la adecuada evaluación de *calidad* de un proyecto o la *trayectoria* de un investigador en aquellas disciplinas que en cierto modo lo han adoptado como cultura –cabe mencionar el desplazamiento de los médicos y de los ingenieros agrónomos y veterinarios por biólogos moleculares y químicos en las comisiones de ciencias médicas y de ciencias agrarias del CONICET, por ejemplo–, cuánto más inapropiado puede considerarse al intentar su traslado hacia otras comunidades disciplinares, como las ciencias sociales, la arquitectura y las disciplinas aplicadas y tecnológicas, entre otras.[3]

La evaluación en las universidades

Este tipo de criterios junto con sus abanderados se trasladan de una institución a otra (CONICET, Agencia Nacional de Promoción Científica y Tecnológica (ANPCyT), Comisión Nacional de Evaluación y Acreditación Universitaria (CONEAU), universidades, premios de distintas instituciones públicas y privadas), aunque con diferente peso relativo.

En el caso de las universidades, además de los criterios impuestos por el CONICET a los investigadores y becarios con lugar de trabajo en las mismas, o los del Fondo Nacional para la Ciencia y la Tecnología (FONCyT) para aquellos que aplican a su financiamiento, los cuales se inscriben en los lineamientos comentados, existen otros dos vectores principales que inciden en la evaluación de los proyectos y de sus docentes investigadores: el Programa de Incentivos a la Investigación del Ministerio de Educación para las universidades nacionales de gestión pública,[4]

---

[3] Las observaciones mencionadas no han impedido que en la Argentina numerosos investigadores básicos realicen transferencias importantes aplicando sus descubrimientos y que tecnólogos e investigadores de las ciencias sociales con un constante aporte al medio no alcancen los niveles superiores de sus escalafones, aunque el camino sea más largo y transitado por un menor número de miembros. En todo caso, la historia de la ciencia en la Argentina se ha caracterizado por avances y retrocesos sobre una tendencia que en materia de evaluación ha pasado de criterios *hegemónicos* a criterios *dominantes* que son cuestionados en un proceso de expansión, diversificación y profesionalización del sistema en su conjunto.
[4] Decreto del Poder Ejecutivo Nacional N° 2427/93.

y los procesos de acreditación por la Comisión Nacional de Evaluación y Acreditación Universitaria (CONEAU) con incidencia decisiva para las universidades privadas y relativa para las de gestión pública.[5]

En el Programa de Incentivos, que inicialmente tuvo un significativo impacto en el reconocimiento de la actividad de investigación de numerosos docentes, el proceso de evaluación se ha convertido en un acto de carácter administrativo en función de un reconocimiento económico que en la actualidad se ha incorporado al imaginario docente como parte irrenunciable de su salario, y el sistema en su conjunto merecería una revisión radical dado el tiempo que lleva en vigencia. La *originalidad, calidad, pertinencia o impacto* no constituyen factores decisivos de la aprobación o renovación de estos proyectos, sino la adecuada cumplimentación administrativa de las fichas de registro correspondientes. No obstante, hay un mérito de este programa sobre cualquiera de los sistemas de evaluación que existen hoy vigentes en las universidades y organismos de ciencia y tecnología, incluidos el CONICET, la ANPCyT y los tan promocionados Programas de Desarrollo Tecnológico y Social (PDTS). La categorización del programa de incentivos establece previo a cada convocatoria un sistema consensuado y previsible para todos sus actores, determinando los criterios y requisitos cualitativos para acceder a sus respectivas categorías, los índices que permiten acceder a las mismas y los indicadores y puntajes que corresponden a cada uno de ellos, dejando escaso margen para interpretaciones subjetivas de la jerarquía o valoración de las diferentes actividades o productos evaluados.[6] Se podrá estar más o menos de acuerdo con los criterios y los puntajes asignados a cada producto o actividad, los cuales han ido modificándose en diferentes convocatorias desde su creación hasta la actualidad, pero todos saben con precisión cuáles son las reglas de juego antes de someterse a las mismas, cuánto vale una tesis de maestría o doctorado, una publicación en revista con arbitraje, un libro, una patente o un informe técnico, y las equivalencias entre ellos.

Diferente es el caso para el financiamiento de proyectos. En la mayoría de las universidades que disponen de fondos para el financiamiento de proyectos de investigación suele adoptarse un criterio "sindical" de evaluación: todos los que se presentan reciben algo similar independientemente de las necesidades, el valor o aporte del proyecto, o la jerarquía de los integrantes del grupo de investigación.

Por otra parte, la Ley de Educación Superior N° 24.521 establece que tanto las universidades nacionales de gestión pública como las privadas requieren de una evaluación y acreditación periódica por parte de la CONEAU de las carreras denominadas de artículo 43, con títulos

---

[5] Ley de Educación Superior N° 24.521.
[6] Véase la Resolución del Ministerio de Educación N° 1543 del 24 de setiembre de 2014, con sus respectivos anexos y manuales de procedimiento

que correspondan a profesiones reguladas por el Estado cuyo ejercicio pudiera comprometer el interés público, y todas las carreras de posgrado –especialización, maestría y doctorados- (art. 39). Este ha sido un estímulo complementario para el desarrollo de las actividades de investigación en las universidades públicas, aunque secundario y de menor peso en relación con los mencionados en los párrafos anteriores. En particular en las carreras de grado, dado que rara vez –si es que existe algún antecedente– se haya aplicado a alguna universidad nacional de gestión pública la sanción prevista por el artículo 76 de la ley que prevé la suspensión de la inscripción de nuevos alumnos para aquellas carreras que no obtuviesen su acreditación.

Diferente es la situación de las universidades privadas, las que requieren para la habilitación de su funcionamiento el reconocimiento de sus carreras de grado y posgrado, y la habilitación de los títulos que puede otorgar una previa evaluación favorable de la CONEAU, cuyas exigencias en la función investigación suele ser un factor decisivo para la organización y desarrollo de las mismas en estas organizaciones.[7]

En este proceso los requerimientos de CONEAU tienden a imponer un molde o plantilla relativamente similar para las diferentes disciplinas e instituciones, desconociendo en algunos casos tradiciones en la construcción de conocimiento o limitando las posibilidades de surgimiento de proyectos institucionales alternativos o innovadores. En el caso de los posgrados, especialmente en maestrías y doctorados, se emplean los mismos criterios que las comunidades académicas trasladan de un organismo a otro, basados centralmente en la producción bibliográfica, los índices de impacto y la constitución de equipos de trabajo. A ello se suma, en algunos casos, el desconocimiento que algunos pares evaluadores tienen respecto de situaciones donde las trayectorias y disponibilidad de recursos económicos dedicados a la investigación resultan altamente dispares respecto de las universidades con financiamiento público, así como el peso de ciertos sesgos ideológicos negativos sobre la actividad privada en la educación.

La mayoría de las universidades privadas se enfrentan al interior de sus organizaciones con la tensión existente entre dar respuesta a esas exigencias externas y la necesidad de satisfacer -como en las universidades estatales- una distribución de recursos escasamente diferenciada entre sus docentes/investigadores, con la limitación adicional de contar para ello casi exclusivamente con los recursos económicos originados en un porcentaje de la matrícula de los alumnos.

---

[7] Ver art. 62 y 63 de la Ley de Educación Superior N° 24.521.

Las culturas de la evaluación

En esta historia, las comunidades académicas han construido sus propias culturas de evaluación,[8] permeadas a su vez con los sesgos que imponen las relaciones personales y el prestigio de pertenecer a ciertos grupos u organizaciones, aunque habitualmente forman parte de las reglas no escritas que subyacen a los indicadores duros.

Cambiar los criterios de evaluación implica transformar las culturas de las comunidades académicas, y esto requiere la incorporación y apropiación de nuevos principios y valores, y la repetición de acciones consecuentes hasta que se naturalizan en el discurso y en el comportamiento del colectivo.[9] Principios y valores que deben ser previamente internalizados y explicitados por las instituciones que contienen y financian a las comunidades académicas. De poco sirve haber realizado avances significativos para el tratamiento del cáncer si su importancia es destacada por haber sido publicados en una revista de alto impacto. Tampoco se logra un cambio de cultura institucional creando guetos o burbujas con base en principios generales que se aplican para unos pocos, como se pretende hacer con la iniciativa de los Programas de Desarrollo Tecnológico y Social (PDTS) por el Ministerio de Ciencia, Tecnología e Innovación Productiva de la Nación.[10]

---

[8] En este caso la *cultura* es entendida como una matriz que da sentido a la actuación de los individuos en una sociedad o grupo y que se expresa en las ideas y comportamientos específicos de las personas que la comparten (Benedict, 1934), es la trama de significados en función de la cual interpretan su existencia, su experiencia, y conducen sus acciones (Geertz, 1957).

[9] Se propone aquí una libre asociación con los mecanismos que Karl Polanyi (1957) identifica en la institucionalización de los procesos económicos a partir de la promoción de conductas reiteradas, recurrentes e imbricadas en busca de la creación de estructuras estables con una función determinada en la sociedad.

[10] El Banco de PDTS es resultado de dos documentos elaborados y aprobados por representantes de los organismos nacionales de ciencia y tecnología y de las universidades nacionales a través de sus respectivos consejos de rectores (CIN y CRUP) que integran el Consejo Interinstitucional de Ciencia y Tecnología. Estos documentos han sido publicitados como los nuevos criterios de evaluación del personal científico y tecnológico, que buscan establecer una ponderación más equilibrada entre la ciencia básica y la ciencia aplicada con el objetivo de incentivar que las investigaciones se conviertan en desarrollos concretos, prototipos o productos (https://goo.gl/3Jvwjj). No obstante, el contenido de ambos documentos constituye una declaración de principios, pero no avanzan en criterios ni indicadores de evaluación, deja en claro que las instituciones firmantes quedan en libertad de aplicar los criterios que consideren pertinentes en sus respectivas organizaciones, y la única iniciativa concreta consiste en la creación de un Banco Nacional de Proyectos de Desarrollo Tecnológico y Social (PDTS) acreditados por el Ministerio, pero evaluados y financiados previamente por las universidades y organismos de CyT de acuerdo con sus propios parámetros. El supuesto que subyace es que quienes participan de estos proyectos acreditados tendrán una evaluación acorde a los principios expresados en los documentos, aunque los mismos no hayan sido materializados en indicadores, ni se contemple cómo serán traducidos para la evaluación del personal en la promoción de sus respectivos escalafones (ver Documentos I y II de la Comisión Asesora sobre Evaluación del Personal Científico y Tecnológico CICyT/MINCyT en http://www.cin.edu.ar/pdts).

En síntesis, la cuestión de la evaluación es un tema complejo que no tiene una respuesta única, inmediata ni pacífica en el debate sobre qué hacer con ella, más que tratar de administrar una tensión conflictiva entre dos cosmovisiones, una forjada en la investigación como aporte al crecimiento de la disciplina basada en temáticas de libre elección y selección por la comunidad disciplinar, y otra donde el mercado, el Estado o las organizaciones de la sociedad civil orientan los proyectos a través del financiamiento en función de su utilidad o posibilidad de apropiación.

La evaluación, entendida como proceso social, tiene un aspecto administrativo organizacional –existen normas, procedimientos y dictámenes–, y otro aspecto expresado en el mismo acto de la evaluación, que se encuentra atravesado por la historia de las instituciones y de quienes participan en el proceso. Un proceso que es por naturaleza conflictivo porque pone en juego *relaciones de poder* (institución/evaluador, evaluador/evaluado; institución/evaluado; ciencias básicas/otras ciencias, etc.) y una distribución selectiva de recursos que en términos weberianos pueden ser identificados como *recursos de prestigio, económicos y de poder*.[11] Los primeros porque definen la posición jerárquica en la comunidad académica y en cierto modo en su correspondencia en el *estatus social*, en lo económico porque posibilitan los ascensos en los escalafones salariales y el acceso a recursos económicos para el desempeño de su actividad así como indirectamente su valorización en el mercado y, finalmente, porque posibilitan el acceso a ciertas instancias de poder en la comunidad académica y en las organizaciones en que se expresa su actividad e influencia.[12]

La gestión del conflicto y las reglas de juego

La gestión o administración de la evaluación en este proceso requiere algunas condiciones que garanticen reglas de juego relativamente equitativas para todas las clases de jugadores (básicos, experimentales, tecnólogos, sociales):

---

11 Max Weber en su célebre trabajo *Economía y Sociedad* desarrolla estas tres variables como factores que determinan la posición social de los individuos en la estratificación social (1969: I, 228-232 y 242-248; II, 682-694).
12 En *Microfísica del poder* (1992), Michel Foucault da cuenta de las formas en las cuales el poder se despliega por todo el cuerpo social a través de una compleja relación de fuerzas que los individuos y grupos ejercen e imponen por la producción de saber y por la organización del discurso.

1. Establecer definiciones precisas y explícitas *ex ante* de los criterios de *pertinencia* y de *calidad* a ser evaluados en proyectos y trayectorias, garantizando cierta permanencia de los mismos en el mediano plazo por parte de la institución evaluadora y su adecuada difusión absolutamente a todos los interesados.
2. Contemplar el valor y el impacto de los diferentes aportes y resultados de una investigación, en una diversidad de productos además de las publicaciones.
3. Considerar que el contenido específico de una publicación es más importante que el medio en que se publica y la métrica de la publicación.
4. Desarrollar mecanismos institucionales de supervisión de la efectiva aplicación por los evaluadores de los criterios establecidos.
5. Promover instancias colectivas de evaluación con integrantes que se renueven periódicamente, incluyendo las organizaciones o dependencias que constituyen sus lugares de trabajo, para reducir los riesgos de beneficios endogámicos.
6. Promover la posibilidad de dictámenes en disidencia debidamente fundados para que las autoridades de las instituciones puedan decidir adecuadamente la dirección de las investigaciones que se desarrollan en las mismas.
7. Incorporar integrantes "no pares" en las comisiones de evaluación de proyectos de investigaciones aplicadas.

La evaluación y su peso relativo

No obstante, más allá de las normas y propuestas específicas, si la preocupación central reside en *cómo el conocimiento debe aportar al desarrollo económico y social del país*, la *cuestión de la evaluación* es un tema importante pero menor en relación con otras problemáticas a resolver sustantivamente más relevantes que la incluyen.

La última década ha sido un período favorable para el desarrollo del sector de la ciencia y la tecnología en la Argentina, como lo refleja la evolución de los presupuestos otorgados a los organismos que integran el sistema, el aumento significativo del número de recursos humanos formados e incorporados, la inversión en equipamiento e infraestructura edilicia, y el reconocimiento de su importancia para el país al crear un Ministerio específico.[13]

---

[13] Si bien la tendencia de crecimiento de la inversión en el sistema de ciencia y tecnología nacional se registra desde el año 2003 en adelante, los datos oficiales publicados por el Ministerio de Ciencia, Tecnología e Innovación Productiva ofrecen una comparación desde el año de su creación (2008). De acuerdo con los resultados de gestión entre los años 2008 y 2014, el presupuesto destinado al

Este período se destaca por una visión y un discurso que promueve la articulación de la ciencia y la tecnología con el sector productivo y pone especial énfasis en la innovación de las empresas a las que el sector debe aportar sus conocimientos y servicios.

El ministro de Ciencia, Tecnología e Innovación Productiva, Lino Barañao, postuló la necesidad de

> ... "una nueva reforma universitaria" porque hay dos lugares muy difíciles de cambiar: los cementerios y las universidades, porque ninguno de los que están dentro colaboran. Es más, en las universidades resisten activamente (...) Hay que repensar la universidad en el contexto del siglo XXI en términos de adaptarla para satisfacer las necesidades sociales. A esto que se dice habitualmente, "la universidad debe estar al servicio de la sociedad", hay que darle un sentido concreto. Hoy la universidad tiene que involucrarse en promover la inclusión social sobre la creación de conocimiento, creación de empresas de base tecnológica, promoción del emprendedurismo de aquellos que tengan vocación de crear empresas, darle apoyatura logística porque es necesario no solo crear empleados sino crear trabajo sobre una nueva base (*Página 12*, Suplemento Rosario 12, 16. 09. 11).

En la misma dirección, el presidente del CONICET ha señalado recientemente la política institucional de este organismo cuyos investigadores participan activamente de las estructuras de investigación de las universidades argentinas:

> ... la decisión política del Gobierno de hacer crecer la ciencia en los últimos diez años requiere que el conocimiento generado desde la comunidad científica sea un insumo para el desarrollo y para la calidad de vida de los ciudadanos. A lo largo de los últimos doce años, toda la transferencia se ha realizado desde el área de Vinculación Tecnológica del CONICET, siendo su cara externa CONICET-Tecnología. Esta marca ya está siendo utilizada en productos comerciales en el área de alimentos y cosméticos, y esperamos ampliar nuestra influencia a otras áreas a la brevedad.

En ese sentido, destacó que el año pasado más de 1000 empresas -660 de las cuales son PYMES- y también organismos del Estado requirieron servicios, asesoramiento y firmaron convenios de transferencia con el CONICET, en un 40% más que en 2013. "Más de 1600 investigadores del CONICET participaron de estas actividades. Esto refleja que el sector

---

área creció de 1137 millones a 4983 millones de pesos nominales; el financiamiento externo de 330 millones a 780 millones de pesos; el número de investigadores del CONICET de 5301 a 8250; de becarios de la misma institución, de 6143 a 9237, y de la Agencia de 140 a 1131; los proyectos financiados por la Agencia aumentaron en número de 2134 a 2550 y en monto total nominal de $ 679 millones a $1400 millones; y se realizaron inversiones en 139 obras por un valor de $ 1277 millones, lo que posibilitó ampliar la infraestructura edilicia en 151.415 m2 (véase https://goo.gl/XjTkpg, consultado el 04. 08. 15).

productivo empieza a utilizar en forma creciente las capacidades de I+D que ha instalado el Estado Nacional", resaltó. Además, hizo hincapié en la necesidad de establecer consorcios público-privados para el logro de objetivos específicos de transferencia tecnológica.

> Esa es una de las estrategias en las cuales el CONICET ha participado activamente en los últimos años. Hoy los investigadores del CONICET son parte de más de 40 empresas de base tecnológica en los programas específicos que el MINCyT desarrolla en el marco de las políticas nacionales. Además, se ha constituido en socio directo de las empresas, como YTEC -la empresa de base tecnológica CONICET-YPF-, y también asociándose con pequeñas empresas.

Por último, adelantó que "el CONICET está trabajando para la constitución de tres empresas estatales en sectores claves" (CONICET, *Noticias institucionales*, 10. 06. 15, disponible en https://goo.gl/Eu5JqK). Estas iniciativas se suman a los numerosos organismos e instrumentos creados y a los significativos recursos públicos destinados con este objetivo desde la creación de la Agencia Nacional de Promoción Científica y Tecnológica en la década de 1990: Fondo Tecnológico Argentino (FONTAR); Fondo Argentino Sectorial (FONARSEC); Fondos de Innovación Tecnológica Regional (FITR); Fundación Dr. Manuel Sadosky para la promoción de las tecnologías informáticas; Fundación Argentina de Nanotecnología (FAN); Programas de Desarrollo Tecnológico y Social (PDTS), entre otros.[14]

A pesar de ello, los resultados han sido poco alentadores de acuerdo con las cifras proporcionadas por los Indicadores de Ciencia y Tecnología del Ministerio del ramo. En el año 2013 se solicitaron 643 patentes por residentes del país, un 40% menor a las 1062 solicitadas a comienzos de siglo en el año 2000. Esto ha llevado a que el índice de dependencia tecnológica haya aumentado del 5,25 a 6,01, y el índice de autosuficiencia se mantenga en los mismos niveles en 2011 en relación con el año base 2000. Además, en Argentina todos los sectores de manufacturas de alta, media y baja tecnología, con la excepción destacada de la rama de alimentos, bebidas y tabacos –considerada de baja tecnología- se han mantenido deficitarios en la relación importaciones y exportaciones. Esta brecha se ha profundizado entre los años 2003 y 2013, pasando de un superávit de US$ 10.260 millones a un déficit de US$ 18.306 millones de la misma moneda. Si en el cálculo se elimina la compensación positiva que otorgan las exportaciones de manufacturas de baja complejidad donde prima la rama alimentos, se profundiza el desfasaje entre importaciones

---

[14] Un indicador en este sentido lo suministra las adjudicaciones de la ANPCyT en el ejercicio 2014. De un total de fondos que ascendían a $ 2.212.029.846 destinó el 77% a las actividades de FONTAR, FONSOFT, FONARSEC y el programa de recursos humanos D-TEC, mientras que los proyectos FONCyT recibieron el 23% restante (ANPCyT, 2015).

y exportaciones, pasando de US$ 586 millones a favor en 2003 a US$ 37.554 millones negativos en la balanza comercial de tecnología de media y alta complejidad (MINCyT, *Indicadores de Ciencia y Tecnología*, disponible en https://goo.gl/ws9FBd, consultado el 04. 08. 15).

La justificación que se esgrime respecto de las amplias diferencias en los niveles de inversión y resultados obtenidos es que, en los países desarrollados y otros países de la región como Brasil o Chile, la inversión del sector privado es sustancialmente más importante que la inversión pública. Si se acepta esta hipótesis, entonces hay que pensar en una política de ciencia y tecnología mucho más integrada y armónica con otras áreas de políticas públicas y con la sociedad que garanticen, por una parte, las condiciones para que el sector privado realice inversiones de largo plazo en proyectos, desarrollos e innovaciones basados en nuevo conocimiento y, por otra, que los investigadores puedan involucrarse activamente en ese proceso.

En esta estrategia tres cuestiones surgen como imprescindibles de ser atendidas en el corto plazo:

1. Una reforma de los estatutos que regulan la actividad de los investigadores en los principales organismos de ciencia y tecnología del país, los que han quedado obsoletos para una flexible y dinámica articulación ciencia/sociedad y ciencia/empresa, y aun para la colaboración entre diferentes organismos del sistema. A pesar de los intentos del discurso y los avances realizados en los últimos años, la burocracia administrativa y económica de las organizaciones suman costos, requisitos y reglamentaciones de control que limitan la fluidez de la relación y aumentan los denominados *costos de transacción* (North, 1990), y no resuelven en forma sustantiva el hecho de su condición de empleados de la administración pública con todas las limitantes normativas que esa condición impone.[15]

2. Una revisión profunda del rol, los instrumentos y la coordinación de los principales organismos públicos que financian las actividades de investigación, desarrollo tecnológico e innovación productiva.[16]

---

[15] A modo de ejemplo, un investigador del CONICET con lugar de trabajo en un instituto de doble dependencia en la Universidad Nacional de la Plata que decide hacer una asesoría a terceros utilizando solo su conocimiento y sin utilizar equipamiento, insumos o infraestructura alguna de las instituciones de las que depende, puede llegar a abonar hasta el 55% de su ingreso en conceptos de *overheads* institucionales y costos administrativos (5% CONICET + 5% Unidad de Vinculación Tecnológica + 2% Universidad + 8% Unidad Académica + 35% Unidad Ejecutora). Estos porcentajes pueden variar de acuerdo con los convenios que cada universidad establece con CONICET.

3. La construcción de las condiciones sistémicas –jurídicas, económicas, educativas- de largo plazo para la recreación y consolidación de una burguesía nacional con características *schumpeterianas* sin distinción de sectores de actividad, que haga de la innovación basada en el conocimiento científico una parte central de su existencia y funcionamiento.[17]

Estos desafíos trascienden largamente la discusión sobre los criterios de evaluación, los numerosos y complejos incentivos desde la oferta del sistema de ciencia y técnica, y aun las competencias de los organismos y del propio ministerio del ramo, los cuales, si bien necesarios, resultan claramente insuficientes para atender la dimensión y profundidad del problema.

En síntesis, la problemática de la *evaluación de la investigación* en las universidades argentinas debe intentar comprenderse en el marco del contexto histórico y político, del sistema de ciencia y tecnología, de la historia de las instituciones que lo integran y de las culturas de las diferentes comunidades disciplinarias. Un proceso que por naturaleza es conflictivo porque pone en juego relaciones de poder y una distribución selectiva de recursos de prestigio, económicos y políticos. La gestión de este proceso requiere administrar una tensión conflictiva entre dos cosmovisiones, una forjada en el aporte a la disciplina y otra al mercado y la sociedad.

Pero, en cualquier caso, para contribuir a la construcción de una sociedad basada en el conocimiento, este problema es menor a la necesidad de reforma de los estatutos que regulan las actividades de los investigadores, la reorientación de los instrumentos de financiamiento de la innovación y la creación de condiciones sistémicas para la inversión privada de riesgo basada en ciencia y tecnología.

Referencias bibliográficas

Agencia Nacional de Promoción Científica y Tecnológica (ANPCyT) (2015), *Informe de Gestión 2014*, abril, Buenos Aires.

---

[16] Sirve de ejemplo mencionar que uno de los instrumentos promocionales de mayor éxito y duración en el FONTAR, a cargo de la ANPCyT con financiamiento del BID, fueron los subsidios a empresas para la adquisición y modernización de equipamiento, pero llamativamente *sin ninguna exigencia de que los bienes adquiridos tuvieran algún componente de desarrollo tecnológico nacional*.
[17] Ver Schumpeter (1944).

American Society for Cell Biology (ASCB) (2013), "San Francisco Declaration on Research Assessment", San Francisco, CA, December 16, 2012, *Debate Universitario*, Vol. 2, N° 3.

Barsky, Osvaldo (2015), *La evaluación de la calidad académica en debate. Los rankings internacionales de las universidades y el rol de las revistas científicas*, Vol. I, Buenos Aires: ed UAI – Teseo.

Benedict, Ruth (1934), *Patterns of culture*, Boston, New York: Houghton Mifflin Company.

Cardoso, Fernando Henrique (1975), "La cuestión del Estado en Brasil", *Revista Mexicana de Sociología*, UNAM, 37 (3): 603-630, julio- septiembre.

Foucault, Michel (1992), *Microfísica del poder*, Madrid: ed. La Piqueta.

Geertz, Clifford (1957), "Ritual and social change: a Javanese example", *American Anthropologist*, Vol. 59, 32-54.

Ministerio de Ciencia, Tecnología e Innovación Productiva (MINCyT) (2001-2013), *Indicadores de Ciencia y Tecnología*, disponible en: https://goo.gl/Zng9pH.

Ministerio de Ciencia, Tecnología e Innovación Productiva (MINCyT) (2015), disponible en: https://goo.gl/QLq7D9.

North, Douglas C. (1990), "A Transaction Cost Theory of Politics", *Journal of Theoretical Politics*, 2, 4, 355-367.

Polanyi, Karl (1957), "The Economy as an Instituted Process", en *Trade and Market in the Early Empires. Economies in History Theory*, New York: The Free Press.

Schumpeter, Joseph A. (1944), *Teoría del desenvolvimiento económico*, Fondo de Cultura Económica, México.

Weber, Max (1969), *Economía y sociedad*, ed. FCE, México.

8

Y 20 años no es nada

El efecto de las políticas de aseguramiento de la calidad y de financiamiento en la función de investigación de las universidades con carreras de Medicina

Cecilia Adrogué, Ángela Corengia, Ana García de Fanelli
y María Pita Carranza

Introducción

Tras el avance del Estado evaluador en la educación superior, ha crecido el interés entre los estudiosos de este campo del conocimiento por la probable eficacia de la actividad de aseguramiento de la calidad, tanto en el plano internacional (Dattey *et al.*, 2014; Dill, 1998; Gregorutti y Bon Pereira, 2013; Landoni, 2008; Lemaitre y Zenteno, 2012; Stensaker *et al.*, 2010; Robledo, 2016) como en la Argentina (Adrogué *et al.*, 2014, 2015; Campos, 2012; Corengia, 2010, 2015; García de Fanelli y Corengia, 2015; Guaglianone, 2013; Salto, 2016).

En la Argentina, el primer hito importante que pone en funcionamiento la regulación de la calidad en la educación superior es la sanción de la Ley de Educación Superior en 1995 (Ley N° 24.521). La LES dispuso la creación de la Comisión Nacional de Evaluación y Acreditación Universitaria (CONEAU), un organismo descentralizado dentro de la jurisdicción del Ministerio de Educación, y fijó sus principales funciones y objetivos (LES, 1995).

Entre el conjunto de actividades de la CONEAU, una de las que ha mostrado un mayor impacto sobre el funcionamiento de las instituciones universitarias ha sido la acreditación de las carreras de grado[1] (Corengia,

---

[1] Corresponde a los títulos de las profesiones reguladas por el Estado y cuyo ejercicio pudiera comprometer el interés público poniendo en riesgo de modo directo la salud, la seguridad, los derechos, los bienes o la formación de los habitantes (art. 43 de la LES).

2010, 2015; García de Fanelli y Corengia, 2015; Guaglianone, 2013).[2] Ello se debe a que la acreditación de las carreras de grado posee, en principio, mayor capacidad de aplicación (o *enforcement*), ya que el acreditar es condición necesaria para que la universidad pueda otorgar títulos con validez oficial en estos programas de grado. También existen motivos vinculados a la relación –directa o indirecta- entre políticas de financiamiento y la política de acreditación de carreras de grado. Teniendo presente esto, en 2013 comenzamos a investigar cuáles han sido los efectos del accionar de la CONEAU, especialmente en lo que respecta a la acreditación de carreras de grado, en la mejora de la función investigación en las universidades privadas de la Argentina (Adrogué *et al.*, 2014, 2015). El interés por este sector de gestión y por la función de investigación halló su fundamento en el menor grado de desarrollo de esta actividad en las universidades privadas por su escasa oferta de carreras de ciencias básicas, su menor antigüedad, la alta dependencia de recursos de los aranceles que cobran a sus estudiantes y la concentración de la matrícula en las carreras profesionales (Del Bello *et al.*, 2007). La pregunta que nos orientó en dicha pesquisa era si el proceso de acreditación de las carreras de grado en las universidades privadas de la Argentina había impulsado reformas dentro del sector tendientes a mejorar y reforzar esta actividad.

Al examinar los efectos de las políticas de aseguramiento de la calidad en la función de investigación de las universidades privadas incluimos también en el análisis las políticas públicas de financiamiento gubernamental de la I+D y el acceso a cargos en la carrera de investigación del Consejo Nacional de Investigaciones Científicas y Técnicas (CONICET). Cabe al respecto tener en cuenta que en la Argentina el sector universitario privado puede concursar por estos fondos competitivos administrados por la Agencia Nacional de Promoción Científica y Técnica (ANCyT), y también sus estudiantes y docentes e investigadores están en condiciones de postularse a las becas doctorales y postdoctorales, y al ingreso a la carrera de investigador científico del CONICET. Resultaba por tanto esperable que las respuestas de las organizaciones universitarias privadas frente a los mecanismos de regulación de la calidad de la CONEAU estuvieran también influidas por las oportunidades que brindaban las políticas públicas de I+D del Ministerio de Ciencia, Tecnología e Innovación Productiva (MINCYT).

---

[2] Otra función de la CONEAU con alto impacto ha sido la autorización de nuevas instituciones universitarias de gestión privada. La CONEAU se pronuncia acerca de la consistencia y viabilidad de los proyectos institucionales para que el Ministerio de Educación autorice su puesta en marcha. Entre 2008 y 2014, se presentaron para su evaluación en la CONEAU 23 proyectos de instituciones universitarias privadas y el número de casos favorables ha sido solo de seis (CONEAU, 2015).

En la primera etapa de nuestra investigación, que tuvo lugar entre los años 2013 y 2015, observamos que, a partir del estudio de casos y del análisis cuantitativo de un conjunto de indicadores de I+D, las universidades privadas cuya visión institucional era el desarrollo de la actividad de investigación fueron las que respondieron con mayor entusiasmo frente a los incentivos económicos provistos por el MINCyT y el CONICET, y las que mostraron también mejores indicadores de producto de I+D. Estas universidades estuvieron en mejores condiciones (centralmente por el perfil de sus docentes-investigadores), para aprovechar las oportunidades económicas y simbólicas en términos de prestigio institucional que la política de los incentivos del MINCyT les ofrecía. En estas instituciones privadas, la mejora en la actividad de investigación, más que una respuesta a la política de aseguramiento de la calidad, supuso la alineación de sus objetivos con los de la política de ciencia y tecnología. Por supuesto, todo esto dentro de las limitaciones que en términos de recursos financieros existen para el desarrollo de esta función de I+D en la Argentina. Las universidades más orientadas hacia la enseñanza, por el contrario, con una oferta de carreras concentrada en lo profesional, también hicieron cambios, pero estos estuvieron ligados especialmente con brindar una respuesta a las normativas de la CONEAU y a los compromisos de mejora (los cuales fueron mayores en aquellas que contaban con menor desarrollo en el ámbito de la investigación). Estas instituciones también desarrollaron estrategias orientadas a imitar el modelo ideal de calidad centrado en las universidades de investigación. En el despliegue de estas estrategias influyeron la presión isomórfica que ejerce el marco regulatorio y profesional (o normativo) (DiMaggio y Powell, 1991), las señales que provienen centralmente de la política de aseguramiento de la calidad y la presencia de liderazgos internos, que valoraban la actividad de investigación en la universidad y trataban de impulsar cambios en la cultura profesional predominante en algunos de estos casos analizados (Adrogué *et al.*, 2014, 2015).

A partir de los resultados alcanzados en esta primera etapa, y teniendo presentes las diferencias en el grado de consolidación de la actividad de investigación en el sector universitario según el campo de conocimiento, la segunda etapa de nuestro estudio estuvo orientada hacia el análisis de las políticas de aseguramiento de la calidad a través de la acreditación de las carreras de grado y las acciones del MINCYT sobre la función de investigación en un campo disciplinario en particular, las carreras de Medicina ofrecidas tanto en el sector público como en el privado. Ello encuentra fundamento tanto en la importancia que tiene el poder de la base disciplinaria en la explicación del cambio organizacional en el sector universitario (Clark, 1983), como en la necesidad de controlar por campo de conocimiento a fin de poder observar si hay una respuesta diferencial en el sector privado frente al público ante el estímulo de los mecanismos de regulación y financiamiento gubernamental.

Cabe además destacar que el sector de la enseñanza de la salud creció en términos de oferta de carreras y matrícula en el sector privado en esta última década. Hasta el año 1990 existían diez carreras de Medicina. A partir de ese año se crearon veintitrés nuevas carreras de medicina, quince entre 1990-2000 y ocho entre 2000-2010, en su mayoría en instituciones universitarias privadas. Los alumnos de pregrado y grado en el campo de la salud en las instituciones universitarias privadas aumentaron de 13.650 en 1999 a 57.221 en 2014, representando el 14% de la matrícula de este sector en este último caso (Anuario 99-03 y García de Fanelli, 2016). Como señalan Barsky *et al.* (2016), en la década del 90 se crean universidades privadas con un fuerte eje en la investigación en ciencias sociales y personal con alta dedicación temporal. Pero el gran cambio cuantitativo en materia de investigación es la creación de institutos y universidades dedicados integralmente a las ciencias de la salud, además de la generación en otras universidades de Facultades de Medicina, organizadas en el quehacer científico por las ciencias básicas ligadas a esta disciplina, cuyos parámetros internacionales y nacionales las asimilan a estas actividades en las universidades estatales y las asocian estrechamente al CONICET y a la Agencia Nacional de Promoción Científica y Tecnológica (ANPCyT).

Esta expansión del área de la salud, tanto a través de la creación de carreras en las universidades como por la incorporación de instituciones especializadas en este campo del conocimiento, significó un cambio sustantivo en la composición de la matrícula de este sector. Si bien en las universidades privadas, al igual que en las públicas, la generalidad de los jóvenes estudia carreras del campo de las ciencias sociales, la diferencia actual más relevante entre la estructura de ramas de conocimiento de las universidades privadas frente a las nacionales es la menor representación de estudiantes de ciencias aplicadas y básicas en el sector privado frente al estatal (García de Fanelli, 2016). Por tanto, las ciencias de la salud se constituyen en uno de los pocos campos de conocimiento con desarrollo en las instituciones universitarias privadas que, si bien está compuesto por carreras de corte profesional, también tradicionalmente ha tenido un desarrollo importante en la Argentina en materia de investigación.

En este capítulo se intenta dar respuesta a la siguiente pregunta de investigación: ¿qué efecto tuvieron las políticas de acreditación de carreras de grado y las políticas de financiamiento del MINCYT en la función de investigación de las universidades públicas y privadas con carreras de Medicina acreditadas por CONEAU? El efecto se observa a través del análisis de un conjunto de indicadores de I+D por un lado, y de los compromisos y recomendaciones que surgen de la acreditación ante CONEAU, por otro.

Comenzamos analizando en la primera sección de este capítulo el contexto de las políticas de acreditación de la calidad y de financiamiento de la función de I+D por parte del MINCYT a lo largo de la última década. En la segunda sección desarrollamos la metodología cuantitativa -análisis de conglomerados o *clusters*- y cualitativa -análisis de las resoluciones de acreditación de las carreras de medicina- empleada. En la tercera sección exponemos los resultados que surgen del análisis de conglomerados y, en la cuarta, se describen los resultados derivados del análisis documental. Finalmente, presentamos las conclusiones y nuevas preguntas que nos permitirán ahondar en la temática a partir de un nuevo estudio de casos.

Políticas públicas destinadas a promover la investigación en las universidades

El análisis realizado en esta segunda etapa de nuestra investigación se enmarca en el desarrollo de la política de acreditación de las carreras de grado por parte de la CONEAU y de las acciones emprendidas por el MINCYT durante la primera década del siglo XXI.

La acreditación de las carreras de grado

Las reglamentaciones de la LES establecieron la acreditación como condición necesaria para otorgar validez al título y definieron una periodicidad de seis años para la realización de los procesos de acreditación. Tras la primera carrera acreditada, la de Medicina en el 2000, la CONEAU resuelve incorporar además la acreditación por tres años con compromisos de mejora. Ello respondió a que muy pocas carreras de Medicina lograron satisfacer adecuadamente los estándares de calidad para la acreditación por seis años (Villanueva, 2008). Según la Ordenanza 005/99 se acreditaría entonces por tres años, en lugar de seis, a aquellas carreras en las cuales, aun cuando no cumplieran totalmente con los estándares, existieran elementos suficientes para considerar que las carreras desarrollaban efectivamente estrategias de mejoramiento para alcanzar tal perfil. A partir de la acreditación de las carreras de ingeniería, los comités de pares comenzaron a establecer requerimientos para la acreditación, exigiendo a las carreras la formulación de planes de mejoramiento adecuados para alcanzar los estándares en un corto lapso (otros tres años). Las carreras entonces asumían una serie de compromisos de mejoramiento elaborados sobre la base de los planes de mejora establecidos. Por otro lado, las carreras nuevas (aquellas que aún no poseen graduados al momento de la acreditación) también serían acreditadas por tres años. Durante la segunda fase de acreditación, transcurridos los tres años de la primera fase, el dictamen de la CONEAU podía adoptar tres posibles resultados: (a) la extensión de la acreditación por otros tres años, en el caso que se cumpliera con los compromisos asumidos durante la primera fase y se alcanzase los estándares, o bien cuando hubiera un cumplimiento parcial de los compromisos pero presentaran estrategias de mejora factibles y viables; (b) la postergación de la acreditación, cuando hubiera un cumplimiento parcial de los compromisos sin estrategias de mejora factibles y viables, y (c) la no acreditación (García de Fanelli, 2016).

Tras la acreditación de la carrera de Medicina, le siguieron las catorce especialidades de las ingenierías y posteriormente Farmacia y Bioquímica, Veterinaria, Ingeniería en Telecomunicaciones, Arquitectura, ingenierías y licenciaturas en Informática, Odontología, Geología, Química y Psicología. A fines del año 2011 se aprobaron los estándares de licenciado en Biología, y estaban bajo estudio los que corresponden a los títulos de abogado y contador público (CONEAU, 2012). Para tener una dimensión del probable impacto de esta política sobre el sector universitario basta con constatar que este conjunto de carreras concentraba casi el 60% de la matrícula universitaria de grado en el año 2013 (Anuario de Estadísticas Universitarias Argentinas, 2013). Hasta marzo de 2016, en la página de la CONEAU se han publicado 1550 resoluciones correspondientes a las carreras de grado del artículo 43 que se dictan en distintas universidades nacionales y privadas, y que se presentaron al proceso de acreditación.

Financiación de la función I+D por parte del MINCYT

Entre 2010 y 2013, la inversión de la Argentina en I+D aumentó del 0,49% al 0,60 % del PBI. Al analizar la composición del gasto correspondiente al año 2013 por sectores de ejecución, se observa que las universidades estatales ejecutan el 29% y las privadas apenas el 1,5%. Esta inversión en I+D que se realiza en las universidades estatales se destina en un 55,8% a investigación aplicada, 37,9% a básica y 6,3% a experimental. En el caso de las universidades privadas, los recursos financieros destinados a la investigación aplicada corresponden al 63,3% del total, a básica el 28,5% y a experimental el 8,2% (MINCYT, 2016).

Dentro del MINCYT, la Agencia Nacional de Promoción Científica y Tecnológica (ANPCyT) apoya, a través del Fondo para la Investigación Científica y Tecnológica (FONCyT), proyectos de investigación cuya finalidad sea la generación de nuevos conocimientos científicos y tecnológicos. Entre estos fondos concursables y altamente competitivos se destacan los Proyectos de Investigación Científica y Tecnológica (PICT). Los PICT otorgan financiamiento para la generación de nuevos conocimientos en todas las áreas de C&T. Para acceder a estos fondos es condición necesaria contar con un equipo de investigadores responsables de los proyectos que cuenten con una trayectoria académica importante, esto es, normalmente, el poseer el título de doctorado y publicaciones en revistas con referato nacional e internacional. Cada campo disciplinario establece las condiciones de lo que entiende como investigadores "formados y activos".

El otro instrumento de financiamiento de la ANPCyT son los Proyectos de Investigación Científica y Tecnológica Orientados (PICTO). Estos tienen como objetivo la generación de nuevos conocimientos en áreas C&T de interés para un socio dispuesto a cofinanciarlos (50%-50%). Las características de las convocatorias se acuerdan a través de convenios firmados con universidades, organismos públicos, empresas, asociaciones, etc., que se asocian a la Agencia con el fin de desarrollar los proyectos.

Dentro de los instrumentos de financiamiento del FONCyT, los más relevantes en términos de alcance para la promoción de la investigación básica y aplicada son los PICT. En el año 2014 se adjudicaron fondos a 1147 PICT por 431 millones de pesos. Los PICTO financiaron trece proyectos por 11 millones de pesos. Dentro del total de proyectos financiados por el FONCyT, el campo de conocimiento más beneficiado en cuanto a número de proyectos adjudicados en 2014 ha sido las ciencias biomédicas, con 36% del total (ANPCyT, 2015).

Una tendencia importante también en la última década ha sido el aumento de los recursos humanos destinados a la I+D. En las universidades estatales, los investigadores y becarios de investigación equivalentes a jornada completa (EJC) aumentaron de 19.908 en 2010 a 21.690 en 2013. En las universidades privadas, el número de investigadores y becarios EJC es mucho más reducido, creciendo de 1282 en 2010 a 1530 en 2013 (MINCyT, 2016). Cabe destacar que estos guarismos no incluyen a los investigadores y becarios de CONICET que se desempeñan en las universidades.

El principal cambio desde el año 2007 es la política activa de incorporación de investigadores y, en particular, el otorgamiento de becas para la formación doctoral y postdoctoral por parte del CONICET. Esta política fue consecuencia de un diagnóstico que señalaba el envejecimiento de la población de investigadores CONICET. Así, el número de investigadores CONICET creció de 5057 en 2007 a 8856 en el año 2015. La cantidad de becarios de estudios doctorales y postdoctorales CONICET ascendió de 4994 y 605 en 2007, a 7900 y 2673 respectivamente en 2015 (CONICET, 2016). Este crecimiento contribuyó de dos modos a mejorar la actividad de investigación en las universidades, tanto nacionales como privadas: elevando el total de cargos de investigación en estas y mejorando la formación doctoral de los jóvenes docentes (García de Fanelli, 2016). La presencia de investigadores CONICET en las universidades tuvo lugar además a través de la conformación de nuevas unidades ejecutoras de doble dependencia. Estas unidades son centros de investigación radicados en las universidades, pero que administrativamente también dependen del CONICET (Del Bello, 2012).

Otra política pública a destacar por su probable impacto en la función I+D en las universidades es el Programa de Evaluación Institucional (PEI) creado en el año 2006. Este programa, que cuenta con financiamiento del BID, funciona bajo el ámbito de la Subsecretaría de Evaluación Institucional, perteneciente a la Secretaría de Articulación Científico Tecnológica del Ministerio de Ciencia, Tecnología e Innovación Productiva (MINCYT). El PEI promueve la evaluación permanente y el mejoramiento continuo de las instituciones pertenecientes al Sistema Nacional de Ciencia, Tecnología e Innovación, brindando para ello apoyo técnico y económico. En las universidades, el PEI acompaña el proceso de autoevaluación de la función I+D, brindando asistencia técnica y apoyo financiero para su realización; gestiona el proceso de evaluación externa, actuando en la selección y contratación de los expertos que conformarán el comité de evaluadores externo; organiza y acompaña la visita de evaluación externa; brinda asistencia técnica para la elaboración de los planes de mejoramiento, coparticipa con la institución en el financiamiento de estos planes y monitorea su implementación. Hasta marzo de 2016, han finalizado todas las etapas y concretado su plan de mejoramiento, dos universidades nacionales y una privada. Se encuentran en alguna de las etapas previas (autoevaluación, evaluación externa y realización del plan de mejoramiento) diecinueve universidades nacionales y seis privadas (PEI, 2016).

Metodología

Para observar el efecto de las políticas de financiamiento del MINCYT y de las políticas de acreditación de carreras de grado en la función de investigación de las universidades públicas y privadas con carreras de medicina acreditadas por CONEAU, desplegamos dos estrategias metodológicas, una cuantitativa (análisis de conglomerados o *clusters*) y otra cualitativa (análisis de las resoluciones de acreditación de las carreras de Medicina).

El análisis de conglomerados o *clusters* (Anderberg, 1973) delinea grupos naturales en un conjunto de datos. Esta técnica se implementó utilizando datos de cantidad de publicaciones entre 2000 y 2015 y citaciones hasta 2015 en Scopus referidas a temas médicos, así como la presencia o no de un programa doctoral, el resultado obtenido en las acreditaciones de la CONEAU, la cantidad de proyectos PICT y PICTO financiados por la ANPCyT, la cantidad de investigadores y becarios CONICET que investigan en el campo de la Medicina en el año 2015 y la presencia o no de Unidades Ejecutoras del CONICET. Se trabajó con los valores medios de dichas variables estandarizadas, al convertirlas en variables con media cero y varianza uno (esto se logra restando a cada observación el valor de la media y dividiendo por el desvío estándar), de forma tal de evitar que la escala de las mismas influya en la clasificación. Luego, se buscó minimizar la distancia entre los valores medios de las nueve variables seleccionadas. De esta manera, se testeó si la cantidad óptima de grupos para minimizar las distancias entre las variables consideradas dentro del grupo y maximizarlas entre grupos eran tres, cuatro o cinco. El resultado obtenido fue que la mejor agrupación considerando estas nueve variables era en tres grupos.

En segundo lugar, se realizó un análisis de 90 resoluciones de acreditación correspondientes al universo de carreras de Medicina acreditadas por CONEAU, es decir, 32 carreras -11 pertenecientes a universidades públicas y 21 a universidades privadas-.[3] Como primer paso, se observó el estado de acreditación de cada carrera para cada ciclo y fase de acreditación. Cabe señalar que la carrara de Medicina fue la primera en ingresar al artículo 43 de la LES. La CONEAU realizó cuatro convocatorias que se organizaron en ciclos y fases (ver tabla 1).

Tabla 1. Ciclos y fases de acreditación de las carreras de Medicina y número de convocatorias de la CONEAU

	Ciclo			
	Primer ciclo		Segundo ciclo	
Fase	Primera fase	Segunda fase	Primera fase	Segunda fase
Año	1999-2000	2003-2004	2011	2013
N° de Convocatoria CONEAU	1	2	3	4

Fuente: elaboración propia sobre la base de las Ordenanzas CONEAU N° 005/99, 041/04, 052/08, 058/1 y de las Resoluciones CONEAU N° 341/03, 385/04, 309/08, 421/13.

En la tabla 2 se presenta el universo de carreras de Medicina acreditadas por CONEAU, según tipo de acreditación.

---

[3] Como las carreras tienen que ser acreditadas por sede, corresponde aclarar que este número incluye el análisis por separado de las carreras pertenecientes a las subsedes de la Universidad Abierta Interamericana (Buenos Aires y Rosario) y del Instituto Universitario Barceló (Buenos Aires, La Rioja y Santo Tomé).

Tabla 2: Universo de carreras de medicina acreditadas por CONEAU, según tipo de acreditación y tipo de gestión

	Por 3 años con compromisos y recomendaciones en los 2 ciclos	Por 3 años con compromisos y recomendaciones en el primer ciclo y por 6 años (sin compromisos, sólo con recomendaciones) en el segundo ciclo	Por 6 años sin compromisos (sólo con recomendaciones) en los dos ciclos	Por 3 años con compromisos y recomendaciones en el segundo ciclo (no existía en el primer ciclo)	Por 6 años (sólo con recomendaciones) en el segundo ciclo (no existía en el primer ciclo)	Acreditación provisoria al solo efecto del reconocimiento oficial del título	Total
Públicas	2	4	2	3	0	0	11
Privadas	5	11	0	3	1	1	21
Total	7	15	2	6	1	1	32

Fuente: elaboración propia a partir del análisis de las resoluciones de acreditación de CONEAU.

Luego se analizaron los compromisos y/o recomendaciones referidos a la función de investigación, por carrera. Este análisis se hizo a la luz de las dimensiones en las que se agrupan los estándares de acreditación referidos a las carreras de Medicina y plasmados en las RM 535/99 y RM 1314/07, correspondientes al primero y al segundo ciclo respectivamente. Las dimensiones son: 1. contexto institucional; 2. plan de estudio y formación; 3. cuerpo académico; 4. alumnos y graduados; 5. infraestructura y equipamiento. En todas las dimensiones se puso el foco en la función de investigación.

Resultados del análisis de conglomerados o *clusters*

En esta sección procederemos a agrupar las instituciones en los tres grupos que arrojó el análisis de conglomerados o *clusters* explicado en el apartado metodológico (ver tabla 3).

Tabla 3. Grupos de universidades e institutos universitarios con carrera de medicina acreditadas por CONEAU

A	B	C
Universidad Nacional de Cuyo	Universidad de Morón	Instituto Universitario de Ciencias de la Salud. Barceló
Universidad Nacional de Rosario	Universidad de Ciencias Empresariales y Sociales (UCES)	Universidad Abierta Interamericana (UAI)
Universidad Favaloro	Instituto Universitario Italiano de Rosario	Universidad Adventista del Plata
Universidad Nacional del Sur	Universidad Nacional de La Rioja	Universidad Católica de Cuyo
Universidad Nacional de Córdoba	Universidad Católica de Córdoba	Universidad de Mendoza
Universidad Austral	Instituto Universitario CEMIC	Universidad del Aconcagua
Universidad Nacional de La Plata	Universidad Católica Argentina	Universidad del Salvador
Instituto Universitario Escuela de Medicina del Hospital Italiano	Universidad Maimónides	Universidad FASTA
Universidad Nacional de Tucumán	Universidad Nacional del Nordeste	Universidad Nacional de Comahue

| | | Universidad Nacional del Centro de la Provincia de Buenos Aires. |
| | | Universidad Nacional del Litoral |

Fuente: elaboración propia sobre la base de tipo de acreditación de la carrera de Medicina (1999-2013), publicaciones y citaciones en SCOPUS referidas al área de Medicina (2000-2015), presencia o ausencia de carreras de doctorado en Medicina, cantidad de PICT y PICTOs en ciencias médicas o afines -histórico-, cantidad de becarios e investigadores CONICET en ciencias de la salud a 2015 y presencia o ausencia de unidades ejecutoras del CONICET en ciencias de la salud a 2015.

La tabla 3 muestra que el primer grupo está compuesto en mayor medida por universidades públicas (seis públicas y tres privadas), el segundo grupo está compuesto principalmente por universidades privadas (son siete privadas y solo dos públicas), mientras que el tercer grupo está compuesto en mayor medida por privadas (ocho privadas y tres públicas.).

El grupo A es el que tiene mayor cantidad de publicaciones promedio en Medicina, así como mayor cantidad de citaciones promedio y matrícula en Medicina –ver tabla 4–. Cabe aclarar que la matrícula no fue una variable que se haya utilizado para armar los grupos, sino que se presenta a modo descriptivo. No se debe perder de vista que no todas las instituciones del grupo tienen un tamaño de matrícula en Medicina tan elevado, pero habiendo instituciones tan grandes como la Universidad Nacional de Córdoba o Universidad Nacional de La Plata, el valor promedio queda elevado. Además, este grupo es el de universidades de mayor trayectoria promedio (año promedio de creación de la carrera de Medicina: 1956). La mayoría de las instituciones tienen doctorado en Medicina y es el grupo que mejores resultados obtuvo en las acreditaciones. Las únicas tres instituciones que siempre acreditaron por seis años (la Universidad Nacional de Cuyo, la Universidad Nacional de Tucumán y el Hospital Italiano) pertenecen a este grupo. Son el grupo con mayor cantidad promedio de PICT y PICTOS, así como de investigadores y becarios CONICET. Y todas las instituciones del grupo cuentan con al menos una Unidad Ejecutora del CONICET.

Tabla 4. Valores promedio de cada grupo de las variables utilizadas para armar la clasificación y otras variables consideradas relevantes

	A	B	C
Publicaciones en Medicina de 2000-2015	961	163	126
Citaciones en Medicina de 2000-2015	12340	1826	1504

Doctorados en Medicina o afines	0,9	1,0	0,0
Matrícula en Medicina	2657	773	1115
Gestión	1,3	1,8	1,7
Año de creación	1956	1989	1990
Acreditaciones	2	1,6	1,3
PICT	24	0,7	1,5
PICTO	3	0,3	0,5
Unidades Ejecutoras	1	0,3	0,0
Investigadores CONICET	39	4,1	0,7
Becarios CONICET	42	3,4	0,9

Fuente: elaboración propia.

El grupo B tiene la particularidad de que todas las instituciones ofrecen programa doctoral, es el segundo en cantidad de publicaciones y citaciones en Medicina, así como en acreditaciones, en cantidad de becarios e investigadores del CONICET y en Unidades Ejecutoras del CONICET. La carrera de Medicina tiene una antigüedad promedio muy similar a la del grupo 3. Y es el grupo que presenta el menor promedio de cantidad de proyectos PICT y PICTO.

El grupo C es el tercero en cantidad de publicaciones y citaciones promedio en Scopus, en cantidad promedio de investigadores y becarios del CONICET, ninguna institución tiene programa doctoral ni Unidad Ejecutora del CONICET y es el que presenta menor valor promedio en las acreditaciones. No obstante, han obtenido un promedio de proyectos PICT y PICTO superior al grupo B. Respecto de la matrícula promedio, se encuentra en un punto intermedio entre ambos grupos.

Resultados del análisis de las resoluciones de acreditación de las carreras de Medicina

En la tabla 5 se presenta el universo de carreras de Medicina acreditadas por CONEAU, según tipo de acreditación.

Tabla 5. Universo de carreras de Medicina acreditadas por CONEAU, según tipo de acreditación y tipo de gestión

Acreditación lograda / Tipo de gestión	Por 3 años con compromisos y recomendaciones en los 2 ciclos	Por 3 años con compromisos y recomendaciones en el primer ciclo y por 6 años (sin compromisos, sólo con recomendaciones) en el segundo ciclo	Por 6 años sin compromisos (sólo con recomendaciones) en los dos ciclos	Por 3 años con compromisos y recomendaciones en el segundo ciclo (no existía en el primer ciclo)	Por 6 años (sólo con recomendaciones) en el segundo ciclo (no existía en el primer ciclo)	Acreditación provisoria al solo efecto del reconocimiento oficial del título
Pública	Universidad Nacional de la Plata	Universidad Nacional de Córdoba	Universidad Nacional de Cuyo	Universidad Nacional del Centro de la Provincia de Buenos Aires		
	Universidad Nacional del Comahue	Universidad Nacional de La Rioja	Universidad Nacional de Tucumán	Universidad Nacional del Litoral		
		Universidad Nacional de Rosario		Universidad Nacional del Sur		
		Universidad Nacional del Nordeste				
Privadas	Instituto Universitario CEMIC	Instituto Universitario de Ciencias de la Salud Barceló. Sede La Rioja		Instituto Universitario de Ciencias de la Salud Barceló. Sede Santo Tomé	Instituto Universitario Escuela de Medicina del Hospital Italiano	Universidad Fasta

	Instituto Universitario de Ciencias de la Salud Barceló. Sede Buenos Aires	Universidad Abierta Interamericana (Sede Buenos Aires)		Instituto Universitario Italiano de Rosario			
	Universidad de Mendoza	Universidad Abierta Interamericana (Sede Rosario)		Universidad Católica Argentina Santa María de los Buenos Aires			
	Universidad de Morón	Universidad Adventista del Plata					
	Universidad del Salvador	Universidad Austral					
		Universidad Católica de Córdoba					
		Universidad Católica de Cuyo					
		Universidad de Ciencias Empresariales y Sociales					
		Universidad del Aconcagua					
		Universidad Favaloro					
		Universidad Maimónides					

Fuente: elaboración propia a partir del análisis de las 90 resoluciones de acreditación de CONEAU.

A partir de un primer análisis del universo de carreras de Medicina acreditadas surge que solo dos públicas -Nacional de Cuyo y Nacional de Córdoba- alcanzaron o superaron el perfil previsto en los estándares de acreditación plasmados en las Resoluciones Ministeriales 535/99 y

1314/07, y acreditaron por seis años. También la carrera de Medicina del Instituto Universitario del Hospital Italiano (privado) acreditó por seis años en el segundo ciclo (no existía cuando se realizó la primera convocatoria ya que esta carrera se creó en el año 2001). No obstante, se observa que quince carreras –cuatro públicas y once privadas- si bien acreditaron solo por tres años con compromisos de mejora en el primer ciclo, en el segundo ciclo lograron acreditar por seis años demostrando así que, pasado un periodo de tiempo, pudieron adaptarse al perfil de calidad requerido por los estándares.

El resto de las trece carreras (dos públicas y once privadas) no alcanzaron en la primera fase del proceso de acreditación el perfil señalado en los estándares, por lo que acreditaron por tres años con compromisos de mejoramiento en los dos ciclos. Dicha acreditación se les extiende a todas por tres años más en la segunda fase, lo que implica un cumplimiento -al menos parcial- de cada uno de los compromisos asumidos con CONEAU en la fase previa.

A continuación, se presenta una síntesis del análisis de los compromisos referidos a la función de investigación y asumidos por las instituciones ante CONEAU a fin de alcanzar el perfil de calidad previsto en los estándares de acreditación. También se analizan las recomendaciones realizadas por CONEAU sobre esta función.

Análisis de compromisos y recomendaciones

Como ya se dijo, el análisis de compromisos y recomendaciones de cada una de las carreras acreditadas se realizó a la luz de las dimensiones en las que se agrupan los estándares de acreditación referidos a las carreras de Medicina y plasmados en las RM 535/99 y RM 1314/07, correspondientes al primero y al segundo ciclo respectivamente. Los resultados de este análisis se presentan por grupos de carrera según tipo de acreditación (ver tablas 6 y 7).[4]

Un primer análisis nos indica que el porcentaje de compromisos y recomendaciones relacionados con la función de investigación es menor al 40% del total en todos los grupos. De hecho, en la mayoría de los grupos, este porcentaje ronda entre el 11 y 24%. Esto se debe a que la evaluación entre el perfil señalado en los estándares y la realidad de cada carrera arrojó una serie de compromisos y recomendaciones vinculados a otras funciones sustantivas como la docencia y la extensión.

---

4   Para este análisis no se tomó en cuenta la carrera de Medicina de la Universidad FASTA debido a que esta, de acuerdo con la normativa vigente, acreditó provisoriamente al solo efecto del reconocimiento del título.

Tabla 6: Número y porcentaje del 'total de compromisos y recomendaciones' y de 'compromisos y recomendaciones referidos sólo a la función de investigación', por grupo de carreras -según tipo de acreditación-

	Grupo de Carreras que acreditaron por 3 años con compromisos y recomendaciones en los dos ciclos (2 públicas y 5 privadas)				Grupo de carreras que acreditaron por 3 años con compromisos y recomendaciones en el primer ciclo y por 6 años (sin compromisos, sólo con recomendaciones) en el segundo ciclo (4 públicas y 11 privadas)				Grupo de carreras que acreditaron por 6 años sin compromisos (sólo con recomendaciones) en los dos ciclos (2 públicas)				Grupo de carreras que acreditaron por 3 años con compromisos y recomendaciones en el segundo ciclo (no existía en el primer ciclo) (3 públicas y 3 privadas)				Grupo de carreras acreditadas por 6 años (sólo con recomendaciones) en el segundo ciclo (no existía en el primer ciclo) (1 privada)			
	C		R		C		R		C		R		C		R		C		R	
	N°	%	N°	%	N°	%	N°	%	N°	%	N°	%	N°	%	N°	%	N°	%	N°	%
Total compromisos y recomendaciones	100	100	41	100	206	100	119	100	nc		24	100	19	100	25	100	nc		3	100
Compromisos y recomendaciones referidos a la función de investigación	24	24	10	24	49	24	21	18	nc		4	17	2	11	9	36	nc		0	0

Fuente: elaboración propia a partir del análisis de las 90 Resoluciones de acreditación de la CONEAU

Tabla 7: Número y porcentaje de 'compromisos y recomendaciones referidos sólo a la función de investigación', por dimensiones de análisis, por grupo de carreras -según tipo de acreditación-

Dimensión	Grupo de Carreras que acreditaron por 3 años con compromisos y recomendaciones en los dos ciclos (2 públicas y 5 privadas)				Grupo de carreras que acreditaron por 3 años con compromisos y recomendaciones en el primer ciclo y por 6 años (sin compromisos, sólo con recomendaciones) en el segundo ciclo (4 públicas y 11 privadas)				Grupo de carreras que acreditaron por 6 años sin compromisos (sólo con recomendaciones) en los dos ciclos (2 públicas)				Grupo de carreras que acreditaron por 3 años con compromisos y recomendaciones en el segundo ciclo (no existía en el primer ciclo) (3 públicas y 3 privadas)				Grupo de carreras acreditadas por 6 años con recomendaciones (sólo recomendaciones) en el segundo ciclo (no existía en el primer ciclo) (1 privada)			
	C		R		C		R		C		R		C		R		C		R	
	N°	%	N°	%	N°	%	N°	%	N°	%	N°	%	N°	%	N°	%	N°	%	N°	%
1. Contexto Institucional	3	13	0	0	16,5	34	5,5	26	nc	nc	1,5	38	0,5	25	0,5	6	nc	nc	0	0
2. Plan de estudio y formación	7	29	6	60	8	16	5,5	26	nc	nc	1	25	0	0	3	33	nc	nc	0	0
3. Cuerpo académico	11	46	4	40	18,5	38	9	43	nc	nc	1,5	38	0,5	25	4,5	50	nc	nc	0	0
4. Alumnos y graduados	0	0	0	0	0	0	0	0	nc	nc	0	0	0	0	0	0	nc	nc	0	0
5. Infraestructura y equipamiento	3	13	0	0	6	12	1	5	nc	nc	0	0	1	50	1	11	nc	nc	0	0
Total referidos a la investigación	24	100	10	100	49	100	21	100	Nc	Nc	4	100	2	100	9	100	nc	nc	0	100

Fuente: elaboración propia a partir del análisis de las 90 Resoluciones de acreditación de la CONEAU

Al realizar un análisis por dimensión, se observa que la mayor cantidad de compromisos y recomendaciones referidas a la función de investigación se da en primer lugar en la dimensión *cuerpo académico* para todos los grupos de carreras bajo análisis. En segundo lugar aparece la dimensión *plan de estudio y formación*, luego *contexto institucional* y en cuarto lugar *infraestructura y equipamiento*. No se hallaron compromisos y recomendaciones referidos a la función de investigación en la dimensión *alumnos y graduados*.

Una síntesis del contenido de compromisos y recomendación al interior de cada dimensión se presenta en la tabla 8.

Tabla 8. Síntesis del contenido de compromisos y recomendaciones, por dimensión

Dimensión	Síntesis de contenido de C y R
1. Contexto institucional	• Elaboración e implementación de políticas institucionales referidas a la investigación. • Creación de líneas prioritarias de investigación. • Mejora de la estructura y gestión de la I+D. • Mejora del presupuesto destinado a la investigación. • Promoción y consolidación de convenios institucionales. • Creación de institutos de investigación. • Creación/consolidación de los sistemas de evaluación de proyectos de investigación y de investigadores • Financiamiento de proyectos de investigación, fomento de los concursos internos de proyectos de investigación, difusión de las actividades de investigación.
2. Plan de estudio y formación	• Incorporación de alumnos a proyectos de investigación. • Inclusión de la materia de metodología de investigación u otras similares. • Fomento de la realización de investigaciones sobre el plan de estudios, la deserción, etc.

3. Cuerpo académico	• Aumento de dedicaciones docentes. • Formación en investigación de los docentes. • Fomento de una carrera de investigador, categorización de investigadores. • Incorporación de becarios de investigación, otorgamiento de becas de perfeccionamiento. • Promoción de la incorporación de docentes a los proyectos de investigación. • Financiamiento de proyectos de investigación, fomento de los concursos internos de proyectos de investigación, difusión de las actividades de investigación * Varios de estos aspectos se encontraron tanto en la dimensión *contexto institucional* como en *cuerpo académico*.
4. Alumnos y graduados	• No se encontraron. * Los aspectos referidos, por ejemplo, a la necesidad de incorporar alumnos a los proyectos de investigación, corresponden a la dimensión *plan de estudio y formación*.
5. Infraestructura y equipamiento	• Construcción de lugares específicos para investigadores. • Construcción y mejora de laboratorios. • Mejora de biblioteca (acervo bibliográfico y bases de datos).

Fuente: elaboración propia sobre el análisis de compromisos y recomendaciones presentes en las resoluciones de acreditación de la CONEAU.

Conclusiones

Del análisis realizado en los apartados anteriores concluimos que, también cuando se mantiene constante el campo disciplinar, el efecto de la política de acreditación de carreras de grado en la función de investigación es mayor en aquellas universidades con menor desarrollo de investigación, sean ellas de gestión pública o privada. Estas debieron alcanzar -a través del cumplimiento de compromisos y/o recomendaciones- el perfil de calidad exigido en los estándares (isomorfismo coercitivo y normativo).

En lo que se refiere a las políticas de financiamiento a la investigación impulsadas desde el MINCYT, se observa que su efecto es mayor en las universidades de gestión pública y en aquellas universidades de gestión privada cuyo perfil institucional está -de acuerdo con la tipología creada en nuestra investigación anterior (Adrogué *et al.*, 2014 y 2015)-

más orientado a la investigación, reproduciendo así lo que Merton (1968) denomina "efecto Mateo" refiriéndose a la cita bíblica de San Mateo 13, 12: "porque al que tiene se le dará más todavía y tendrá en abundancia, pero al que no tiene se le quitará aun lo que tiene".

Se espera que una mayor articulación entre las políticas de aseguramiento de la calidad implementadas por la CONEAU y las de financiamiento de la investigación impulsadas desde el MINCYT genere mejores condiciones para la mejora de esta función en cada una de las instituciones universitarias, sean estas de gestión pública o privada, más orientadas a la docencia o más orientadas a la investigación. Esto exige la implementación de una mayor cantidad y calidad de políticas públicas de financiamiento a la investigación "no competitivas" vinculadas a los procesos de acreditación, lo que generaría otro tipo de "efecto Mateo": "Bienaventurados los afligidos, porque serán consolados" (Mateo 5, 4). Pero, además, se requiere de nuevos liderazgos internos e innovadores (Clark, 1983 y 2004).

Como hipótesis, sostenemos que estos nuevos liderazgos internos se caracterizan por aprovechar no solo los instrumentos ya analizados en esta investigación, sino también -y principalmente- por generar nuevas oportunidades de crecimiento e impacto de la investigación a través de la explotación de otros instrumentos de política pública y/o institucional, como son los Proyectos de Desarrollo Tecnológico y Social (PDTS) y las Unidades de Vinculación Tecnológica (UVT), la creación de redes y asociaciones y la trasferencia de esos conocimientos a su entorno local, nacional, regional e internacional.

La forma en la que abordaremos la hipótesis planteada será a través de un nuevo análisis donde, por un lado, se incorporen estos indicadores referidos a la innovación tecnológica y, por otro, se profundice con un estudio de casos -seleccionados entre las universidades con carreras de Medicina acreditadas por la CONEAU y pertenecientes a los distintos grupos (A-B-C; con diferente tipo de acreditación)-.

Referencias bibliográficas

Adrogué, C.; Corengia, Á.; García de Fanelli, A. y Pita Carranza, M. (2014), "La investigación en las universidades privadas de la Argentina. Cambios tras las políticas de aseguramiento de la calidad y financiamiento competitivo". *Revista Iberoamericana de Calidad, Eficacia y Cambio en Educación*, 12 (3), 73-91.

Adrogué, C.; Corengia, Á.; García de Fanelli, A. y Pita Carranza, M. (2015), "Políticas públicas y estrategias para el desarrollo de la investigación en las universidades privadas argentinas". *Education Policy Analysis Archives* (Archivos Analíticos de Política Educativa, revista multilingüe), 23 (2), 1-34, disponible en: https://goo.gl/ok1Sz1.
ANPCyT (2015), *Informe de Gestión 2014*. Disponible en: https://goo.gl/r6wSho.
Anderberg, M.R. (1973), *Cluster Analysis for Applications*. New York: Academic Press.
Barsky, O.; Corengia, Á.; Fliguer, José y Michelini, G. (2016). *La investigación en la universidad privada argentina*. Ciudad Autónoma de Buenos Aires: CRUP.
Campos, S. (2012), *La acreditación de carreras de Medicina en la Argentina: entre la danza ritual y la mejora de la calidad. Un estudio de casos* (tesis de Doctorado). Escuela de Educación. Universidad de San Andrés, Buenos Aires, Argentina.
Clark, B. (1983), *The Higher Education System. Academic Organization in Cross-National Perspective*. Berkeley: University of California Press.
Clark, B. (2004), *Sustaining Change in Universities: Continuities in Case Studies and Concepts*. Maidenhead: The Open University Press-McGraw-Hill.
CONEAU (2012), *Avances de gestión desde la evaluación institucional 2008-2010*. Buenos Aires: CONEAU. Disponible en: https://goo.gl/tMJmV2.
CONEAU (2015). *Seminario Internacional Experiencia y Perspectivas de Evaluación y Acreditación Universitaria en Iberoamérica, junio 2015*.
Consejo Nacional de Investigaciones Científicas y Técnicas (CONICET) (2016). *El CONICET en cifras*. Disponible en: https://goo.gl/pxt2RP.
Corengia, Á. (2010), *Impacto de las políticas de evaluación y acreditación en universidades de la Argentina. Estudio de casos* (tesis de Doctorado). Escuela de Educación. Universidad de San Andrés, Buenos Aires.
Corengia, Á. (2015), *El impacto de la CONEAU en universidades argentinas*. Ciudad Autónoma de Buenos Aires: Teseo. Prólogo de Juan Carlos del Bello y Julio Durand.
Del Bello, J. C. (2012), "La política de financiamiento estatal del sistema universitario argentino: planificación, funcionamiento real y una agenda de temas pendientes". En San Martín, R. (ed.), *Financiamiento de la universidad. Aportes para el debate* (pp. 59-139). Buenos Aires: Universidad de Palermo, Colección de Educación Superior.
Del Bello, J.C., Barsky O. y Giménez, G. (2007), *La universidad privada argentina*. Buenos Aires: Editorial del Zorzal.
Dattey, K; Westerheijden, D.F.y Hofman, W.A. (2014), "Impact of accreditation on public and private universities: a comparative study", *Tertiary Education and Management*, 20 (4), 307-319.

Dill, D. (1998), "Evaluating the *Evaluative State*: implications for research in higher education", *European Journal of Higher Education*, Vol. 33, N° 3, pp. 361-377.

DiMaggio, P.J. y Powell, W.W. (1991), "The Iron Cage Revisited: Institutional Isomorphism and Collective Rationality in Organization Fields". En Powel W.W. y DiMaggio, P.J. (eds.), *The New Institutionalism in Organizational Analysis* (pp. 63-82). Chicago: University of Chicago Press.

García de Fanelli, A. (2016), "Argentina". En Brunner, J.J. (ed.), *Informe de la educación superior en Iberoamérica 2016*, Santiago de Chile: CINDA (en prensa).

García de Fanelli, A. y Corengia, Á. (2015), "Public policies for quality assurance and research funding: their impact on private universities in Argentina". En Delgado, J. y Gregorutti, G. (eds.), *Private Universities in Latin America: Research and Innovation in the Knowledge Economy*. New York: Palgrave-Macmillan, pp. 51-78.

Gregorutti, G.J. y Bon Pereira, M.V. (2013), "Acreditación de la universidad privada, ¿es un sinónimo de calidad?". *Revista Iberoamericana sobre Calidad, Eficacia y Cambio en Educación*, 11 (1), 123-139.

Guaglianone, A. (2013), *Políticas de evaluación y acreditación en las universidades argentinas*. Buenos Aires: Editorial Teseo.

Landoni, P. (2008). "Isomorfismo y calidad: redefiniendo los espacios públicos y privados en la educación superior uruguaya". *Revista Uruguaya de Ciencia Política*, 17 (1), 183-202.

Lemaitre, M. J. y Zenteno, M. E. (eds.) (2012), *Aseguramiento de la calidad en Iberoamérica. Educación Superior Informe 2012*. Santiago de Chile: Unión Europea, Universia, CINDA.

Ley de Educación Superior (LES) N° 24.521 (1995). Disponible en: https://goo.gl/hir7q4.

Merton, T. (1968), "The Mathew effect in science", *Science*, 159 (3810), 56-63, disponible en: https://goo.gl/Yk7Zm2.

Ministerio de Educación (2014), *Anuario 2011 de Estadísticas Universitarias*. Recuperado de: https://goo.gl/F5d4DU.

Ministerio de Ciencia, Tecnología e Innovación Productiva (MINCYT) (2016), *Indicadores de Ciencia y Tecnología Argentina 2013*. Buenos Aires: MINCYT.

PEI (Programa de Evaluación Institucional) (2016), Disponible en: https://goo.gl/7QYbha.

Robledo, M.R. (2016), *Las Agencias de Aseguramiento de la Calidad y su contribución a la gobernanza de los Sistemas de Educación Superior. Los casos de Argentina y Chile* (tesis doctoral). Universidad de Palermo. Argentina.

Salto, D. J. (2016), *Regulation through Accreditation in Argentine Graduate Education: Regulatory Policies and Organizational Responses [Regulación a través de la Acreditación en el Posgrado Argentino: Políticas Regulatorias y Respuestas Organizacionales]* (tesis doctoral). State University of New York at Albany, Albany, NY.

Stensaker, B; Langfeldt, L; Harvey, L.; Huisman, J. y D. Westerheijden (2010), "An in-depth study on the impact of external quality assurance", *Assessment & Evaluation in Higher Education*, pp. 1-14.

Villanueva, E. (2008), "La acreditación en contexto de cambio: el caso de las carreras de ingeniería en la Argentina", *Revista* Avaliação, 13 (3), 793-805.

9

La evolución de la ciencia, la crisis del sistema internacional de revistas científicas y propuestas de políticas

OSVALDO BARSKY

Rebelión en la granja

El 16 de diciembre de 2012, en el contexto de la Reunión Anual de la Sociedad Americana de Biología Celular (BCSV) de los Estados Unidos, se realizó una reunión de directores y editores de importantes revistas académicas. En la misma se emitió la *Declaración de San Francisco de Evaluación de la Investigación*. Allí se señaló que hay una necesidad apremiante de mejorar la forma en que los resultados de la investigación científica son evaluados por las agencias de financiación, instituciones académicas y otras.

La crítica principal estuvo centrada en la utilización del "factor de impacto" de las revistas.

> El índice de impacto de las revistas se utiliza con frecuencia como parámetro primario con el que comparar la producción científica de las personas y las instituciones. El índice de impacto de revistas, según los cálculos de Thomson Reuters, fue creado originalmente como una herramienta para ayudar a los bibliotecarios a identificar revistas que comprar, no como una medida de la calidad científica de la investigación en un artículo. Con esto en mente, es importante entender que el índice de impacto tiene una serie de deficiencias bien documentadas como herramienta para la evaluación de la investigación. Estas limitaciones incluyen:
>
> a) la distribución de citas en revistas está muy sesgada;
>
> b) las propiedades del índice de impacto son específicas del campo científico considerado: es una combinación de varios tipos de artículos, muy diversos, incluyendo artículos de investigación primaria y opiniones;
>
> c) los índices de impacto se pueden manipular de acuerdo con la política editorial, y
>
> d) los datos utilizados para el cálculo de los índices de impacto de las revistas no son ni transparentes ni están abiertamente a disposición del público.

A partir de este diagnóstico el documento realiza una serie de recomendaciones:

- la necesidad de eliminar el uso de métricas basadas en revistas, tales como el índice de impacto de revistas, en la financiación, en los nombramientos y en las consideraciones de promoción;
- la necesidad de evaluar la investigación por sus propios méritos y no en base a la revista en que se publica la investigación, y
- la necesidad de aprovechar las oportunidades que ofrece la publicación en línea (como relajar los límites innecesarios en el número de palabras, figuras y referencias en artículos, y la exploración de nuevos indicadores de la importancia y el impacto).

Reconocemos que muchas agencias de financiación, instituciones, editores e investigadores ya están alentando prácticas mejoradas en la evaluación de la investigación. Estas medidas están empezando a aumentar el impulso hacia enfoques más complejos y significativos para la evaluación de investigación que ahora se puede realizar y que son adoptadas por todos los principales grupos involucrados.

El tema se potenció cuando el 11 de diciembre de 2013, al recibir el Premio Nobel de Medicina, el biólogo norteamericano Randy Schekman emitió una fuerte declaración, donde señalaba, entre otras cosas:

Todos sabemos lo que los incentivos distorsionadores han hecho a las finanzas y la banca. Los incentivos que se ofrecen a mis compañeros no son unas primas descomunales, sino las recompensas profesionales que conlleva el hecho de publicar en revistas de prestigio, principalmente *Nature*, *Cell* y *Science*. Se supone que estas publicaciones de lujo son el paradigma de la calidad, que publican solo los mejores trabajos de investigación. Dado que los comités encargados de la financiación y los nombramientos suelen usar el lugar de publicación como indicador de la calidad de la labor científica, el aparecer en estas publicaciones suele traer consigo subvenciones y cátedras. Pero la reputación de las grandes revistas solo está garantizada hasta cierto punto. Aunque publican artículos extraordinarios, eso no es lo único que publican. Ni tampoco son las únicas que publican investigaciones sobresalientes.

Estas revistas promocionan de forma agresiva sus marcas, de una manera que conduce más a la venta de suscripciones que a fomentar las investigaciones más importantes. Al igual que los diseñadores de moda que crean bolsos o trajes de edición limitada, saben que la escasez hace que aumente la demanda, de modo que restringen artificialmente el número de artículos que aceptan. Luego, estas marcas exclusivas se comercializan empleando un ardid llamado "factor de impacto", una puntuación otorgada a cada revista que mide el número de veces que los trabajos de investigación posteriores citan sus artículos. La teoría es que los mejores artículos se citan con más frecuencia, de modo que las mejores publicaciones obtienen las puntuaciones más altas. Pero se trata de una medida tremendamente viciada, que persigue algo que se ha convertido en un fin en sí mismo, y es tan perjudicial para la ciencia como la cultura de las primas lo es para la banca.

Es habitual, y muchas revistas lo fomentan, que una investigación sea juzgada atendiendo al factor de impacto de la revista que la publica. Pero como la puntuación de la publicación es una media, dice poco de la calidad de cualquier investigación concreta. Además, las citas están relacionadas con la calidad a veces, pero no siempre. Un artículo puede ser muy citado porque es un buen trabajo científico, o bien porque es llamativo, provocador o erróneo. Los directores de las revistas de lujo lo saben, así que aceptan artículos que tendrán mucha repercusión porque estudian temas atractivos o hacen afirmaciones que cuestionan ideas establecidas. (…) Hay una vía mejor, gracias a la nueva remesa de revistas de libre acceso que son gratuitas para cualquiera que quiera leerlas y no tienen caras suscripciones que promover. Nacidas en Internet, pueden aceptar todos los artículos que cumplan unas normas de calidad, sin topes artificiales. (…) Los patrocinadores y las universidades también tienen un papel en todo esto. Deben decirles a los comités que toman decisiones sobre las subvenciones y los cargos que no juzguen los artículos por el lugar donde se han publicado. Lo que importa es la calidad de la labor científica, no el nombre de la revista. Y, lo más importante de todo, los científicos tenemos que tomar medidas. Como muchos investigadores de éxito, he publicado en las revistas de renombre, entre otras cosas, los artículos por los que me han concedido el Premio Nobel de Medicina, que tendré el honor de recoger mañana. Pero ya no. Ahora me he comprometido con mi laboratorio a evitar las revistas de lujo, y animo a otros a hacer lo mismo.

Estas declaraciones tienen dos direcciones centrales. Por un lado, cuestionan el dominio de las editoriales comerciales en el control de las revistas científicas por las deformaciones que ello provoca en el proceso de evaluación y de sus costos para los investigadores. Por otro, apuntan a negar validez al "factor de impacto" de las revistas científicas que se miden en el ISI controlado actualmente por la agencia también privada Thomson Reuters. Este cuestionamiento surge de la evidencia directa de las distorsiones que provoca este indicador, lo que ha sido tratado extensamente en la literatura sobre el tema. Sin embargo, es generalmente desconocido el origen del ISI, la forma arbitraria en que se organizó el Science Citation Index y la forma específica en que por razones estrictamente comerciales ello se plasmó, con la colaboración activa de un sector de la comunidad científica y la pasividad y sujeción de la gran mayoría de los científicos y de las autoridades de ciencia y técnica de muchos países. Para eso hay que remontarse a los debates e iniciativas previos existentes en relación con los sistemas de organización de la información científica.

Los antecedentes sobre sistemas de organización de la información científica. Los aportes desde la historia de la ciencia

Asociada al crecimiento constante del desarrollo científico, surgieron desde distintas disciplinas esfuerzos para introducir criterios para organizar la información científica. Desde la psicología, la sociología y la historia de la ciencia, y desde ramas auxiliares como la bibliotecología y el manejo de documentación se realizaron estos procesos en paralelo.

Los primeros esfuerzos sistemáticos para medir el desarrollo científico fueron realizados por el biólogo suizo Alphonse de Candolle, que en 1873 publica *Histoire des sciences et des savants depuis deux siècles, d'après l'opinion des principales académies ou sociétés scientifiques*. Se trata de una historia de los miembros de tres sociedades científicas, de Londres, París y Berlín, donde trata de identificar a los hombres que han hecho aportes sustanciales a los avances de la ciencia, identificando dieciocho factores sociales responsables de esta performance.

Reaccionando a este estudio, el británico Francis Galton publica en 1874 *English Men of Science*. Aplica allí una encuesta a 180 miembros de la Royal Society en la que les demanda información sobre antecedentes familiares, escolaridad y las motivaciones para ser investigador. Galton trata de demostrar el peso decisivo de la herencia que hace a estas familias reproductoras de grandes hombres a través de la trasmisión directa del genio. Si bien sus estudios han sido analizados por sus consecuencias en el desarrollo de la teoría de la eugenesia, que plantea la selección artificial para mejorar la raza y que tuvo gran repercusión social y política, los temas planteados en la encuesta han mantenido actualidad en los estudios sobre los científicos.

James Mc Keen Cattell, psicólogo norteamericano que se forma como tal en la Universidad de Leipzig, Alemania, donde realiza sus estudios de posgrado, conoce a Wilhelm Wundt, del cual fue su asistente. Junto a Wundt ayuda a establecer el estudio de la inteligencia. En esa época Cattell se convierte en el primer estadounidense en publicar una disertación en el campo de la psicología, tratando de la investigación en el ámbito de la psicometría, trabajando con Galton los temas de diferencias individuales y de herencia.

En Estados Unidos Cattell impulsa la difusión de la psicometría y realiza sus primeros estudios estadísticos en 1906, en que aparece su publicación *American Men of Science*. Utiliza como indicadores del desarrollo científico la existencia de hombres de ciencia relevantes. Retiene el concepto de *productividad* de Galton asociado a los nombres de los científicos que produce una nación, una región o una universidad. También acuña el concepto de *desempeño* definido como las contribuciones científicas significativas a la ciencia. Estos dos conceptos, productividad y desempeño, asociados directamente a la medición de la cantidad y la calidad. Observa así una concentración geográfica en la producción de científicos, que provienen de algunos estados, algunas ciudades y algunas universidades. Al igual que Galton, analiza los antecedentes familiares y señala que son favorables a la generación de científicos, y recomienda apoyar la mejora en la reproducción de la especie. En sus estudios muestra por primera vez el costo de un hombre de ciencia a partir de sus salarios. Invita a los estudiantes a apreciar la calidad de los profesores universitarios al elegir las universidades. Sus estudios tuvieron importante repercusión sobre la medición de la ciencia, se comenzó a pensar en los nombres de los científicos y en sus publicaciones. De alguna forma están en el origen de la cientometría.

Pero quien a principios del siglo XX se encontraba a la vanguardia de los estudios sobre la historia y la sociología de la ciencia era Rusia. El geoquímico Vladimir Vernadskii inició esta tradición en 1893. En 1902 dio en la Universidad de Moscú el primer curso sobre la historia de la visión científica moderna del mundo. En 1921 crea el primer instituto a nivel mundial sobre la historia de la ciencia y la tecnología dentro de la Academia de Ciencias de Rusia, denominado Comisión sobre la Historia del Conocimiento. En los años 20 se desarrollan los estudios sociales denominados *науковедение* (*naukovedeniye*, ciencia de la ciencia) que comprenden la sociología, la gestión y la organización de la ciencia. El análisis realizado por Vernadskii sobre la evolución del pensamiento científico y la visión científica del mundo, así como sus estudios sobre la estructura de la ciencia, representan una contribución muy importante. Muchas páginas de sus obras están dedicadas a los problemas filosóficos fundamentales de la ciencia natural. Hizo hincapié en que el siglo XX es un período caracterizado por la ruptura de los conceptos básicos de la misma.

Con el fuerte apoyo del secretario de la Academia de Ciencias Sergey Feodorovitch Oldenburg, especializado en geografía y etnografía, que ejercía ese cargo desde 1901, se realizaron entre 1921 y 1934 encuestas estadísticas y de organización de la ciencia de gran valor. Entre las propuestas debatidas por los investigadores se discutieron reformas a las publicaciones y el mejoramiento de las operaciones de indización para los sistemas de recuperación de información, incluyendo el uso de primitivas computadoras, y el desarrollo de criterios cuantitativos para evaluar la eficacia de la investigación científica.

En 1929 la Academia de Ciencias fue directamente subordinada al control del Partido Comunista, y Vernadskii fue reemplazado como director de la Comisión de Historia del Conocimiento por Nikolái Bujarin. En 1931 esta comisión se convirtió en el Instituto de Historia de la Ciencia y la Tecnología.

Paralelamente se desarrollaron importantes esfuerzos en Polonia y desde 1928 se realizaron numerosas reuniones para debatir sobre *naukosnawstwo* (ciencia de la ciencia). Con este nombre María Ossoswska y Satanislaw Ossowski publicaron en 1936 el programa del grupo de científicos que trabajaba en esta temática en la revista *Organon*, por ellos creada. Destacaban la unicidad de la cultura científica, que era lo que posibilitaba el surgimiento de la ciencia de la ciencia. La invasión de Polonia por los nazis impidió hasta después de la Segunda Guerra la continuidad de trabajo de esta corriente científica.

Desde otra perspectiva, después de la Primera Guerra Mundial, que generó impulsos a la investigación y planteó dramáticas alternativas para el desarrollo de la humanidad, se intensificaron las especulaciones de los científicos y las fantasías de los escritores sobre distintos senderos que se vislumbraban en los bordes de la acumulación de conocimiento existente.

En Inglaterra se generaron distintas polémicas, algunas se desarrollaron en el seno de la National Union of Scientific Workers (Unión Nacional de Trabajadores Científicos), asociación profesional constituida en 1918 que en 1927 tomaría el nombre de Asociación de Trabajadores Científicos (Association of Scientific Workers), impulsada por los biólogos John Burdon Sanderson Haldane y Julian Huxley, y el escritor Herbert George Wells (difundido como H.G. Wells). Se debatieron en su interior temas de la ciencia, con la participación de otros científicos ingleses, como John Desmond Bernal y Bertrand Russell. Dada la relevancia que la ciencia había asumido durante la Primera Guerra Mundial, los investigadores planteaban crear un Ministerio de Ciencia y Tecnología, generar una política científica nacional y el planeamiento de la investigación. Con el tiempo, el liderazgo pasó a manos del físico J. D. Bernal y la polémica arrastró a epistemólogos como Michael Polanyi y Karl Popper.

La organización de los científicos europeos interesados en la problemática se materializó al concretarse el Primer Congreso Internacional de Historia de la Ciencia. El lugar en donde se llevó a cabo este evento fue el Centro Internacional de Synthèse (Hôtel de Nevers, 12, Rue Colbert, París 2). En la sesión del comité de Historia de la Ciencia se decidió establecer una comisión para organizar el II Congreso de Historia de la Ciencia que debía tener lugar en Londres en 1931. La comisión estuvo compuesta por Charles Singer como presidente, Aldo Mieli como secretario perpetuo del Comité, y H. W. Dickinson como secretario del Museo de Ciencia, South Kensington, lugar elegido para el II Congreso. En el Consejo del Comité Internacional de Historia de las Ciencias fueron elegidos Charles Singer, Gino Loria, Florian Cayori, Abel Rey, Karl Sudhoff, Henry Sigerist y Aldo Mieli. El temario del Congreso era: 1. la enseñanza de la historia de la ciencia, 2. la ciencia como parte integral de la historia general, 3. las interrelaciones actuales e históricas entre física y biología, y 4. la interdependencia entre la ciencia pura y la ciencia aplicada.

Este II Congreso adquiriría gran importancia por el impacto producido por la presencia de una gran delegación de científicos de la Unión Soviética bajo la dirección del economista Nikolai Bujarin,[1] una de las figuras centrales de la Revolución Rusa y destacado intelectual. Las exposiciones impactarían fuertemente a los científicos ingleses. La delegación de científicos soviéticos viajó a Londres para las reuniones que se desarrollaron entre el 29 de junio y el 4 de julio de 1931. Componían la delegación el físico A. F. Yoffe, director del Instituto Físico-Técnico de Leningrado, el economista Modest Yosofovich Rubinstein, el neurofisiólogo Boris Mijailovich Zavadovsky (director del Museo de Biología y del Instituto de Fisiología K. A. Timiriazev), el filósofo Arnost Kolman, el genetista Nikolai Ivanovich Vavílov (presidente de la Academia Lenin de Agricultura), el físico Wladimir Feodorovich Mitkévich y el filósofo e historiador de la ciencia Boris Mijailovich Hessen. La delegación organizó en Londres el "plan de cinco días", como lo llamó el periodista del *Manchester Guardian*, James Gerald Crowther, en el que se tradujeron todas sus ponencias al inglés y se realizó la célebre edición especial para el Congreso titulada "Science at the Cross Roads" (La ciencia en la encrucijada). La delegación estaba interesada en presentar todas las ponencias, por lo que se amplió en un día el congreso y el sábado 4 de julio se hizo una sesión especial. Los delegados soviéticos desarrollaron desde el materialismo histórico sus análisis.

Pero fue Boris Hessen el que ofreció en Londres lo que puede considerarse el primer estudio exhaustivo de historia social de la ciencia desde el punto de vista marxista. Llevaba por título "Las raíces sociales y económicas de los Principia de Newton". Con estudios de ciencias en la Universidad de Edimburgo y numerosos trabajos sobre física, era partidario de las ideas de Deborin de que las nuevas teorías de la física tuvieran cabida dentro del materialismo histórico. Esta corriente enfrentaba a los llamados mecanicistas que se oponían a las nuevas teorías de la física como expresión del idealismo burgués. En 1928 Hessen publica su obra *Ideas fundamentales de la teoría de la relatividad,* en donde realiza una síntesis divulgativa, dentro de las coordenadas del materialismo dialéctico, de las teorías de Einstein. En 1930 fue nombrado director del Instituto

---

[1] Nikolái Ivánovich Bujarin, político, economista y filósofo marxista revolucionario ruso. Principal ideólogo de la Nueva Política Económica durante la década de 1920, se opuso a la colectivización agrícola forzada. Tras haber colaborado con Stalin en la derrota de la Oposición Unificada, fue apartado del poder por él en 1929. Reapareció en cargos menores a mediados de la década siguiente antes de ser víctima de la Gran Purga; murió ejecutado en 1938. En 1930, había perdido sus cargos en la dirección del partido y del Estado, aunque su sometimiento a la disciplina del partido le permitió continuar en el comité central, si bien no en el politburó. Bujarin pasó a un puesto secundario, el de presidente de la Comisión del Departamento Científico y Técnico del Consejo Supremo de la Economía Nacional y de ahí su participación en el Congreso de Londres.

de Historia de la Física de la nueva Facultad de Física de la Universidad Estatal de Moscú (MGU), y se convirtió en el primer decano de la Facultad de Física de dicha universidad (de 1930 a 1936).

La presentación de Hessen en el Congreso tenía dos partes, una de las cuales tiene que ver con el análisis concreto, histórico, de la ciencia newtoniana, donde los problemas fundamentales girarán en torno a la cuestión del internalismo y del externalismo en la historia de la ciencia. Mientras que hay una segunda parte, en la que cuestiones sobre la concepción del materialismo dialéctico y del materialismo histórico conectan a Hessen con los debates políticos y filosóficos de la época que tenían lugar en la URSS. Esta es la obra fundacional de la historia de la ciencia marxista. Con este trabajo Hessen abrió el camino hacia los estudios sociales de la ciencia e inspiró gran parte de la disciplina hoy llamada Ciencia, Tecnología y Sociedad.

Este trabajo de Boris Hessen sirvió de inspiración teórica a toda una serie de historiadores y sociólogos de la ciencia cercanos al marxismo, entre los que destacan John Desmond Bernal, Joseph Needham, Lancelot Hogben, Benjamín Farrington, Gordon Childe, J. G. Crowther, Charles Percy Snow, Julian Huxley, P. M. Blakckett, Christopher Hill, John Haldane, S. F. Mason. Aunque autores como Merton lo consideraron un pionero, tanto los críticos como la corriente abierta por Merton convirtieron a Hessen en el "padre del externalismo". Hessen habrá de ser desde entonces, para la historia social de la ciencia del siglo XVII y para el enfoque sociológico de la ciencia en general, un pionero indiscutible.[2]

Para John Desmond Bernal, el congreso de Londres fue la primera gran confrontación de ideas ocurrida desde la Revolución de Octubre (Bernal, 1931). De hecho, la delegación rusa encontró un terreno abonado en Londres. Económicamente, estaban sufriendo las graves consecuencias de la crisis económica, no solo desde el punto de vista del trabajo, paro masivo, etc., sino también por sus consecuencias en el trabajo científico, que vio mermadas las subvenciones estatales. El grupo de científicos británicos más conocido, comprometido con las ideas de izquierdas, vio en aquellas nuevas ideas una posible solución a estos problemas. Como dice Bernal, la delegación soviética dejó en el aire una importante e irreversible pregunta para todos los científicos: "¿Qué es mejor: ser intelectualmente libres pero socialmente totalmente ineficaces, o formar parte de un sistema donde conocimiento y acción vayan unidos hacia un propósito social común?".

---

[2] Tanto Bujarin como Hessen fueron asesinados durante los juicios del estalinismo conocidos como la Gran Purga de 1938, y otros de los participantes en el Congreso de Londres, como el genetista Vavilov, en procesos operados en los años siguientes donde las pujas científicas se dirimían en el terreno político del terrorismo de Estado.

Bernal tendría un rol protagónico en el estudio social de la ciencia y una gran influencia en quienes impulsaron el desarrollo de la cienciometría. En primer lugar Bernal fue un destacado científico, en 1924 determinó la estructura molecular del grafito. En su grupo de investigación en Cambridge, Dorothy Crowfoot Hodgkin dio sus primeros pasos en cristalografía, labor por la cual se le concedería el Premio Nobel de química en 1964. En 1934, Bernal y Hodgkin tomaron las primeras fotografías de rayos X de cristales proteicos. A partir de 1923 fue miembro del Partido Comunista de Gran Bretaña. Según sus biógrafos, su ideología le supuso que nunca se le otorgara el Premio Nobel, aun a pesar de que varios de sus discípulos y compañeros de investigación fueron laureados.

Su libro *The Social Function of Science*, publicado en 1939, fue decisivo en la formación de los investigadores que avanzarían en la medición de los avances científicos. Bernal además de ser uno de los primeros estudiosos en hablar de la necesidad de una "cuantitativa ciencia de la ciencia", defendió la planificación de la actividad científica en la solución de los problemas sociales y planteó un cambio radical en el modelo de publicación de los artículos científicos.

Con el estallido de la Segunda Guerra Mundial en 1939, Bernal se incorporó al Ministerio de Seguridad para el Hogar, donde se reunió con Solly Zuckerman para llevar a cabo los primeros análisis adecuados de los efectos del bombardeo enemigo y de las explosiones para los animales y las personas. Fue el inventor (conjunto) de los llamados puertos prefabricados Mulberry, que se usaron en el desembarco de Normandía. Después del famoso "Día D", Bernal desembarcó en Normandía al día siguiente. Su amplio conocimiento de la zona se debía a una mezcla de investigación por su cuenta en bibliotecas inglesas y al hecho de haber veraneado en el lugar. La Armada Británica le asignó transitoriamente el rango de comandante para minimizar problemas relacionados con tener a un civil a cargo de las fuerzas de desembarco.

Bernal fue un factor importante en la organización en 1946 de la Royal Society Empire Science Conference, que preparó la realización en 1948 de la siguiente conferencia, que entre otros temas planteó la necesidad de un centro de reimpresión centralizado de la información científica.

En 1954 Bernal afirmaba:

> Las dificultades intrínsecas para los científicos de disciplinas diferentes, son las creadas por la multiplicidad de los lenguajes utilizados y por las barreras nacionales que dividen actualmente al mundo de la ciencia. Esas dificultades han aumentado enormemente y han resultado ser cada vez peores para el desarrollo de la ciencia. Actualmente, los trabajos científicos de importancia se publican por lo menos en 10 idiomas diferentes –para no hablar sino de los idiomas más conocidos entre los hombres de ciencia-, y en unas 100.000 revistas científicas que se editan sin que haya casi coordinación entre ellas. Esta situación ha traído como consecuencia que, en muchos campos, sea más fácil encontrar un nuevo hecho o formular

una nueva teoría, que saber si ya fue descubierto o establecida con anterioridad. Tal parece como si la unidad de la ciencia se estuviera rompiendo por su propio peso. (...) Pero no se trata de algo inevitable; ya que por grande que sea la cantidad de hechos y la rapidez de su acumulación, siempre es posible encontrar la manera de ordenarlos y de publicar periódicamente una recopilación de aquellas informaciones que tengan mayor importancia en general, a la vez que se indique el modo de encontrar las que tienen un interés particular (...) Los científicos deben convencerse (...) de que es indispensable, para su propio provecho, que empleen una parte de su tiempo en la tarea de ordenar y diseminar la información; y para poder hacerlo, necesitan contar con un apoyo financiero que pueda llegar hasta el 20% del costo de la investigación. Carece de validez la idea de que es posible establecer un servicio de información que se sostenga económicamente, aunque sin producir ganancias. Únicamente los gobiernos pueden establecer y sostener servicios eficientes de información científica, debido a que se ha demostrado que son los más económicos, puesto que evitan muchas duplicaciones en la edición de publicaciones, en el manejo mecánico y en la traducción. Esta ha sido la experiencia obtenida en el mayor de los sistemas de información que existen actualmente, que es el de la Academia de Ciencias de la URSS. Ahora, cuando las relaciones científicas internacionales se encaminan hacia una atmósfera de comprensión, es bueno recordar que fue la Royal Society la que presentó la primera iniciativa seria para dotar a la ciencia de un servicio de información amplio y siempre actual, en la Conferencia de Información Científica que se efectuó en 1948 (Bernal, J.D., 1979: 467/8).

Basado en su experiencia en el sistema científico y gubernamental británico, en sus simpatías por los procesos desarrollados en la URSS dada su explícita adhesión al marxismo, Bernal imaginaba la organización de la producción científica solo factible en el campo de la iniciativa estatal.[3] Sus simpatías con el régimen soviético hicieron que este país le otorgara el Premio Lenin de la Paz en 1953 por sus labores internacionalistas.

Sin embargo, las ideas de Bernal permanecieron vigentes más allá de la guerra y a pesar de las tensiones entre Estados Unidos y la Unión Soviética (la llamada Guerra Fría).

---

[3] El origen marxista de Bernal era decisivo para su visión integral sobre la relación entre sociedad y ciencia. Entre 1873 y 1886 Fredrich Engels, uno de los fundadores de esta teoría, había escrito su notable ensayo *Dialéctica de la naturaleza*, que pasaba revista al desarrollo y estado de las ciencias naturales. Allí ya señalaba en relación con la acumulación del conocimiento científico: "La investigación empírica de la naturaleza ha acumulado una masa tan gigantesca de conocimientos de orden positivo, que la necesidad de ordenarlos sistemáticamente y ateniéndose a sus nexos internos, dentro de cada campo de investigación, constituye una exigencia sencillamente imperativa e irrefutable. Y no menos lo es la necesidad de establecer la debida conexión entre los diversos campos del conocimiento". Merton, en sus estudios fundacionales de la sociología de la ciencia, rescata los planteos de Marx y Engels sobre las interconexiones entre la ciencia y la sociedad, señalando: "... desde los tiempos de Marx y Engels hubo, desgraciadamente, pocos estudios empíricos sobre las relaciones entre la ciencia y la estructura social (...) En la sociología de la ciencia, como en otros campos, podemos volver provechosamente a la sabiduría del apotegma de Whitehead: 'Una ciencia que titubea en olvidar a sus fundadores está perdida'" (Merton, 1964: 527).

La paradoja es que el bernalismo, el producto del pensamiento revolucionario en los años treinta, fue de hecho adoptado en el período de la posguerra, por capos de la industria y por ministros de gobierno (...) Hacia 1964, lo que había ocurrido fue que la tesis bernalista dura había sido abandonada, quedándose el bernalismo débil de planificación, programación, personal, dinero y equipamiento para el crecimiento eficiente. La versión dura del bernalismo parecía olvidada incluso por el propio autor. No hay que asombrarse, por tanto, de que el "bernalismo" pudiese servir como el fundamento o la legitimación teórica para las doctrinas sobre políticas científicas tanto en el Este como en el Oeste (Elzinga, 1988: 94).

En relación con procesos de articulación del conocimiento acumulado, quien impactó a públicos masivos fue el biólogo, escritor y divulgador científico H.G. Wells. En 1936 propuso a la Royal Institution la creación de un banco de conocimiento mundial, un cerebro mundial (World Brain). Solicitó a los científicos que confeccionaran una Enciclopedia Mundial Permanente. Esta Enciclopedia estaría situada en una cámara central que gestionaría toda la información y luego la distribuiría a todas las bibliotecas del mundo donde se almacenaría en microfilms. Wells estaba muy impactado por el desarrollo que se dio en la década de 1930 de la microfotografía y de ahí su propuesta: "Se acerca el tiempo en que cualquier estudiante, en cualquier parte del mundo, podrá sentarse con su proyector en su propio estudio, con toda comodidad y examinar una réplica exacta de cualquier libro o documento". Variando el soporte tecnológico, Wells estaba anticipando la creación de Internet.

La idea de Wells asociada a sus ideales del socialismo fabiano era impulsar la difusión del conocimiento como herramienta para la paz y el progreso, y para ello había que canalizar la información que crecía en proporción geométrica. Sus propuestas fueron recogidas en el libro *World Brain*.

> Esta organización enciclopédica no tendría por qué estar concentrada en un solo lugar; podría tener la forma de una red, estaría centralizada mentalmente, pero tal vez no físicamente (...) Por una parte esta organización estaría en contacto directo con todo el pensamiento original y la investigación del mundo; por otra extendería sus tentáculos informativos hasta los individuos inteligentes de la comunidad: la nueva comunidad mundial.[4]

---

[4] En el campo de la literatura estas ideas encontrarían desarrollos similares. En el cuento del escritor Jorge Luis Borges "La Biblioteca de Babel", publicado en 1941 y en la que se pretendía acumular la totalidad del conocimiento mundial se señalaba: "También se descifró el contenido: nociones de análisis combinatorio, ilustradas por ejemplos de variaciones con repetición ilimitada. Esos ejemplos permitieron que un bibliotecario de genio descubriera la ley fundamental de la Biblioteca. Este pensador observó que todos los libros, por diversos que sean, constan de elementos iguales: el espacio, el punto, la coma, las veintidós letras del alfabeto. También alegó un hecho que todos los viajeros han confirmado: no hay en la vasta Biblioteca dos libros idénticos. De esas premisas incontrovertibles dedujo que la Biblioteca es total y que sus anaqueles registran todas las posibles

Desde otra perspectiva, después de la Primera Guerra Mundial, que generó impulsos a la investigación y planteó dramáticas alternativas para el desarrollo de la humanidad, se intensificaron las especulaciones de los científicos y las fantasías de los escritores sobre distintos senderos que se vislumbraban en los bordes de la acumulación de conocimiento existente.

Otro impulso relevante al desarrollo de la sociología de la ciencia fueron los estudios realizados por el destacado sociólogo norteamericano Robert King Merton (Meyer Robert Schkolnick, 1910-2003). Recogió el planteamiento de la estructura social de la ciencia, la utilidad de la ciencia, así como el desarrollo de la cientometría y la política de ciencia y tecnología. Fuertemente influenciado por las ideas de Max Weber, vinculó el espíritu capitalista y el puritanismo al desarrollo de un pensamiento racional y objetivo. Su concepción de un *ethos* científico sería la médula central de la normatividad de su teoría.

> En el caso de la ciencia, Merton encontró en la publicación y la citación que certifican la prioridad del descubrimiento científico y su reconocimiento por la comunidad, la base del epónimo, la celebridad y el reconocimiento, que son las recompensas centrales de la institución de la ciencia (Orozco y Chavarro, 2010: 145).

Aquí Merton introduce una asociación entre el reconocimiento externo, que es una medida objetiva expresada por otros, y la excelencia, que es una calidad intrínseca del quehacer científico. Esta idea de que el reconocimiento traduce la calidad de la actividad científica será de gran importancia para servir de sustento a los índices que se construirán en los estudios de citación de revistas que se desarrollarán más adelante.

La cienciometría en los Estados Unidos está también vinculada al nombre de Derek J. de Solla Price. Nacido en 1922 en Leyton, Inglaterra, era licenciado en Física y doctor en Filosofía de la Universidad de Londres. Un hecho fortuito llamó su atención sobre el crecimiento exponencial de la ciencia. La remodelación de la biblioteca donde estaba la colección completa de la revista *Philosophical Transactions* de la Royal Society lo hizo depositario de la misma durante un tiempo. Allí pudo comprobar físicamente el notable crecimiento de los artículos científicos publicados en ella y su inquietud se plasmaría en diversos artículos sobre este fenómeno.

---

combinaciones de los veintitantos símbolos ortográficos (número, aunque vastísimo, no infinito), o sea todo lo que es dable expresar: en todos los idiomas. Todo: la historia minuciosa del porvenir, la autobiografía de los arcángeles, el catálogo fiel de la Biblioteca, miles y miles de catálogos falsos, la demostración de la falacia de esos catálogos falsos, la demostración de la falacia de esos catálogos verdaderos... Cuando se proclamó que la Biblioteca abarcaba todos los libros, la primera impresión fue de extraordinaria felicidad. Todos los hombres se sintieron señores de un tesoro intacto y secreto. No había problema personal o mundial cuya solución no existiera: en algún hexágono".

Señala que el conteo es un dato burdo, pero "se podría afirmar con cierta seguridad la existencia de una correlación significativa entre la solidez cualitativa y la solidez cuantitativa" (De Solla Price, 1973: 127). Esta tesis la sustenta con estudios acerca de la evolución de la producción textual científica, los índices de crecimiento social y económico de los países y el aumento en la producción científica. Logra establecer que los autores más reconocidos por lo regular son los más citados y los que mayor volumen de producción tienen en su haber. Así también logra una correlación positiva entre aumento de la productividad científica y crecimiento.

Los aportes desde la bibliometría y el manejo de documentación

Durante la década de 1930, a partir de la profunda crisis económica, surgió la necesidad de ajustar fuertemente los presupuestos de las bibliotecas y de los centros de documentación, y ello implicó jerarquizar la importancia de estos materiales. Se realizaron diversos estudios en el campo de la bibliometría, que es el recuento de todo lo que puede ir en una biblioteca científica, y es un enfoque cuantitativo de las técnicas de gestión de la biblioteca. Se destacaron los de Samuel Clement Bradford, químico y documentalista británico, que fundó en 1927 la British Society for Internacional Bibliography (BSIB) y fue presidente electo en 1945 de la Federación Internacional de Información y Documentación. En 1934 Bradford realizó un trabajo sobre la distribución de artículos en revistas sobre geofísica aplicada y en investigaciones sobre lubricantes, donde presentó por primera vez lo que hoy se conoce como Ley de la dispersión de Bradford, que postula como hipótesis que la mayoría de los artículos sobre un asunto especializado podrían estar siendo publicados por pocas revistas especialmente dedicadas a ese asunto conjuntamente con ciertas revistas de frontera y algunas revistas más generales o de dispersión. Ese núcleo de revistas especializadas que se identifican utilizando la Ley de Bradford como apoyo técnico científico al desarrollo de colecciones debería formar parte de la colección básica de una biblioteca. Es evidente que un pequeño núcleo de revistas acumula una porción sustancial del número de artículos producidos, y que las revistas fuera del núcleo contribuyen con pequeñas cantidades de artículos. Por lo tanto, una aplicación práctica de la Ley de Bradford proporciona los mecanismos para seleccionar las publicaciones periódicas no solo más productivas sino también más relevantes para una determinada área del conocimiento.

Mientras estos procesos se desarrollaban en Estados Unidos, retomando sus tradiciones de organización de la documentación científica, en la URSS se crea en 1952 el Instituto de Información Científica y Técnica VINITI (Vserossiisky Institut Nauchnoi I Tekhnicheskoi Informatsii), como una rama de la Academia Rusa de las Ciencias. En sus inicios tuvo la tarea de recopilación de la información científica y técnica a partir de fuentes de todo el mundo, y también la función de difundir esta información a la comunidad científica soviética y de los otros países que formaban el bloque socialista.

A pesar de estas visiones e iniciativas gubernamentales, los procesos de centralización de la información científica demandados por la comunidad académica vendrían de iniciativas privadas. Semejante situación solo podía desarrollarse en el país donde estas tenían una alta legitimidad en las prácticas gubernamentales, y una estrecha relación con el desarrollo de la ciencia y la tecnología: en los Estados Unidos.

El debate en Estados Unidos sobre la organización de la información científica

El lanzamiento del Satélite Sputnik por la Unión Soviética causó una gran conmoción en el mundo occidental. En Estados Unidos la mirada se posó nuevamente sobre la capacidad de la comunidad científica para afrontar los desafíos planteados, en una carrera científico-militar que se veía como central para el dominio del espacio aéreo. Parte de este debate se dirigió a cómo lograr la sistematización de la información científica. Hasta ese momento la accesibilidad a la información científica se había confinado al mundo de la bibliotecología.

Se conforma entonces un Comité de Asesoramiento al Presidente (President's Science Advisory Committee, PSAC), que en 1958 elabora un informe llamado *Mejorando la disponibilidad de información científica y técnica en los Estados Unidos*. Después de un importante debate se resolvió no adoptar un sistema centralizado de información científica como el existente en la Unión Soviética (el VINITI), que John D. Bernal había ensalzado en su momento, y se recomendó investigar la aplicación de métodos mecánicos y técnicas para procesar la información.

En 1963 un nuevo Panel on Science Information se creó para avanzar en estos temas. La presencia en el mismo nivel de las empresas privadas, el gobierno y el mundo académico refleja acertadamente la articulación que es permanente en todos los sistemas burocráticos del país, con resultados importantes en materia de confluencia de los intereses públicos y privados. Ello tendrá importancia en la forma de organización de la información científica que se plasmará. En el curso de veinte años, la naturaleza de la crisis en la información científica cambió del control bibliográfico de los bibliotecarios, a un problema del científico individual tratando de hacer frente al creciente volumen de literatura, y luego a una crisis de identidad de la ciencia en general. En el prólogo del nuevo informe de la PSAC de 1963, el presidente John F. Kennedy escribió que la ciencia se había convertido en una necesidad nacional.

La cultura de la citación

Los índices de citas de Frank Shepard

La utilización de índices de citas se origina en los Estados Unidos en el campo de la abogacía. En la segunda mitad del siglo XIX el vendedor de una editorial jurídica, Frank Shepard, de Illinois, desarrolla un sistema de papeles engomados con las listas de los casos asociados al proceso judicial en curso. Dichos papeles contenían las citas de los casos resueltos en el sistema judicial y se pegaban a los expedientes para facilitar su búsqueda y citación. El mismo tiene gran éxito y en 1873 Shepard crea una empresa comercial, Shepard Citaciones Inc., con gran repercusión en distintas ciudades del país. La editorial Springs, con un equipo de abogados altamente calificados, produjo el *Citator de Shepard*, que cubría todas las decisiones judiciales en los Estados Unidos y era vital para fundamentar los argumentos de las partes. Esto es debido a la doctrina de *stare decisis*, que significa que todos los tribunales deben seguir los precedentes establecidos por los tribunales superiores y cada tribunal generalmente también se rige por sus propios precedentes, que deben mantenerse vigentes.

El rol de Eugene Garfield y del Institute for Scientific Information (ISI) en la entronización de las citas en las revistas científicas como el principal instrumento de medición de la calidad de la investigación

Eugene Garfield, nacido el 16 de septiembre de 1925, en 1949 obtuvo un Bachelor Science en Química en la Columbia University. La trayectoria de Garfield es típica de los emprendedores norteamericanos que articulan distintas iniciativas empresariales con su capacitación y desarrollo personal. Comenzó con actividades vinculadas con su profesión de químico, pero percibió rápidamente la importancia de la bibliotecología y del procesamiento de la información científica; fue redactor, editor, productor de bases de datos y un importante comunicador de la utilización de los indicadores en la ciencia. Sus intereses coincidieron con un momento donde la gran expansión científica producida después de la Segunda Guerra Mundial demandaba análisis sobre el desarrollo de la ciencia, la priorización en la asignación de recursos y la necesidad de instrumentos de sistematización en el exponencial crecimiento de los artículos científicos.

Sus experiencias laborales lo llevaron casi de casualidad hacia estos temas. En 1951, comenzó a trabajar con el proyecto de indexación en la Biblioteca Welch de Medicina de la Universidad Johns Hopkins para mejorar la lista de la literatura médica (más tarde llamado Index Medicus), utilizando los métodos de la máquina de compilación. Fue aquí donde Garfield percibió el gran potencial de las máquinas para el manejo de grandes archivos de información. Utilizó para ello la máquina de clasificación IBM 101 de tarjetas perforadas, que habían sido codificadas para la preparación de índices impresos.

Con una beca Grolier logró cursar sus estudios en la escuela de bibliotecología de la Universidad de Columbia. Después de interiorizarse en el sistema de citas Shepard en la Biblioteca Pública, escribió un ensayo sobre el mismo como parte de su Maestría en Bibliotecología en la misma universidad, donde se recibió en 1954. Al ser despedido Garfield del proyecto se unió como consultor en documentación procesada mecánicamente a la compañía farmacéutica Smith, Kline y French. Estaba centrado en los posibles usos de las computadoras, pero su experiencia en el proyecto de documentación y sus estudios en bibliotecología confluyeron en la dirección de organizar la documentación, y percibió la relevancia de la experiencia desarrollada por Shepard.

El momento intelectualmente decisivo en relación con la generación de un sistema de organización de parte de la producción científica agrupada en revistas se plasma en 1954 cuando presenta el trabajo "Association-of-ideas techniques in documentation: Shepardizing the literature of science" en el Research Information Center, National Bureau of Standards. Señala allí que hace algún tiempo se empezó a preocupar para la elaboración de un código de citación para la ciencia. Allí presenta criterios de codificación de la información, donde sería clave poder identificar rápidamente todos los artículos originales que se habrían referido al artículo elegido para su análisis. De esa forma sería posible evaluar la importancia de un trabajo en particular y su impacto en la literatura y el pensamiento de la época. Tal factor de impacto ya había sido utilizado previamente por otros autores para intentar medir la importancia relativa de las revistas científicas.

Garfield señala que lo que se intenta es que mediante estos métodos los autores podrían determinar fácilmente lo que otros autores hacían en relación con su trabajo, facilitando la comunicación entre los científicos. Destaca que en ese momento en la última edición de la Lista Mundial de Revistas Científicas figuraban 50.000 títulos en ciencia y tecnología, pero que la cobertura completa no necesariamente es un argumento a favor del análisis, sino que un proceso selectivo es mucho más pertinente porque conduce a lo principal del avance científico en el área, según los criterios de la propia comunidad científica. Lo que Garfield planteaba es que el enfoque de la citación hace que el uso de las referencias del autor en la elaboración del índice de citas determina que en forma agrupada se utiliza un ejército de indexadores, cada declaración, cada referencia se asemeja a un índice de entrada superpuesto con la función de la evaluación y la interpretación.

Garfield avanzaría con gran tenacidad en definir un sistema de organización de la información científica acotado estrictamente a este propósito. Lo que fue interesante como comienzo de un sistema de este tipo, tuvo consecuencias relevantes sobre un objetivo ni siquiera imaginado inicialmente, que fue la deformación del sistema mundial de evaluación de la ciencia y de los científicos.

En 1954 Garfield formó su propia compañía, DocuMation Inc., que luego tomó el nombre de Eugene Garfield Associates. Una de sus primeras iniciativas fue la de presentar una propuesta formal para utilizar un sistema de indización de citas (que él llamaba *Shepardizing*) a la Oficina de Patentes. La idea de que era posible hacer un índice de citas muy acotado en relación con la inmanejable cantidad de revistas científicas dada la tecnología y recursos disponibles era muy audaz y exigía propuestas difíciles de sostener. ¿Quién determinaría recortes que dejarían fuera del campo de análisis a la gran mayoría de las revistas científicas del mundo, editadas por otra parte en muchos idiomas diferentes?

Garfield publica en julio de 1955 su trabajo de 1954 en la revista *Science* con el nombre de "Citation Indexes for Science. A New Dimension in Documentatio through Association of Ideas". Elimina por pedido de los directivos de Shepard el término *shepardizing*. Garfiel pensó en el índice como un conjunto ordenado de números. Cada artículo sería representado por un código de dos partes, la primera referida a la revista y la segunda al artículo. Debajo de cada artículo citado los artículos que citan se imprimirían con una clasificación de una letra. Garfield describe el proceso de producción con tarjetas perforadas subrayando que personas poco calificadas pueden llevar a cabo la codificación y el archivo. Inicialmente argumentó la utilización del índice en términos históricos.

> Sería particularmente útil en la investigación histórica, cuando uno está tratando de evaluar la importancia de un trabajo en particular y su impacto en la literatura y el pensamiento de la época. Este "factor de impacto" puede ser mucho más indicativo que un recuento absoluto de la cantidad de publicaciones de un científico (Garfield, 1955: 109).

La aparición del *Science Citation Index* se viabiliza

> "La creación del *Science Citation Index (SCI)* es menos el resultado de algún proceso inevitable de la ciencia que una contingencia histórica" (Paul Wauters, 1999: 22).

Eugene Garfield Associates pasó a llamarse Institute for Scientific Information (ISI) en 1960. Como Eugene Garfield hizo hincapié en su discurso sobre el jubileo número 50 del Instituto de Información Científica y Técnica (VINITI) de la Unión Soviética en el año 2002, el ISI recibió su nombre en parte inspirado por el mismo. En su correspondencia con el genetista Joshua Lederberg, Garfield manifestaba su asombro por las puertas que se habían abierto a partir del cambio de nombre. Con el apoyo de Lederberg, Garfield obtuvo un financiamiento que le permitió en 1963 al ISI publicar el *Genetics Citation Index (GCI)* con una base de información de 600 revistas con 100.000 artículos y 1,5 millones de referencias citadas. Este comienzo obedece estrictamente a cuestiones financieras, ya que se había conseguido un apoyo estatal para ello. El GCI todavía no incluía títulos, fue principalmente una lista de nombres de autores citados. El ISI comenzó la publicación del *Science Citation Index (SCI)* en 1964, nombre que fue acuñado por Lederberg.

En 1965 se edita el *Social Sciences Citation Index (SSCI)*. En 1975 aparece el *Arts and Humanities Citation Index (A&HCI)* y el *Journal Citation Reports (JCR)*, que analiza los factores de impacto de las revistas.

Fue extremadamente útil para Garfield, para hacer factible su proyecto, apoyarse en estudios previos sobre la representatividad que el mismo podía tener, particularmente los de Bradford de 1934 que analizamos anteriormente, y los de Solla Price (1963). Esta idea la denominaría más adelante (1979) la "Ley de la concentración de Garfield". Su ley bibliométrica señalaba que para cualquier campo de la ciencia los artículos se concentran en las mismas revistas multidisciplinarias de alto impacto o *mainstream* (corriente principal). Haciendo referencia a las distribuciones de Bradford, dijo que en gran medida la *cola del cometa* de una disciplina consistía en el conjunto de revistas que conformaba el núcleo de la literatura de otra disciplina. Esto significaba que una buena biblioteca de ciencia que cubriera los núcleos de todas las disciplinas no debería tener más revistas que una buena biblioteca especializada que cubriera toda la literatura de solamente una disciplina. Con lo que no sería necesario más que unas 1000 revistas *mainstream* para cubrir todos los núcleos con sus colas. De aquí que con unas 3000 revistas el *Science Citation Index* cubría al 90% de la literatura que realmente importa. Con un conjunto de revistas *mainstream*, no solo se tienen los núcleos de todas las disciplinas, sino también sus colas de distribución principales, pues las colas de un conjunto de revistas *mainstream* están formadas por las otras revistas *mainstream*. Hasta aquí la hipótesis de Garfield. Esta opinión nunca fue demostrada, sin embargo durante treinta años actuó como impedimento ideológico para que se incluyeran en el ISI revistas que no pertenecieran a ese conjunto cerrado de revistas iniciales, que históricamente procedieron de los países desarrollados de habla inglesa.

En las condiciones tecnológicas de la época, el enorme trabajo necesario para construir los índices era fuertemente elogiado por la comunidad científica y al mismo tiempo imponía una barrera de entrada a un trabajo similar, dados los altos costos y la continuidad del esfuerzo que ello implicaba. De todos modos las críticas sobre la cantidad excesivamente limitada de revistas utilizadas se hacían sentir con fuerza por parte de la comunidad científica. La estrategia inicial de Garfield fue enfrentar estas críticas absorbiéndolas, es decir, incorporando crecientes cantidades de revistas en la medida en que el proyecto se consolidaba. Luego, con el respaldo de la elite de la comunidad científica, transformaría esta limitación profunda del sistema de recolección de información en un diferencial ventajoso, las revistas admitidas tendrían un sello de distinción que provocaría un vuelco creciente hacia las mismas por parte de los investigadores.

La deformación de la utilización del "factor de impacto" de las revistas según el propio Garfield

Garfield vaciló siempre entre señalar el uso erróneo del "factor de impacto" y su defensa en función de la conveniencia comercial que implicaba para el ISI su control monopólico. En el homenaje a John D. Bernal (Garfield, 2007), Eugene Garfield señala que él no estaba entrenado como historiador o sociólogo, y que el *Science Citation Index* no fue planeado como una herramienta para los evaluadores de la ciencia. Más bien había sido diseñado para mejorar el intercambio de conocimientos y la eficiente difusión y recuperación de la información científica. Aunque no tenía la menor idea del factor de impacto como mecanismo de evaluación científica en 1954, fue la posterior asociación con mentores como Robert K. Merton, Harriet Zuckerman y otros cientistas sociales los que le hicieron apreciar su valor para la política científica.

> En 1955, no se me ocurrió que el "impacto" se había vuelto tan controversial. Al igual que la energía nuclear, el factor de impacto es un arma de doble filo. Yo esperaba que fuera utilizada de manera constructiva al tiempo que reconozco que en las manos equivocadas podría ser objeto de abuso. A principios de 1960, Irving H. Sher y yo creamos el factor de impacto de las revistas para ayudar a seleccionar las que se incluirían en el nuevo *Science Citation Index* (*SCI*). Para ello, simplemente reclasificadas por la cita de autor en el índice de citas de la revista. Necesitábamos un método simple para la comparación de las revistas, independientemente del tamaño o de la frecuencia de la citación, así hemos creado el "factor de impacto".
>
> El término "factor de impacto" ha evolucionado gradualmente, especialmente en Europa, para describir tanto la revista como el impacto del autor. Esta ambigüedad a menudo causa problemas. Una cosa es utilizar los factores de impacto para comparar revistas y otra muy distinta es utilizarlos para

comparar los autores. Factores de impacto de revistas generalmente implican poblaciones relativamente grandes de artículos y citaciones. Autores individuales, en promedio, producen un número mucho menor de artículos aunque algunos sean fenomenales.

El Institute for Scientific Information (ISI), "el huevo de la serpiente" en la evaluación científica

"El huevo de la serpiente" es una metáfora popularizada por la película de ese nombre dirigida por Ingmar Bergman en 1977 y ambientada en el Berlín de los años 20. El científico que realiza experimentos sobre los seres humanos, el Dr. Vergerus, dice: "Cualquiera puede ver el futuro, es como un huevo de serpiente. A través de la fina membrana se puede distinguir un reptil ya formado". La película describe el proceso que condujo a la destrucción de la democracia alemana y su paulatina sustitución por un régimen totalitario a partir de 1920. Se refiere a que cuando está en la etapa de gestación, la serpiente puede ser vista a través de la cáscara transparente del huevo. Y lo que se ve es un bichito insignificante y hasta simpático, que puede incluso inspirar compasión. Por eso, nadie se atreve a destruirlo impidiendo su nacimiento. Pero cuando sale del huevo y comienza a actuar, el proceso no para hasta que la destrucción es total. Y cuando por fin alguien quiere hacer algo al respecto, es demasiado tarde.

Al desarrollar detalladamente la historia de la construcción del Institute for Scientific Information (ISI) y de su creación distintiva, el *Science Citation Index (SCI)* (véase, Osvaldo Barsky, UAI-TESEO, 2014), hemos dejado claro que las raíces de este índice de citas están fuera del mundo de la ciencia, no solo nacieron fuera de la comunidad científica sino que fueron desarrolladas por una persona ajena al sistema y de ahí la resistencia inicial a adoptarlo. Desde la década de 1960 y en relativamente escasos años, la indización de la literatura académica ha evolucionado desde un simple sistema de recuperación de la información (encontrar información publicada relevante) y difusión selectiva de la información, a una herramienta para evaluar la investigación y los investigadores.

En Eugene Garfield, su creador, difusor y defensor acérrimo a lo largo de décadas (además de su beneficiario económico principal en el período fundacional) se conjugaron la percepción de la necesidad acuciante de organización de la información científica a partir de las demandas latentes, con el forzamiento de las posibilidades de la época en materia de capacidad de procesamiento. Frente a la existencia de decenas de miles de revistas científicas a nivel mundial, publicadas en diversos idiomas, se imponía una operación quirúrgica audaz. En primer lugar, definir arbitrariamente a las revistas de "elite" ligadas a las instituciones con editoriales poderosas o asociadas con las principales editoriales privadas de difusión comercial. En segundo lugar, como hemos visto, marcar como atributo casi excluyente a las publicaciones en inglés como las pertenecientes al universo que vale la pena incluir en el análisis, y por lo tanto en el *Science Citation Index*.

En numerosas oportunidades, Garfield reconoció que su propósito no era establecer una medida de la calidad de la ciencia sino un sistema de conteo de la utilización efectiva de la información científica. Todavía en 1998 Garfield reconocía que

> ... la nueva generación de científicos, e incluso los cientometristas, necesitan que se les recuerde periódicamente que el *Science Citation Index (SCI)* no fue originalmente creado para realizar estudios cuantitativos, calcular el factor de impacto ni para facilitar el estudio de la historia de la ciencia.

Sin embargo, Garfield fue extraordinariamente hábil al involucrar simultáneamente a la tradición que reclamaba la organización de la información científica encarnada por John D. Bernal, con quien estableció cordiales relaciones, con una tardía relación personal con Merton reivindicando sus aportes sobre la importancia de la meritocracia de los científicos basada en los lugares de reconocimiento de su producción científica, espacio rápidamente cubierto por las revistas incorporadas al ISI, y sobre todo con lo funcional que resultaron las mediciones de *SCI* para De Solla Price, que le permitieron apoyar en mediciones empíricas mucho más amplias que las de sus propios estudios su tesis sobre la existencia de una correlación significativa entre la solidez cualitativa y la solidez cuantitativa de los artículos científicos. Paul Wauters (1999) ha destacado la ansiedad con que Price le reclamaba a Garfield datos procesados en el nuevo espacio generado para consolidar empíricamente sus avances pioneros en la historia de la ciencia.

Garfield no los involucró simplemente en el plano conceptual. Los integró en las actividades del ISI, y apoyados en su prestigio y en el apoyo de los genetistas encabezados por el premio Nobel Joshua Lederberg, logró el respaldo que hasta allí había sido muy reticente de la National Science Foundation y de las altas esferas de poder del gobierno norteamericano, apremiado por el desarrollo de demandas de racionalización burocrática asociadas con el aparato organizativo necesario para la gestión de la inversión pública en investigación y desarrollo, dada la competencia con la Unión Soviética por la repercusión de sus avances en la carrera espacial.

A partir de entonces, de un esfuerzo inicialmente centrado en una organización de la información científica, al acoplarse la comunidad científica asociada a las elites a través de las revistas y al gran negocio de la evaluación, los avances empíricos discrecionales y condicionados por las limitaciones de presupuesto y de desarrollo de la informática van evolucionando en la construcción de una teoría. Garfield tenía muy claro en este plano los planteos de Bradford porque era bibliotecario, y le eran útiles para definir la selección forzada por escasez de recursos y limitaciones de la computación. Lo va transformando en teoría y así se explica el primitivismo del sistema de construcción de estos sistemas de evaluación científica.

Se puede hacer una analogía con los avances científicos de los siglos XVIII y hasta casi finales del XIX. Los mismos no fueron la aplicación del conocimiento científico disponible sino que primero se desarrollaron las invenciones pragmáticas de ciertos individuos que luego fueron la base material del desarrollo del conocimiento científico. El ejemplo típico es el descubrimiento del vapor, cuyo funcionamiento en el plano teórico solo fue comprendido años más tarde cuando ya funcionaban las bombas a vapor. Aquí es lo mismo. Primero se construyó un sistema parcial, limitado y deformado, y luego la comunidad científica lo sacralizó. Sistema que surgió no de una teoría sino de la praxis del sistema Shepard de citación. La cientometría le fue agregando sofisticados desarrollos de indicadores y de información analítica, pero siempre ocultando el pecado original, el "huevo de la serpiente". Nadie pudo plantear una alternativa al sistema de citación, objeto de representación de segundo orden, según Wouters, usado como de primer orden. Dudas sobre la identificación de lo cuantitativo como sinónimo de cualitativo fueron planteadas por diversos autores (los hermanos Stephen y Jonathan Cole, por ejemplo) en forma dubitativa, sin poder enfrentarse a la maquinaria en marcha.[5] Quienes criticaron al SCI quedaron inicialmente marginados. Pero la incoherencia estructural de su metodología sigue presente, de ahí las reacciones actuales contra la utilización del "factor de impacto" de las revistas científicas en los procesos de evaluación, de las rebeliones contra el elevado costo de la producción científica publicada por monopolios privados y de la deformación de los procesos de evaluación asociados.

Las críticas al sistema de medición de la calidad a partir de la utilización del "factor de impacto" del ISI fueron de dos órdenes. Las metodológicas con base en cuestionar los fundamentos de la cultura de la citación, es decir, el uso de la acumulación cuantitativa de las citas como sinónimo de calidad, y las centradas en mostrar las limitaciones técnicas contenidas en el uso del indicador como tal.

---

[5] En un artículo publicado en 1967 identificaron la cantidad de citas recibidas por un artículo y un grupo de artículos de una muestra de físicos norteamericanos con la relativa importancia de la calidad de dichos artículos en el área. Pero un año después, en 1968, afirman: "... cuando se controla la calidad de los trabajos de los físicos, la cantidad prácticamente no produce ningún efecto independiente sobre la visibilidad. De allí que podamos concluir que, para los físicos que producen artículos de gran calidad, no tiene mayor importancia que su lista bibliográfica sea extensa o no" (1967: 397).

En 1999 es sin dudas Paul Wouters quien elabora la más significativa crítica a la cultura de la citación, que según el autor ha cambiado, sin saberlo y sutilmente, los conceptos básicos de la ciencia moderna, como la calidad científica y su influencia, con fuertes consecuencias sobre los científicos y la política científica, a pesar de la falta de éxitos de la cienciometría, que se apoyó en su desarrollo en el sistema de la citación. Lo primero que destaca es la extrema heterogeneidad de los procesos de utilización de citas entre las distintas disciplinas, contraponiendo a un matemático que no cita muchas publicaciones con los que hacen investigación biomédica, que pueden citar cientos de artículos. Las culturas varían profundamente entre las especialidades y también entre las revistas que históricamente han existido.

Para la cultura de la citación la frecuencia de las citas parece una buena forma de medir objetivamente la utilidad científica, la calidad o el impacto de la publicación. Pero Wauters destaca que la cita, como se usa en el análisis bibliométrico y en los indicadores de ciencia y tecnología, no es idéntica a la referencia producida en el escritorio de un científico. La cita, entonces, es producto del indexador de citación, no del científico. Por ello desde la creación del ISI para hacer viable el nacimiento del índice de citas y su utilización por los investigadores, fue necesario un proceso de traducción cuyo resultado es la nueva forma en que el SCI representa a la ciencia. El análisis de citas y la cienciometría se basan en la literatura científica y están un paso por detrás de la práctica de investigación que les da origen. Pueden ser vistos como representaciones de "segundo orden" de lo que sucede en los laboratorios o en el escritorio de los científicos.

La cita es un nuevo signo diferente a la referencia en que se basa. Los indicadores cienciométricos están arraigados en la literatura, capturan diversas relaciones entre las publicaciones, pero, y este es un punto crucial, ignoran su contenido. La representación de la literatura científica por la cienciometría se basa en sus propiedades formales, que desconocen expresamente las dimensiones cognitivas implicadas.

Además de la distorsión del proceso de selección de las "revistas centrales" que contendrían las mejores y más significativas contribuciones de un determinado campo del conocimiento asociadas a la de "ciencia central",[6] el ISI introduce un elemento de medición: "el factor de impacto".

---

[6] Al explicitar los criterios con que el ISI selecciona las revistas a incluir en sus selectivos listados, el director de Desarrollo Editorial de Thomson Reuters, Jim Testa, señalaba en 2009: "Cada revista se somete a un extenso proceso de evaluación antes de ser seleccionada o rechazada. Los editores del ISI que realizan las evaluaciones de revistas cuentan con una formación educacional apropiada para sus áreas de responsabilidad, así como experiencia e instrucción en la ciencia de la información. Su conocimiento de la literatura de sus campos de especialización se amplía mediante la consulta a redes establecidas de asesores, quienes participan en el proceso de evaluación cuando es necesario". Es decir que el proceso supone un *staff* con un conocimiento completo sobre la literatura científica internacional publicada en gran cantidad de idiomas. Pero en realidad ello no es así, porque claramente se señala que "los títulos de los artículos en inglés, los resúmenes, y las palabras

Introducido inicialmente como una medida estadística destinada a facilitar la labor de los bibliotecarios para garantizar la compra de material para las bibliotecas de las publicaciones más citadas, la comunidad científica distorsionó su utilización al contar con una medida comparativa, que al evaluar supuestamente a las revistas más utilizadas como sinónimo de las mejores o de más calidad, trasladó este criterio a la evaluación de los investigadores en relación con donde publicaban. En la misma dirección se deformaron los criterios de evaluación de proyectos de investigación, de asignación de recursos para los mismos y todo aquello que permitía contar con medidas "objetivas" de medición de la calidad, y evitaban la siempre tediosa y compleja evaluación de las personas y los productos considerados.

La utilización del "factor de impacto" ha recibido innumerables críticas de la comunidad científica, particularmente porque la distorsión de las revistas utilizadas por el ISI beneficia abiertamente a las revistas hegemonizadas por las comunidades académicas de los países más desarrollados, particularmente los que tienen el inglés como lengua nativa.

La deformación introducida en la evaluación por las "revistas centrales" se agrava notablemente para el caso de las ciencias sociales y las humanidades. La principal distorsión es el reduccionismo de evaluar la calidad académica a través de las revistas científicas. En estos campos disciplinares el soporte más utilizado es el libro, ya sea como producto de una obra relevante individual o como la recopilación alrededor de una temática de artículos en libros generalmente editados por un alto referente de la respectiva especialidad. Más allá del prestigio de determinadas editoriales, de la presencia de directores de colección o de comités editoriales, la edición de libros no permite una comparación sistematizada directa de la calidad a través de indicadores abstractos como los utilizados en la citación de revistas, que suponen a través del factor de impacto la existencia de una ciencia global unificada y comparable. Si algo se refuerza en el campo de las ciencias sociales es la diversidad no solo temática sino del estudio de diferentes fenómenos locales con historias y ámbitos geográficos específicos que son parte constitutiva de su contenido esencial, y por lo tanto que definen en su forma de expresarlo la calidad de la investigación realizada.

---

claves son esenciales. También se recomiendan las referencias citadas en lengua inglesa". Finalmente los criterios que son tomados para ser incorporados son esencialmente formales: "El ISI también observa si la revista cumple o no los requisitos editoriales internacionales, que ayudan a perfeccionar la recuperación de los artículos originales. Estos requisitos incluyen títulos de revistas informativos, títulos de artículos y resúmenes completamente descriptivos, datos bibliográficos completos en todas las referencias citadas, e información completa sobre la dirección para cada autor".

Una crítica integral a los análisis cuantitativos de la literatura científica y su validez para juzgar la producción latinoamericana fue realizada desde la Organización Panamericana de la Salud por el destacado especialista en estos temas, Ernesto Spinak, señalando que los datos bibliométricos no proveen una garantía intelectual suficiente en cuanto a su significado e importancia, debido a las limitaciones de las bases de datos usadas y sus procedimientos. Los procesos de investigación de una sociedad, objeto de medición en la cienciometría, no son enteramente "objetivos y neutros", como una ley física natural, sino que forman parte de las estructuras sociales y están inmersos en estas, por lo que varían de unas sociedades a otras. La supuesta objetividad de estas mediciones descansa en consideraciones implícitas que no son necesariamente ciertas en todos los casos. Los sociólogos han señalado esta limitación cognoscitiva del análisis de citaciones, así como el carácter no normativo de la empresa científica en los países en desarrollo (Spinak, 1996: 140).

En la misma publicación se incorporó la respuesta de Garfield, que polemizó con las afirmaciones de Spinak en su estilo tradicional, es decir, no abordando las cuestiones metodológicas de fondo, sino como lo había hecho en su momento con las críticas de los académicos franceses, reafirmando que los

> mejores científicos latinoamericanos publican sus mejores trabajos en revistas internacionales. También pueden publicar en revistas nacionales por diversas razones legítimas pero para conseguir el reconocimiento internacional que buscan, cada vez publicarán más en revistas internacionales o regionales.

Y desechando las críticas agrega en forma descalificatoria para su interlocutor:

> No obstante sus comentarios hallarán resonancia en muchos que en el Tercer Mundo creen que hay una conspiración de los servicios bibliométricos o de indización, destinada a negar a los países pequeños el reconocimiento debido. Es significativo que quienes hacen estas afirmaciones no suelen ser científicos que produzcan investigaciones significativas en el ámbito internacional (Spinak, 1996: 146).

Hay una afirmación en la respuesta de Garfield que merece un comentario especial:

> Ernesto Spinak ha aprovechado la publicación de mi artículo en el *Boletín de la Oficina Sanitaria Panamericana* (vol. 118, nº 5, pp. 448-456, 1995) para lanzar una polémica filosófica sobre la validez de los indicadores cuantitativos en el Tercer Mundo y, en concreto, para cuestionar la relevancia del *Science Citation* para tales propósitos. De esta manera, vuelve a traer a colación las ya

viejas impugnaciones referentes a inconvenientes y defectos reales e imaginarios del análisis de citación. *Sin embargo, nunca señala específicamente cual es el error concreto en los datos* (el resaltado es nuestro).

Esto coincide con toda la producción intelectual de Garfield que dejó a Merton, Price, Zuckerman y otros académicos de la corriente funcionalista de la sociología americana la defensa del sistema de citaciones en términos teóricos como sinónimo de calidad académica, y por ende de prestigio y reconocimiento social. Garfield siempre fue un pragmático que avanzó en los objetivos de organización de un tipo parcial de información, en búsqueda de expresos objetivos comerciales privados, y en la medida que encontró el respaldo acrítico de gran parte de la comunidad académica internacional, pudo hacerlo. De ahí que frente a una crítica importante e integral que cuestionaba los fundamentos mismos del sistema de citación así organizado se refugió en la empiria limitada de los indicadores construidos y en su utilización efectiva como suficiente argumento. Aplicó con perseverancia y soberbia el poder enorme que le daba el manejo de la única base de datos originalmente conformada, y el gran respaldo de las empresas comerciales vinculadas a las revistas y de las elites académicas que se sentían cómodas dentro del sistema diseñado.

El cubrimiento de revistas en las bases de datos del Institute for Scientific Information es muy bajo. En el año 2002 la décima edición del Directorio de Revistas publicado en ese año por Ebsco registra 175.000 revistas científicas publicadas por 250 países con información sobre 86.000 editores científicos y comerciales. Según el Ulrich International Periodicals Directory, en ese año se identificaban más de 200.000 revistas científicas en el mundo contenidas en 2569 categorías temáticas (Patalano, Mercedes, 2005: 222).

En las 8655 revistas registradas por el ISI en el año 2002 (algo más del 4% del total mundial), 62 pertenecen a América Latina y el Caribe (0,71%), 49 a España y 2 a Portugal, representando Iberoamérica un total del 1,3% del universo de la literatura científica así registrada (Biojone, 2002). Ya en el año 2002 el registro de revistas *Latindex* de la Biblioteca Central de la Universidad Autónoma de México en el *Índice de Revistas Académicas de América Latina, el Caribe, España y Portugal* registraba más de 11.000 títulos, de los cuales 1062 cumplían con todos los requisitos de alta calidad académica, contemplando tanto los aspectos formales de edición, continuidad, presentación, etc., como los aspectos relativos a los comités editoriales, arbitraje, autores y contenidos. En el año 2014 el registro total de revistas es de 25.062, lo que supone por lo menos un par de miles de revistas de alta calidad. Muy pocas de ellas son relevadas por los registros del ISI.

Las escasísimas revistas de Sudamérica incluidas contrastan con los 72.186 *papers* científicos que registra para la región el Research Trends de Elsevier, en el año 2011. El Ranking Iberoamericano (SIR) de Universidades de Scimago, con datos de la base Scopus del mismo año, nos informa de 204.000 documentos científicos publicados en universidades de España y de 163.000 de Brasil. La magnitud de estas cifras exime de comentarios sobre el contraste de la producción científica y la representatividad de lo recogido por el ISI a través de las revistas seleccionadas. Aparece aquí el tema de que los científicos de Iberoamérica, sobre todo de las ciencias naturales, se ven forzados por el sistema a publicar en las revistas legitimadas desde el ISI o de SCOPUS, lo que refuerza un círculo vicioso que trae como consecuencia el debilitamiento o la imposibilidad del desarrollo de revistas nacionales en las que participen activamente los miembros de estas comunidades científicas. Lo más notable es que al publicar en las revistas monopolizadas por Thomson Reuters o Elsevier, la producción científica financiada por estos países se ve obligada a adquirir a elevados costos la producción generada por sus científicos.

Las publicaciones estadounidenses dominan dichas bases de datos. Por ejemplo, en el *Journal Citation Reports* de 2003, se incluyeron 2267 revistas de los Estados Unidos y 1219 de Gran Bretaña, mientras que las correspondientes a algunos países no anglófonos de incuestionable peso científico como Francia e Italia fueron 147 y 65, respectivamente, y solo 29 revistas españolas fueron incluidas.

Específicamente, los científicos estadounidenses, quienes presentan una inclinación a citarse entre ellos, dominan estas bases de datos (más de la mitad de las citas) hasta incrementar el índice de citas y el impacto medio de la ciencia norteamericana un 30% por encima del promedio mundial. En el año 2011 había en EE.UU. 511.412 científicos. Durante 2010 habían sido citados en el SCI 1.424.859 artículos científicos y tecnológicos. En Argentina se registraban 8820 citas de 50.340 investigadores.

Este sesgo se agrava por el uso de un periodo corto de tiempo para el cálculo del indicador, por ejemplo, en las publicaciones norteamericanas en medicina clínica, el 83% de las referencias en el mismo año se realizaron a otros trabajos publicados por norteamericanos (muchos de ellos probablemente autocitas), un valor 25% superior al nivel estable alcanzado después de tres años. Entonces, tanto la aparente calidad de líder de los norteamericanos como los factores de impacto de varias de sus revistas están, en gran parte, determinados por el gran volumen de autocitas y los sesgos de citación nacional que caracteriza a la ciencia de ese país.

Los cimientos de este aparente sólido edificio en que devino el ISI santificado por la comunidad científica son frágiles porque descansan sobre una lógica circular: los trabajos son citados porque son buenos, en consecuencia son buenos porque son citados. Los estudios cientométricos, sin demostrarlo, afirman que la relación calidad/cantidad se revela en la correlación entre los buenos científicos y su fecundidad. En ningún momento consideran las contribuciones en sí mismas, la calidad no posee individualidad y basta con agrupar las contribuciones según su manifestación numérica. El análisis presupone la unicidad de la ciencia, un sistema en el que todas las disciplinas están niveladas. El factor de impacto es un cálculo abstracto cuya verdad escapa a las tradiciones científicas y a las formas de organización de los campos disciplinares. La nivelación se extiende a las revistas. Por otra parte, el haber sido acotado desde el comienzo al idioma inglés, introdujo un corte sumamente limitado y arbitrario, dejando fuera del análisis a más del 80% de las revistas científicas que se editaban internacionalmente (Renato Ortiz, 2009).

Las transformaciones en las comunicaciones en la ciencia

En los últimos años, a partir de la digitalización de los contenidos y del surgimiento de Internet ha habido una rápida transformación de las comunicaciones científicas. Ello ha afectado el formato, las vías de comunicación utilizadas, el negocio editorial y el contenido de la información a publicar, afectando la forma de prepararla.

La digitalización de los artículos los volvió fácilmente transferibles y puso en evidencia el carácter monopólico de los grandes grupos editoriales que intermediaban la producción científica financiada por los patrocinadores, dominantemente gobiernos, y el acceso a la misma por el mundo académico.

Como respuesta, se ha desarrollado intensamente el sistema de acceso abierto determinando nuevas formas de comercialización editorial, y también se asiste al avance de los Estados nacionales por recuperar la difusión de las producciones científicas realizadas a partir de proyectos científicos generados con recursos estatales.

Todos estos elementos están también redefiniendo los sistemas de evaluación académica, que sigue siendo un aspecto central en el control de la calidad de la producción científica. El sistema evoluciona en forma acelerada, se estima que más del 40% de los artículos científicos revisados por pares y publicados en todo el mundo entre 2004 y 2011 se encuentra disponible en Internet a través del sistema de acceso abierto, y en pocos años se verán grandes cambios en la forma de circulación y legitimación de la información científica.

El acceso abierto pone a disposición pública a través de Internet la literatura científica. Que la misma sea revisada por pares sigue siendo en realidad el problema central que supone un costo muchas veces absorbido por los mismos académicos, pero que en este sistema plantea la escasez de evaluadores disponibles en términos de calidad y cantidad adecuada para abarcar la creciente cantidad de material en circulación.

Argentina

La deformación en los registros de la producción científica

En Argentina el atraso en la discusión de estos temas en relación con la evaluación organizada más relevante, que es la de las comisiones evaluadores del CONICET, es notable. En las mismas se siguen manteniendo criterios anquilosados de diferenciación en relación con la calidad de las revistas basadas en los sistemas de citación instituidos por las editoriales comerciales. El propio Ministerio de Ciencia, Tecnología e Innovación Productiva ha reemplazado desde el año 2007 la valiosa información proporcionada por las universidades y los organismos de ciencia y tecnología de su producción científica publicada en diversos tipos de formatos científicos (incluidos libros, por ejemplo) por la exclusiva información suministrada por *el Science Citation Index del Institute for Scientific Information (ISI)*. Ello implica pasar del análisis de 23.323 publicaciones generadas por el sistema científico nacional en el año 2007 a las 8794 que registra el ISI para ese año, es decir que solo se toma un 38% de lo publicado.

La información es tan restrictiva por las deformaciones señaladas sobre el ISI, que por ejemplo para las ciencias sociales y del comportamiento se recogen 200 artículos y para las humanidades 12. Si tenemos en cuenta que el Ministerio de Ciencia y Tecnología registraba para el año analizado 8902 investigadores en ciencias sociales y 4593 en humanidades, ello significa que cada 45 investigadores de ciencias sociales se recoge un artículo, y en el caso de las humanidades se toma otro cada 383 investigadores. Ello refleja lo inadecuado del instrumento utilizado que toma las publicaciones esencialmente en inglés, lo que va a contramano de la importancia de los idiomas vernáculos en estas disciplinas.

En el año 2011 tales proporciones eran un registro cada 76,4 investigadores en ciencias sociales y del comportamiento, y un registro cada 54,5 investigadores de artes y humanidades, es decir, había empeorado. En contraste, por ejemplo en ciencias médicas, tal proporción era de 4,4 investigadores por cada registro.

La dominancia de los criterios de evaluación de las ciencias básicas

Los procesos de evaluación y acreditación de las carreras e instituciones del sistema universitario argentino desarrollados por la Comisión Nacional de Evaluación y Acreditación Universitaria (CONEAU) han tenido gran impacto y determinado cambios significativos en las instituciones universitarias. Dadas las consecuencias institucionales que determinaban la posibilidad de funcionamiento de los posgrados o que ponían en riesgo las carreras de grado alcanzadas, las instituciones y las comunidades académicas prestaron particular atención a esta problemática. Dentro de los mismos adquirió gran relevancia *el rol de la función de investigación* en las universidades. Ello tuvo que ver con los sistemas preexistentes de evaluación de los investigadores dentro del Consejo Nacional de Investigaciones Científicas y Técnicas (CONICET). El prestigio en esta área de la institución y de sus investigadores determinó que al conformarse los listados de los Comités de Pares en la CONEAU, una gran parte de los mismos fueron escogidos en todas las disciplinas entre personal científico del CONICET. Estos investigadores trasladaron a las Comisiones Asesoras de la CONEAU su visión sobre la calidad en materia de investigación.

El primer problema asociado a lo anterior es que la práctica de evaluación en el CONICET era sobre los becarios e investigadores de carrera, mientras que en el caso de la CONEAU no se trataba de juzgar la actividad de determinadas personas sino procesos integrales que permitieran obtener calidad en materia de formación educativa, tanto en carreras de grado como de posgrado. En ese sentido la función de investigación debía aparecer subordinada a este objetivo superior. Esta confusión fue generada desde la propia CONEAU, donde los formularios de acreditación demandan acciones de investigación en el sentido tradicional, al tiempo que se pedían acciones en este terreno a los posgrados, como si se tratara de entidades autónomas y no de espacios educativos formativos que pueden a través de la docencia integrar conocimientos de investigación generados en distintas entidades, en muchos casos diferentes de aquella donde se desarrolla la actividad. Esto se agravó en el caso de los posgrados profesionales.

El segundo problema es que en la transmisión de los criterios del CONICET para la evaluación de la investigación, se encuentra, por su historia institucional, una fuerte dominancia de las tradiciones que se han ido construyendo en el área de las ciencias básicas, tradiciones que corresponden a un sistema internacional homogéneo en este aspecto y definido por el desarrollo disciplinar llevado adelante en los países desarrollados. La física, la química, las matemáticas, la biología desarrollan procesos de conocimiento en materia de investigación de carácter universal y así son evaluadas.

Diferente es el caso de las disciplinas asociadas al estudio de las realidades locales desde el lado de las ciencias sociales y las humanidades, como aquellas vinculadas con áreas aplicadas como las ingenierías, la arquitectura y otras. Sin embargo, la dominancia de los criterios de las ciencias básicas, con el modelo dominante de *papers* publicados en revistas de referato internacional, subordinó a los otros procesos. ¿A qué se debió ello en la Argentina?

En primer lugar a las características del desarrollo científico local. Argentina, al igual que la mayor parte de los países de menor desarrollo, destina el peso esencial de sus recursos (particularmente estatales) al financiamiento de las ciencias básicas. Ello es exactamente al revés de los países de mayor desarrollo económico y científico, donde el peso esencial de la inversión se realiza en el desarrollo experimental y en las tecnologías aplicadas. Esto tiene que ver a su vez con el gran peso en los países desarrollados de la inversión de las empresas privadas, la que es particularmente débil en Argentina.

Esta situación de fondo, más el peso de la formación del CONICET a fines de la década de 1950, determinó que las corporaciones de las ciencias básicas capturaran el grueso de los recursos estatales a través del control de esta institución, pero también de la Secretaría de Ciencia y Tecnología devenida recientemente en Ministerio.

Primera respuesta: la rebelión de los investigadores de los organismos de ciencia y tecnología que hacen investigación aplicada

Es tan notable el peso de esta dominancia, que ello ha llevado a conflictos relevantes dado que los investigadores del CONICET asentados en las instituciones del sistema científico (el INTA, el INTI, la CONEA, etc.) que llevan adelante importantes proyectos de desarrollo aplicado son evaluados negativamente en el CONICET por no ajustarse al esquema tradicional de la publicación de *papers*, lo que muestra cómo el sistema de evaluación se ha vuelto profundamente no funcional a las necesidades de desarrollo del país.

Finalmente, esta deformación del sistema de evaluación se convirtió en una traba para el funcionamiento de las instituciones de ciencia y tecnología en Argentina. Frente a ello el Ministerio de Ciencia y Tecnología (MINCYT) realizó el 8 de septiembre de 2011 un taller cuyas conclusiones centrales fueron:

- la no pertinencia de aplicar criterios de evaluación del personal dedicado a la investigación básica, al personal dedicado a la investigación aplicada y al desarrollo tecnológico y social;
- la diferencia existente entre las disciplinas y la forma en que cada una evalúa a su personal;
- la dualidad entre la evaluación de trayectorias individuales y trayectorias colectivas; y
- la distancia entre criterios de calidad académica y criterios de relevancia y/o pertinencia organizacional.

En el año 2012 se dicta la Resolución MINCYT N° 007/12 que crea la Comisión Asesora sobre Evaluación del Personal Científico y Tecnológico.

> La Comisión aborda una de las iniciativas prioritarias de trabajo para el MINCYT, como es profundizar el desarrollo de instrumentos de evaluación que permitan una ponderación más equilibrada entre lo que se denomina

ciencia básica y las actividades orientadas al desarrollo tecnológico y social. Se trata de la elaboración de pautas de evaluación dirigidas a superar el esquema de medición tradicional basado en el modelo lineal de producción de conocimiento. En este marco se apunta a revisar las modalidades de evaluación del personal científico y tecnológico entendiendo que su definición inviste un carácter político. Las decisiones respecto de su implementación son orientativas para el personal evaluado ya que se encuentran en estrecha vinculación al esquema de incentivos y estímulos que estos reciben.

La resolución realiza el siguiente diagnóstico sobre la evaluación del personal científico y tecnológico:

> i. La dualidad institucional que suponen aquellos casos en los que los investigadores son financiados por CONICET pero su lugar de trabajo es otro de los organismos de ciencia y tecnología o las universidades. Esta situación genera, en algunos casos, una duplicación en la evaluación y una contradicción en los requerimientos de las distintas instituciones.
> ii. La Carrera del Investigador Científico establecida por el CONICET ha contribuido a la estabilidad y el prestigio del sistema científico. Sin embargo, se resalta que esto ha tenido como consecuencia la adopción de sus instrumentos de evaluación por parte de otras instituciones que no están necesariamente guiadas por los mismos objetivos.
> iii. Respecto al sistema de evaluación actual, se observa la preeminencia de indicadores que consideran a los investigadores en su trayectoria individual fundamentalmente a partir de su producción bibliométrica y la insuficiente utilización de criterios que consideren también su inserción y desempeño en equipos de trabajo. Un cambio en esta modalidad permitiría evaluar mejor los aportes que los investigadores hacen a la misión específica de las instituciones en las que se desempeñan.

Segunda respuesta: la rebelión de los investigadores del CONICET de las ciencias sociales y humanas

El 25 de junio de 2014, como consecuencia de una intensa actividad de los investigadores de las Comisiones de Ciencias Sociales y Humanidades del CONICET, este organismo emitió la resolución 2249, denominada "Bases para la Categorización de publicaciones periódicas para las Ciencias Sociales y Humanidades según sus sistemas de indización", que plantea:

> Introducción
> La difusión de los resultados de investigaciones mediante publicaciones periódicas (revistas), entre otros medios, busca legitimar, ante una comunidad de especialistas o de públicos más amplios, la autoría de investigaciones originales y los resultados de los procesos de producción de conocimientos, al tiempo que permite su aplicación a problemas específicos y facilita su expansión en posteriores investigaciones.

En sintonía con prácticas generalizadas en comunidades internacionales de investigadores, el CONICET ha considerado estándares de calidad y repercusión para las publicaciones periódicas en las que publican sus investigadores. Estos estándares resultan de la recopilación y análisis de las revistas por parte de índices o portales a cargo de consorcios de editores, instituciones académicas y organismos internacionales, entre otros. La inclusión de revistas en tales índices o portales se basa en criterios explícitos y considerablemente consensuados de calidad editorial (pluralidad del comité editorial y la procedencia de los autores, regularidad en la periodicidad declarada, referato explícito por pares), trayectoria, visibilidad, difusión y repercusión.

A su vez, la difusión del conocimiento científico se ha revolucionado en los últimos años: el uso de plataformas informáticas e Internet ha facilitado el acceso a las publicaciones científicas periódicas, tanto en el caso de revistas ya consolidadas y de referencia internacional como en el caso de revistas nuevas. De este modo, se amplían al mismo tiempo los espacios de producción editorial, se reducen los costos de publicación y se facilita el acceso a los textos.

Frente a esta situación, en el contexto de investigación en ciencias exactas y naturales se ha planteado, en las últimas décadas, una organización jerárquica de las publicaciones periódicas en función del impacto que tienen, en términos de citas, los artículos que se publican en cada una de ellas. Así, las publicaciones periódicas están organizadas en el interior de cada uno de los campos disciplinarios según escalas de alto, medio y bajo impacto, como reflejo del grado de citación. A pesar de los inconvenientes tanto conceptuales como operativos que estas clasificaciones implican, parece existir cierto consenso entre los investigadores de estas disciplinas para el uso de dichas categorías en la evaluación de la producción científica.

Sin embargo esta clasificación basada en el factor de impacto o en el índice de citas no tiene la misma incidencia en las ciencias sociales y las humanidades, tal como ha sido ampliamente reconocido a nivel internacional:

(1) Las prácticas de citas son sensiblemente diferentes (las citas tienen una dinámica más lenta y más perdurable; muchas citas se refieren a libros y no a revistas);

(2) en algunas áreas y temáticas una porción importante se publica en distintas lenguas y circula en comunidades científico-lingüísticas específicas;

(3) los libros -individuales y colectivos- tienen una gran importancia en la producción científica de este campo y no suelen ser incorporados en los índices de citación de las revistas periódicas.

Por lo tanto resulta necesario proponer una organización jerárquica de las publicaciones en función de otro tipo de criterios, más adecuados para considerar la producción científica de las ciencias sociales y las humanidades (CSH).

a) Objetivos

La jerarquización planteada de las revistas científicas en el área de las Ciencias Sociales y Humanidades tiene como objetivos:

Incrementar el reconocimiento y visibilidad del trabajo de los investigadores de CONICET en revistas científicas de alta calidad y amplia repercusión.

Ofrecer a los investigadores, becarios y evaluadores herramientas para apreciar la calidad y repercusión de revistas científicas según los índices y bases bibliográficas donde están incluidas.

Orientar a los editores nacionales sobre los parámetros de calidad y repercusión pretendidos y mejorar la calidad de las revistas nacionales como medios de comunicación científica.

El presente documento que recoge las consultas a una Comisión *ad hoc* de Expertos del Área de Ciencias Sociales y Humanidades y un análisis de sus recomendaciones por el propio Directorio está dirigido a la jerarquización orientativa de bases bibliográficas y de indización. Esta orientación no implica una valoración puntual de cada revista ni de la ponderación de la calidad de los artículos en ellas publicados.

Como principios generales, las indagaciones realizadas para asesorar en materia de política de jerarquización de publicaciones sostienen:

– La fijación de estándares de calidad para publicaciones debe contemplar un período de adopción gradual que varía con el estado de desarrollo de los trabajos en vías de publicación y las trayectorias de investigación de los individuos.

– *Los criterios bibliométricos, como el Factor de Impacto, no deben ser tomados como criterio para evaluar la calidad de las publicaciones periódicas en CSH.*

– Adoptar como requisito básico y fundamental en materia editorial para que un artículo sea considerado científico que haya sido publicado en una revista con referato de pares, claramente indicado, y que cuente con el respaldo de un comité editorial de reconocido prestigio.

– Los tres niveles de jerarquización de índices y portales aquí establecidos constituyen una meta de calidad y repercusión para las publicaciones. La inclusión de revistas en dichos índices viene dado por criterios objetivos y verificables externos al CONICET. Sin embargo la inclusión puntual y de manera excepcional de revistas podrá ser considerada por el Directorio del CONICET a partir de la recomendación explícita por parte de especialistas del campo.

– La jerarquización de los índices de publicaciones científicas no implica la adjudicación de un puntaje predeterminado a cada revista por el nivel o grupo al que pertenece. Debe señalarse que dentro de un mismo nivel o grupo conviven revistas que si bien son de un nivel semejante en comparación con los otros, difieren entre sí respecto de su calidad.

– Los criterios de clasificación mencionados serán públicos y claros, fácilmente accesibles en los sistemas de información de CONICET.

– El seguimiento y actualización de las bases de indización será implementado por el Centro Argentino de Información Científica y Tecnológica, CAICyT.

La resolución muestra el equilibrio entre los criterios dominantes en CONICET y la propuesta de los investigadores de las ciencias sociales y humanidades, incorpora el tema pero no lo resuelve. En primer lugar porque los criterios como el factor de impacto no son solo hoy cuestionados para ciertas áreas disciplinares sino para la totalidad del sistema de evaluación de las ciencias (Véase Osvaldo Barsky, *La evaluación de la calidad académica en debate*, Teseo-UAI, Buenos Aires, 2014), y de hecho la resolución establece incorrectamente la coexistencia de dos tipos de criterios de evaluación cuando debería realizarse una revisión integral de los mismos, que además haga que el sistema de recolección de información de la producción científica en Argentina salga del estrecho marco de lo recogido por ISI o últimamente por SCOPUS. También es necesario incorporar otros referentes importantes, como los artículos en libros. De todos modos la resolución es un avance al recoger la problemática, aunque la decisión de tipificar las revistas en tres niveles utilizando los monopolios que concentran la edición de las producciones científicas como criterio central no permite salir del manejo de los mismos de la evaluación internacional de la ciencia.

Tercera respuesta: la sanción de la Ley de Repositorios Abiertos para Ciencia y Tecnología

El monopolio de las grandes editoriales internacionales que publican las revistas de ciencia y tecnología comienza a generar respuestas institucionales en distintos país. Argentina ha sido uno de los primeros países en avanzar sobre el peso de estos monopolios, que capturan la difusión de la producción científica e imponen su venta a la comunidad científica y los países. Una de las primeras formas de romper con estos procesos ha sido la sanción de esta ley que hace que los investigadores argentinos financiados por el Estado nacional (la gran mayoría) tengan obligación de que el producto de sus investigaciones financiadas estatalmente está disponible para el uso de la comunidad científica en un plazo no mayor a seis meses.

El 13 de noviembre de 2013 se sancionó la Ley 26.899 de "Repositorios digitales institucionales de acceso abierto".

En sintonía con los antecedentes y tendencias internacionales de acceso abierto a la producción científica subsidiada con fondos públicos, el proyecto buscar establecer las responsabilidades que les caben a todos y cada uno de los actores involucrados en los procesos de investigación científica en dar acceso abierto a sus resultados a la comunidad científica y la ciudadanía en general, definiendo plazos razonables para la liberación y puesta a disposición de los datos y de la información producida.

En tal sentido, exige que los organismos e instituciones públicas del Sistema Nacional de Ciencia, Tecnología e Innovación (SNCTI) que reciben financiamiento del Estado nacional desarrollen repositorios digitales institucionales de acceso abierto, en los que se depositará la producción científico-tecnológica que sea resultado de la realización de actividades de investigación, otorgando un plazo de seis meses para su implementación contado desde la fecha de su publicación oficial o de su aprobación.

Asimismo, obliga a estas instituciones públicas del sector científico-tecnológico que reciben financiamiento del Estado nacional a establecer políticas para el acceso público a datos primarios de investigación a través de repositorios digitales institucionales de acceso abierto o portales de Sistemas Nacionales de Grandes Instrumentos y Bases de Datos, como así también políticas institucionales para su gestión y preservación a largo plazo.

Establece que todo subsidio o financiamiento proveniente de agencias gubernamentales y de Organismos Nacionales de Ciencia y Tecnología del SNCTI a proyectos de investigación científico-tecnológica que tengan entre sus resultados esperados la generación de datos primarios, documentos y/o publicaciones, contenga dentro de sus cláusulas contractuales la presentación de un plan de gestión acorde a las especificidades propias del área disciplinar, en el caso de datos primarios y, en todos los casos, un plan para garantizar la disponibilidad pública de los resultados esperados; pudiéndose excluir la difusión de aquellos casos en que los mismos debieran mantenerse en confidencialidad por razones estratégicas o de seguridad nacional, o en el caso que dichos datos se encuentren protegidos por derechos de propiedad industrial.

Define la necesidad de que los repositorios digitales institucionales sean compatibles con las normas de interoperabilidad adoptadas internacionalmente y garanticen el libre acceso a sus documentos y datos a través de Internet u otras tecnologías de información que resulten adecuadas a los efectos, facilitando las condiciones necesarias para la protección de los derechos de la institución y del autor sobre las obras.

Establece excepciones a las obligaciones anteriores: en caso de que las producciones científico-tecnológicas y los datos primarios estuvieran protegidos por derechos de propiedad industrial y/o por acuerdos previos con terceros, los autores deberán proporcionar y autorizar el acceso público de los metadatos de dichas obras intelectuales y/o datos primarios, proveyendo información completa sobre los mismos y comprometiéndose a proporcionar acceso al contenido completo a partir del momento de su liberación.

Propuestas de políticas de evaluación de la ciencia en Argentina

Como vemos, las tendencias al cambio del esquema tradicional de control del conocimiento y criterios de evaluación en las ciencias de Argentina se hallan en un proceso de transformaciones relevantes. Dichos cambios ponen en cuestión los *rankings* internacionales de las universidades basados en la dominancia de la función de investigación calificada por criterios de evaluación crecientemente cuestionados, lo que también afecta al sistema internacional monopólico de generación de revistas científicas y a los organismos controlados por dichas corporaciones editoriales (ISI-SCOPUS).

"Sin prisa pero sin pausa, como las estrellas" (Goethe), los sistemas nacionales de ciencia y los mecanismos de evaluación asociados irán en esta dirección, en la medida que las comunidades académicas y los Estados nacionales van retomando el control de estos procesos.

Se proponen las siguientes políticas en relación con la evaluación y las publicaciones científicas:

1) Cambiar los criterios de evaluación científica en los organismos rectores del sistema de CyT en relación con la cultura de la evaluación incorrectamente subsumida en la cultura de la citación. Prohibir el uso del "factor de impacto" de las revistas como criterio discriminador de la calidad. Eliminar la inadecuada clasificación de las revistas en 1, 2 y 3 y su utilización para categorizar investigadores, utilizada actualmente por las comisiones del CONICET.

2) Exigir la evaluación de los investigadores a partir del análisis de la calidad de su producción científica. Ello implica la obligación de los pares de leer y analizar dicha producción y apreciarla en función de distintos objetivos institucionales. Por ejemplo en el CONICET, en relación con el desarrollo de la carrera del investigador, lo que es diferente a un análisis de calidad y factibilidad de un proyecto.

3) Analizar la calidad de la producción en ciencia aplicada a partir de los criterios específicos que identifican calidad en la disciplina, eliminando el reduccionismo de restringirla a la publicación de *papers* en revistas con referato.

4) Analizar la calidad de la producción en ciencias sociales y humanidades dando alta relevancia a los libros en editoriales prestigiosas y/o con directores de colección y/o comité editorial, y a los artículos publicados en libros, con la misma importancia (o mayor en el caso de los libros) que a las publicaciones en revistas con referato.

5) Trasladar los criterios de evaluación de la calidad de la producción científica señalados en los puntos 1, 2, 3 y 4 a los organismos como CONEAU en Argentina para que sean debatidos por los pares académicos que integran sus comisiones de evaluación.

6) Plantear a las comunidades la necesidad de crear o fortalecer revistas nacionales/regionales de alto nivel en las áreas de mayor desarrollo científico, incorporando a los académicos de mayor prestigio en su dirección de manera de quebrar la inercia de la publicación en revistas internacionales, como único elemento de prestigio y acumulación de antecedentes. Fortalecer la consolidación y el desarrollo de revistas académicas con referato. Para ello impulsar el debate para que las universidades y otros organismos seleccionen y financien los recursos humanos encargados de

su dirección académica y de su gestión técnica y administrativa. En todos los casos utilizar los sistemas de acceso abierto que favorecen la rapidez y economía de las publicaciones.

7) Consolidar a las editoriales universitarias de las universidades estatales y privadas fortaleciendo sus redes, impulsando el desarrollo de comités editoriales y de directores de colección prestigiosos y pagos (directamente o por vías institucionales).

8) Apoyar y fortalecer la acción del CAICyT en Argentina y de las iniciativas como Scielo, Redalic, Latindex.

9) Impulsar el uso del español y del portugués en las publicaciones de Iberoamérica rescatando por las ciencias sociales y humanidades las infinitas ventajas de usar idiomas vernáculos que expresan con riqueza insustituible la producción académica en estos campos para los países de la región.

10) Plantear a las agencias estatales de financiamiento la obligatoriedad de que en todos los proyectos se asigne un porcentaje de los presupuestos de los mismos a la publicación de la producción generada y su difusión.

11) Destinar partidas significativas del presupuesto global de ciencia y tecnología al financiamiento de los procesos de construcción de editoriales científicas/universitarias y revistas nacionales y regionales de calidad.

Referencias bibliográficas

Barsky, Osvaldo (2014), *La evaluación de la calidad académica en debate. Tomo I: Los rankings internacionales de las universidades y el rol de las revistas científicas*, Buenos Aires: UAI-Editorial Teseo.

Bernal, John D. (1979), *La ciencia de nuestro tiempo*. México: Ed. Nueva Imagen.

Biojone, Mariana Rocha (2002), "Presencia de las revistas latinoamericanas, caribeñas, españolas y portuguesas en las bases de datos internacionales". *En Primera Reunión Regional de la red Scielo*, Valparaíso, Chile, 30 sept-2 oct.

Borges, Jorge Luis (2005), "La biblioteca de Babel" en *Obras Completas I* (3ª.ed.), Barcelona, RBA.

Cole, Stephen y Cole Jonathan R. (1967), "Scientific Outpout and Recognition: A Study in the Operation of the Reward System in Science", *American Sociological Review*, Volume 32, Issue 3 (Jun.), 377-390.

Cole, Jonathan y Cole, Stephen (1971), "Measuring the Quality of Sociological Research: Problems in the Use of the Science Citation Index". *The American Sociologist*, 1971, Vol. 6 (February), 23-29.

Elzinga, Aant (1988). "Bernalism, Comintern and the Science of Science. Criticial Science Movements then and Now". En J.Annerstedt y A. Jamison (comps). *From Research Policiy to Social Intelligence*. Londres, Macmillan.

Garfield, E. (1955), "Citation Indexes for Science. A New Dimension in Documentation through Association of Ideas", *Science* 122, 108-111.

Garfield, E. (1979), *Citation Indexing*, Philadelphia: ISI.

Garfield, Eugene (2005), "El tormento y el éxtasis. La historia y el significado del factor de impacto", ponencia en el *Congreso Internacional sobre la revisión y publicación biomédica*, Chicago, 16 de septiembre.

Garfield, Eugene (2007), "Tracing the Influence of JD Bernal on the World of Science through Citation Analysis". Presented at *Bernal Symposium on Protein Crystallisation*. University College, Dublin, Belfield, 3-4 September.

Merton, Robert K. (1964). *Teoría y estructuras sociales*. Fondo de Cultura Económica, México.

Orozco, Luis A. y Chavarro, Andrés "Robert Merton (1910-2003), "La ciencia como institución". *Revista de Estudios Sociales* Nº 37, diciembre de 2010. Bogotá: Universidad de los Andes.

Ortiz, Renato (2009), *La supremacía del inglés en las ciencias sociales*, Buenos Aires: Ed. Siglo Veintiuno.

Patalano, Mercedes (2005), "Las publicaciones del campo científico: las revistas académicas de América Latina". *Anales de documentación*, Nº 8, 217-235, Buenos Aires.

Solla Price de, John (1973), *Hacia una ciencia de la ciencia*, Barcelona: Ariel.

Spinak, Ernesto (1996), "Los análisis cuantitativos de la literatura científica y su validez para juzgar la producción latinoamericana", *Boletín de la Oficina Sanitaria Panamericana* Nº 120(2).

Wouters, Paul (1988). "The Citation Culture". Doctoral Thesis, University of Amsterdam.

10

Los doctorados en la Argentina: crecimiento y desempeño

CATALINA WAINERMAN

Resumen

A partir de mediados de la década de 1990 en la Argentina y en América Latina asistimos a una expansión explosiva y desordenada de posgrados (Barsky y Dávila, 2004). El movimiento no fue homogéneo, alcanzó el máximo en las especializaciones, que no demandan tesis, un nivel intermedio en las maestrías y uno mínimo en los doctorados. Tampoco fue homogéneo en todos los campos disciplinares. Entre 1994 y 2007, el crecimiento fue mayor en humanidades, seguido por ciencias sociales, y finalmente, por ciencias exactas y naturales (Fliguer y Dávila, 2010 y Barsky y Dávila, 2004).

La expansión de los posgrados se dio junto con la de los mecanismos institucionales de impulso a la investigación articulados con la docencia; también con la creación de organismos de control y acreditación de la calidad de las universidades, facultades, departamentos y programas, para los cuales la formación de posgrado de los docentes y su producción de investigación es prioritaria. Este movimiento contribuyó a una demanda exponencial de *magistri* y doctores entre los docentes universitarios y entre profesionales de un mercado laboral que exige cada vez más y más altas credenciales. Pero el impulso a la producción de conocimiento junto a los mecanismos de acreditación y control no fue acompañado de políticas para la formación en investigación del personal docente, que debió "reciclarse" de un día para otro para hacer investigación, tampoco de una preocupación por el monitoreo del funcionamiento de los posgrados, ni de las estadísticas necesarias para hacerlo. De existir, permitiría indagar no solo el funcionamiento de los programas, sino además identificar los momentos en las trayectorias de los estudiantes más "densos" en cuanto a la probabilidad de desertar, y alertar dónde y cuándo tomar medidas para mejorar.

En este escenario, crece la conciencia de las altas tasas de deserción de los posgrados, producto de la no ejecución y/o terminación de las tesis, junto a la morosidad en el tiempo de terminación. La Argentina (como muchos países) carece de datos válidos y confiables que permitan evaluar la eficiencia de este nivel, y carece de investigaciones que se propongan hacerlo. En este capítulo presentamos y reflexionamos sobre los resultados de un relevamiento "artesanal", que realizamos *in situ* (a partir de los legajos individuales) entre 2012-14, de todas las cohortes registradas en 18 programas doctorales de universidades de gestión pública y privada de la Capital y el área metropolitana de Buenos Aires en ciencias blandas -siete programas- y en ciencias duras -once programas-. Con fines comparativos, presentamos aquí solo la "eficiencia" de seis cohortes (2001-2006) de cada uno de los 18 programas para las mismas fechas en términos de dos dimensiones: tasas de graduación en tiempo "reglamentario" y en tiempo "real", y el tiempo promedio a la graduación por cohorte y por unidad académica. Los resultados revelan tasas de graduación para las "duras" de 45% a 100%, con mayoría de los programas por encima de 70%, y para las "blandas", tasas entre 9% y 57%, con mayoría por debajo de 44%. De modo similar, el tiempo promedio por cohorte hasta la graduación entre las primeras resultó consistentemente inferior al encontrado entre las segundas, y más cercano al tiempo reglamentario establecido por los programas (Tuñón, 2012; Matovich, 2014; Wainerman y Tuñón, 2013; Wainerman y Matovich, 2015). Los resultados dan lugar a una serie de reflexiones sobre los factores institucionales, organizacionales, personales que pueden explicar estos problemas de rendimiento, posibilitar el monitoreo de la deserción en el nivel doctoral y diseñar estrategias para disminuirla.

Introducción

Desde mediados de los 90, la Argentina y América Latina asistieron a un crecimiento abrupto de la oferta de programas de doctorado (en el marco de una oferta mayor de especializaciones y maestrías), y de la demanda de la matrícula, al compás de la relevancia que adquirió en los 70 la "sociedad del conocimiento", una en la que la producción y circulación de este bien adquirió un lugar preponderante en un contexto de estrecho vínculo entre conocimiento y economía (Castells, 1997). En la Argentina, la Ley de Educación Superior sancionada en 1995 convalidó un modelo de educación superior con énfasis en la producción, además de la trasmisión de conocimientos, que motorizó el crecimiento exponencial de los programas de posgrado al que aludimos. Aparentemente (si se confía en las estadísticas cuya validez pondremos en cuestión más adelante), la oferta total de posgrados más que se triplicó entre 1994 y 2014: pasó de

793 a 2098 (Fliguer y Dávila, 2010; SPU, 2015).[1] Este movimiento fue diferencial: máximo en las especializaciones (de 301 a 964), intermedio en las maestrías (de 246 a 742) y mínimo en los doctorados (246 a 392). Los tres tipos de posgrados hicieron una misma trayectoria, que alcanzó un ascenso abrupto entre 1994 y 2002, y uno desacelerado luego, pero siempre con tendencia a la alza.

La reorientación del peso relativo de la función investigación en las universidades se tradujo en políticas de incentivos a la producción de conocimientos y en manifiesta presión a la rendición de cuentas. En el primer caso, se aumentó el financiamiento general a la investigación, en parte unida a la docencia y a la formación de investigadores y en parte por fuera de la universidad a centros de investigación, a través de una serie de políticas. Sin ánimo de exhaustividad, esas políticas se concretaron en el FOMEC (Fondo para el Mejoramiento de la Calidad Educativa); en un programa de incentivos a docentes investigadores que formaran equipos con estudiantes para la producción de conocimiento; en la categorización previa de esos docentes investigadores para dirigir o integrar esos equipos; se aumentó el cupo de becas doctorales y de cargos en la carrera de investigador científico del CONICET; se aumentaron los montos y variedad de subsidios para programas de investigación vía la Agencia Nacional de Promoción Científica y Técnica (ANPCYT), con el requisito de incluir becarios jóvenes dispuestos a formarse en programas de doctorado al tiempo de capacitarse como miembros de una comunidad de práctica insertos en un equipo de trabajo (o, más coloquialmente, en un taller de artesano o de maestro calderero, como en el gremio medieval).[2] En el segundo caso, por el lado de la rendición de cuentas, la medición de los resultados y de la productividad (*accountability*) fue y es ejercida por la Comisión Nacional de Evaluación Universitaria (CONEAU), el CONICET, el MinCyT.[3] La CONEAU, regulada por la Ley de Educación

---

[1] Los datos provienen de las estadísticas publicadas por la Secretaría de Políticas Universitarias (SPU).
[2] El FOMEC (1995-1999) tuvo por objeto financiar la reforma académica, la mejora de la enseñanza de grado y posgrado, el incremento de la eficiencia académica, la modernización de las bibliotecas, los centros de documentación y el fortalecimiento del desarrollo institucional. El programa de incentivos (1994-) incrementó las tareas y grupos de investigación y desarrollo en las universidades nacionales (Fernández Lamarra, 2003). El CONICET implementa una política de expansión de becas doctorales (Marquis, 2009), cuyos efectos se ven claramente a partir de 2002/3, fecha en que los becarios de las cuatro grandes áreas pasan de ser 2249 a 9375 en 2014 y los investigadores de carrera, de 2694 a 8508 entre las mismas fechas (según una elaboración de la gerencia de RR del CONICET imposible de consultar porque actualmente no es de acceso abierto [Jeppesen *et al.*, 2015]). La ANPCYT (1996) auspicia varios programas de becas y subsidios, como el Fondo para la Investigación Científica y Tecnológica (FONCYT), el Fondo Tecnológico Argentino (FONTAR) y el Fondo Fiduciario para la Industria del Software (FONSOFT).
[3] Ver Escotet *et al.* (2010), Fernández Lamarra (2003).

Superior de 1995, deja ver en todos sus artículos que el rol del Estado frente a la educación superior es el de un Estado evaluador y que la evaluación es el eje estructurante de las políticas universitarias (Krotsch, 2002).

Como en otros ámbitos del Estado, en el de la educación superior se pusieron metas y objetivos sin la necesaria preocupación por el diseño e implementación de políticas para alcanzarlos y/o por la evaluación, monitoreo y seguimiento de los logros de esas metas y objetivos. Así es como el personal docente en las universidades nacionales fue impulsado a hacer investigación sin verificar previamente si tenía la capacitación necesaria para hacerla y sin planificar cómo dársela a quienes no la tuvieran. El efecto fue diverso en los distintos campos disciplinares, especialmente complejo para aquellos con menor tradición en la investigación, como es el caso de las ciencias sociales y humanas en comparación con las ciencias exactas y naturales. La imagen paradigmática de esta ausencia de políticas de capacitación para la función queda expresada en una frase de una ingeniera agrónoma con veinte años de antigüedad en la docencia universitaria que ilustra dramáticamente el cambio sufrido por ella y muchos otros colegas al decir que "una noche me acosté siendo docente y a la mañana siguiente me desperté siendo investigadora".

Las consecuencias de esta ausencia de planificación del camino para llegar a las metas establecidas fueron sufridas de modo diferente por diferentes docentes de diversos campos. En algunos casos los incentivos se burocratizaron convirtiéndose en pluses salariales vaciados de su función.[4] En otros, estimularon la constitución de equipos de investigación. En este contexto surgen los programas doctorales, en especial en las ciencias sociales y humanas, que son usinas de formación de investigadores y de otorgamiento de diplomas, exigidos cada vez más extensamente por las universidades (y también por el mercado profesional), impulsados por las exigencias de la CONEAU, como requisito a los docentes para mantenerse en el mercado de la docencia universitaria, y a las unidades académicas y sus programas para acreditar su existencia ante la CONEAU. No son pocos los programas doctorales diseñados y propuestos a la CONEAU con el propósito más o menos explícito de doctorar a sus propios docentes a riesgo de que emigren a otras regiones y/o universidades, y a riesgo de no ser viables como unidades académicas, aun cuando carezcan de un plan estratégico para su desarrollo, de bibliotecas, de acceso a bases de datos bibliográficos, de investigadores, de conectividad, de relaciones con otras unidades académicas de dentro y fuera del país, y en general de la plataforma académica y del *know how* que requiere este nivel de educación. Varios de estos temas son examinados por Barsky y Dávila en sus diversos estudios sobre la problemática.

---

4   Ver el estupendo trabajo sobre el tema de Araujo (2003).

Así, nuevamente en especial en los campos disciplinares con menor historia de investigación, se diseñan programas para un número geométricamente creciente de doctorandos que demandan docentes con título de doctor, directores de tesis, jurados de tesis, evaluadores de proyectos que solicitan subsidios y o becas doctorales, evaluadores de avances de investigación, promoción en carreras de investigación, categorización de docentes investigadores, etc., roles que aumentan solo en forma aritmética creando cuellos de botella que se traducen en una relación totalmente inadecuada de doctorandos y becarios a tutores y evaluadores. Estos, a su vez, están generalmente sobrepasados de trabajo al que dedican mucho menos tiempo que el que requieren tareas de tanta responsabilidad. Es que muchos de esos directores, jurados y evaluadores están a su vez haciendo su propia carrera para la que esas tareas de dirección y evaluación les otorgan puntajes, aunque de menor valor que la investigación y, sobre todo, que la publicación en revistas que cumplen ciertos requisitos de prestigio académico (en un modelo copiado de las ciencias duras y a menudo no adecuado para las ciencias sociales y humanas. En estas disciplinas, con una historia de investigación más corta, todo esto ocurre sin que muchos de los actores sepan qué se espera de una tesis doctoral, qué significa dirigirla y con qué criterios evaluarla).[5]

En un medio (en particular en ciencias sociales) en el que "se hace como que" se sabe qué es una tesis, cómo se manejan bancos de datos bibliográficos para elaborar estados del arte que permitan saber cuál es el conocimiento acumulado en el tema que se propone investigar, en el que no se sabe qué es y cómo se elabora un proyecto de investigación, en el que se confunden objetivos de investigación con objetivos de políticas o de resolución de problemas locales, puntuales, en el que no se sabe cómo articular el marco teórico con los objetivos y con el diseño de investigación, en el que se confunden descripción y explicación, en el que no se sabe la diferencia entre procesar-analizar e interpretar datos (desentrañando su significado a la luz del marco teórico adoptado), no se sabe qué es el género textual tesis y cómo se produce, en el que es escasa la socialización académica, es decir, el conocimiento de las reglas, normas y valores de la academia (respetar la autoría de las fuentes, conocer los roles que se juegan en jornadas y conferencias, el manejo del tiempo de exposición, agradecimiento a los tutores, a las instituciones becantes y subsidiantes, etc.), se desconoce que existen y cuáles son las instituciones nacionales y extranjeras a las cuales solicitar subsidios, y cómo relacionarse con colegas de dentro y fuera del país para formar redes de trabajo, es difícil alcanzar los estándares de doctorados de muy buen nivel que sean eficientes en la producción de investigadores.

---

[5] Sobre estos temas he escrito y hablado en muchos ámbitos, entre otros, en Wainerman y Sautu (2011, cap. 2).

Como en otros casos, se han puesto los cañones apuntando a la *accountability* y a la *performativity* mediante la acreditación y los complejos mecanismos (muchos burocratizados y carentes de contenidos sustantivos) para medirla,[6] pero no en la eficiencia del desempeño ni en su calidad ni en los factores para medirlos de modo de hacer posible el monitoreo de los programas, la identificación de sus falencias y las vías para superarlas.[7] Al respecto, el capítulo de Lattuada en esta misma obra es contundente en cuanto a las cuestiones acerca de qué y con qué criterios se evalúa en la universidad argentina hoy.

El crecimiento de los posgrados en la Argentina se hace eco del que viene ocurriendo en América Latina y en muchos otros países del mundo occidental. Solo a título ilustrativo vale mencionar los trabajos de Bowen & Rudenstine (1992), Ehrenberg et al. (2007, 2010) y Lovitts (2005, 2008) para Estados Unidos; los de Jiranek, Halse y Mowbray (2011) y Kiley (2009) para Australia; el de De Miguel, Sarabia Heydrich & Amirah (2004) para varios países de Europa. En el ámbito latinoamericano, Rosas, Flores y Valarino (2006) describen dicha expansión para Venezuela; Jaramillo Salazar (2009) para Colombia; Alcántara, Malo y Fortes (2008) para Méjico; y Espinoza y González (2009) para Chile (Tuñón, 2012). Todos ellos constatan el crecimiento de los programas doctorales.

Las tasas de graduación de doctores (más en ciertos campos disciplinares), sin embargo, en la Argentina y en el mundo en general, están lejos de ser satisfactorias. En los países donde se investiga la eficiencia del sistema se ha constatado, además del crecimiento del nivel de posgrado, similar preocupación por las tasas de graduación poco satisfactorias. Todos coinciden en destacar la expansión de los programas de posgrado y la preocupación por las tasas de deserción o la poca "eficiencia". También coinciden en que las tasas de graduación son mayores en las ciencias exactas y naturales que en las ciencias sociales y humanidades. En términos de tasas de graduación, y sin mayor cuidado por homogeneizar fechas de relevamiento, número de programas e instrumentos de medición, definiciones conceptuales, algunos de los numerosos artículos muestran, por

---

[6] Ver, al respecto, el análisis de las amenazas a la validez y la confiabilidad que permean los instrumentos para la autoevaluación que utiliza la CONEAU para acreditación de carreras de posgrado en la tesis de maestría de Miceli (2016), una investigación que forma parte del programa de investigación sobre Formación de Investigadores que dirijo con sede en la Escuela de Educación de la Universidad de San Andrés, en este caso con la codirección de Ángela Corengia.

[7] Lo mismo ocurre (y no es el único ámbito) en el caso de la formación en salud. En la Argentina la acreditación consume enormes energías de equipos que responden a los requerimientos periódicos de la CONEAU extremando los cuidados en medir el cumplimiento de numerosos estándares de calidad en la formación médica, sin mirar luego los condicionamientos que sobre el ejercicio profesional imponen las instituciones de atención de la salud que, desde los años 70, manejadas por administradores que anteponen el lucro a la calidad de la atención, establecen una duración férrea a los turnos de atención médica (entre 10 y 15 minutos) que atenta contra la calidad del servicio prestado, así como lo hace el abuso de la medicalización, de la superespecialización, de la tecnología médica en desmedro de la clínica, etc.

ejemplo, que en Canadá, solo el 45% de los estudiantes de doctorado en artes y humanidades completa su programa, mientras que las cifras suben al 70% y al 60% en las ciencias de la vida y en las ciencias -entendidas como "ciencias duras/básicas"-, respectivamente (Elgar, en Zainal Abiddin & Ismail, 2011). Un escenario similar presentan Wright y Cochrane (2000) para el Reino Unido, donde sostienen que el 51% de los doctorandos de artes y humanidades completa su programa, mientras lo hace el 64% para las ciencias (también entendidas como ciencias duras/básicas) (en Zainal Abiddin & Ismail, 2011). Para los Estados Unidos, Lovitts (2000) encuentra que en el campo de las humanidades, las tasas de graduación varían entre 30% y 50%; en el de las ciencias sociales, entre 35% y 60% y en las ciencias entendidas como naturales y exactas, entre 50% y 70%. Gardner (2013) retoma los trabajos de Lovitts (2010), de Golde (2007, 2010) y de Millett y Nettles (2006), y observa que en los Estados Unidos en la década de 1990, las tasas de graduación oscilaban entre 11% y 68% dependiendo del campo disciplinar que se tratara. En un estudio llevado a cabo en Australia, Kiley (2011) demostró que solo se había graduado el 50% del total de los doctorandos ingresados entre 2005 y 2011. También en Australia, Jiranek (2010) observó que las tasas de graduación para las ciencias naturales y exactas se ubicaban entre 60% y 70%, y en las ciencias sociales y humanas, entre 49% y 55%. Para no abundar más, finalmente, De Miguel, Sarabia Heydrich & Amirah (2004) encontraron en el contexto español un panorama similar: las ciencias experimentales, las sociales y las humanas presentaban tasas del 52%, 23% y 14% respectivamente, para la década de 1990. En suma, las mediciones de las tasas de graduación de los programas doctorales, aun en países en los que los estudiantes están becados con becas de estipendio, lo que formalmente les permite dedicarse al estudio a tiempo completo, "algo" hace que la graduación esté lejos de ser la deseable y que, además, haya una regularidad que diferencia el comportamiento según campos disciplinares, más insatisfactorio en las ciencias sociales y humanas que en las naturales y exactas.

En lo que hace, por otro lado, al tiempo a la graduación, Main cita el trabajo del Council of Graduate Schools Ph.D. Completion Project en Estados Unidos, en el que se sostiene que el tiempo promedio a la graduación de los programas de doctorado resulta ser de 7,7 años, pero que el de las humanidades es de 9,5 años (Main, 2014). Kim y Otts, a su vez, encuentran que los doctorandos en el campo de las humanidades toman en promedio 8,28 años para completar su programa; los de ciencias sociales 7,34 años; los de educación 7,54 años; los de ingeniería 6,5 años; los de ciencias biológicas 6,22 años; y los de ciencias físicas 6,11 años (Kim & Otts, 2010).

Hay que hacer notar que la mayoría, por no decir la totalidad de los estudios que hemos mencionado sobre los doctorados abarcan pocos programas, pocas cohortes, pocos campos disciplinares, pocas unidades académicas, ninguno abarca el nivel nacional o subnacional. En su mayoría son estudios de casos y muchos de ellos, de corte etnográfico. Es que en el mundo de la educación superior, la disponibilidad de información estadística completa, válida y confiable es muy escasa. En ese mundo "se sabe" que la deserción es alta, más en las ciencias sociales y humanidades que en las ciencias exactas y naturales; y "se sabe" que la deserción es mayor en la etapa de realización de la tesis que en la de la cursada (lo que ha dado lugar al concepto de "todo menos la tesis", en inglés, *all but dissertation/ABD*).[8] Estas afirmaciones son producto, como dijimos, de abundantes observaciones de pocos casos, recolectados con escasa o nula sistematicidad, por lo tanto, dudosa credibilidad.

La ausencia de estadísticas válidas y confiables obedece en parte a características del nivel educativo que, a diferencia del primario y del secundario, no es obligatorio, no tiene términos estrictos de terminación, abunda en prórrogas y licencias, además de "migraciones no registradas" entre programas dentro y/o entre unidades académicas; a menudo sin fecha única de inicio, lo que imposibilita identificar cohortes, y promueve que se hagan cálculos inadecuados sobre *stocks* de cursantes en lugar de sobre cohortes. Es decir, se calculan tasas de graduación tomando, para una misma fecha, el número de matriculados y el número de graduados, sin considerar que estos últimos son graduados de diversas cohortes de estudiantes acumulados. Y obedece, además, a la falta de importancia que las unidades académicas (no así las agencias acreditadoras que enfatizan la rendición de cuentas, como en nuestro país la CONEAU) conceden a la información estadística como herramienta necesaria para el seguimiento y monitoreo de los programas de posgrado y la evaluación de las políticas. Lo dicho ocurre no solo en la Argentina sino en gran parte del mundo para el que disponemos de información. Y sucede no solo en el ámbito de la educación superior, sino también en otros como la justicia, la salud, etc.

En la Argentina, con el fuerte acento en la evaluación de la educación superior que, como ya dijimos, se instaló a partir de la década de los 90, se crea en 1993 la Secretaría de Políticas Universitarias (SPU) bajo la dependencia del Ministerio de Educación de la Nación. El paquete de medidas que se promueve bajo el ala de la SPU para conformar el nuevo sistema de educación superior evidencia un fuerte énfasis en el desarrollo y en

---

[8] La figura "todo menos la tesis" alude a una diferenciación entre deserción global y deserción en las distintas etapas del recorrido académico, las que Lovitts (2005) denomina "dependiente" e "independiente". La primera, en la que el alumno toma cursos, muy supervisada y guiada, es más factible de completarse pues requiere del estudiante una actitud relativamente pasiva, una escucha activa, y una inteligencia más bien analítica que permite adquirir los contenidos específicos de una materia y aprobar los cursos. Este tipo de inteligencia no necesariamente garantiza el éxito en la etapa de la tesis, momento de trabajo autónomo y de creación de conocimiento que requiere más bien de una inteligencia creativa para formular buenas preguntas de investigación además de una inteligencia práctica que posibilite ser eficiente de manera autónoma, trabajar por tareas y alcanzar los objetivos y metas propuestas (Lovitts, 2008).

la evaluación de la calidad de los posgrados asociada a la creación de un sistema de información universitario (SIU) para optimizar el rendimiento y la eficiencia. Para ello, la SPU habría de sistematizar la información estadística que deberían proveerle las universidades y elaborar anuarios o guías de posgrado para hacerlas públicas a los investigadores y a la sociedad civil en general.

La tarea de la SPU se conjuga con el sistema de evaluación y acreditación universitaria a cargo de la CONEAU para evaluar a las universidades en funcionamiento y en proyecto y para acreditar las carreras reguladas por el Estado (las de "interés público", como Medicina, Ingeniería, que no incluyen la educación) y los posgrados con el objetivo triple de

> ... propiciar la consolidación y calificación del sistema de posgrado conforme a criterios de excelencia reconocidos internacionalmente; promover la formación de recursos humanos altamente calificados, tanto para las actividades académicas de docencia e investigación, como para la especialización profesional; y ofrecer a la sociedad información confiable acerca de la calidad de la oferta educativa de posgrado, a fin de ampliar su capacidad de elección (Marquis, 2009: 50).

No obstante el propio Marquis opina que "en el país se posee poca información consistente y confiable sobre los posgrados" (2009: 39). El comentario prácticamente reproduce el de De Miguel *et al.* (2004: 148):

> las estadísticas mundiales de la UNESCO, OCDE, e incluso las de EUROSTAT, no dan datos fiables sobre doctorado (...) No hay pues tampoco estadísticas internacionales comparables.
>
> La ausencia de información de los posgrados no es menos aguda en el nivel superior. Como dice García de Fanelli (2011), es un problema de antigua data en la Argentina que, desde los años 90 adquirió más visibilidad a partir de la medición por parte del Ministerio de Educación. En 1995, el Ministerio informaba que, en promedio, de cada 100 inscriptos en veinte carreras solo se graduaban aproximadamente 19 dentro del plazo de duración normal de las carreras. Lamentablemente en el nuevo milenio no se dispone de cifras oficiales (p. 19).

Esta situación no permite, entre otras cosas, medir la retención y la graduación de estudiantes tanto en el grado como en el posgrado ni encarar estudios sistemáticos sobre las causas de la deserción y el desgranamiento disciplina por disciplina y programa por programa. Debido a nuestro interés en la "pedagogía de la investigación", y dado que los doctorados en la Argentina son la usina principal de formación de investigadores, abordamos el desafío de producir información estadística válida y confiable sobre un conjunto de programas doctorales en ciencias sociales y humanas, y en ciencias exactas y naturales, bajo el supuesto de que sin un conocimiento sólido de la "base de la torta" mal podemos lanzarnos a identificar y/o a conjeturar cuáles pueden ser los factores asociados con la deserción, metafóricamente, con la "crema de la torta".[9] Dicho de otro modo, conjeturamos que si la comparación certera entre las tasas de graduación en diversos campos disciplinares revela diferencias sistemáticas como las ya mencionadas, nos permitiría comenzar a preguntarnos qué factores institucionales, curriculares, de condiciones de estudio –económicas, edilicias, organizacionales y personales- podrían ser responsables de la diferencia de productividad.

Ha de quedar claro que no está en la base de este razonamiento la idea de "copiar" y trasladar condiciones de la formación doctoral de las disciplinas más eficientes a las que lo son menos en términos de graduación y tiempo a la graduación, ya que sería insensato ignorar las grandes diferencias epistemológicas entre ambas, pero sí permitirían escudriñar y generar conjeturas que guíen la formulación de hipótesis más robustas que las surgidas del sentido común y de la observación no sistemática ni controlada.

Tras una medición válida de la eficiencia de programas doctorales

Como dijimos, para disponer de datos válidos y confiables sobre la eficiencia de los programas de doctorado, produjimos nuestros propios datos, de modo artesanal, debido a que pronto descartamos la posibilidad de utilizar los datos de la SPU tras examinar su producción y su sistema de carga de datos ("Sistema de Información Universitario (SIU) Araucano").[10] Para su funcionamiento, las universidades deben recoger datos de pregrado, grado y posgrado y enviarlos a la SPU para ser procesados

---

[9] Los datos que se presentan en este capítulo son un resultado parcial de un programa de investigación que dirijo sobre la "Formación de Investigadores" cuyo propósito es indagar la pedagogía y didáctica de la actividad de investigación, campo de muy escaso desarrollo hasta el momento en el mundo. El Programa ya dio lugar a cinco estudios, dos tesis de grado (Tuñón, 2014 y Matovich, 2015), dos de maestría (Miceli, 2016 y Lederhos, 2016) y una de doctorado (Fernández Fastuca, 2016). En las dos primeras estudiamos las tasas de graduación en programas doctorales de diversos campos disciplinares, la "base de la torta", cuyos resultados están resumidos en el presente capítulo; en la tercera, indagamos las amenazas a la validez y confiabilidad en el proceso de acreditación de la CONEAU; en la cuarta y la quinta, los mecanismos de enseñanza y aprendizaje recolectados mediante entrevistas con investigadores experimentados del CONICET, de categoría independiente, principal y superior, en las áreas de Limnología y de Petroquímica; y en la quinta, mediante entrevistas con parejas de tutor y tutorado (ya graduado) en dos programas doctorales en ciencias sociales y ciencias biológicas, más la observación etnográfica de talleres de tesis y seminarios de discusión de avances respectivamente en ambos programas más la de sendos equipos de investigación (laboratorio de Biología y equipo de investigación en Sociología).

[10] Como se explica en los distintos anuarios estadísticos: "Esta modalidad de relevamiento permite contar con información de la población estudiantil suministrada por las instituciones y validada por la Coordinación de Investigaciones e Información Estadística (CIIE)" y "el aplicativo ARAUCANO releva anualmente los datos de alumnos, ingresantes y egresados (...) de cada una de las instituciones universitarias".

y publicados en anuarios estadísticos.[11] En particular, en el marco del Programa de Mejoramiento del Sistema de Información Universitaria (PMSIU), en 1997 se publicó un primer anuario exclusivo sobre posgrados (especializaciones, maestrías y doctorados), pero hasta 2005 no se produjo nueva información. Tras ocho años de inactividad, desde 2006 y hasta 2010,[12] 2012, 2015 se publicaron estadísticas anualmente, si bien con algún tiempo de retraso.

Las guías de posgrado y los anuarios que elabora la Secretaría de Políticas Universitarias (SPU) provienen de los datos que las universidades les proporcionan, cuando y en cuanto lo desean. Incluso, ellas deciden los criterios y procedimientos para brindar la información. A la falta de periodicidad, que impide el seguimiento del sistema de posgrado, se añade la inexistencia de mecanismos que obliguen a las universidades a enviar información a la SPU y a hacer una carga rigurosa en el SIU. Por eso es que en los anuarios se aclara que algunas instituciones universitarias fueron excluidas de la publicación por motivos diversos como: (i) falta de práctica en posgrado para recolectar esta información; (ii) falta de acreditación de algunas instituciones de sus ofertas de posgrado; y (iii) no respuesta a la solicitud de información de la SPU. Tanto en *Estadísticas 1997* como en el *Anuario 2006 de estadísticas universitarias* se dice que

> la recolección y consolidación de los datos significaron un esfuerzo para las universidades ya que (…) no se tiene un conocimiento preciso, en términos cuantitativos, del nivel de posgrado dado que es una información que tradicionalmente no relevaban las áreas de estadística de las instituciones universitarias.

Con ese insumo (poco válido, confiable y de cobertura deficiente) la SPU hace un procesamiento inadecuado para medir las tasas de graduación, porque compara el número del total de ingresantes o de cursantes de un año determinado con el número de graduados en ese mismo año, sin tomar en cuenta que está comparando *stocks* acumulados de diversas

---

[11] El primer anuario vio la luz en 1996; desde entonces se publicó uno por año hasta 2013, salvo en tres casos: 1999-2000, 1999-2003 y 2000-2004. Estos tres "anuarios" en algún caso presentan estadísticas de un solo año, en otro, comparaciones entre un año y otro período o series de información, incluyendo los años intermedios. La "anualidad" se mantiene pero con algún retraso. Por ejemplo, recién en la actualidad (2016) está disponible el *Anuario 2013* completo y algunos capítulos del 2014 a modo de adelanto.

A pesar de que se podría esperar que por tener un anuario todos los años (salvo las tres excepciones mencionadas) estaríamos en condiciones de indagar la evolución histórica de la formación universitaria, no es así. La ausencia de uniformidad en los datos presentados no permite una comparación válida: el diseño del anuario y la forma de presentar la información varían con el tiempo, y en ocasiones faltan datos. Vale destacar que desde 2005 los anuarios presentan la información de manera uniforme, tanto en su organización como en su diseño.

[12] Información contenida en SPU, *Estadísticas 1997 - Posgrado - Alumnos y Egresados*; y los *Anuarios de estadísticas universitarias 2006, 2007, 2008, 2009, 2010, 2011, 2012, 2013*.

cohortes. La única manera válida de medir graduación-deserción de cada programa doctoral (para luego agregarlos y llegar al total) es comparar el número de quienes se gradúan de una cohorte en relación con el número de los ingresados en esa cohorte. Para ello se necesitan datos de la trayectoria de cada estudiante desde la fecha de admisión en el programa hasta la fecha de su graduación o de su desaparición de los registros o, eventualmente, de la fecha de constancia de baja del programa. Esto es lo que hicimos.[13]

Evaluamos la eficiencia de cada unidad de programa doctoral; no la condición de graduado o desertor de cada individuo que pasó por un programa doctoral. Vale aclarar que, a diferencia de los niveles de educación primario y secundario, en el de doctorado (y de posgrado en general) en la Argentina es imposible analizar el comportamiento o eficiencia de la totalidad del nivel porque la población de ese nivel (y del superior en general) es una población "abierta" cuya permanencia dentro del sistema de posgrado en el país no se registra. Es decir, si un estudiante de doctorado no completa un programa, es imposible saber si migró a otro o si desertó del nivel (lo que sí es posible en el nivel primario o secundario en el que se registran los "pases" entre instituciones escolares dentro de la Argentina). Solo a partir del agregado de la información de todos los programas puede evaluarse la eficiencia global del nivel doctorado, entendiendo por tal el estudio de la graduación (que es certera), no la de la deserción (que no lo es).

La construcción de esta estadística es una tarea compleja, sobre todo en los doctorados, por la falta de registro de la permanencia y por otras razones, como la ausencia de definiciones compartidas sobre su estructura curricular y organizacional. Si bien los reglamentos de casi todos los

---

[13] Cabe comentar que la recolección de los datos fue una tarea ardua por varios motivos: 1. a menudo se la considera información confidencial, aun cuando un investigador social puede asegurar la confidencialidad mediante el reemplazo del nombre y apellido por un código numérico para hacer el seguimiento; 2. a menudo los programas no llevan un registro de las trayectorias, o llevan un registro incompleto (esto es así en el caso de una universidad nacional en la que se desarrollan 14 doctorados en ciencias sociales y humanas de los cuales no hay información, hecho que concluimos tras cinco largos meses de visitas a los "archivos" desparramados y traspapelados entre sótanos, cubículos, placares, estantes, en diversos recintos, lo que no parece serles un impedimento para elaborar sus informes de autoevaluación para la CONEAU con ocasión de sus acreditaciones; y 3. con frecuencia no está digitalizada o solo a partir de una cierta fecha. En poquísimos casos se registran otras fechas intermedias de la trayectoria académica de los doctorandos que, de existir, permitirían indagar los hitos, más "densos" en términos de la probabilidad de deserción, lo que permitiría trabajar sobre ellos con intención de superar problemas. A esta situación se suma, para impedir la elaboración de estadísticas para monitorear los programas y el nivel, la renuencia de instituciones como el CONICET y la CONEAU a abrir sus archivos a los investigadores en educación superior que podrían hacer un buen uso de los datos contenidos en los informes de becarios e investigadores de carrera (la primera) y en los informes de autoevaluación (la segunda), a pesar de que es información producida por organismos del Estado que debiera hacerse pública como establece la legislación vigente. En este tema la coincidencia con una de las conclusiones expuestas por Barsky y Dávila en diversos estudios sobre posgrados es total.

programas doctorales definen un límite de años para completarlos, no es igual para todos, así como tampoco lo es el tiempo de prórrogas y de licencias, ni tampoco los criterios con que se las concede.

Conviene advertir que evaluamos la *eficiencia*, no la *calidad* del nivel doctoral. Los datos provienen de un análisis de las trayectorias de cada uno de los doctorandos individuales registrados en dieciocho programas, siete de ciencias sociales y humanas y once de ciencias exactas y naturales de diversas unidades académicas, de gestión pública y privada, con sede en Buenos Aires y el área metropolitana. El desempeño de cada programa doctoral está definido en términos de dos dimensiones: (i) graduación y (ii) tiempo a la graduación, medidas por dos indicadores, las tasas de graduación global y las tasas de graduación en tiempo reglamentario (establecido por cada programa doctoral) y el tiempo promedio insumido en completar los estudios. En ambos casos los cálculos se refieren a cohortes, definidas por la fecha de ingreso de los estudiantes.

A los fines de comparar los dieciocho programas, los datos se refieren a las seis cohortes ingresadas entre 2001 y 2006 en cada programa. El año 2001 fue elegido en función de la fecha de creación del programa más reciente de los que estudiamos (Educación); 2006, para dar oportunidad a las cohortes de los dieciocho programas de haber completado su graduación (en ocho años, como exige el reglamento más frecuente y menos exigente) al momento de la recolección de los datos (2014). Son programas diversos respecto al tipo de gestión –privada o pública-; antigüedad –año de creación-; tamaño en términos de matriculación; estructura curricular –personalizada, semiestructurada o estructurada-, modalidad –presencial, semipresencial, virtual-, momentos de elaboración de la tesis –durante la cursada o después de la cursada-; y tiempos reglamentarios para la defensa de la tesis. En el cuadro 1 se presentan de modo sintético las características de los dieciocho programas evaluados en su eficiencia. [14]

La información fue obtenida de una diversidad de campos disciplinares seleccionados de la clasificación de los organismos internacionales, que recurren a trabajos clásicos como los de Becher (1989, 1993), Becher & Kogan (1992) y otros. El mismo Becher (1993) toma referencias de los modelos presentados en estos trabajos y elabora una nueva clasificación, que es la que adoptamos a fin de clasificar los programas doctorales según campos disciplinares. Los criterios seleccionados por Becher son los polos: duro-blando y puro-aplicado, dando lugar a cuatro categorías

---

[14] Para ello, recurrimos a las unidades académicas, para componer bases de datos a través del registro de las trayectorias académicas de cada uno de los doctorandos admitidos, cohorte por cohorte. Este registro supone la recolección de datos longitudinales de cada individuo, básicamente la fecha de admisión y la fecha de defensa de tesis, que luego agregamos por cohorte para el cálculo de las tasas de graduación y del tiempo promedio a la graduación. El acceso a estos datos es difícil y el registro (a partir de los legajos y, de modo excepcional, bases digitalizadas) es de naturaleza artesanal.

diferentes: i) duro y puro, ii) blando y puro, iii) duro y aplicado y iv) blando y aplicado. A continuación caracterizamos los dieciocho programas doctorales desde el punto de vista de este autor (ver cuadro 1).

Según Becher (1993), las disciplinas duras-puras son acumulativas: tienen un manejo atomista del conocimiento (en forma de árbol o pirámide); generalmente, se preocupan por asuntos universales, por las cantidades y por la simplificación; sus resultados suelen ser descubrimientos. Las disciplinas blandas-puras son reiterativas –vuelven sobre las mismas temáticas- y orgánicas; se preocupan por asuntos específicos y sus productos se vinculan con el entendimiento y la interpretación. Las disciplinas duras-aplicadas se mueven a partir de propósitos y son pragmáticas; procuran el dominio del entorno físico y sus resultados se asocian con productos y técnicas. Finalmente, las disciplinas blandas-aplicadas son funcionales y utilitarias; a partir de técnicas provenientes del conocimiento blando. Se preocupan por la realización de prácticas en el ámbito profesional y sus resultados se basan en protocolos y procedimientos.

Cuadro 1. Características de los programas doctorales estudiados para las cohortes 2001-2006[15]

Campos Disciplinares	Tipos de gestión	Antigüedad (año de creación)	Matrícula en período 2001-2006	Estructura curricular	Modalidad	Tesis se desarrolla junto con o después de cursada	Tiempo reglamentario
CIENCIAS DURAS							
Ciencias Físicas 2	Pública	1998	13	Personalizada	Presencial	Junto con la cursada	8
Química Industrial	Pública	1898	34	Semiestructurada	Presencial	Después de la cursada	8
Química Inorgánica, Química Física y Química Analítica	Pública	1984	60	Semiestructurada	Presencial	Después de la cursada	8
Química Biológica	Pública	1897	172	Semiestructurada	Presencial	Después de la cursada	8

---

[15] Los programas están ordenados en función de sus tasas de graduación 2001-2006 descendentes (ver cuadro 2).

Ciencias Físicas 1	Pública	1898	128	Semies-tructurada	Presencial	Después de la cursada	8
Ciencias Biológicas	Pública	1897	623	Semies-tructurada	Presencial	Después de la cursada	8
Química Orgánica	Pública	1987	40	Semies-tructurada	Presencial	Después de la cursada	8
Ciencias Matemáticas	Pública	1953	55	Semies-tructurada	Presencial	Después de la cursada	8
Ciencias de la Atmósfera y del Océano	Pública	1973	20	Semies-tructurada	Presencial	Después de la cursada	8
Ciencias Geológicas	Pública	1897	68	Semies-tructurada	Presencial	Después de la cursada	8
Ciencias de la Computación	Pública	1989	64	Semies-tructurada	Presencial	Después decursada	8
CIENCIAS BLANDAS							
Ciencias Sociales 1	Privada	2002	157	Semies-tructurada	Presencial	Junto con la cursada	5
Ciencias Sociales 2	Pública	1999	459	Semies-tructurada	Presencial	Después de la cursada	8
Educación	Privada	2001	25	Semies-tructurada	Presencial	Junto con la cursada	4
Historia	Privada	1999	18	Semies-tructurada	Presencial	Junto con la cursada	4
Ciencia Política	Privada	1966	39	Semies-tructurada	Presencial	Después de la cursada	No tiene
Sociología	Privada	1989	17	Estructurada	Presencial	Después de la cursada	8
Relaciones Internacionales	Privada	1966	58	Semies-tructurada	Presencial	Después de la cursada	No tiene

La dimensión *tasa de graduación*, se expresa en tres medidas: tasas de graduación globales, tasas de graduación en tiempo reglamentario y tasas de graduación en tiempo extra reglamentario. La primera es la ratio entre la cantidad de graduados y de admitidos en un período de tiempo determinado. La segunda, la tasa de graduación en tiempo reglamentario, incluye en el numerador la cantidad de graduados en el tiempo reglamentario establecido por el programa doctoral. La tercera, la tasa de graduación en tiempo extra-reglamentario, incluye en el numerador a la cantidad de graduados fuera del tiempo reglamentario establecido por el programa doctoral. Por lo tanto, la tasa de graduación global es igual a la sumatoria de las tasas en tiempo reglamentario y en tiempo extra-reglamentario.[16]

La dimensión tiempo a la graduación se expresa en un solo indicador: el tiempo promedio global a la graduación. Es el promedio de tiempo que la totalidad de los graduados de un conjunto ingresado en una misma fecha toma para completar su doctorado (la diferencia entre la "fecha de defensa de tesis" y la "fecha de admisión"), dividido por el número de graduados.

A partir de estos indicadores es importante remarcar que la población estudiada por las tasas de graduación –global, en tiempo reglamentario y en tiempo extra reglamentario- siempre es delimitada por las características del conjunto de los admitidos en un tiempo definido; en este caso, todos los individuos admitidos entre 2001 y 2006. En otras palabras, es la definición temporal de admisión lo que define a la población que se estudia.

La eficiencia de los programas doctorales

Las tasas de graduación globales de los dieciocho programas doctorales varían entre 9% y 100%, pero hay diferencias sistemáticas entre campos disciplinares. En las ciencias duras las tasas varían entre 45% y 100%, mientras que en las ciencias blandas, entre 9% y 100% (ver cuadro 2). Dentro del primer grupo, el programa con la tasa de graduación global más alta (100%) es el de Ciencias Físicas 2, y el de la más baja, Ciencias de la Computación (45%). En el segundo grupo, los dos programas con

---

[16] Sería muy interesante disponer de registros de hitos a lo largo de la trayectoria, como por ejemplo, fecha de elección del director y/o tutor de tesis, fecha de aceptación de la propuesta de tesis, fecha de aprobación de los cursos y seminarios, fecha de entrega de la tesis, etc. Si existieran se podrían detectar los hitos más "densos" en cuanto a la probabilidad de deserción (tasas de graduación específicas). Disponer de esta información permitiría acercarse a examinar el interior de la caja negra y esto, a su vez, a proponer conjeturas acerca de las razones de la deserción y diseñar estrategias para superarla.

las tasas de graduación globales más altas son los de Ciencias Sociales 1 y 2 (55% y 57%, respectivamente) y el menor es el de Relaciones Internacionales (9%).

Resulta significativo que, excluida Ciencias de la Computación de entre las ciencias duras, el programa de las ciencias blandas con la tasa mayor (Ciencias Sociales 2) es inferior a la del programa de las ciencias duras con la tasa de graduación menor (Ciencias Geológicas). No es este el lugar para conjeturar acerca del porqué de las diferencias de graduación entre doctorados, como es el caso en especial de Ciencias de la Computación, que seguramente obedece a la demanda del mercado desde muy temprano en la formación doctoral. Aunque solo se analizaron dieciocho programas, entre los cuales algunas disciplinas están medidas una sola vez y en solo un tramo corto de su historia, esta primera lectura da evidencias claras sobre las diferencias entre campos disciplinares respecto a los niveles de eficiencia de sus programas en la dimensión *tasas de graduación*.

En las ciencias duras o naturales, el tiempo promedio a la graduación por cohorte repite el patrón de las tasas de graduación globales: Ciencias Físicas 2 tiene el tiempo promedio menor (4,4 años) y Ciencias de la Computación, el mayor (5,58 años). El patrón no se reitera en las ciencias blandas, entre las cuales el programa con menor tiempo a la graduación, Sociología (4,41 años), no es el que tiene la tasa de graduación global más alta (Ciencias Sociales 2). Y además, está lejos de ser de los que tienen las tasas de graduación más alta, como Ciencias Sociales 1 y 2 (55% y 57%).

Si bien la amplitud de la diferencia entre los tiempos a la graduación en las ciencias duras son menores que entre las ciencias blandas, esas diferencias de tiempo no son tan amplias como entre las tasas de graduación globales. Las tasas de graduación reglamentarias, de algún modo, conjugan los indicadores de ambas dimensiones de la eficiencia. Y es que, a diferencia de las tasas de graduación globales, las reglamentarias consideran los plazos establecidos por los programas para graduarse.

Este indicador permite detectar dos comportamientos principales para el campo de las ciencias duras. En primer lugar, las tasas de graduación reglamentarias tienen un correlato idéntico al de las globales. Es decir, el ordenamiento de los programas por las tasas globales de mayor a menor reitera el ordenamiento por las tasas reglamentarias. En segundo lugar, las diferencias entre ambas tasas son muy pequeñas, como máximo, 5 puntos porcentuales. Esto implica que los programas doctorales de las ciencias duras no solo son más eficientes en términos de una mayor proporción de graduados que los de las ciencias blandas, sino que la graduación se logra en la mayoría de los programas en los plazos establecidos por los reglamentos. Solo una mínima parte se gradúa fuera de los plazos establecidos por las unidades académicas.

Cuadro 2. Programas doctorales según clasificación disciplinar de Becher (1993), matrícula, tasas de graduación globales, rango de tasas y promedio de tiempo a la graduación del conjunto de cohortes 2001-2006, y rango de las tasas de graduación globales, según programa de doctorado

Campos disciplinares	Polo puras-aplicadas	Matrícula 2001-2006 (N)	Tiempo promedio a graduación global (años)	Tasa global reglamentaria (%)	Tasas graduación globales x cohorte (%)	Tasa graduación global
CIENCIAS DURAS						
Ciencias Físicas 2	Pura	13	4,40	92	100-100	100
Química Industrial	Pura	34	5,33	85	50-100	85
Química Inorgánica, Química Física y Química Analítica	Pura	60	5,00	82	60-100	83
Química Biológica	Pura	172	4,85	81	68-90	83
Ciencias Físicas 1	Pura	128	5,01	76	67-95	80
Ciencias Biológicas	Pura	623	4,82	75	71-87	78
Química Orgánica	Pura	40	5,32	75	50-100	78
Ciencias Matemáticas	Pura	55	5,01	69	57-85	73
Ciencias de la Atmósf. y del Océano	Aplicada	20	5,09	65	33-100	70
Ciencias Geológicas	Aplicada	68	5,04	63	29-86	66
Ciencias de la Computación	Aplicada	64	5,53	41	15-70	45
CIENCIAS BLANDAS						

Ciencias Sociales 2	Pura	157	5,84	13	39-80	57
Ciencias Sociales 1	Pura	459	5,55	47	30-78	55
Educación	Aplicada	25	6,07	4	0-100	44
Historia	Pura	18	5,47	0	0-100	28
Ciencia Política	Pura	39	4,76	*	0-40	21
Sociología	Pura	17	4,41	18	0-40	24
Rel. Internacionales	Pura	58	5,48	*	0-25	9

*Programas sin plazos determinados en sus reglamentos.

Es muy distinta la situación de las ciencias blandas. Las diferencias entre las tasas de graduación globales y las reglamentarias de cada programa son muy amplias, lo que indica que no solo estos programas tienen una menor proporción de graduados que los de las ciencias duras, sino que además solo una muy pequeña minoría de quienes se gradúan lo hacen en los tiempos reglamentarios. Este patrón se refleja en otra característica: no hay un ordenamiento de los programas en términos de las tasas de graduación globales y las reglamentarias.

Los niveles de eficiencia de estos dieciocho programas doctorales de la Argentina reiteran los ya mencionados para otros contextos: los programas doctorales del campo de las ciencias duras (ciencias naturales en términos de la OECD) tienen mayores niveles de eficiencia que los de las ciencias blandas (ciencias sociales y humanidades en términos de la OECD). Además, las ciencias duras tienen un comportamiento más homogéneo que las blandas.

En aras de conjeturar qué características disciplinares tienen relación con las diferencias en los niveles de eficiencia, resultan sugerentes las categorías de análisis usadas por Becher para sus estudios sobre las tribus académicas (Becher, 1989; Becher, 1993; Becher & Kogan, 1992). Se trata de los modos de iniciación en la investigación, las formas de interacción social en el trabajo, la naturaleza del conocimiento de cada campo disciplinar y el acceso al financiamiento. Examinaremos a continuación uno a uno.

Modos de iniciación

Aparentemente la introducción temprana de los candidatos en prácticas auténticas de investigación mejora los niveles de eficiencia. "Esto permite a los estudiantes ganar experiencia de tipo 'manos a la obra'[17] y comprometerse con debates acerca del propósito y significado del trabajo" (Golde, 2005: 683). En ese trabajo se sostiene que los niveles de deserción doctoral son más bajos en el campo de las ciencias duras (en los términos utilizados aquí), porque en los departamentos en los que se desarrollan los programas de doctorado de estas disciplinas, se espera que los alumnos de grado hayan participado en experiencias de investigación antes de aspirar a ingresar a este nivel de formación. Otros trabajos también remarcan la importancia de hacer más hincapié en la formación de grado por la influencia que suponen los conocimientos adquiridos en la práctica de la investigación, el acceso del candidato a la posibilidad de su interés en este tipo de práctica (Becher, 1993; Stock, Siegried & Aldrich Finegan, 2011) y el costo de retomar la vida académica luego de haberla abandonado al finalizar el nivel de grado (Vassil & Solvak, 2012). En la Argentina, las investigaciones de Fernández Fastuca (2016) y de Lederhos (2016) proveen claras evidencias surgidas en entrevistas con investigadores con extensa trayectoria, sobre todo en ciencias naturales y exactas, de la importancia para su formación del temprano contacto con la investigación desde el nivel de grado. En ciencias naturales y exactas, la "cultura de la investigación" se instala desde temprano en las carreras de grado en este país.

En términos de eficiencia de los programas, y también de los candidatos, es importante considerar que en caso de que el doctorando se frustre con las prácticas tempranas, propias de la investigación, es preferible que le ocurra en los primeros años, más que en los últimos de la trayectoria (Bowen & Rudenstine, 1992; Golde, 1998; Gardner, 2008). Gardner afirma que,

> ciertamente, si un estudiante descubre que él o ella no ha tomado la decisión correcta en relación a su carrera o a la institución particular tempranamente en el programa, dejarlo puede ser una decisión positiva para ambos, el estudiante y el programa. Sin embargo, muchos estudiantes eligen dejar el programa incluso al final, y este tipo de deserción es verdaderamente inaceptable (2008: 98).

Gardner destaca que la deserción en las primeras etapas es menos costosa en términos personales, institucionales y económicos que cuando se produce en las últimas etapas de la formación doctoral. En este sentido,

---

[17] La traducción de la cita puede resultar confusa debido a que el autor utiliza una expresión propia del idioma inglés: *"to gain hands-on experience"*.

es necesario resaltar que las "buenas prácticas" llevadas a cabo por las disciplinas de las ciencias duras no se relacionan con políticas enfocadas en el final de la trayectoria de los alumnos, cuando tiene lugar el fenómeno de ABD. Paradójicamente, gran parte de los factores influyentes en la finalización efectiva de la tesis se vinculan con etapas iniciales de las trayectorias individuales, a saber, las prácticas en investigación desde el nivel de grado, el acompañamiento de un equipo y un director de tesis desde el comienzo del programa, la decisión colectiva del tema de tesis, etc.

Formas de interacción

A partir de los trabajos de Becher (1993), Golde (2005), Ehrenberg *et al.* (2010) y Ehrenberg, Jakubson, Groen, So & Price (2007) y de la interpretación de los indicadores de eficiencia, podría conjeturarse que las diferencias entre campos disciplinares pueden relacionarse, también, con las formas de interacción social. Por un lado, los estudiantes de las ciencias duras suelen compartir el mismo espacio y horario de trabajo con otros investigadores –doctorandos, doctores, post-doctorandos, investigadores permanentes-, debido a que los temas de investigación de su tesis en general se relacionan con un programa de investigación que abarca varios estudios, bajo la conducción de un docente investigador que los propone dentro de la problemática a investigar, la que también propone, y que distribuye temas específicos que originan tesis a cargo de sus becarios doctorales y posdoctorales, que comparten la bibliografía, el estado del conocimiento, técnicas y experiencias, a quienes se les gestionan becas y provee de fondos para investigación. Se trata de un equipo en que hay interacción vertical y horizontal, posibilidades de integrar redes con otros equipos de dentro y de fuera del país, de intercambiar experiencias, conocimientos, resultados, modos de participar en jornadas y reuniones académicas, y otros aspectos de la socialización académica.

Por otro lado, los doctorandos de las ciencias blandas interactúan de modo muy diferente, fundamentalmente alrededor de la relación de la supervisión o dirección de las tesis.[18] Pocos, por ahora, integran equipos, aunque las políticas del MinCyT, especialmente los de la ANPCYT, promueven la integración de becarios doctorales en proyectos PICT que integran equipos que reciben subsidios. Todavía son mayoría en la Argentina y en el mundo los doctorandos que en estas disciplinas trabajan de modo aislado, sin lugar y horario de trabajo compartido con otros, incluyendo su director de tesis.

Reconocidos trabajos marcan el factor relación tutor-tutoreado como el más importante al momento de estudiar la deserción o graduación de los candidatos doctorales, como así también los tiempos a la graduación

---

[18] Sobre el tema cf. el artículo de Fernández Fastuca, L. & Wainerman, C. (2015).

(Becher, 1993; Ehrenberg *et al.* (2010); Gardner, 2009; Hoskins & Goldberg, 2005; Humphrey, Marshall & Leonardo, 2012; Ferrer de Valero, 2001; Lovitts, 2001; entre otros).[19] Lo dicho se aplica a estudiantes que gozan de becas de estipendio durante toda la cursada, es decir, con las necesidades básicas económicas satisfechas, que les permite ser estudiantes a tiempo completo, como ocurre en Australia, Estados Unidos, Reino Unido, Alemania, y otros países en condiciones de becar a sus estudiantes de posgrado.

Uno de los aspectos más afectados por la dirección suele ser la producción del proyecto de tesis. Son muchas las investigaciones que evidencian y remarcan que "los candidatos doctorales de las humanidades y de las ciencias sociales diseñan sus proyectos solos, en lugar de trabajar en un proyecto que ya haya sido creado por su director como ocurre en las ciencias naturales" (Humphrey *et al.*, 2012: 2). Asimismo, Cryer también destaca que

> los directores que encuentran más estresantes los dilemas propios de la dirección tienden a ser inexperimentados y trabajan sin el apoyo de colegas más experimentados, tanto para aconsejarlos sobre el rango de posibilidades de acción y posibles soluciones, como también, para ayudarlos a desarrollar nuevos cursos de acción (1998: 231).

Como hemos mencionado, la iniciación de los estudiantes de las ciencias blandas no suele comprender la integración de equipos de investigación; lejos de esto, en general –salvo quienes cursaron maestrías y debieron hacer una tesis, o fueron asistentes de investigación–, el estudiante no se acerca a la tarea de investigación sino al final de su formación doctoral, cuando ya ha cumplido con todos los requisitos. Estos aspectos parecen influir sustantivamente en las formas de interacción social en estas disciplinas. A diferencia de las ciencias duras, quienes hacen investigación en las ciencias blandas no se organizan habitualmente en equipo y comunidad, sino que el trabajo de investigación queda reducido a una tarea individual, a lo sumo, en sintonía con un director dispuesto a monitorear el trabajo del doctorando desde cerca. Se trata a menudo de docentes investigadores que suelen trabajar en otros temas de investigación y que dirigen tesis cuyos temas les son ajenos. Lo hacen por falta de directores de tesis, porque formar recursos humanos es un requisito para avanzar en la carrera de investigador del CONICET, lo que se vincula con la naturaleza del conocimiento de cada campo disciplinar, como categoría analítica para pensar la eficiencia en cada uno de los campos

---

[19] Ehrenberg *et al.* (2010), con las cuantiosas evidencias de varios programas doctorales en humanidades de Estados Unidos, seguidos durante varios años, detectó entre miles de estudiantes cuatro factores percibidos como los más responsables de su terminación o deserción de sus doctorados, el primero de los cuales es la relación director de tesis-doctorando.

disciplinares. Las posibilidades de subdivisión de los contenidos de las ciencias duras (la naturaleza de su conocimiento), la necesaria comunidad que esta subdivisión implica para colegas del mismo espacio de trabajo, impulsan a los doctorandos a avanzar aceleradamente sobre sus tesis de investigación. Este impulso estaría dado por los beneficios de compartir un mismo espacio y tiempo de trabajo, como por la posibilidad de consulta permanente a un director o compañero de trabajo, la continuidad en la asistencia y en los horarios de trabajo; y por el interés necesario que los colegas del mismo equipo y de otros tienen sobre el trabajo del doctorando. Este aspecto da cuenta de una diferencia con las ciencias blandas, en tanto los temas de investigación responden a contenidos de interés muy personal o bien a un bajo nivel de desarrollo paradigmático que no promueve un acuerdo teórico y metodológico entre personas que trabajan sobre un mismo problema de investigación.

Acceso al financiamiento

El acceso al financiamiento es otra de las dimensiones incluidas en estudios sobre las diferencias de eficiencia entre estos dos campos disciplinares. Históricamente ha existido una amplia diferencia entre las becas otorgadas a las ciencias naturales y exactas (ciencias duras) en detrimento de las ciencias sociales (ciencias blandas) en el mundo occidental (Barsky, 1997; Becher, T. & Kogan, 1992; Tuñón, 2012), y la Argentina no es una excepción.

El ejemplo de las becas doctorales del Consejo Nacional de Investigaciones Científicas y Tecnológicas (CONICET) en la Argentina puede resultar apropiado para pensar de qué modo el acceso al financiamiento puede influir en la eficiencia de los programas doctorales. Dichas becas son promovidas especialmente para que "jóvenes graduados" puedan dedicarse exclusivamente a sus estudios doctorales. Si bien en la investigación cuyos resultados presentamos aquí no incluimos el análisis de factores que eventualmente estén asociados con la eficiencia de los programas (tamaño de la matrícula, becas, currícula y organización de cada uno de los programas), conjeturamos que el programa de Ciencias Sociales 2 evidencia justamente los efectos de las becas doctorales sobre la tasa y promedio de tiempo a la graduación. Desde la cohorte 2003 en adelante se produjo un rejuvenecimiento de la matrícula año a año, un mejoramiento de las tasas de graduación y un acortamiento de los tiempos promedio a la graduación. En efecto, en la cohorte 2003, solo el 11% de la matrícula tenía entre 20 y 30 años de edad, y 39%, 41 y más años; a diferencia de la cohorte 2006, en la que los porcentajes respectivos llegaban a 58% y a 12% de la matrícula. Las tasas globales de graduación se incrementaron de 48% a 78% entre la cohorte 2003 y la 2006, y el tiempo promedio a la graduación descendió de 7 a 5,62 años entre ambas cohortes.

Cuadro 3. Programa Ciencias Sociales 2. Estructura de matriculados por rango de edad, tasas de graduación global y tiempo promedio a graduación en años, por cohorte.
Años 2003-2006

Edad	2003	2004	2005	2006
20-30	11	35	43	58
31-33	17	20	22	20
34-40	33	12	18	10
41-50	24	17	10	9
51 y más	15	14	7	3
Sin dato	–	1	–	1
Total por cohorte (N)	46	83	126	117
Tasa de graduación global (%)	48	46	57	78
Tiempo promedio a la graduación (en años)	7,00	6,31	5,81	5,62

Fuente: Tuñón, 2012.

Parece evidente que el "doble comando" de financiación del CONICET, adicional al del comando propio del programa doctoral, pone límites a la edad de acceso a las becas (30 años en ese momento histórico y 32 después) y al tiempo de ejecución del programa gracias a los cinco años que otorga el CONICET a los/as becarios doctorales.

Estos cambios muy probablemente están relacionados con el aumento relativo del número de becas doctorales otorgadas para todos los programas doctorales de ciencias sociales y de humanidades por el CONICET desde 2003. En 2013 las de sociales aumentaron 28% mientras que las de humanidades se mantuvieron prácticamente sin cambio (21%). Lamentablemente no disponemos de las cifras de becas otorgadas a doctorandos en el programa específico de Ciencias Sociales 2 que estudiamos, ni a ninguno de los otros.

Para reflexionar

El crecimiento de los programas doctorales, que forman a la mayoría de los investigadores en la Argentina, fue y es acompañado y vigilado estrechamente por organismos de control costosos y complejos. A dos décadas del inicio de este proceso, las evidencias muestran la necesidad de preocuparse por su desempeño. El estudio de los dieciocho doctorados en universidades del área metropolitana de Buenos Aires revela que las tasas de graduación y el tiempo a la graduación en ciertos campos disciplinares están lejos de ser satisfactorios. Con la conciencia de que los dieciocho programas no son representativos en términos estadísticos de la totalidad de doctorados de la Argentina, podemos afirmar que en su conjunto los dieciocho se comportan de modo similar a los de otros países, tanto en sus niveles de eficiencia, como en las diferencias existentes entre campos disciplinares. Las tasas de graduación en ciencias sociales y humanas son más bajas, y el promedio de tiempo a la graduación más alto que en las ciencias exactas y naturales.

Es importante remarcar que la constatación de dichas diferencias no supone jerarquizar un campo disciplinar por encima del otro. Tampoco tratar de transferir el modelo de trabajo y de formación de un campo al otro, porque tienen diferencias epistémicas muy variadas e insoslayables. Pero no dejamos de ser conscientes de que la deserción y el prolongado tiempo a la graduación en las ciencias blandas existe y que es un problema que merece ser enfrentado para intentar mejorarlo. Como sostuvimos en la introducción, la comparación puede contribuir a una definición más precisa sobre los problemas de eficiencia en este nivel, y al hacerlo, identificar algunos factores asociados con la eficiencia diferencial. Entre otros, los que, según Becher (1993), se comportan de modo diferente entre los campos: los modos de iniciación, las formas de interacción social, la naturaleza del conocimiento y el acceso al financiamiento.

Numerosos trabajos abordan de manera analítica el estudio de los niveles de eficiencia de los programas, factor por factor; muchos en Australia, país que ha hecho de la formación de posgrado un ingreso muy importante de su PBI, y que invierte cantidades notables de dinero en subsidiar investigación sobre este nivel de formación para mejorar su desempeño. Se concentran en factores específicos como el tipo de dirección de tesis, la formación de grado, el género, la edad, la doble condición de trabajador/a y estudiante, la disponibilidad de becas, etc., desde un abordaje exclusivamente analítico que indaga sobre la relación de dichos factores sobre la eficiencia. Si bien estas herramientas y hallazgos resultan útiles para aproximarse a los problemas de eficiencia, responden a un modelo de conocimiento de "caja negra", de tipo *input-output*, que no busca conocer lo que ocurre adentro con intención de explicar. Para lograrlo, es conveniente adoptar un abordaje holístico, porque es el estudio conjunto de los factores el que permite, por ejemplo, sacar a la luz las diferencias entre campos disciplinares. No es suficiente detectar la influencia de la dirección de tesis sobre la probabilidad de graduación de los alumnos (un tema que ha dado origen a cientos de estudios en Australia); es necesario relacionar este aspecto con la disponibilidad de becas que paguen el tiempo de trabajo de los doctorandos, con las estructuras curriculares de los programas, con la formación de grado de los alumnos, con la presión del mercado laboral y los salarios relativos a los de la academia, con las culturas disciplinares, con los espacios de trabajo, etc.

Resta remarcar que el estudio de los niveles de eficiencia no tiene el objetivo de la cuantificación *per se*. Buscamos indagar el funcionamiento de los programas doctorales con vistas a su mejoramiento porque entendemos que dicha mejora podría no solo elevar la cantidad de investigadores en la Argentina en un contexto de necesidad de crecimiento económico y de producción de conocimiento, sino que permitiría administrar los recursos más eficientemente en un marco de financiamiento siempre escaso.

Adentrarse en el estudio de la eficiencia de los doctorados conduce a reconocer la necesidad de producir estadísticas válidas y confiables para que la evaluación y acreditación del Estado sean más que formales y estén al servicio del diseño de políticas de auténtico mejoramiento de los programas de formación; la indispensable necesidad de abrir a los investigadores de la educación superior la enorme cantidad de información que el Estado recoge en el ejercicio de su política de asignación de becas doctorales (CONICET), y la más enorme cantidad que recoge al servicio de la acreditación de carreras y programas (CONEAU) y que no analiza y/o hace pública; la necesidad de sensibilizar a las unidades académicas sobre la utilidad de llevar un registro estadístico de las trayectorias académicas de los estudiantes para monitorear sus programas y, especialmente, incluir personal capacitado en el campo de la estadística en las instituciones. Desde el ángulo de los aspirantes a formarse en el nivel doctoral, resulta clara la importancia de aumentar la cobertura de las becas doctorales. También, la necesidad de "pedagogizar" los roles de director/tutor de tesis, y de docentes-investigadores para cuyo desempeño no alcanza con ser experto en el contenido disciplinar sino, además, tener la capacidad docente entrenada para formar investigadores.

Referencias bibliográficas

Alcántara, A.; Malo, S. & Fortes, M. (2008), "Doctoral Education in Mexico", en Nerad M. y Heggelund, M. (eds.), *Toward a Global Ph. D.? Forces and Forms in Doctoral Education Worldwide*. Seattle, Washington: University of Washington Press, pp. 146-168.

Araujo, S. (2003), *Universidad, investigación e incentivos. La cara oscura*. Editorial Ediciones Al Margen, Colección Éntasis.

Barsky, O. (1997), *Los posgrados universitarios en la República Argentina*. Buenos Aires: Troquel.

Barsky, O. & Dávila, M. (2004), "Las carreras de posgrado en la Argentina", en Barsky, O.; Sigal, V.; Dávila, M., *Los desafíos de la universidad argentina*. Buenos Aires: Siglo XXI Editores Argentina.

Becher, T. (1989), *Academic tribes and Territories: Intelectual Enquiry and the Cultures of Disciplines*. Milton Keynes: Open University Press.

Becher, T. (1993), "Las disciplinas y las identidades académicas". *Pensamiento Universitario*, 1 (1), 56-77.

Becher, T. & Kogan, M. (1992), *Process and Structure in Higher Education*. London: Routledge.

Bowen, W. G. & Rudenstine, N. L. (1992), *In pursuit of the PhD*. México: Princeton University Press.

Castells, M. (1997), *La era de la información: economía, sociedad y cultura*. Madrid: Alianza Editorial.

Cryer, P. (1998), "Beyond Codes of Practice: dilemmas of supervising postgraduate research students". *Quality in Higher Education*, 4(3), 229-234.

De Miguel, J. M.; Sarabia Heydrich, B.; Vaquera, E. & Amirah Fernández, H. (2004), "¿Sobran o faltan doctores?". *Empiria: revista de metodología de las Ciencias Sociales* (7), 115-155.

Ehrenberg, R.; Jakubson, G.; Groen, J.; So, E. & Price, J. (2007), "Inside the black box: what program characteristics influence doctoral students? Attrition and graduation probabilities". *Educational evaluation and policy analysis*, 29 (2), 134-150.

Ehrenberg, R.; Zuckerman, H. & Groen, J. (2010), *Educating Scholars. Doctoral Education in the humanities*. New Jersey: Princeton University Press.

Escotet, M. Á.; Aiello, M. & Sheepshanks, V. (2010), *La actividad científica en la Universidad. Una exploración prospectiva de la investigación científica argentina en el contexto de América Latina*. Buenos Aires: Universidad de Palermo.

Espinosa, O. y González, L. E. (2009), "Los estudios de postgrado en Chile". *Revista Argentina de Educación Superior*, 1 (1) (edición digital).

Fernández Fastuca, L. & Wainerman, C. (2015), "La dirección de tesis de doctorado: ¿una práctica pedagógica?". *Perfiles Educativos*, vol. XXXVII (148).

Fernández Fastuca, L. (2016), *La formación de investigadores. Prácticas de enseñanza y aprendizaje en el camino de doctorando a investigador* (tesis de Doctorado). Victoria, Buenos Aires: Escuela de Educación de la Universidad de San Andrés.

Fernandez Lamarra, N. (2003), *La educación superior argentina en debate: situación, problemas y perspectivas*. Buenos Aires: Eudeba.

Ferrer de Valero, Y. (2001), "Departmental Factors Affecting Time-to-Degree and Completion Rates of Doctoral Students at One Land-Grant". *Journal of Higher Education*, 72 (3), 341-367.

Fliguer, J. y Dávila, M. (2010), "Relación entre investigación y posgrados en las universidades privadas argentinas", Seminario *La investigación en las universidades privadas*, CRUP, Buenos Aires, 27-28 de abril.

García de Fanelli, A. (2011), "La educación superior en Argentina. 2005-2009", en Brunner, J.J. y Ferrada Hurtado, R. (eds.), *Educación superior en Iberoamérica. Informe 2011*. Santiago de Chile: CINDA-UNIVERSIA.

García de Fanelli, A. (1996), *Estudios de posgrado en la Argentina: alcances y limitaciones de su expansión en las universidades públicas*. Buenos Aires: CEDES, Documento 114.

Gardner, S. K. (2008), "Students and faculty attributions of attrition in high and lowcompleting doctoral programs in the United States". *Higher Education*, 97-112.

Gardner, S. K. (2009), "Conceptualizing Success in Doctoral Education: Perspectives of Faculty in Seven Disciplines". *The Review of Higher Education*, 32 (3), 383-406.

Gardner, S. K. (2010), "Contrasting the Socialization Experiences of Doctoral Students in High and Low Completing Departments: A qualitative analysis of disciplinary contexts at one institution". *The Journal of Higher Education*, 81 (1), 61-81.

Gardner, S.K. (2013), "The Challenges of First-Generation Doctoral Students". *New Directions for Higher Education*, 163, 43-54.

Golde, C. M. (1998), "Beginning graduate school: Explaining first-year doctoral attrition". *New Directions for Higher Education*, 101 (55).

Golde, C. M. (2005), "The role of the department and discipline in Doctoral Student Attrition: Lessons from four departments". *The Journal of Higher Education*, 76 (6).

Golde, C.M. (2007), "Signature Pedagogies in Doctoral Education: Are they Adaptable for the Preparation of Education Researchers?". *American Educational Research Association*, 36 (6).

Halse, C. & Mowbray, S. (2011), "The impact of the doctorate". *The impact of the doctorate*, 35 (6).

Hoskins, C. M. & Goldberg, A. D. (2005), "Doctoral Student Persistence in Counselor Education Programs: Student-Program Match". *Counselor Education and Supervision*, 44 (3), 175-188.

Humphrey, R.; Marshall, N. & Leonardo, L. (2012), "The impact of research training and research codes of practice on Submission of Doctoral Degrees: An Exploratory Cohort Study". *Higher Education Quarterly*, 66 (1), 47-64.

Jaramillo Salazar, H. (2009), "La formación de posgrado en Colombia: maestrías y doctorados". *Revista Iberoamericana de Ciencia, tecnología y Sociedad*, 5 (13), 131-155.

Jeppesen, C. V.; Goldberg, M.; Szpeiner, A. y Rodríguez Gauna, M.C. (2015), "Estrategias, instrumentos y resultados de la política de recursos humanos del CONICET en los últimos diez años". *Sociedad* (34).

Jiranek, V. (2010), "Potential Predictors of Timely Completion among Dissertation Research Students at an Australian Faculty of Sciences". *International Journal of Doctoral Studies*, 5.

Kiley, M. (2009), "Identifying threshold concepts and proposing strategies to support doctoral candidates". *Innovations in Education and Teaching International*, 46 (3), 293-304.

Kiley, M. (2011), "Developments in research supervisor training: causes and responses". *Studies in Higher Education*, 36 (5), 585-599.

Kim, D. & Otts, C. (2010), "The effect of Loans on Time to Doctorate Degree: Differences by Race/Ethnicity, Field of Study, and Institutional Characteristics". *The Journal of Higher Education*, 81 (1), 1-33.

Krotsch, P. (2002), "El proceso de formación e implementación de las políticas de evaluación de la calidad en la Argentina", en Krotsch, P. & U.A. La Plata: Facultad de Humanidades y Ciencias de la Educación/ Margen, *La universidad cautiva*.

Lederhos, M. (2016), *Las trayectorias de investigadores en Ciencias Naturales* (tesis de Maestría). Victoria, Buenos Aires: Escuela de Educación de la Universidad de San Andrés.

Lovitts, B. (2000), "Context and attrition". *Research News on Graduate Education*, 2 (3).

Lovitts, B. (2001), *Leaving the ivory tower: The causes and consequences of departure from doctoral study*. Lanham, Md.: Rowman & Littlefield Publishers.

Lovitts, B. E. (2005), "How to Grade a Dissertation". *Academe*, 91 (6), 18-23.

Lovitts, B. E. (2008), "The Transition to Independent Research: Who Makes It, Who Doesn't, and Why. *Journal of Higher Education*, 79 (3), 296-325.

Main, J. B. (2014), "Gender H omiphily, Ph. D. Completion, and Time to Degree in the Humanities and Humanistic Social Sciences". *The Review of the Higher Education*, 37 (3), 349-375.

Marquis, C. (2009), Posgrados y políticas universitarias. Consideraciones sobre el caso argentino. *Revista argentina de Educación Superior*, año 1, N° 1.

Matovich, I. (2014), *De doctorandos a doctores: La productividad de programas doctorales en distintos campos disciplinares* (tesis de Licenciatura). Victoria, Buenos Aires: Escuela de Educación de la Universidad de San Andrés.

Miceli, S. (2016), *Amenazas a la validez y confiabilidad de los instrumentos de medición de la calidad de la acreditación de posgrados de la CONEAU* (tesis de Maestría). Victoria, Buenos Aires: Escuela de Educación de la Universidad de San Andrés.

Millett, C. & Nettles, M. (2006), "Three magic letters: getting to PhD". *Harvard Educational Review*, 76 (3), 434-436.

Rosas, A. K.; Flores, D. y Valarino, E. (2006), "Rol del tutor de tesis: Competencias, condiciones personales y funciones". *Investigación y Postgrado*, 21 (1), 153-185.

SPU (2008), *Anuarios 1996, 1999-2000, 1999-2003, 2004, 2005, 2006, 2008, 2009, 2010, 2011, 2012 de Estadísticas Universitarias*. Secretaría de Políticas Universitarias.

SPU (mayo de 2015), *Guía de Carreras Universitarias*. Disponible en https://goo.gl/LycnLH.

Stock, W. A.; Siegried, J. J. & Aldrich Finegan, T. (2011), "Completion Rates and Time-to-Degree in Economics PhD Programs". *American Economic Review*, 101 (3), 176-187.

Tuñón, C. (2012). *Sobre la eficiencia interna de los programas doctorales* (tesis de Licenciatura). Victoria, Buenos Aires: Escuela de Educación de la Universidad de San Andrés.

Unzué, M. (2015), "Nuevas políticas públicas de formación de doctores en Argentina", *Sociedad* (34).

Vassil, K. & Solvak, M. (2012), "When failing is the only option: explaining failure to finish PhDs. in Estonia". *Higher Education: the International Journal of Higher Education Research*, 64 (4), 503-516.

Wainerman, C. y Sautu, R. (eds.) (2011), *La trastienda de la investigación* (4ta. ed.). Buenos Aires: Editorial Manantial.

Wainerman, C. & Tuñón, C. (2013), "La eficiencia de los programas doctorales y su evaluación". *RAES (Revista Argentina de Educación Superior)*, 5 (6), 167-188.

Wainerman, C. & Matovich, I. (2015a), "La eficiencia en la graduación de programas doctorales en ciencias duras y en ciencias blandas", ponencia presentada en el *V Congreso Nacional e Internacional de Estudios Comparados en Educación*, organizado por la Sociedad Argentina de Estudios Comparados (SAECE), Buenos Aires, 24-26 de junio.

Wainerman, C. & Matovich, I. (2015b), "El desempeño en el nivel doctoral de educación en cifras. Ausencia de información y sugerencias para su producción", ponencia presentada en las *XII Jornadas Argentinas de Estudios de Población*, Salta, 16-18 de septiembre.

Wright & Cochrane (2000), "Factors influencing successful submission of Ph.D. theses". *Studies in Higher Education*, 25 (2).

Zainal Abiddin, N. & Ismail, A. (2011), "Attrition and Completion Issues in Postgraduate Studies for Student Developement". *International Review of Social Sciences and Humanities*, 1 (1), 15-29.

SECCIÓN IV.
Miradas institucionales

11

La compleja dinámica pendular de la regionalización en la construcción del sistema de educación superior universitaria de gestión estatal en Argentina

Claudio Rama

El contexto de la descentralización educativa

El análisis de la regionalización constituye uno de los ámbitos teóricos y conceptuales recientes de los análisis sociales en América Latina, en la cual se localizan visiones y enfoques contrapuestos, dada la polisemia del concepto. En tal sentido se verifican interpretaciones divergentes de la dimensión y significación de tales procesos (Moncayo, 2002). Los enfoques y valoración de dichas dinámicas son múltiples y diversos, destacándose los enfoques asociados a los nuevos escenarios del desarrollo y el empoderamiento (Putman, 1993), a su rol como mecanismo de apaciguar los conflictos y presiones sociales a través de transferir conflictos a los ámbitos descentralizados (Huntington, 1975) o a dinámicas económicas relacionadas con la construcción de capacidades, ventajas competitivas locales y redes de aprendizaje (Lundvall, 2002). Estas son algunas de las perspectivas teóricas que impulsan las nuevas configuraciones de las relaciones entre el Estado y la sociedad. La regionalización se refiere a la forma en la cual se construyen las sociedades, y por ende también a las formas a partir de las cuales se construyen los sistemas educativos, y en nuestro caso los sistemas universitarios.

La regionalización con su basamento en el federalismo tiene una raíz filosófica en el espíritu liberal como contrapeso de poderes y ha sido impulsada en la Constitución de los Estados Unidos, al tiempo que los enfoques centralistas remiten a concepciones que otorgan un rol central al Estado en la construcción de la nación y de su identidad nacional con una fuerte raigambre francesa.

Estas diversas concepciones han atravesado la conformación de los sistemas universitarios en las últimas décadas, marcando la regionalización de la educación superior pública, cuyas formas de organización y gestión le han conferido una peculiar expresión.

La universidad latinoamericana ha sido por excelencia la universidad nacional o universidad mayor, y con fuertes raigambres monopólicas, dadas por su conformación como servicio de elite y como institución importada. Ello ha ido cambiando en el siglo XX con la expansión y democratización de la educación superior, que ha introducido la diferenciación institucional y la construcción de sistemas con diversidad institucional, de accesos, de niveles, de modalidades. Ello ha estado marcado por fuerzas centrífugas o descentralizadoras y fuerzas centrípetas o centralizadoras en la conformación de los sistemas de educación superior que han impactado en las formas y dimensiones de la regionalización (Martínez, 2002). Esto se ha expresado en un espacio en pugna y conflicto de intereses y dinámicas que han ido construyendo diversidad de formas de regionalización, de empoderamiento, de especializaciones y de universidades e instituciones superiores en términos de organizaciones nacionales, federales, provinciales, departamentales, distritales, regionales o municipales, creadas y localizadas en el nivel primario, secundario y terciario de la organización de los Estados. Estos también se han expresado en múltiples y diversos niveles de coordinación, subordinación o autonomía y diferenciación, asociados a los distintos niveles de centralización, desconcentración, descentralización o de formas híbridas o mixtas.

El arquetipo de universidad nacional localizada en las grandes ciudades y con un fuerte sistema de gestión con autonomía y cogobierno que caracteriza a América Latina en el siglo XX ha sido un modelo institucional urbano que ha determinado las formas, y también limitado, el desarrollo de universidades regionales y la diferenciación institucional. En general el acceso a la educación superior en la región se ha basado en universidades, y posteriormente gracias a la diferenciación mediante institutos superiores o terciarios, lo cual ha caracterizado la existencia de un modelo binario más allá del peso dominante universitario.[1] Solo recientemente, asociadas a una mayor diferenciación y regionalización, han irrumpido nuevas tipologías universitarias al interior, como tecnológicas, politécnicas, a distancia, pedagógicas, etc.

En la región, la gestión del modelo universitario ha descansado en la autonomía y el cogobierno, en tanto que la regulación terciaria ha descansado en los gobiernos, en general a través de los Ministerios de Educación. En los años 90 han irrumpido nuevos enfoques de descentralización y reformas del Estado que han facilitado la descentralización

---

[1] La clasificación internacional diferencia dichos institutos en 5A y 5B.

y desconcentración educativa, y que inclusive han llevado a procesos de transferencia, radicación o creación de instituciones de educación superior en las regiones.

Para algunos la regionalización constituye un

> paradigma tecnicista y eficientista –propio de la Nueva Gestión Pública– que se impuso desde los 90 y que propende a poner a las universidades al servicio de la producción y de los proyectos políticos provinciales (...) [donde] las universidades provinciales se han hecho eco de muchas de las consignas de las políticas neoliberales instauradas a partir de los 90, [mostrando] una gran dependencia del poder político provincial, lo que pone en serio riesgo la autonomía (Menghini, 2007).

Otros enfoques educativos de la regionalización han valorado los procesos de eficiencia en la gestión (Barry, 2005). Es de destacar también su impacto en el empoderamiento y el mejoramiento de la pertinencia y la calidad. Para Martínez (2002), la tensión alrededor de la regionalización de la educación superior, más allá de los distintos modelos históricos de sus sociedades, se retoma cuando una sociedad crece y se hace más compleja.

La construcción y el desarrollo de las universidades regionales, provinciales o de sedes en el segundo y tercer nivel de los Estados en América Latina ha constituido un proceso altamente diverso a nivel de los distintos países y regiones, y en el contexto de la masificación y diferenciación institucional, muestra las tensiones alrededor del empoderamiento, de la pertinencia y de la autonomía regional. La tensión de la regionalización es derivación de la conformación de sistemas nacionales de educación superior. En tal sentido, la construcción de los sistemas está asociada a conflictos y tensiones alrededor de la descentralización, desconcentración o modelos mixtos o híbridos (Martínez, 2002). Ello tanto en el sector público como en el privado, el cual a su vez, más allá de estructurarse bajo lógicas donde el mercado es el asignador dominante, también ha estado sujeto, aunque en menor proporción, a decisiones políticas de regulación que han habilitado o negado sus niveles de regionalización y de empoderamiento local.

En el caso de la regionalización del sector universitario público, que es el centro de este artículo, la construcción de universidades en el segundo nivel del Estado ha sido un proceso con dimensiones más políticas y en tal sentido más basadas en concepciones ideológicas y de estructuras de poder.

Luchas y dinámicas alrededor de la creación de universidades en el segundo y tercer nivel de los Estados. El caso de Argentina

a. La génesis universitaria de carácter provincial

En Argentina históricamente la creación y gestión de los servicios universitarios públicos han sido una función de las provincias. Las universidades, en su etapa postcolonial de la independencia, quedaron sujetas al control provincial y actuando acorde a ello en una región particular. Eran universidades de una provincia o región particular y sus propios nombres remiten a la orientación a una cobertura regional, tales como la Universidad de Córdoba fundada en 1613 como Universidad de Córdoba del Tucumán por los jesuitas, o la Universidad de Buenos Aires fundada en 1821 a impulso de un decreto del entonces gobernador de la provincia de Buenos Aires. Sin embargo, tales instituciones pasaron a depender de la nación: la Universidad de Córdoba fue nacionalizada en 1854 (Pérez Lindo, 2003) y la Universidad de Buenos Aires lo fue en 1881.

En 1885 bajo la presidencia de Julio Roca, se aprueba mediante la Ley 1597 el Estatuto de las Universidades Nacionales que fija las bases a las que debían ajustarse los estatutos de las universidades nacionales. La norma se refería fundamentalmente a la organización de su régimen administrativo y de elección y representación, y dejaba todos los otros aspectos liberados a su propio accionar, entre los cuales inclusive el ámbito de acción regional de las universidades existentes para ese momento, que eran la UBA y la Universidad de Córdoba. Estas eran de hecho universidades provinciales pero que estaban facultadas para poder actuar en todos los ámbitos territoriales.

Sin embargo, más allá del carácter nacional de ambas universidades y de su desprovincialización, hacia fines del siglo XIX y siguiendo la tradición y las fuerzas regionales, se crearon como nuevas universidades provinciales las universidades provinciales de La Plata, de Santa Fe y de Tucumán. La Universidad Provincial de la Plata, como universidad fuera del dominio del gobierno nacional, fue creada bajo la impronta de la masonería, que configuró su perfil técnico y local (Vallejo, 2007) en 1897, bajo el mandato de Dardo Rocha, que fuera elegido como su primer rector. Esta extendió su vida académica solo hasta 1905, ya que en 1904 el ministro de Justicia e Instrucción Pública de la Nación, Joaquín V. González, planteó la idea de instaurar en la ciudad una universidad de carácter nacional cimentada sobre las bases de la universidad provincial y de otros institutos de instrucción superior ya existentes mediante su nacionalización. El discurso planteaba la carencia de recursos y su débil situación, proponiéndose crear una Universidad moderna, con base científica con énfasis en la investigación, la extensión universitaria, el intercambio permanente de profesores con los centros de excelencia del extranjero, y la necesidad de la educación continua incluyendo con ese propósito una escuela primaria y otra secundaria, ambas de carácter experimental (Barba, 1972).

La utopía de dicho proyecto nacionalizador fue planteada a través de la superación de su carácter provincial. En 1905, González firmó con el gobernador de Buenos Aires un convenio ad referéndum entre la nación y la provincia para la creación de la Universidad Nacional de La Plata, por el cual se cedieron a la nación, el Museo, el Observatorio Astronómico, la Facultad de Agronomía y Veterinaria, la Escuela Práctica de Santa Catalina, el Instituto de Artes y Oficios, el terreno donde luego fue edificado el Colegio Nacional, la Escuela Normal, el edificio del Banco Hipotecario, y una serie de quintas, chacras y terrenos. El acuerdo fue aprobado por el Congreso Nacional y la Legislatura Provincial, y el 19 de septiembre fue sancionada la Ley Nacional de Creación N° 4699, promulgada posteriormente por decreto del presidente Quintana (Barba, 2005). En el 1906, Joaquín V. González, el propio impulsor, asumió como rector de la recién creada, o transformada, Universidad Nacional de la Plata. Fue esta la segunda experiencia de universidad provincial, luego de la UBA, y la tercera acción nacionalizadora (luego de Córdoba y UBA) de un proyecto universitario provincial.

En dicho contexto se habían creado la Universidad Provincial de Santa Fe en 1889 y la Universidad Provincial de Tucumán en 1912. Sin embargo ellas fueron nacionalizadas en el marco de los impulsos de la Reforma de Córdoba. La Universidad Provincial de Santa Fe fue nacionalizada en 1919 como Universidad Nacional del Litoral. Las nacionalizaciones fueron llevadas a cabo por el radicalismo en el poder, entre 1916 y 1930, más allá de su política de respeto proclamada al federalismo. Era parte del impulso reformista de Córdoba que asoció el espíritu modernizador a la nación y el espíritu conservador a las provincias. Nacionalizar era entonces modernizar. En este nuevo contexto, posteriormente se expandieron únicamente universidades nacionales, tal como la Universidad Nacional de Cuyo en 1939, pero también integrando algunos centros educativos provinciales ya existentes (Napoli, 2005).

La característica dominante del sistema universitario fue su baja diferenciación y el carácter estatal y nacional de las universidades existentes, las cuales estaban regionalizadas, en términos de cubrir una provincia exclusivamente, a través de un modelo desconcentrado del poder central. Con la Reforma de Córdoba el modelo se mantuvo pero pasaron a ser descentralizadas administrativamente y académicamente al impulso de la autonomía y el cogobierno. La Reforma de Córdoba no tuvo como eje la regionalización sino que impulsó un paradigma estatal, y enfrentó críticamente a las universidades localistas, en tanto expresaban particularismo, enfoques conservadores o grupos locales de poder (Cuneo, 1988). El carácter federal constitucional en materia de educación solo fue concebido para la educación primaria.

b. La universidad federal

La dinámica de universidades nacionales pero localizadas en un territorio particular con exclusividad se mantuvo hasta la creación de la Universidad Obrera en 1948, que al amparo del cambio político y el gobierno peronista, impulsó un nuevo modelo universitario con la creación de una universidad imbuida de un sentido estatal y federal y a la vez técnico y obrero (Ocampo, 2013). Era un paradigma de una universidad dependiente de la nación y con capacidad de actuar en todas las provincias. Este modelo técnico y obrero a la vez se mantuvo hasta el quiebre constitucional de 1955, época en la cual ella ya se había expandido nacionalmente a través de la creación de sedes como facultades regionales a cargo de un decano en Buenos Aires, Córdoba, Rosario y Santa Fe (marzo de 1953), en Mendoza (junio 1953), Facultades de La Plata, Tucumán y Bahía Blanca (enero 1954 y Avellaneda, marzo de 1955), con lo cual se conforma efectivamente como un modelo de universidad con características federales y altamente centralizada, donde sus decanos inclusive eran nombrados por el Poder Ejecutivo (Napoli, 2005).

La UTN ha desarrollado desde entonces como universidad federal un proceso de regionalización como desconcentración a través de la creación de 29 sedes regionales. Al cambiar el gobierno en 1958 con el ascenso en las elecciones presidenciales de Frondizi por la Unión Cívica Radical Intransigente -con el apoyo del peronismo ilegalizado en ese entonces-, y bajo un proyecto desarrollista, se formuló un proyecto para reformular la Universidad Obrera y transferir sus facultades regionales a las distintas universidades tradicionales existentes en esas regiones en calidad de "Facultades de Tecnología". Finalmente, la carencia de otras universidades en esas regiones y el nuevo espíritu desarrollista tecnocrático y las alianzas políticas impusieron su relativo mantenimiento mediante la Ley 14.855, que la transformó en Universidad Tecnológica Nacional y mantuvo el modelo de estructura federal, sin un ingreso obrero exclusivo y con una denominación menos limitada (Ocampo, 2013) en el marco del nuevo modelo desarrollista. El nuevo modelo mantenía al carácter federal, pero le daba más autonomía acercándose al proyecto tradicional heredado de Córdoba, y ampliaba sus ofertas distanciándola del perfil exclusivamente tecnológico. Igualmente se ampliaba la base de los ingresos, que se orientaban a estudiantes obreros egresados de todas las modalidades de educación media, y no solo tecnológicas (Napoli, 2005). De hecho se redujo la diferenciación institucional, así como la alta ideología peronista, técnica y obrera del modelo anterior, aunque se mantuvo su alta regionalización, que posteriormente continuó expandiéndose pero no bajo un perfil especializado disciplinario (tecnológico) ni social (obrero), sino que desarrolló nuevas carreras y el ingreso no estuvo restringido a los obreros.

c. La universidad regional de tipo biprovincial

En el nuevo contexto de la Revolución Libertadora de 1955, más allá de la existencia que hemos referido de universidades provinciales, nacionales y federales, se conformó una nueva tipología dada por una universidad regional con presencia en dos provincias. Entre los años 1920 y 1955, la vida universitaria en el nordeste estuvo constituida por el funcionamiento de facultades, carreras e institutos creados por las Universidades Nacionales del Litoral (de la provincia de Santa Fe) y de Tucumán (localizada en San Miguel de Tucumán) y subordinados a ellas. En las ciudades de Corrientes y Resistencia se crearon servicios por parte de ambas universidades, que con la provincialización de los territorios nacionales, derivó en la creación de la Universidad Nacional del Nordeste (UNNE) en diciembre de 1956 por Decreto Ley 22.299.[2] En dicha universidad se agruparon varias unidades académicas dependientes de dichas universidades, así como otras instituciones académicas locales independientes, y asumió un carácter de universidad de dos provincias en tanto su ley la facultaba para responder a ambas provincias. La ley dispuso que seis facultades se instalaran en Corrientes y cinco en Resistencia, pero no estableció ninguna participación de fuerzas regionales ni proporción de participación o injerencia social a nivel provincial o regional. Sin embargo su carácter regional se reforzó en que su rectorado se localiza en la ciudad de Corrientes al tiempo que su vicerrectorado está en la ciudad de Resistencia, provincias de Corrientes y del Chaco, respectivamente, más allá de su domicilio legal en Corrientes. Este enfoque regional la impulsó también a una organización con varias sedes geográficas habiéndose expandido a través de centros regionales universitarios en las ciudades chaqueñas de Charata, Juan José Castelli y General Pinedo, en las ciudades correntinas de Goya, Paso de los Libres, Ituzaingó, Santo Tomé, Esquina y Curuzú Cuatiá, e inclusive instalando sedes en las ciudades de Posadas (Misiones), Clorinda (Formosa) y Ciudad de Formosa. Con ello adquiere un relativo carácter regional y no meramente biprovincial, pero sin inserción de fuerzas regionales o empoderamientos particulares salvo la localización de las facultades. Actualmente tiene 49.875 estudiantes aproximadamente, en once facultades y múltiples institutos dependientes del rectorado

---

[2] Disponible en https://goo.gl/25yQRy (revisión: 17/03/2014).

La regionalización pasó a ser favorecida además por la autorización en 1958 de la creación de universidades privadas, con lo cual se produjo un fuerte proceso expansivo de universidades en todo el país y especialmente en el interior del país (Del Bello, Barsky y Giménez, 2007). Muchas eran universidades católicas de distintas órdenes con presencia en las distintas provincias. En este contexto desde inicios de los 60 se comenzaron a promover procesos de descentralización de la educación, con una revalorización del carácter federal del país, fundamentalmente a nivel de la educación primaria, pero que también plantearon un cambio de concepción en el sector terciario.

d. El Plan Taquini y la descentralización del Estado mediante universidades nacionales

En el contexto referido, y las tensiones estudiantiles, se probó la Ley 17.778 en junio de 1968, que habilitó la creación de universidades provinciales como innovación en la tipología institucional y el funcionamiento del sistema de educación superior. Esta fue planteada en el periodo militar bajo Onganía altamente dependiente del Poder Ejecutivo, sin ninguna autonomía real y limitada su cogestión, como un mecanismo de amortiguación de conflictos pero con bajo empoderamiento. La ley requería previo a la fundación por la provincia de un decreto del Poder Ejecutivo en el cual se prestase conformidad con el proyecto, donde toda modificación de las carreras, títulos, grados y otros cambios requiriese de nuevo acuerdo del Poder Ejecutivo. Ellas carecían de participación estudiantil y carecían de cogestión en tanto los órganos de gobierno solo podían estar integrados por profesores universitarios. Al tiempo la ley creó el Consejo de Rectores de las Universidades Provinciales como órgano de consulta, prefigurando un modelo por el cual la provincialización fuera el mecanismo dominante de la diferenciación institucional pública universitaria.

Bajo este marco se crearon varias universidades. El proceso de regionalización no fue en todas sus manifestaciones provincial. Tal es el caso por ejemplo de la Universidad Nacional de Rosario fundada en 1968 bajo Onganía y cuya estructura fundante fue un desprendimiento de la Universidad Nacional del Litoral, de quien toma sus primeros organismos académicos y administrativos. El eje aquí fue una mayor regionalización para cubrir demandas locales y no impulsar la constitución de universidades de mayores escalas. Hasta el año 1971 el sistema universitario argentino estaba formado por nueve universidades creadas en un período de más de trescientos años, y que acompañaban unas pocas universidades privadas y provinciales. En este contexto se plantea un impulso a la expansión y regionalización de la educación superior, en lo que se dio en llamar el Plan Taquini, que promovió la creación de nuevas universidades en el área metropolitana de Buenos Aires y en el interior del país. Planteado como un proyecto focalizado en unas pocas provincias, creó un movimiento que finalmente impulsó una amplia regionalización universitaria y que llevó a la creación en varias provincias de universidades nacionales. Ello respondió a varios factores, entre los cuales también se cuenta un enfoque político militar de diversificar el sistema con miras a aminorar los conflictos estudiantiles que habían llevado al Cordobazo del 69, y de concepciones militares sobre la "infiltración revolucionaria a las universidades".

El concepto de la descentralización con miras a amortiguar los conflictos sociales fue planteado en el Informe sobre la Gobernabilidad de las Democracias por la Comisión Trilateral, que sostenía que la descentralización tenía como una de sus finalidades dividir y desconcentrar los conflictos y aminorar los impactos de los conflictos y movimientos sociales, en este caso muy particularmente de los movimientos de protesta estudiantiles sesentistas (Crozier, 1975).

Algunas de estas universidades impulsadas por el Plan Taquini se conformaron además sobre la base de la integración de institutos terciarios locales, como la Universidad Nacional del Comahue, que integró algunas sedes en la provincia de la Universidad de Neuquén y otros institutos universitarios dispersos por la región. Es de destacar también en el marco del Plan Taquini una concepción que sostenía que las universidades de masas no alcanzaban los niveles requeridos de calidad e investigación, y el deseo de impulsar tanto nuevas carreras como nuevas configuraciones organizacionales centradas en la investigación (Taquini, 2000). Tales proyectos finalmente no se cumplieron y fracasó la mayor parte de dichos experimentos, que se ajustaron al modelo profesionalizante tradicional (Buchbinder, 2005). Ello probablemente asociado al carácter nacional homogenizante del modelo y la baja diferenciación real.

Universidades nacionales regionales impulsadas bajo el periodo militar post Córdoba

Universidad Nacional del Comahue	Neuquén	1971
Universidad Nacional de Río Cuarto	Córdoba	1971
Universidad Nacional de Catamarca	Catamarca	1972
Universidad Nacional de Salta	Salta	1972
Universidad Nacional de Lomas de Zamora	Buenos Aires	1972
Universidad Nacional de Entre Ríos	Entre Ríos	1973
Universidad Nacional de Jujuy	Jujuy	1973

Universidad Nacional de La Pampa	La Pampa	1973
Universidad Nacional de Misiones	Misiones	1973
Universidad Nacional de Luján	Buenos Aires	1973
Universidad Nacional de San Juan	San Juan	1973
Universidad Nacional de San Luis	San Luis	1973
Universidad Nacional de Santiago del Estero	Santiago del Estero	1973
Universidad Nacional del Centro de la Provincia de Buenos Aires	Buenos Aires	1974
Universidad Nacional de Mar del Plata	Buenos Aires	1975

Nota: Menos el caso de Río Cuarto, las otras han sido creadas en el marco del Plan Taquini.

e. La dinámica de la regionalización universitaria en el marco de la democratización política

Con el regreso democrático en 1983, se produjo la reconstrucción de los espacios autonómicos y lentamente se planteó un nuevo paradigma de provincialización y descentralización educativa. Ello impulsó una amplia descentralización educativa a través de la Ley 23.696, de 1992, que se asoció a un diagnóstico que identificaba a la existencia de un Estado pesado, con primacía de intereses endogámicos y corporativos que impulsaban tendencias centralistas con baja eficiencia. Según Barry (2005), se concebía que la eficiencia en la administración de recursos disponibles se podía lograr a través de una "descentralización, desburocratización y nuclearización, que debía traer consigo un menor costo de estructura y un mejor control de la eficiencia del gasto". Con ella además se buscaba evitar la superposición de servicios nacionales, provinciales y municipales en el marco de un traspaso de los servicios educativos y de los recursos, que fue acompañado con una mayor supervisión y regulación nacional.

Ello fue reafirmado en la Constitución vigente de 1994, que dispuso en el artículo 5:

> Cada provincia dictará para sí una Constitución bajo el sistema representativo republicano, de acuerdo con los principios, declaraciones y garantías de la Constitución Nacional y que asegure su administración de justicia, su régimen municipal y la educación primaria. Bajo de estas condiciones el Gobierno federal, garante a cada provincia el goce y ejercicio de sus instituciones.

El inciso 2 del artículo 125 dispone que "las provincias y la ciudad de Buenos Aires pueden (...) promover (...) la educación, la ciencia, el conocimiento y la cultura".[3]

La descentralización promovió de hecho un relativo cumplimiento de los principios federales. En tanto el gobierno nacional se reservaba los contenidos básicos y comunes y se focalizaba en la planificación, los niveles inferiores del Estado ejecutaban las políticas y promovían el cumplimiento de los criterios establecidos. Se concebía que la centralización tornaba difícil la supervisión adecuada y que ello creaba además un costo operativo excesivo con baja eficiencia. Ella derivó en una transferencia bajo convenios específicos con las provincias de 4500 establecimientos y 250.000 personas entre docentes y no docentes, cerca de 1500 inmuebles y un presupuesto global para entonces de 1500 millones de pesos. Pero más allá de los recursos, la descentralización tendió a favorecer una primacía de la unidad educativa misma. Cambió la lógica de funcionamiento del Ministerio, de las provincias y la organización educativa nacional, apoderando las provincias, permitiendo mayores controles de calidad, y a la vez revalorizó espacios de concertación como el Consejo Federal de Educación.

En este contexto de reordenamiento de servicios educativos, al mismo tiempo se desarrolló una política de desprovincialización, por la cual las universidades provinciales fueron "nacionalizadas". Ello tanto por problemáticas puntuales como por una concepción que diferenciaba la regionalización del sistema terciario al interior de las estructuras del Estado. Se concebía un sistema de educación y en particular de educación terciaria y superior donde a las provincias les correspondía la regulación y gestión de los institutos terciarios, en tanto que las universidades estaban en la órbita del gobierno nacional, pero actuando en un territorio provincial. Se conformaba un modelo complejo de universidades nacionales, provinciales y autónomas a la vez. Las universidades provinciales nacionalizadas fueron las siguientes.

El primer caso de nacionalización fue la actual Universidad Nacional de La Rioja, nacionalizada por Ley Nacional N° 24.299, del año 1993, a partir de su predecesora, la Universidad Provincial de La Rioja, instituida mediante Ley Provincial N° 3392, del año 1972, y que había dado inicio a sus actividades académicas en el año 1973. Ella había tenido un desarrollo inusual, resultado de un largo proceso de luchas de empoderamiento, y tiene su inicio en el convenio de instalación de una sede de la Universidad Nacional de Cuyo en 1952, que se cerró en 1955 por razones presupuestales. En un largo proceso de presiones se conformó el Movimiento Pro Universidad de la Rioja, que finalmente dio lugar a la creación de

---

[3] Disponible en https://goo.gl/eET3vw.

la primera universidad provincial en la Argentina (Lanzilloto, 2001). Fue a la vez la primera que se nacionalizó bajo el gobierno de Menem, y la formalización y suscripción del Convenio de Transferencia de la ex universidad provincial a la jurisdicción de la nación argentina se desarrolló en 1994. Fue este un proceso que para algunos le hizo perder pertinencia académica (Lanzilloto, 2001).

El segundo caso de nacionalización fue la Universidad Nacional de la Patagonia Austral, fue creada por Ley 24.446, en 1995, sobre la base de una evolución institucional desarrollada desde 1962, cuando se creó por convenio con la provincia una sede de la Universidad Nacional del Sur. Esta sede evolucionó y junto a diversos Centros de Estudios Terciarios no universitarios constituyeron la base de creación en 1991, amparada en el régimen de universidades provinciales, de la Universidad Federal de la Patagonia Austral en el marco de la recién creada provincia de Tierra del Fuego en 1989. La Ley de 1995 invirtió el proceso y dispuso su transformación en universidad nacional y la transferencia efectiva a la jurisdicción nacional al año siguiente.

El tercer caso, la Universidad de Formosa, tiene su génesis en una sede allí instalada derivada de un convenio firmado entre el gobierno de la provincia y la Universidad Nacional del Nordeste (UNNE), que a su vez había sido creada como universidad nacional en 1956 por Decreto Ley N° 22.229. Desde ese momento, la provincia impulsó esa oferta académica de la sede en Formosa de la UNNE. La Universidad Nacional de Formosa se creó por la Ley N° 23.631 del 24 de septiembre de 1988, que impuso la transferencia de las unidades académicas dependientes de la UNNE, con asiento en Formosa, a la nueva universidad.

Con estos distintos procesos de nacionalización se clausuraron las dinámicas universitarias a escala de las provincias, y el sistema universitario público se estructuró únicamente sobre la base de universidades nacionales más allá de su localización espacial y sin articulación formal con las provincias. Ellas tienden a representar a la nación en la provincia y a las políticas educativas nacionales.

Tal política de estatización o de nacionalización universitaria fue expresión de un modelo de regionalización particular de la educación superior, a través de una relativa desconcentración y en menor proporción de una descentralización, en tanto restringió el desarrollo de universidades provinciales. Ella segmentó la provincialización educativa a los servicios de educación básica, media y terciaria, y localizó los servicios universitarios públicos a nivel exclusivamente nacional.

Esto se reafirmó en la Ley de Universidades de 1995, que aunque derogó la ley de la dictadura de universidades provinciales, mantuvo la figura jurídica de universidades provinciales a través del artículo N° 69, que expresaba:

Los títulos y grados otorgados por las instituciones universitarias provinciales tendrán los efectos legales en la presente ley, en particular los establecidos en los artículos 41 y 42, cuando tales instituciones: a) Hayan obtenido el correspondiente reconocimiento del Poder Ejecutivo nacional, el que podrá otorgarse previo informe de la Comisión Nacional de Evaluación y Acreditación Universitaria, siguiendo las pautas previstas en el artículo 63; b) Se ajusten a las normas de los capítulos 1, 2, 3 y 4 del presente título, en tanto su aplicación a estas instituciones no vulnere las autonomías provinciales y conforme a las especificaciones que establezca la reglamentación.

f. Las nuevas iniciativas de universidades públicas provinciales en el siglo XXI en Argentina

La Universidad Autónoma de Entre Ríos fue la primera institución universitaria que inició este camino derivado de la política de desconcentración y descentralización desarrollaba en los 90 y de los nuevos contextos políticos bajo el gobierno de la Alianza (De la Rúa – Álvarez). La provincia históricamente había creado diversos institutos terciarios al tiempo que otros que estaban allí radicados funcionaban bajo control nacional. Estos fueron transferidos en el marco de la Ley de Transferencia, así como de la diferenciación de roles y cometidos en el ámbito de la educación superior establecidos en la Ley de Universidades, que dispuso que la regulación de las instituciones terciarias quedara bajo el mandato de las provincias.

Dicha Ley de Universidades N° 24.195, de 1995, a través de su artículo 15 dispuso que

corresponde a las provincias y a la Municipalidad de la Ciudad de Buenos Aires, el gobierno y organización de la educación superior no universitaria en sus respectivos ámbitos de competencia, así como dictar normas que regulen la creación, competencia, modificación y cese de instituciones de educación superior no universitaria y el establecimiento de las condiciones a que se ajustará su funcionamiento, ajustado a la propia ley, y que en sus respectivas jurisdicciones atenderán en particular la estructuración de los estudios en base a una organización curricular flexible y que facilite a sus egresados una salida laboral; la articulación de las carreras afines estableciendo en lo posible núcleos básicos comunes y regímenes flexibles de equivalencia y reconversión; tender a ampliar gradualmente el margen de autonomía de gestión de las instituciones respectivas, dentro de los lineamientos de la política educativa jurisdiccional y federal; y desarrollar modalidades regulares y sistemáticas de evaluación institucional.

En el marco de la nueva ley, de la descentralización, y bajo una nueva hegemonía política a nivel nacional y provincial, se dispuso la creación de la Universidad Provincial de Entre Ríos, que integró a 28 de los 65 institutos terciarios de la provincia, a escuelas medias y a la Unidad Docente de Medicina existente en la provincia, y en concordancia integró a 1250 docentes (Bartolino, 2009). El Proyecto de Universidad fue avalado por la Comisión Nacional de Evaluación y Acreditación Universitaria (CONEAU) y derivó en la aprobación del Decreto Nacional 806/2001, por el cual se le otorgó el reconocimiento a la UAdER por parte de la presidencia en junio de 2001 en los términos de lo establecido en la Ley de Educación Superior de 1995.

Posteriormente con la terminación del periodo de gobierno de la Alianza tanto a nivel nacional (2002) como provincial (2003), hubo un cambio de orientaciones y el proceso se complejizó al plantearse exigencias a la instrumentación de la universidad. En 2003 se requirió que los profesores fueran universitarios como condición para llenar los cargos y normalizar la institución. El nuevo gobierno peronista de la provincia en 2003 buscó paralizar el proyecto, lo cual no se logró dadas las resistencias estudiantiles y docentes, pero el proceso de institucionalización se enlenteció por carencia de recursos, decisiones y reconocimiento de diferenciaciones. Ello derivó en una radicalización estudiantil y docente con múltiples huelgas en 2007 que exigían la normalización (recursos presupuestales para unificar los institutos y mejorar la formación). Tales luchas forzaron un avance hacia una normalización de la dinámica académica y se comenzaron a realizar concursos, designaciones y jubilaciones con miras a ajustar la plantilla docente a los requerimientos de la CONEAU, además de las elecciones que legitimaran el marco normativo de la universidad. En tal contexto se verificó la existencia de conflictos al interior del oficialismo entre diversos grupos de la provincia por el manejo de la institución. Tales diferencias facilitaron el proceso normalizador.

La solución provino también de la judicionalización del conflicto ante amparos docentes presentados que finalmente concluyeron en sentencias que impusieron la obligatoriedad de otorgar los recursos para realizar los concursos y las designaciones subsiguientes (Grasso, 2012). En tal proceso de normalización, se fueron reformulando los planes de las carrera para adaptarlos a la normativa de la CONEAU en el marco de tensiones y limitaciones presupuestales. La institución avanzó hacia un modelo nacional y hacia la única tipología existente de universidades. Este largo proceso de reconversión concluyó por Resolución N° 787 del año 2009, cuando el Ministerio de Educación de la Nación dio por finalizado el proceso de seguimiento por parte de la CONEAU. Sin embargo el proceso normalizador continuó varios años más por el propio tamaño que tenía y que había adquirido la UAdER, y por las propias complejidades de su alta descentralización en diversas sedes con su sede central en Paraná, con una planta total de 2949 docentes, con 700 empleados administrativos y una matrícula de 18.400 alumnos en 2010, que representan el 1,3% de la matrícula nacional, con una tasa de crecimiento estudiantil, entre 2000 y 2010, del 18%, una de las más grandes del país.

En dicho proceso el gobierno nacional buscó marginarse. Su postura y el paradigma nacional y centralista de la educación superior se expresó posteriormente cuando se presentó en el Congreso Nacional un proyecto para transferir al gobierno nacional a la UAdER. El proyecto, presentado por la entonces senadora entrerriana oficialista Blanca Osuna y retomado en 2012 por la senadora Elsa Ruiz Díaz y su par Pedro Guastavino, planteó la desaparición de esta universidad provincial y su nacionalización.[4] Esto se propuso como un principio de solución para el largo y complicado proceso de construcción y de empoderamiento de la universidad provincial, dadas las resistencias del gobierno central, la carencia de recursos provinciales, la ausencia de marcos nacionales para estas universidades y la complejidad de la integración de tan alta calidad de instituciones. La nacionalización se plantea como mecanismo para elevar la calidad académica y el impulso definitivo a los concursos docentes, posibilitando -ya en la esfera nacional- el incremento de los salarios, tanto de los profesores universitarios como del personal administrativo, en tanto pasan a estar equiparados en el nivel de las universidades nacionales. En tanto el gobierno de Entre Ríos limita las partidas financieras para cumplir los requisitos que le establece el CONEAU (en 2012 tiene asignado un presupuesto de 300 millones de pesos para casi 20.000 estudiantes), ello impulsa las demandas de su nacionalización como solución para equiparar salarios e imponer estándares nacionales. Desde el lado de la provincia la nacionalización es vista como un mecanismo para reducir sus gastos al transferirse el sostenimiento al gobierno central. Desde otros partidos, se considera que es un intento de violentar la Constitución provincial reformada, en cuyo artículo 269 se expresa que la universidad provincial tiene plena autonomía y que el Estado garantiza su autarquía y gratuidad.[5]

Desde el Partido de la Unión Cívica Radical se sostuvo igualmente que la correcta interpretación de la norma del artículo 269 representaba una valla difícil de sortear para transferir a la nación la universidad provincial; establecía que la provincia "garantiza su autarquía y gratuidad", lo que obviamente se sostenía, pero esto no podía asegurarse con la transferencia al orden nacional de la UAdER. Además se sostenía que el proyecto de ley, pretendiendo nacionalizar la UAdER, implicaba una expropiación a los entrerrianos al prever la transferencia de todos los bienes muebles e inmuebles a la órbita nacional; es decir, la escuela Normal de Paraná, la escuela Alberdi, el histórico Colegio del Uruguay –entre otros– dejarían de pertenecer al Estado provincial, muchos de los cuales eran previamente de la provincia. En este contexto el control sobre la formación de nuestros docentes –en una parte importante– quedaría en el

---

[4] Disponible en https://goo.gl/msvmYH (revisión: 30/01/2014).
[5] El GEN (del Frente Amplio) contra la Nacionalización de la Universidad Autónoma de Entre Ríos. Disponible en https://goo.gl/4c8oyE (revisión: 01/03/2014).

orden nacional, cuando hay una norma que lo transfiere a las provincias. Finalmente, siendo el financiamiento de la UAdER lo que disparaba la pretensión nacionalizadora, una cuestión presupuestaria no justificaba en modo alguno el intento de trasladar esta universidad al ámbito nacional, ya que el gobierno nacional podía transferir recursos a las universidades de las provincias.

En este contexto el proyecto de ley derivó en amplias movilizaciones estudiantiles y políticas y derivó en que finalmente el gobernador de la provincia, Urribarri, pidiera el retiro del proyecto que creaba la Universidad Nacional Fermín Chávez como paso previo a la nacionalización de la UAdER. Más allá de su planteamiento anterior, donde señalara lo "inviable" de la situación de la universidad, el conflicto político que se avecinaba ante las dimensiones de la UAdER, junto con los aspectos propiamente constitucionales que habían soldado la relación entre provincia y universidad, llevaron al retiro del anteproyecto, con lo cual probablemente se saldó el debate y se amplíen a futuro las dinámicas de expansión de universidades provinciales y la mayor diferenciación en los sistemas.

g. Las nuevas iniciativas de universidades públicas provinciales en el siglo XXI

En esta línea desde otros enfoques políticos y conceptuales vinculados a la regionalización y el empoderamiento, el ejemplo de la Universidad de Entre Ríos ha llevado a otras provincias a impulsar la creación de nuevas universidades provinciales. En este contexto en los últimos años, en el marco de desarrollos regionales, de nuevas concepciones sobre la regionalización y el empoderamiento y también de nuevas dinámicas políticas partidistas de las provincias, distantes del gobierno nacional, se han desarrollado iniciativas de universidades provinciales, como han sido los casos de las universidades de Chubut, La Punta, Córdoba y Pedagógica de Buenos Aires. Estas iniciativas muestran tanto la existencia de desequilibrios en el acceso, como un nuevo rol de la universidad en la legitimación política, en el empoderamiento de las provincias y en las propias luchas político partidarias. Estas iniciativas han sido todas provenientes de provincias que no coinciden con las orientaciones políticas del gobierno nacional. Inclusive estas dinámicas provinciales se han realizado donde existen universidades nacionales. Ellas han sido:

1. La Universidad Provincial de La Punta (ULP) fue fundada en 2004 por el gobierno de la provincia de San Luis. Es la primera universidad provincial con campus universitario y se encuentra en la ciudad de La Punta. A la fecha incluye un Parque Astronómico, seis edificios (Rectorado, Pabellón de Aulas y Residencias universitarias) y cuenta con otros tres edificios donde funciona el Parque Informático, en

el cual diversas empresas desarrollan actividades relacionadas con el *software* y la industria informática. No tiene oferta universitaria, dado que esta es exclusivamente terciaria, también articulada a dichas empresas, favoreciendo la inserción laboral de los graduados de las tecnicaturas en desarrollo de *software* y gestión empresarial. La ULP impulsa un modelo de largo plazo de desarrollo educativo articulado con empresas. La universidad tiene como una de sus áreas el impulso a políticas de la provincia, tales como la agenda digital de conectividad en la provincia, el apoyo informático a las escuelas, el desarrollo de recursos de aprendizaje y de apoyo digital, la historia clínica digital y el gobierno digital. Como segunda línea de trabajo y de sus tecnicaturas se desarrolla un área audiovisual asociada a la construcción de estudios de cine que impulsa la provincia.
2. La Universidad Pedagógica Provincial de la Provincia de Buenos Aires fue creada por Ley N° 13.511 de 2006 como una universidad descentralizada y regionalizada con autonomía académica y autarquía financiera y administrativa. Ella se ajusta a los criterios nacionales establecidos por la Ley de Educación Superior y marca la diferencia frente a los institutos terciarios al disponer que los docentes deberán ser profesionales universitarios con título habilitante o formación equivalente designados por concursos públicos transparentes, y que los estudiantes deben haber concluido el nivel medio de enseñanza para el ingreso. Se establece que su educación será gratuita, aunque la participación estudiantil se acota, lo que será establecido en el Estatuto de la Universidad.
3. La Universidad Provincial del Chubut fue creada el 22 de diciembre de 2008, mediante la Ley N° 5819, durante el mandato del gobernador Mario Das Neves.[6] Creada como persona jurídica pública, dotada de autonomía académica e institucional y autarquía económico-financiera, tiene su sede en la ciudad de Rawson, pudiendo establecer organismos o dependencias dentro de la jurisdicción provincial, y se rige por las disposiciones de la Ley Nacional N° 24.521 de Educación Superior, o la que en el futuro la sustituya, en tanto no vulnere la autonomía provincial. Su ley de creación establece que la administración superior tendrá representación de docentes, estudiantes, egresados, no docentes y del Ministerio de Educación de la Provincia del Chubut. En 2010, comenzaron las actividades a nivel de tecnicaturas (Enfermería y Desarrollo de *Software*) y se han iniciado los procesos de licitación para construcción de espacios físicos propios, de los que aún carece. Ha firmado además convenios con las otras universidades provinciales.

---

[6] Disponible en https://goo.gl/7ARrtr.

4. La Universidad Provincial de Córdoba inició este camino en abril de 2007 cuando se aprobó la Ley 9375. Esta integra además las ocho instituciones provinciales terciarias existentes, propende a trabajar conjuntamente e integrarse con los establecimientos educativos provinciales y se enmarca en la universitarización de la formación terciaria y el empoderamiento de la provincia. La ley aprobada establece una protección regional al disponer en su artículo 3 que

> solo podrá ser intervenida por la Legislatura de la Provincia, o durante su receso por el Poder Ejecutivo -debiendo en este caso ser ratificada por aquella en el término de treinta días de reiniciadas las sesiones ordinarias-, por alguna de las siguientes causales: 1. Conflicto insoluble dentro de la institución que haga imposible su normal funcionamiento; 2. Grave alteración del orden público, y 3. Manifiesto incumplimiento de la normativa legal, y que dicha intervención a la Universidad deberá ser siempre por un plazo determinado, el que no superará los seis meses y nunca podrá menoscabar la autonomía académica en un intento de blindar posibles procesos de nacionalización futuros.

La ley establece que se debe asegurar la representación en los órganos colegiados del gobierno superior de la universidad, de docentes, estudiantes, egresados, no docentes, del Ministerio de Educación Provincial y del Consejo Social, reconociendo la mayoría a los primeros, y que los representantes del Ministerio y del Consejo Social solo tengan voz pero no voto.

El determinante de la creación de estas universidades ha estado asociado a dinámicas políticas a nivel de las provincias y, a la vez, a intentos de conformar empoderamientos y desarrollos universitarios locales que superen las limitaciones y las dependencias de la nación. Ellas se apoyan en el marco normativo que permite ofertar educación terciaria, pero en el marco del objetivo de recorrer un proceso normativo e institucional para alcanzar a conformar universidades plenas. Hoy aún solo tienen el nombre y las orientaciones, ya que desde los organismos de regulación nacional se limita su desarrollo. Igualmente se carece de un marco normativo que permita romper la segmentación de un modelo donde a nivel de las provincias pueden crearse y regularse los institutos terciarios, quedando el nivel nacional bajo la supervisión y creación de las universidades.

h. Las nuevas universidades nacionales

En Argentina, en este contexto de irrupción de los proyectos de universidades provinciales en disputa de espacios de poder y académicos, se ha desarrollado al mismo tiempo la creación de nuevas universidades nacionales como instrumentos directos del gobierno nacional. En tan sentido desde 2003 se crearon nueve universidades nacionales, seis de las cuales están ubicadas en el conurbano bonaerense y tres en el resto del país. Estas son la Universidad Nacional Arturo Jauretche (Florencio Varela – Buenos Aires); la Universidad Nacional de Avellaneda (Buenos Aires); la Universidad Nacional de Chilecito (La Rioja); la Universidad Nacional de Moreno (Buenos Aires); la Universidad Nacional de Río Negro (Río Negro); la Universidad Nacional de Tierra del Fuego e Islas del Atlántico Sur; la Universidad Nacional de Villa Mercedes (San Luis); la Universidad Nacional del Chaco Austral; y la Universidad Nacional del Oeste (Merlo, Buenos Aires). Con ellas se alcanza a 51 universidades nacionales con financiamiento del Tesoro Nacional. Estas universidades nacionales se han localizado en regiones en las cuales había presencia de sedes de universidades nacionales y han aumentado los niveles de concurrencia ya que no siempre tales sedes se han incorporado a las nuevas instituciones creadas. Se ha considerado que algunas de estas nuevas universidades se han estructurado como mecanismos de acción política partidaria sobre la base de un modelo de articulación entre los partidos y las universidades en un entorno urbano específico y altamente dependiente de los "punteros" políticos locales y de los intendentes del partido de gobierno en dichas localidades, al considerarse que aunque hay una adscripción nacional a un modelo homogéneo, existe una articulación política a las fuerzas partidarias locales (Debesa, 2013). La creación de estas universidades ha aumentado los niveles de competencia, y ha mostrado un escenario donde ellas participan en concurrencia con universidades provinciales y con sedes de universidades nacionales en dichos territorios. Las nuevas universidades, por su diferente articulación política, no siempre han integrado las sedes de las universidades nacionales en las provincias donde han actuado. Tal han sido por ejemplo los casos de la Universidad de Villa Mercedes[7] o de la Universidad Nacional del Oeste, que no integraron las sedes universitarias preexistentes en las ciudades donde se asentaron.[8]

i. El fracaso de la vuelta del modelo centralista de universidad federal

El modelo de universidad federal fue replanteado en el año 2009 mediante un proyecto de ley presentado por el diputado Gustavo Marconato de creación de la Universidad Agraria Nacional (UAN). La UAN, proyectada con un carácter de universidad federal y orientada a la formación a los pequeños productores y a los trabajadores rurales, promovía una formación especializada, un acceso gratuito y flexibilidad de sus horarios.

---

[7] Ley 26.542 de Creación de la Universidad Nacional de Villa Mercedes en Villa Mercedes, Provincia de San Luis. Disponible en https://goo.gl/QweWbg.
[8] Ley 26.544 de Creación de la Universidad Nacional del Oeste en Merlo, Provincia de Buenos Aires. Disponible en https://goo.gl/A1pKLD.

Se planteaba la investigación, buscando recuperar un rubro, como en el caso de las semillas, que por distintas razones, en las últimas décadas fue quedando en manos privadas.

El proyecto fue creado y desarrollado por el diputado nacional santafesino Gustavo Marconato (Frente para la Victoria), en el marco de la crisis del campo, mediante el cual se proponía dar una respuesta política desde el gobierno nacional a través de la creación de un proyecto federal centrado en Venado Tuerto. Este proyecto del oficialismo fue aprobado por la Cámara de Diputados de la Nación en el año 2009, que le dio media sanción al ser apoyado por 173 votos afirmativos y 84 negativos. En el Senado fue aprobado por las comisiones de Educación y Presupuesto (igual que en Diputados) pero la iniciativa quedó pendiente de tratamiento y perdió estado parlamentario.

Si bien la universidad tenía su sede nacional en Venado, al igual que la UTN proyectaba su desarrollo en todo el territorio nacional como universidad federal. El proyecto promovía que su oferta académica no se superpusiera con las de otras casas de altos estudios, adecuando programas y currículos a un perfil específico vinculado a las características del sector agropecuario; sin embargo encontró resistencias en las universidades nacionales localizadas en las diversas provincias y con ofertas en el sector agropecuario. El Consejo Superior de la Universidad Nacional de Río Cuarto (UNRC), por ejemplo, manifestó su oposición al proyecto argumentando que el área geográfica de influencia tiene "una importante oferta de carreras agropecuarias de grado y postgrado y un sólido desarrollo de investigación" en las universidades nacionales de Rosario, Río Cuarto, Villa María, nordeste de la provincia de Buenos Aires, Entre Ríos y el litoral, todas ellas próximas a la zona de Venado Tuerto. Refirió además que la denominación planteada de "Universidad Agraria Argentina" se contradecía con el artículo 27º de la Ley de Educación Superior, que establece que una universidad para ser tal debe cubrir varias áreas de conocimiento y que por ende al ser esta especializada debería tener la denominación de instituto universitario.

El proyecto fue nuevamente presentado y aprobado en la Comisión de Presupuesto y Hacienda de Diputados tras el previo dictamen de Educación, comisión cabecera de la iniciativa, pero nuevamente se congeló, abandonándose de hecho un modelo de regionalización de tipo federal y sobre una oferta especializada.

Conclusiones: política, universidad y regionalización en la dinámica de construcción del sistema de educación superior

En la historia argentina, se encuentra una dinámica universitaria en la construcción del sistema de educación superior marcada por una tensión y una lógica pendular entre enfoques federales, nacionales desconcentrados o descentralizados y provinciales, que muestran diferencias políticas de cómo se concibe la regionalización y del rol de los sistemas universitarios. Han existido históricamente políticas orientadas a un desarrollo regional universitario y terciario bajo control nacional, de las propias universidades a través de sedes o directamente impulsadas y articuladas a los poderes locales. Ello se ha expresado en las figuras institucionales de universidades nacionales y de universidades provinciales con sus diferencias y huellas en la historia, lo cual muestra claramente que la génesis de la universidad en Argentina ha sido su carácter provincial.

Buchbinder (2005) enfoca parte de la dinámica centralista contemporáneamente en la etapa peronista a fines de los 40, que impulsó un fuerte proceso de centralización universitaria y una dinámica de la vida académica que ha pasado a estar crecientemente articulada a la dinámica política. Sin embargo, las doctrinas militares y también las desarrollistas no han estado ajenas a esas construcciones. También encontramos raíces de estos procesos de nacionalización en gobiernos radicales, en las banderas de la Reforma de Córdoba e inclusive en los gobiernos del siglo XIX. Las fuerzas locales crean impulsos y procesos de empoderamiento a través de universidades provinciales que luego son atrapadas y transferidas a la órbita nacional reforzando el centralismo federal. Ello se ha constituido en uno de los ejes de la política universitaria en el correr de su historia vista como largo período. Las fuerzas provinciales y del empoderamiento han sido constantes, con lo cual han facilitado la expansión de la oferta y la demanda y nuevas ofertas institucionales. Y a la vez también han sido constantes las fuerzas de la nacionalización con sus diversos matices y determinantes.

En el siglo XXI las nueva realidad de la masificación de los accesos y de la democratización de la vida social ha vuelto a replantear el tema. Ella agrega nuevas concepciones sobre la pertinencia, la definición de la calidad y el rol del empoderamiento en el desarrollo de capacidades económicas y sociales. Así, nuevamente desde la primera década del siglo, en el marco de un nuevo rol del Estado, se ha replanteado la creación de tales instituciones con mayor o menor nivel de articulación a los niveles intermedios del Estado. Se podría afirmar la existencia de un telón de fondo general que marca una tendencia hacia la regionalización de la educación superior, pero donde hay diferencias sustanciales en las formas que asume la articulación a los niveles secundarios y terciarios de la estructura de los Estados.

Los proyectos provinciales, para el caso del análisis de Argentina, han tenido resistencias desde el gobierno nacional, y su desarrollo y consolidación han estado insertos y determinados por complejas dinámicas de construcción y de legitimación sobre los marcos de la regulación nacional, de las concepciones ideológicas y de las luchas político-partidarias. Desde el ámbito académico, tales proyectos se critican en tanto aparecen ciertas limitaciones en términos de su autonomía, al afirmarse, por ejemplo en la Ley de Creación de la Universidad de La Punta (ULP) en San Luis, que es obligación que "la autonomía se ejerza con responsabilidad, admitiendo mecanismos de coordinación con el sistema educativo general de la Provincia", que el Ministerio provincial tiene representación en los órganos colegiados de gobierno o que "cualquier modificación sustancial del proyecto institucional o de los estatutos se deberá contar con dictamen favorable del Ministerio" (Menghini, 2007).

Hay en tal sentido un trasfondo de tensión y de discusión entre la autonomía y la pertinencia o articulación a los niveles de las provincias. Más allá de los proyectos específicos, está en discusión el paradigma de la autonomía y la presencia de actores externos en la gestión universitaria en la discusión que atraviesa la historia argentina, y también una lucha política partidaria en el marco de una creciente dinámica donde la política se articula a las luchas entre nación y provincias en función de quien ejerce esos espacios.

También es de destacar que los actuales proyectos y modelos de diferenciación y de regionalización expresan un nuevo momento político, socioeconómico y universitario del país, con diferencias alrededor de las características de los sistemas universitarios y de educación superior. Mientras que algunas provincias instalan universidades en sus regiones, el gobierno nacional instala nuevas universidades a nivel nacional, e inclusive en las provincias, donde gobierna la oposición que intentan desarrollar sus propios proyectos universitarios con fuertes resistencias nacionales. Tal ha sido el caso de la provincia de San Luis, que ameritaría una reflexión muy particular en tanto allí al tiempo que se promovió la creación por el gobierno provincial (peronista) de la Universidad de la Punta (ULP) frente a la Universidad Nacional de San Luis (UNSL) (radical), a la vez el gobierno nacional (kirchnerista) ha impulsado la creación de la Universidad Nacional de Villa Mercedes, donde la propia (UNSL) tenía una sede.

El sistema universitario finalmente se debate entre un paradigma centralista universitario localizado por universidades nacionales localizadas en provincias o regiones específicas, un sistema de sedes de universidades nacionales en las ciudades de tercer nivel, la creación de universidades provinciales con sus propias sedes y sedes de un modelo universitario federal. Más allá de las intencionalidades y de las tensiones de regulación y control irrumpe otro modelo diferenciado, complejo, superpuesto y que aumenta la competencia con multiplicidad de actores en punga de espacios de poder y de territorio, en cuya construcción han sido determinantes las dinámicas en pugna de los partidos políticos y sus propios proyectos de desarrollo como aparatos de poder y gobierno. En estas dinámicas de la educación superior crece una regionalización universitaria como un espacio de lucha partidaria y de construcción de liderazgos políticos, en tanto la creación de universidades permite construir hegemonías políticas a su interior, que se reproducen en el tiempo con muy alta permanencia, impactando en la dinámica política partidaria futura.

Referencias bibliográficas

Barba, F. (1972), "Notas sobre los orígenes de la Universidad de la Plata". *Trabajos y Comunicaciones*, N° 21, La Plata, pp. 11- 27.
Barba F. (comp.) (2005), *La Universidad de La Plata en el aniversario de su fundación (1905 – 2005)*, La Plata: UNLP.
Barry, L. A. (2005), *La transferencia de los servicios educativos*. Buenos Aires: Nuevohacer.
Bartolini, Ana María; Carenzo de Gebhart, Ruth; D'Ángelo Gallino, Virginia Ester; Vivas, Daniela Roxana (2009), "El proceso de creación de la UADER y las representaciones sociales de docentes transferidos a la Facultad de Ciencias de la Gestión". *Tiempo de Gestión*, año 5, N° 7, pp. 13-34.
Buchbinder, P. (2005), *Historia de las universidades argentinas*. Buenos Aires: Sudamericana.
Buchbinder, P. y Marquina, M. (2008), *Masividad, heterogeneidad y fragmentación. El sistema universitario argentino. 1983-2008*. Buenos Aires: Universidad Nacional de General Sarmiento.
Castro, S. (2009), "Costa Rica frente a la regionalización de la educación superior. El primer centro regional en San Ramón, Alajuela". *Revista de las sedes regionales*, Vol. 10, N° 18, pp 174-203, San José.
Carnoy, M. (2007), *Economía de la educación*, España: UOC.
Crozier, M.; Huntington, S. & Watanuyi (1975), *The crisis of democracy. Report on the Governability of Democracies to the Trilateral Commision*. New York: NY University Press.
Cuneo, D. (selección, prólogo y cronología) (1988), *La reforma universitaria (1918 – 1930)*. Caracas: Biblioteca Ayacucho.
Debesa, F. (2013), "Impulsan más universidades K y crece el debate por el descontrol". *Clarín*, 24 de noviembre.

Dibbern, A. (2002), "Universidad Nacional de la Plata". *Agenda Académica*, Vol. 9, N° 1 y 2. Caracas.

Ezcurra, A. M. (2011), *Igualdad en educación superior. Un desafío mundial*. Argentina. Universidad Nacional de General Sarmiento.

Grasso, B. & Varela, J. (2012), "La lucha por la normalización de la UADER. Mesa N° 3. El movimiento estudiantil desde el proceso a la actualidad". *IV Jornadas de Estudio y Reflexión sobre el Movimiento Estudiantil Argentino y Latinoamericano*. Departamento de Ciencias Sociales, Universidad Nacional de Luján.

Grille, L. (2013), "VII Censo Estudiantil de la Universidad de la República. Primera Generación". *Caras y Caretas*, N° 638, pp. 8-14.

Lanzillotto, C. A. (2001), *Historia de la Universidad de La Rioja: 1956-1973*, Colección Los Naranjos. Córdoba.

Menghini, R. A. (2007), "Universidades proviciales y nuevas formas de gestión". *V Encuentro Nacional y II Latinoamericano La Universidad como objeto de investigación*. Universidad Nacional del Centro de la Provincia de Buenos Aires – Facultad de Ciencias Humanas. Buenos Aires.

Martínez Rizo, F. (2002), *La federalización de la educación superior en México. Alcances y limitaciones del proceso en la década de los años noventa*. México: ANUIES.

Ministerio de Educación y Cultura (2012), *Datos sobre la educación superior en el Paraguay*. Paraguay: Viceministerio de Educación Superior.

Moncayo, E. (2002), "Nuevos enfoques teóricos, evolución de las políticas regionales e impacto territorial de la globalización. Instituto Latinoamericano y del Caribe de Planificación Económica y Social – ILPES". *Serie de gestión pública* N° 27. Santiago de Chile.

Morles, V. (2003), *La educación superior en Venezuela*, Venezuela: UNESCO.

Musto, C. (2012), *Estado del arte en torno a la regionalización en el Uruguay*. Uruguay: UDELAR, Comisión Coordinadora del Interior. Disponible en https://goo.gl/Bk6zVf (consulta: 12/08/2013).

Ocampo, G. (2013). "Innovaciones trascendentes producidas en la Educación Superior Argentina durante el período 1846-1955". *Revista Debate Universitario*, Vol. 2, N° 3, noviembre, pp. 57-77, Buenos Aires: CAFE-UAI. Disponible en https://goo.gl/ZusiAw (consulta: 11/02/2014).

Pérez Lindo, A. (2003), *Universidad, conocimiento y reconstrucción nacional*. Buenos Aires: Biblios.

Rama, C. (2011), *Paradigmas emergentes, competencias profesionales y nuevos modelos universitarios en América Latina*. Puebla: Benemérita Universidad Autónoma de Puebla. Educación y Cultura.

Rama, C. (2012a), "La nueva dinámica de la educación superior privada en Venezuela". *Pizarrón Latinoamericano*, año 1, Vol. 2, pp. 41-55.

Rama, C. (2012b), *La reforma de la virtualización. El nacimiento de la educación digital*. México: Universidad de Guadalajara.

Raúl A. (2011), "Universidades provinciales y nuevas formas de gestión". *V Encuentro Nacional y II Latinoamericano La Universidad como objeto de investigación*. Universidad Nacional del Centro de la Provincia de Buenos Aires.

Rojas, R. (2005), "Historia de la Universidad en Venezuela" *Revista Historia de la Educación Latinoamericana*, Nº 7, pp. 73-98. Disponible en https://goo.gl/U9Fe6K (consulta: 03/08/2013).

San Segundo, J. M. (2001), *Economía de la educación*, España: Síntesis educación.

Taquini, A. (hijo) (2000), *La transformación de la educación superior argentina: Academia Nacional de Educación*. Buenos Aires.

Vallejo, G. (2007), *Escenarios de la cultura científica Argentina: ciudad y universidad (1882-1955)*. Madrid: Consejo Superior de Investigaciones Científicas.

Vélez Álvarez, S. (2012). *La Regionalización en UNIMINUTO. Sedes, Centros Regionales y CERES*. Colombia: UNIMINUTO. Disponible en https://goo.gl/nUs15U (consulta: 22/12/2013).

Verger Planells, A. (2011), "Regionalización de la educación superior y globalización económica: el caso del proceso de Bolonia". *Revista de Innovación Educativa*, Vol. 11, N° 56, pp. 14-21. Disponible en https://goo.gl/LMBQEx (consulta: 16/01/2014).

Villa, L. (2001), *Economía de la educación*, Colombia: Universidad de Los Andes.

UNESCO (2003), *Situación educativa de América Latina y el Caribe: hacia la educación de calidad para todos al 2015*. Chile: OREAL.

UNESCO (2012), *Situación Educativa de América Latina y el Caribe. Hacia una educación para todos 2015*. Santiago: OREAL. Disponible enhttps://goo.gl/g7Ammm (consulta: 04/03/2014).

12

La investigación institucional en las universidades argentinas

María Pita Carranza y Julio Durand

Introducción

Diversos actores y especialistas que tienen la educación superior como campo de estudio y desempeño han manifestado la necesidad de proceder con cuidado en los diagnósticos y consecuentes planes de acción, ya sea en el nivel de las políticas públicas para los sistemas nacionales o regionales, como en el plano de las instituciones individuales, o sus unidades académicas o sectores. Y el cuidado básico se concreta en disponer de datos e información suficiente y apropiada, que permita producir un conocimiento valioso que ayude a construir modelos eficaces de gestión institucional. Con demasiada frecuencia se experimenta la ausencia de dichos modelos, se hace patente la falta de conocimiento significativo y debemos conformarnos con datos estadísticos más o menos desagregados, que a lo sumo aspiran a ser tratados como información. De acuerdo con este nuevo contexto fue como surgieron, al interior de las universidades, actividades que consisten en planificar, recolectar, analizar y difundir la información acerca de las características y desempeño de la institución. Estas tareas adquieren diferentes configuraciones organizativas y estatus administrativos de acuerdo con las características de las instituciones, y se llevan a cabo existan o no unidades creadas específicamente para ese fin. En las universidades en las que estas tareas se desarrollan como una actividad organizada, se la conoce como "investigación institucional" (en inglés, *Institutional Research*), definición que tiene la virtud de destacar que lo que se hace es considerar a la propia universidad como objeto de investigación, con los métodos de estudio correspondientes a la ciencia social (Bernasconi, 2010). En pocos años, esta actividad se desarrolló y expandió en universidades de prácticamente todas las regiones y contextos, tomando una dimensión internacional.

Evidentemente, la manera en que la investigación institucional se lleva adelante está vinculada a las características particulares de cada institución, del sistema de educación superior y de la sociedad en que se inserta. Pero más allá del motivo de su adopción, de la manera en que se definen sus funciones, de la estructura que adopta y de la complejidad con que se realiza, en todos los casos y en todos los niveles existen evidencias de los beneficios significativos que ofrece.

El caso de Latinoamérica en general, y de las universidades argentinas en particular, constituye una excepción a esta tendencia. Si bien se puede identificar una creciente producción en cuanto a la educación superior en general y a la universidad como objeto de investigación, no hay en la región, a pesar de haber afrontado los mismos procesos que la mayoría de los países del mundo, demasiadas evidencias de la existencia de la investigación institucional como actividad organizada en las universidades. Por algún motivo, la investigación institucional no ha encontrado un campo propicio para su desarrollo.

Sin embargo, con la puesta en marcha de los mecanismos de aseguramiento de la calidad que impulsó la Ley de Educación Superior N° 24.521 en 1995, la creación de la Coordinación de Investigaciones e Información Estadística (CIIE) y la implementación del Sistema de Información Universitario (SIU), se hizo más frecuente la producción de informes internos y hacia los organismos de control que contienen información valiosa sobre la realidad institucional. Consecuentemente, existe una mayor disponibilidad de estadísticas universitarias que permiten estudiar el sistema en su conjunto con mayor precisión y certidumbre. De acuerdo con esto, se infiere que a pesar de la "invisibilidad" de la investigación institucional, es posible identificar en las universidades argentinas una cantidad de actividades que se pueden adscribir a dicha práctica, aunque no es tan claro que estén integradas al proceso de toma de decisiones. Este trabajo se propone analizar las actividades que se realizan en las universidades argentinas que se pueden considerar investigación institucional: la información de que se dispone, cómo se obtiene, cómo se utiliza, qué actividades se realizan y con qué tipo de análisis se cuenta, quién las lleva adelante y el impacto que tienen en la gestión de las universidades. Para el estudio se realizó un análisis de fuentes secundarias y cuatro entrevistas a informantes clave. Se relevaron las páginas web de todas las universidades argentinas y todos los informes de evaluación externa de CONEAU para obtener indicios sobre las actividades de investigación institucional, y se realizó una búsqueda de documentos y otros productos que se atribuyan a tales actividades. También se analizaron los resultados del relevamiento realizado por la CIIE (actualmente Departamento de Información Universitaria) de la Secretaría de Políticas Universitarias a las áreas de Estadísticas de las universidades.[1]

Contexto

Historia de la investigación institucional

Si bien hay actividades que se pueden considerar investigación institucional en las universidades en los siglos XVIII y XIX, los primeros indicios como una actividad organizada surgieron a mediados de los años 20 en algunas universidades de los Estados Unidos. Sin embargo, el período de mayor desarrollo y crecimiento comienza en la década del 60 (Saupe, 2005), época en que la investigación institucional se difundió no solo al interior de las universidades, sino en forma de actividades y esfuerzos de cooperación entre las instituciones. Así fue como se creó la Association for Institutional Research (AIR), con la misión de fomentar un ámbito propicio para aunar los esfuerzos tendientes a mejorar las prácticas de la investigación institucional y para desarrollarla y promoverla como una profesión. A partir del reconocimiento de AIR como un ámbito de cooperación entre individuos e instituciones, fue creciendo el interés por la investigación institucional en otras partes del mundo. Así surgieron asociaciones como la European Association of Institutional Research (EAIR), la Australasian Association for Institutional Research (AAIR), la Southern African Association for Institutional Research (SAAIR), la South East Asian Association for Institutional Research (SEAIR), la Higher Education Research and Policy Network (HERPNET) y la Middle East and North Africa Association for Institutional Research (MENA-AIR). Si bien la práctica varía entre un país y otro (Volkwein, 2008), todas estas asociaciones persiguen un objetivo común que es trabajar en la internacionalización de la investigación institucional. En la figura 1 se puede observar cómo están distribuidas estas asociaciones.

---

[1] Relevamiento realizado en el año 2007.

Figura 1. Mapa de las asociaciones de investigación institucional

Fuente: https://goo.gl/stM94Q.

Este desarrollo refleja el rol que ha tomado la investigación institucional, con la consecuente generación de ámbitos donde los investigadores institucionales pueden compartir lo que hacen, discutir y exponer sus propias ideas, experiencias y dudas, buscando la forma de definir y desarrollar conjuntamente las competencias necesarias para esta investigación como profesión.

Aproximación al concepto de investigación institucional

La definición "tradicional" de la investigación institucional, propia del sistema norteamericano en que se originó la especialidad, tiene un foco fuerte en la institución individual y una estrecha relación con el gobierno y dirección de la universidad (Saupe & Montgomery, 1970; Suslow, 1972; Saupe, 1990; Wajeek *et al.*, 1998). De acuerdo con esta definición, se trata del conjunto de actividades que se desarrollan dentro de una institución de educación superior con el objeto de brindar información en apoyo del proceso de planeamiento institucional, la formación de políticas y la toma de decisiones (Saupe, 1990). La investigación institucional involucra la recolección de datos, el análisis o la realización de estudios útiles o necesarios diseñados para entender e interpretar la institución; decidir acerca de las operaciones actuales o realizar planes para el futuro, y mejorar la eficiencia y la eficacia de la institución (Dressel, 1966; Saupe & Montgomery, 1970; Suslow, 1972). De esta manera, se está en condiciones de tomar decisiones más inteligentes e informadas y de formular políticas acertadas (Wajeek, *et al.*, 1998).

La definición de la Association for Institutional Research (AIR) afirma que la investigación institucional "es una profesión multidisciplinaria que se basa en las técnicas relevantes y en las ideas de la gestión moderna y de la psicología educativa, fusionándolas en un nuevo enfoque analítico de la gobernabilidad institucional y de los problemas generales de la Educación Superior". Esta definición intenta dejar en claro que es más que un conjunto de tareas rutinarias, periódicas o espaciales, ajenas a las cuestiones relacionadas con el propósito y la calidad de la educación superior (Lyons, 1976).

Con respecto a las funciones de la investigación institucional, se puede considerar que tienen un aspecto interno, que consiste en proveer información pertinente acerca del desempeño de la institución para la toma de decisiones; y uno externo, para dar respuesta a los requerimientos de información del gobierno o de los particulares que lo soliciten (Saupe, 1990). Algunos autores identifican áreas funcionales que agrupan las actividades de la investigación institucional (Volkwein, 1999; Clemons & Nojan, 1987). Sin embargo, muchas actividades que se realizan son difíciles de clasificar porque abarcan más de una categoría, y el investigador institucional cumple más de un rol simultáneamente.

Volkwein (1999) pone en evidencia la dualidad entre un rol administrativo y un rol profesional, considerando que en esta actividad se da una mezcla de ambos, e identifica cuatro "caras" de la investigación institucional, de acuerdo con los distintos propósitos (tabla 1). Este autor toma, además, la propuesta de Andreea Serban (2002) de agregar una quinta "cara" a su tipología, referida al rol de la investigación institucional en la gestión del conocimiento (Volkwein, 2008).

Tabla 1. Las cinco "caras" de la investigación institucional

ROL ORGANIZACIONAL Y CULTURA	PROPÓSITOS Y DESTINATARIOS	
	Formativo e interno (para la mejora)	Sumativo y externo (para la rendición de cuentas)
Administrativo e institucional	Descripción de la institución. IR como <u>autoridad informativa</u>.	Presentación de la mejor imagen de la institución. IR como "<u>asesor de imagen</u>".
Académico y profesional	Análisis de alternativas. IR como <u>analista de políticas</u>.	Provisión de evidencia imparcial de la eficacia. IR como <u>académico e investigador</u>.
Tecnología	Para recoger y transformar datos en información y conocimiento. IR como <u>gestor del conocimiento</u>.	

Fuente: Volkwein, J.F. (2008), "The foundations and evolution of institutional research". *New Directions for Institutional Research*, 141, 5-20.

Con respecto a la organización de la investigación institucional, en cada institución está definida por sus circunstancias particulares, como el tamaño y necesidades de la institución, la misión y el área de la que depende. En algunas instituciones se han creado unidades específicas para este fin, y en otras la actividad se desarrolla de manera fragmentada y en más de un lugar (Saupe & Montgomery, 1970; Harrington & Chen, 1995; Delaney, 1997; Wajeek *et al*., 1998; Volkwein, 1999, 2008).

Volkwein (2008) explica la organización de investigación institucional en las universidades, definiendo cuatro modelos (tabla 2):

Tabla 2. Modelos de organización de las áreas de investigación institucional

ESTRUCTURAS "ARTESANALES" (*craft structures*)	Integradas por una o dos personas, abocadas a la presentación de reportes y una modesta cantidad de estadísticas.
PEQUEÑAS "ADHOCRACIAS" (*small adhocracies*)	Integradas por dos o tres personas, que realizan actividades enfocadas a las necesidades del área a la que pertenecen.
BUROCRACIAS PROFESIONALES (*professional bureaucracies*)	Las actividades están centralizadas en una sola oficina, y están integradas por al menos cuatro profesionales. Tienen una estructura jerárquica, división de tareas y personal especializado.
PROFUSIÓN ELABORADA (*elaborate profusion*)	Las actividades se extienden por toda la institución de manera descentralizada y fragmentada.

Fuente: Volkwein, J.F. (2008), "The foundations and evolution of institutional research". *New Directions for Institutional Research*, 141, 5-20.

Obviamente, no necesariamente la investigación institucional se desarrolla dentro de una tipología en su totalidad. Incluso en algunas instituciones pueden estar en transición entre una y otra. Sin embargo, estos son los modelos más identificables (Volwkein, 2008).

De acuerdo con lo analizado anteriormente, queda claro que las áreas de investigación institucional no son iguales. Difieren en su ubicación, tamaño, función, nombre y estructura, según la cultura de la institución y el estilo personal de los directivos. Con el objetivo de conocer cómo van evolucionando los recursos y las capacidades de la investigación institucional, la Association for Institutional Research realiza periódicamente un relevamiento en las universidades americanas. El último informe corresponde a 2015,[2] y se realizó con base en las respuestas de 1506 investigadores institucionales que se desempeñan en distintos tipos de instituciones de educación superior. De acuerdo con los resultados, se observa que (a) la

---

[2] AIR, National Survey of Institutional Research Offices, 2016.

mitad de las áreas reportan al vicerrector de Asuntos Académicos y el 25% directamente al rector/presidente; (b) la mayoría está conformada por un equipo que consta de un director y entre 2 y 6 miembros; (c) los directores tienen, en promedio, 6,5 años de experiencia en su cargo y 11 en el campo de la investigación institucional, y el 89% tiene título de posgrado (43% doctores y 46% magísteres); (d) en su mayoría, la responsabilidad más importante de estas áreas corresponde a la elaboración de reportes y análisis de información, tanto a nivel interno (estadísticas generales, estudio de matrícula, memorias académicas) como externo (IPEDS, *rankings*), y en menor medida, tiene a su cargo la acreditación de programas, el planeamiento estratégico y la evaluación de los resultados del aprendizaje; (e) en algunos casos tiene entre sus responsabilidades otras tareas, como la elaboración del presupuesto, la programación de las clases, la utilización de los espacios y la realización de estudios de equidad salarial. Con respecto al acceso que estas estructuras tienen a la información, casi la totalidad de las personas encuestadas manifiestan que este es irrestricto con respecto a la información que necesitan para elaborar sus reportes.

Con respecto al rol del profesional de la investigación institucional, las tareas que realizan comprenden un rango amplio de habilidades. Patrick Terenzini (1999) define distintos niveles de "inteligencia organizacional" para poder desempeñarse en el ámbito de la investigación institucional. Primero, es necesario poseer una inteligencia técnica y analítica, ya que debe estar familiarizado con el uso de bases de datos, hojas de cálculo, procesamiento de texto, elaboración de gráficos, y debe conocer métodos de investigación tanto cuantitativos como cualitativos y técnicas estadísticas, entre otras habilidades. Si bien existen algunas cuestiones específicas de la institución que el nuevo investigador institucional debe conocer, es posible adquirir estas habilidades a través de la educación formal. Para el segundo nivel de inteligencia, el investigador institucional debe estar entrenado en temas que involucran el funcionamiento de la institución, habilidades que se adquieren a través del ejercicio profesional. Finalmente, Terenzini describe la inteligencia contextual que requiere un conocimiento mucho más profundo de la propia institución, su historia, cultura, valores y políticas. Los investigadores institucionales solo pueden adquirir esta inteligencia con la experiencia obtenida a través de los años, y del compromiso activo con la institución.

Profundizando los criterios de Terenzini, autores como Delaney (2001, 2009) y Albrecht (2006) coinciden en que el investigador institucional debe poseer cualidades personales que exceden lo que se puede aprender tanto en la educación formal como a través de la experiencia. Albrecht llama a estas cualidades "inteligencia social", y consisten en mantener una buena relación con los demás y ser capaz de entender y afrontar situaciones sociales complejas. Por su parte Delaney menciona que estos profesionales deben tener cualidades personales como la confiabilidad, la integridad, la empatía, una combinación de visión y fuerte sentido de gestión y habilidad para comunicarse, entre otras cuestiones. Estas condiciones son importantes ya que el investigador institucional tiene el desafío de adaptarse y de conocer las necesidades de la institución incluso antes de que se manifiesten, transformándose en un agente de cambio que actúe como un facilitador y que sea capaz de fomentar el aprendizaje institucional (AIR, 2016).[3]

La gestión de la información en el sistema universitario argentino

Durante siglos el sistema de educación superior argentino estuvo conformado por unas pocas instituciones, pero a partir de la segunda parte del siglo XX fue creciendo en diversos momentos. La mayor expansión se produjo a partir de la sanción de la Ley de Educación Superior Nº 24.521 en el año 1995, que estableció los procedimientos para regularizar la creación de nuevas instituciones universitarias, tanto privadas como estatales. De acuerdo con esto, existen en el país universidades de mucha antigüedad y otras de creación más reciente. Esta diferencia determina hábitos y modos de trabajo distintos, que generan dinámicas diferentes. Hay instituciones con procedimientos muy arraigados y hay instituciones nuevas en las cuales los procesos aún se están definiendo. Por otra parte, teniendo en cuenta que cada región tiene distintas características económicas o socioculturales, se considera que la distribución geográfica es un factor que influye en la organización, la estructura, las conductas, los procedimientos y los valores de las instituciones. Esta situación se replica incluso en las unidades académicas de una misma universidad que, en muchos casos, se encuentran dispersas. Esto genera que puedan existir disparidades dentro de una misma institución, ya que es común que se desarrollen procedimientos administrativos diferentes, dificultando la integración y la búsqueda de soluciones comunes a los problemas (Gurmendi, 2008).

Comisión Nacional de Evaluación y Acreditación Universitaria

Teniendo en cuenta la existencia de un sistema de educación superior con características tan heterogéneas, era evidente que surgiera la necesidad de asegurar la calidad de las instituciones y de las carreras que se dictan, y de lograr una mayor transparencia del sistema. Así, la mencionada Ley Nº 24.521, además de introducir cambios sustantivos en el funcionamiento de las universidades, estableció un sistema de evaluación y acreditación. Para esto, se introdujeron mecanismos que se implementaron a través de la creación de la Comisión Nacional

---

[3] AIR, Statement of Aspirational Practice for Institutional Research, 2016.

de Evaluación y Acreditación Universitaria (CONEAU), organismo a cargo de realizar evaluaciones institucionales, acreditar carreras de posgrado y de grado de interés público (art. N° 43) y evaluar proyectos para la creación de nuevas instituciones universitarias. Si bien la implementación y consolidación de los procesos no ha sido tarea fácil, se puede considerar que el principal avance conseguido por esta ley ha sido la gradual incorporación de la cultura de la evaluación en las instituciones universitarias, ya que ha llevado a una toma de conciencia sobre la necesidad de asumir a la evaluación como un proceso permanente y a ordenar e informatizar la información, promoviendo la reflexión sobre las propias instituciones.

Con respecto a la gestión de la información en el sistema universitario argentino, las primeras evidencias de la necesidad de contar con información estadística de calidad comienzan simultáneamente a la sanción de la Ley 24.521.

Sistema de Información Universitario - SIU

Simultáneamente a la sanción de la Ley 24.521, en el año 1996 se creó, a través de un préstamo del Banco Mundial de Desarrollo, el Sistema de Información Universitario – SIU con el objetivo de construir sistemas de gestión capaces de mejorar la calidad y disponibilidad de los datos y fortalecer la gestión de las instituciones.[4] En ese momento había pocos sistemas de información desarrollados en las universidades que además eran incompletos y daban una solución parcial a los problemas. Existía un escaso conocimiento del uso de sistemas informáticos, y en general, no había una visión integral de los procesos (Gurmendi & Williams, 2006). En una primera instancia se buscó, a través del SIU, contar con información para la Secretaría de Políticas Universitarias, con lo que se planteó un sistema recolector de datos estadísticos que brindara información (SIU-Araucano). De esta manera, se reiniciaron las series estadísticas del sistema universitario (Galarza, 2007). Posteriormente amplió su acción al desarrollo de sistemas de gestión, para que las universidades fueran capaces de garantizar la integridad de los datos.

El SIU está dividido en subsistemas llamados módulos (tabla 3), dirigidos a sectores específicos que abarcan las principales áreas de la gestión universitaria. Los módulos que componen el SIU son:[5]

---

[4] Disponible en http://www.siu.edu.ar/nosotros/
[5] Disponible en http://www.siu.edu.ar/nuestras-soluciones/

Tabla 3. Módulos del SIU

ÁREA DE GESTIÓN	MÓDULO
Académica	SIU-Guaraní SIU-Kolla SIU-Araucano
Administrativa	SIU-Diaguita SIU-Pilagá SIU-Mapuche
Gerencial	SIU-Wichi
Bibliotecas	SIU-Bibliotecas
Seguimiento de expedientes	ComDoc
Plataforma estándar de desarrollo	SIU-Toba

Fuente: http://www.siu.edu.ar/.

Actualmente el SIU funciona en la órbita del Consejo Interuniversitario Nacional (CIN), y si bien la implementación de los módulos es voluntaria, al día de hoy todas las instituciones universitarias del país, públicas y privadas, utilizan al menos un sistema SIU.[6]

Fondo de Mejoramiento de la Calidad Universitaria (FOMEC)

En 1995, desde la Secretaría de Políticas Universitarias, se abrieron las convocatorias del Fondo de Mejoramiento de la Calidad Universitaria (FOMEC), con el objetivo de otorgar apoyo financiero a los proyectos de las universidades nacionales para reformas educativas, el mejoramiento de la enseñanza y el mejoramiento de la gestión en las universidades (Gurmendi, 2008).

El FOMEC tenía un componente específico orientado a la mejora de los sistemas de información universitaria, por lo que varias universidades empezaron a evaluar la posibilidad de implementar sistemas de información, en particular del módulo de gestión académica del SIU-Guaraní, como parte de la mejora de la gestión general de la universidad. En este proceso, se le solicitó al SIU la definición de criterios para la formulación de proyectos, y desde este se hizo hincapié en que los proyectos se formularan desde una perspectiva institucional y no como unidades académicas aisladas, buscando fomentar la creación de sistemas integrados y unificados, y no sectoriales.

---

[6] Disponible en https://goo.gl/d6iEzy.

Departamento de Información Universitaria (DIU)

La creación del Departamento de Información Universitaria (Coordinación de Investigaciones e Información Estadística – CIIE hasta el año 2010), dependiente de la Secretaría de Políticas Universitarias del Ministerio de Educación y Deportes, tuvo como finalidad mejorar la calidad y relevancia de los datos producidos por los sistemas de información y el mejoramiento de la capacidad de acceso a la información, la recolección de datos y su transparencia, para brindar información de calidad para una mejor gestión y evaluación de la política (Moler *et al.*, 2007). Existe en consecuencia una mayor disponibilidad de estadísticas universitarias, que permiten estudiar el sistema en su conjunto con mayor precisión y certidumbre.

A partir del año 1996 el DIU recoge, mediante el módulo de estadística SIU-Araucano, los principales datos de la población estudiantil del sistema universitario. Abarca a todas las universidades del país tanto de gestión estatal como privada. Así, este relevamiento homologa a nivel nacional, conceptos, criterios y procedimientos que aseguran la comparabilidad de los datos, con la finalidad de construir indicadores que permitan describir el comportamiento de la matrícula universitaria como: duración media de las carreras, tasa promedio de crecimiento anual, índice de crecimiento, etc. Cada año, el DIU acuerda con los responsables de las áreas de estadísticas de las instituciones universitarias las definiciones conceptuales, operativas y metodológicas a implementar para la elaboración de los instrumentos de recolección, el modo de procesamiento y la validación de los datos brindados (Moler, 2008).

Resultados

Como se mencionó anteriormente, no hay demasiadas evidencias de la existencia de la investigación institucional como actividad organizada en las universidades argentinas, y son escasos los trabajos que abordan temas desde esa perspectiva.

Entre las pocas referencias, García de Fanelli al mencionar estrategias para estudiar la problemática de la deserción, alude a la investigación institucional con el nombre de "análisis institucional" (García de Fanelli, 2004). Otro estudio que hace referencia explícita a este tipo de investigación es el realizado por Durand y Gregoraz, que analizan el impacto de los informes elaborados por la Oficina de Evaluación Institucional de una universidad privada en los distintos niveles de toma de decisiones de la institución. Estos autores se refieren a esta oficina como Institutional Research Office (Durand & Gregoraz, 2005).

Sin embargo, pese a que las evidencias son escasas, a partir de la implementación de los mecanismos de evaluación y aseguramiento de la calidad y del desarrollo de sistemas de información, se infiere que es usual la producción de reportes tanto internos como externos conteniendo información valiosa acerca de la realidad institucional. Esto permite afirmar que en las universidades argentinas se realizan actividades que pueden ser atribuidas a la práctica de la investigación institucional. A continuación se exponen los resultados del relevamiento realizado en este estudio.

Los sistemas de información

Los procesos de evaluación y acreditación promovidos por la nueva ley dieron un impulso a la producción de información, ya que las instituciones se vieron en la necesidad de contar con datos confiables acerca de las distintas dimensiones de la realidad universitaria. Esto generó la necesidad en las universidades de implementar sistemas de información con la finalidad de ordenarla y sistematizarla. A partir del relevamiento de los informes de evaluación externa, se puede inferir que gran parte del sistema universitario argentino cuenta actualmente con sistemas informatizados, por lo que se está en condiciones de producir una gran cantidad de información que sirva para el diagnóstico, seguimiento, control y toma de decisiones. Algunas universidades desarrollaron sistemas de información propios y otras implementaron los distintos módulos del SIU. Sin embargo, más allá de la existencia de estos sistemas, hay evidencias de algunos problemas al momento de implementarlos.

En primer lugar, se observa que, a pesar de los esfuerzos del SIU y de los criterios establecidos por el FOMEC, en muchos casos estos sistemas no se han desarrollado coordinada y articuladamente, sino que se aplican de manera dispersa y desigual entre las distintas unidades académicas de una misma institución. Otra cuestión que se observa es que, más allá de la falta de coordinación entre las unidades académicas, también existe una desarticulación con el nivel central. Esto produce serias dificultades al momento de realizar un relevamiento (Moler, 2008). Las observaciones y recomendaciones que realiza la CONEAU a algunas universidades ponen en evidencia esta dificultad, que también surge en la encuesta aplicada por la CIIE a los responsables de las áreas de estadísticas, ya que el 50% de los encuestados manifiesta que las unidades académicas son renuentes a brindar información a los responsables de la universidad.

De estas observaciones se desprende que si bien la mayoría de las universidades poseen sistemas capaces de generar información, esta suele ser fragmentada y parcial, por lo que, en general, es difícil contar con datos unificados.

Unidades de producción de información

El artículo 44 de la LES establece que "las instituciones universitarias deberán asegurar el funcionamiento de instancias internas de evaluación institucional, que tendrán por objeto analizar los logros y dificultades en el cumplimiento de sus funciones, así como sugerir medidas para su mejoramiento...". Los procesos de evaluación institucional contribuyeron para la sistematización de datos y en cierta medida para la creación de ámbitos para su desarrollo, pero todos los entrevistados coinciden en que muy pocas de las unidades que se conformaron se han mantenido en la institución de manera permanente y asociadas a la gestión: "las instituciones universitarias por ejemplo... bueno... deciden hacer ya sea la autoevaluación, o ante una evaluación externa se organizan, pero se organizan coyunturalmente para eso, y me atrevería a decir que se desorganizan después". Ángela Corengia (2015), en su estudio sobre el impacto de la CONEAU en las universidades argentinas, también coincide en que las áreas que se crean para los procesos de evaluación y acreditación no están consolidadas, y que es necesario plasmar en las universidades la urgencia de instrumentar sistemas de gestión de la información que promuevan una cultura de evaluación continua y no solo para cuando llega el momento de evaluar o acreditar.

Con respecto a la producción de información académica, de acuerdo con el relevamiento realizado se observa que, mientras que en las universidades nacionales existen unidades específicas, en las privadas es más común que esta sea una tarea más de las que se realizan en determinadas dependencias. Estas unidades tienen básicamente la tarea de recolectar y analizar información para dar cumplimiento a los distintos requerimientos que puedan surgir, ya sea para organismos externos -información requerida por la SPU y la CONEAU-, como para uso interno -información pertinente a los procesos de autoevaluación o algún requerimiento específico-.

De lo relevado en la encuesta realizada por la CIIE, los informes de evaluación externa de la CONEAU y las páginas web de las universidades, se infiere que estas unidades difieren en su ubicación, tamaño, función, nombre y estructura. A continuación se detallan las características principales.

Nombre de la unidad

Los nombres de las unidades pueden agruparse en tres categorías: (a) Estadísticas Universitarias. En estos casos, las unidades toman el nombre de Dirección de Estadísticas Universitarias, Dirección General de Estadísticas Universitarias, Departamento de Estadística Educativa, Dirección de Censos y Estadísticas, Dirección de Información y Estadísticas,

Dirección de Estadística y Supervisión Académica, Secretaría de Información y Documentación, Dirección de Información Institucional; (b) Evaluación Institucional. Los sectores incluyen nombres como Unidad de Evaluación Institucional, Oficina de Evaluación Institucional, Dirección de Evaluación y Seguimiento Académico, Área de Acreditación o Evaluación, Departamento de Evaluación y Acreditación Permanente, Secretaría de Evaluación y Gestión Académica; (c) Planeamiento. En estos casos incluyen títulos como Dirección de Planeamiento y Estadística, Dirección de Planeamiento y Evaluación, Gestión Universitaria y Planeamiento Institucional, Planeamiento y Control de Gestión.

Si bien en algunos informes de evaluación de CONEAU se menciona la creación de unidades y programas en las universidades con el nombre de "análisis institucional", con actividades vinculadas a la coordinación del Plan Estratégico y a la implementación de sistemas de gestión de la información, no hay datos disponibles de las actividades que realizan estas unidades.

Cómo se organiza. Cuál es su estatus organizativo

De acuerdo con la encuesta de la CIIE, los grupos de trabajo dependen mayormente de la Secretaría Académica (56,7%). En segundo término, se encuentran ubicados en el ámbito de Tecnología y Sistemas (10,3%). Se insertan también en otras áreas, como Vicerrectorado de Gestión y Evaluación y Secretaría de Planeamiento, e incluso algunas dependen directamente del Rectorado.

Cómo está conformada

Una de las finalidades de la encuesta de la CIIE fue conocer cómo están conformadas estas unidades en cada universidad. Si bien algunas universidades, en particular las más grandes y tradicionales, cuentan con equipos sólidos, en la mayoría de los casos se reducen solo a una persona. De los resultados de esta encuesta se concluyó que en general son estructuras pequeñas, conformadas en promedio por dos o tres personas.

Características de las personas que la integran

Los resultados de la encuesta del año 2007 indican que 64% de las personas que se desempeñan en las oficinas de estadística tiene título de grado (48,5%) y posgrado (15,5%), El 17,5% tiene solamente título secundario o terciario y hay un 18,5% que no responde a esta pregunta. También surge que la mayoría de las personas que realizan estas tareas provienen de las áreas de estadística, informática y sociología. Por lo general tienen un profundo conocimiento de los datos y mucha antigüedad en las instituciones pero, por su perfil técnico, carecen de capacitación para un análisis de la información más profundo o conceptual. Sin embargo, de acuerdo con la apreciación de uno de los entrevistados, en los últimos años se puede observar un cambio a un perfil más académico en las personas que tienen a cargo tareas vinculadas con la gestión de la información, como respuesta a la necesidad de una mirada más conceptual e integral de la universidad.

Tareas que realiza

De acuerdo con las páginas web de las universidades relevadas, estas unidades tienen, entre otras, las siguientes tareas: (a) elaborar la información estadística relativa a alumnos y egresados sobre la base de registros propios, de recursos humanos, económicos y físicos mediante el registro de otras dependencias, como así de otra información referente a estadísticas universitarias que permitan el planeamiento de las actividades de la universidad; (b) tramitar, coordinar y controlar la elaboración y el mantenimiento de bases de datos que hagan fácilmente disponible la información; (c) generar indicadores cuali-cuantitativos para la evaluación de la universidad en las áreas de docencia, investigación, extensión, planificación y gestión de políticas universitarias; (d) desarrollar investigaciones estadísticas vinculadas con la institución, a fin de producir conocimiento que pueda aplicarse para potenciar y mejorar el rol de la universidad en la comunidad; (e) generar información para la toma de decisiones; (f) describir la situación actual mostrando la congruencia o no entre lo panificado y lo realmente logrado; (f) detectar discrepancias o necesidades no cubiertas, tanto dentro de la universidad como en su entorno o contexto de referencia; (g) ayudar, a partir del diagnóstico, en la elaboración y realización de planes de acción eficientes (tiempo óptimo con los recursos disponibles), que tiendan a disminuir las discrepancias detectadas; (h) consolidar prácticas sobre los procesos de evaluación y producir información útil para la toma de decisiones, como estrategias para optimizar en forma continua la calidad educativa; (i) favorecer la recolección, sistematización y análisis de información relevante que posibilite una comprensión reflexiva de los procesos formativos que se desarrollan al interior de la universidad y la identificación de núcleos problemáticos, así como la relimitación de estrategias de acción institucional; (j) obtener (rigurosamente) información confiable de los diferentes ámbitos que hacen a la vida universitaria para la toma de decisiones. Identificar factores que favorecen o dificultan el desarrollo de las funciones de docencia, investigación y extensión de la universidad; (k) construir indicadores que den cuenta de la situación de la universidad en sus múltiples funciones y relaciones, que puedan actualizarse en forma continua. Estas tareas varían de según el área de la que depende la unidad o equipo.

Las funciones declaradas abarcan una gran variedad de temas. Sin embargo, de las entrevistas realizadas surge que el trabajo de estas unidades es bastante rutinario y, al ser estructuras pequeñas, termina remitiéndose solamente a brindar la información que se les solicita. Otro problema que se evidencia es que estas áreas trabajan aisladamente del nivel central, y tampoco se percibe una fuerte interacción con las unidades académicas. Por un lado, desde las propias universidades no se le da importancia a la existencia de un área centralizada de gestión de la información, y por otro, es infrecuente que se generen espacios donde esta información sea valorada más allá de la necesidad de contar con un dato para un requerimiento específico. Generalmente se piden datos ante determinadas situaciones y estas áreas se remiten a entregar la información requerida. Así, muchas veces estas personas se dedican a cumplir con ciertas instrucciones operativas e informáticas desconociendo cómo se construyó el dato.

Utilización de la información

Si bien el proceso de autoevaluación indujo acciones de mejora de la información disponible, una de las particularidades de la reconstrucción de la universidad desde los "números" es que, en ocasiones, se confunde la evaluación con la mera recolección y sistematización de información, al mismo tiempo que la participación suele quedar circunscripta a la preparación de información para ser entregada a los órganos de coordinación del proceso (Araujo, 2007). De las observaciones contenidas en los informes de CONEAU también queda en evidencia que, en muchos de los casos, a pesar de disponer de una gran cantidad de datos y de información estadística, no se hace un empleo adecuado que permita potenciar su uso diagnóstico en función del desarrollo institucional. Sumado a esto, surge que la utilización de la información que generan estos sistemas es escasa. Las opiniones recogidas en las entrevistas realizadas son coincidentes con esta situación. Por otra parte, a pesar de que se cuenta con sistemas versátiles y metodologías adecuadas para la obtención de datos consolidados, la información que se releva presenta deficiencias. En general los datos se presentan incompletos y se encuentran inconsistencias (Moler *et al.*, 2007).

Cabe destacar que en algunos de los últimos informes de CONEAU se ven indicios de que esta situación se está comenzando a revertir, a partir de la revalorización de las estadísticas que, como resultado del análisis, "se transforman en información valiosa para el conocimiento de la institución y para la toma de decisiones estratégicas y políticas ratificatorias, rectificativas o absolutamente nuevas" (CONEAU, 2010).

Análisis que se realiza con la información obtenida

La reforma educativa impactó en el campo académico generando diversos efectos. Esto produjo un incremento en el interés por investigar en la temática de la política educativa que determinó ejes en torno a los cuales se aglutinaron los investigadores. Así, el desarrollo de estudios acerca de la educación superior se asoció a temas como la sociología de la educación, la política educativa o las políticas de reforma (Galarza, 2007). La mayoría de las publicaciones en educación superior en el país se refieren fundamentalmente a estas temáticas. Los pocos autores que se ocupan del tema de la gestión de las instituciones educativas señalan que son muy escasos los estudios sobre la gestión educativa y todavía menos los que se ocupan de las instituciones universitarias (Panaia, 2004). De acuerdo con Pérez Lindo (2007), si se toman en cuenta las ponencias presentadas en los congresos sobre educación superior, solo un 20% abordan estudios institucionales y de gestión. Las universidades producen estadísticas, informes institucionales y evaluaciones que se aprovechan muy marginalmente en estudios científicos sobre la universidad misma. Según la opinión de uno de los entrevistados, en general, en las universidades "se mide poco de todo lo que se podría medir. Se miden cuestiones externas. Se mide lo que se pide, y se pide poco. Y salvo situaciones especiales, no hay mucho análisis".

Para conocer qué estudios se realizan, se indagó en dos fuentes de información. Por un lado en los informes de evaluación externa de CONEAU y por otro en las ponencias presentadas en el *Congreso La universidad como objeto de investigación* -el más importante que se lleva a cabo en nuestro país- entre los años 2004 y 2013. Este evento que se realiza periódicamente en la Argentina -con proyección en los países de Latinoamérica- ha constituido un ámbito donde los investigadores en educación superior pueden compartir sus experiencias. Si bien los trabajos que se presentan corresponden en su mayoría a las temáticas mencionadas al comienzo, existe una serie de estudios e investigaciones vinculadas al ámbito de la investigación institucional que es interesante destacar. A través del análisis de los trabajos presentados, en este ámbito la producción y análisis de la información se circunscribe mayoritariamente al estudio del desempeño del alumno, al ingreso y a la graduación. Coincidentemente, los informes de la CONEAU también hacen referencia a la producción de estudios y análisis de estos temas: a) el rendimiento académico, el desgranamiento y la deserción de sus alumnos, b) el ingreso a la universidad y el perfil del alumno ingresante, y c) la graduación de los alumnos y su transición al mercado laboral, tema que ha tomado relevancia en los últimos tiempos (García de Fanelli, 2015). Cabe destacar que más allá de esta producción, los informes de la CONEAU también hacen referencia a que es necesario un análisis más profundo y ajustado de la información que se dispone.

Por otra parte es importante mencionar que se encontró que existen, en algunas universidades, espacios de investigación institucional, aunque no están en el ámbito de las áreas descriptas sino que son áreas colaterales, como observatorios o institutos de investigación, y en el ámbito de algunas cátedras y facultades. También se han constituido equipos de investigación que incluyen miembros que no se desempeñan en el ámbito de una universidad en particular. Estos equipos usualmente llevan adelante sus proyectos de acuerdo con algún requerimiento puntual y en la mayoría de los casos con financiamiento obtenido específicamente para tal fin (tanto de fuentes internas como externas -Programa de Incentivos, CONICET, FONCyT, concursos internos de investigación, etc.-), por lo que es difícil que la conformación de los mismos y las líneas de investigación puedan tener continuidad en el tiempo.

Quién y cómo utiliza la información

Como ya se ha mencionado, en general, la gestión de información no está consolidada en las universidades argentinas como una necesidad de la propia institución, como un conocimiento que tiene la expectativa de poder ser utilizado por las personas que toman decisiones dentro de las universidades. De esta manera, se han ido fortificando aquellas cuestiones que tienen importancia externa, como la elaboración de estadísticas para dar respuesta a los requerimientos de la SPU o para la elaboración del informe de autoevaluación, en detrimento de la generación de información para su utilización en función del conocimiento y desarrollo de la propia institución. Como ya se mencionó, los encuestados en general observan que no hay demasiado interés en la información estadística, que las áreas que generan la información están desvinculadas de la toma de decisiones, y que se percibe una tensión no resuelta acerca de en qué medida estas áreas trabajan en función de la gestión.

La resistencia a recibir información estadística como insumo en la gestión se basa en dos motivos principales. Por un lado, hay un desconocimiento sobre cómo se construyen los datos. Por otro lado, la utilización del análisis de datos para toma de decisiones se ve relegada tradicionalmente en nuestro país por otros factores más políticos. Al respecto uno de los entrevistados afirma:

> Las decisiones se toman sin el dato, están atravesadas por otras cuestiones. A partir de ahí es que el dato pierde relevancia. Porque de última el que toma una decisión y que sabe que no se va a apoyar en el dato, que no te lo van a plantear así abiertamente, pero que la decisión va a venir por otro

lado, entonces tener algo fuerte del dato no te termina de mover demasiado el interés. Porque va a venir por otro lado, a pesar de los datos. O sea, las decisiones de las gestiones políticas de las universidades, y en otras grandes escalas, no están basadas en los datos.

Otra de las cuestiones que se observan es que muchas veces las áreas que generan la información también favorecen esta desvinculación, ya que tienden a circunscribirse a la producción de una selección de datos cuantitativos que no siempre están relacionados con problemas reales de los "decisores", con la creencia de que la producción de la información producida es valiosa en sí misma. De esta manera, se terminan convirtiendo en las "dueñas" de la información que ellas producen.

Sin embargo, hay indicios de que en algunos ámbitos ha habido avances positivos. Si bien se considera que son experiencias aisladas, algunos estudios (Durand y Gregoraz, 2005; Chuvarovsky *et al.*, 2007) concluyen que los directivos están dispuestos a utilizar las ventajas que ofrecen las herramientas de la tecnología y la gestión de la información. Este tipo de estudios constituyen un indicio relevante de que en algunos ámbitos surgen inquietudes con respecto a la gestión de la información para la toma de decisiones.

Cómo se difunde la información

Como se deduce de los puntos anteriores, la producción de información y su difusión tienen un carácter problemático. Del relevamiento de las páginas web de las universidades realizado, surge que no hay demasiadas evidencias del análisis que se realiza, poniendo en evidencia que más allá de que este tipo de estudios son escasos, no es común que se difundan o compartan.

Algunas universidades, sobre todo las más grandes y tradicionales, presentan en sus sitios informes actualizados como *Informes institucionales*, *Informes estadísticos*, *Anuarios* o *Boletines estadísticos*. Estos informes incluyen información cuantitativa expresada en cuadros y gráficos, pero no se encontraron estudios específicos ni análisis de los datos presentados.

Conclusiones

En un contexto cada vez más complejo y demandante, las instituciones de educación superior necesitan contar con datos e información útiles y de calidad para poder desarrollar un conocimiento sobre sí mismas que les permitan tomar mejores decisiones, y para poder dar una respuesta adecuada a los requerimientos de la sociedad (Galiarde & Wellman, 2015). La información es útil si la gestión de la misma asegura la disponibilidad y calidad de datos relevantes para que puedan ser utilizados en el momento y situación en la que se los necesita. Esto implica que los datos deben ser transformados y analizados y su valor existe cuando son gestionados estratégicamente, respondiendo además al contexto de los procesos organizacionales en los que son producidos y utilizados. Como afirma Bernasconi (2010), sin información de calidad sobre sus procesos y sobre su entorno, la gestión de la universidad es ciega, o lo que es lo mismo, queda librada a la intuición. La información, si bien no asegura que se tome la decisión correcta, reduce la incertidumbre y acota el repertorio de decisiones posible, con lo que aumenta la posibilidad de acertar. Evidentemente, la gestión de la información y la toma de decisiones deben realizarse coordinadamente, y este es el principal desafío de la investigación institucional.

En el caso de la Argentina, el análisis muestra que se han realizado una serie de esfuerzos tendientes a mejorar la calidad de la información a partir de los cambios introducidos por la nueva Ley de Educación Superior. Los procesos de evaluación y acreditación promovidos por la nueva legislación dieron un impulso a la producción de información, ya que las instituciones se vieron en la necesidad de contar con datos confiables acerca de las distintas dimensiones de la realidad universitaria. Por otro lado, también se hizo énfasis en dotar al sistema de elementos para mejorar la confiabilidad de la información para la toma de decisiones y el análisis institucional, mejorar los procesos de gestión y brindar más información a la sociedad. Así se fomentó la construcción de sistemas de información en las universidades, a partir de la creación del SIU y del otorgamiento de fondos para su implementación.

Sin embargo, a pesar de que los esfuerzos tendieron a que estos sistemas se implementaran de manera unificada y centralizada, de acuerdo con la información relevada esto parece no haberse conseguido. De las fuentes también surge que si bien la cobertura de información de estos sistemas es amplia y que se dispone de una gran cantidad de datos, no se ha construido un conjunto sistemático de componentes coordinado e integrado, por lo que se dificulta la capacidad de los sistemas para realizar operaciones de procesamiento de datos que generen información oportuna y relevante, y así incrementar la eficiencia y eficacia para la toma de decisiones. De esta manera, si bien gran parte del sistema universitario argentino cuenta actualmente con sistemas informatizados y se dispone de una gran cantidad de datos, la información que se obtiene, en muchos casos, sigue resultando inconsistente e incompleta.

Por otra parte, la utilización que se realiza de la información que se genera es escasa, y se remite en mayor medida a dar respuesta a los requerimientos de la Secretaría de Políticas Universitarias y de la CONEAU. No se ha logrado aún instalar en las instituciones la necesidad de contar con información confiable y actualizada, por varios motivos. En principio, no hay una cultura institucional de utilizar los datos para la gestión. De las entrevistas realizadas surge que la producción y análisis de la información queda muchas veces subordinada a las necesidades de corto plazo y las decisiones que se toman están más influidas por cuestiones políticas. Así, no han existido tradicionalmente en las instituciones argentinas, políticas que incluyan de manera articulada y sostenida la producción de análisis y reportes efectivos acerca de la institución. Se puede inferir que no es fácil, en este contexto, generar espacios consolidados de producción de información y conocimiento.

El proceso de autoevaluación impulsó a las universidades a hacer un análisis más profundo de la información cualitativa y cuantitativa, poniendo en marcha mecanismos de aseguramiento de la calidad que contribuyeron al desarrollo de oficinas y unidades académico-administrativas encargadas de ejecutar o impulsar las acciones relacionadas con la evaluación institucional y la acreditación de carreras. Pero según la información brindada por los entrevistados, los equipos que se conforman muchas veces son coyunturales y es difícil que se mantengan a lo largo del tiempo.

De esta manera, las tareas de producción y análisis de la información son, en general, una tarea más de las que se realizan en determinadas dependencias de la universidad, y cuando las unidades de producción de la información existen, terminan trabajando de manera aislada y desarticulada tanto del nivel central como de las otras dependencias de la universidad. Si bien estas unidades son lo más cercano a lo que se puede considerar una unidad de investigación institucional, el análisis de las diversas fuentes muestra que no tienen una estructura adecuada, y que, en general, las personas que las integran tienen un perfil preponderantemente técnico que dificulta la posibilidad de conducir análisis más profundos de la información que obtienen. Como consecuencia, en la mayoría de los casos, la gestión de la información dentro de estas áreas queda circunscripta a la recolección y sistematización de la misma. Por otra parte, al estar desvinculadas del nivel central, muchas veces se circunscriben a la producción de datos que no siempre están relacionados con los problemas reales de la institución, con la creencia de que la información producida es valiosa en sí misma. De las entrevistas surge que incluso en algunos casos estas unidades se convierten en las "dueñas" de la información que producen, fomentando además la resistencia de los decisores a recibirla como insumo por falta de conocimiento acerca de cómo se construyen los datos.

Sin embargo, se han encontrado en algunas universidades, espacios de investigación y equipos en condiciones de llevar adelante estudios y análisis más sofisticados, aunque fuera del ámbito de las unidades de producción de información. Pero al estar muchas veces circunscriptos al ámbito de una facultad o departamento, hay dudas de que las instituciones conozcan las iniciativas de muchas de las investigaciones en curso o previstas. Sin un apoyo institucional, las líneas de investigación difícilmente puedan tener continuidad.

Finalmente, si bien las universidades, como toda institución de carácter público, tienen la obligación de difundir y socializar su información, esto rara vez sucede. Esto responde, también, a un problema cultural, ya que tradicionalmente en nuestro país la información difícilmente se difunde o comparte.

En este trabajo se intenta demostrar que -si bien ya se ha instalado en la Argentina la discusión acerca de que el sistema universitario necesita contar con información confiable y actualizada en todas las áreas de su gestión- es necesario una reflexión más profunda, ya que las evidencias de prácticas tendientes a favorecer la gestión de la información que se genera todavía son escasas. No alcanza con contar con sistemas de información o con áreas específicas para tal fin si no hay una clara intención de fortalecer la capacidad de análisis de las universidades acerca de su propia situación. En comparación con otras universidades del mundo, es muy poco lo que se realiza en este campo.

Sin embargo, gradualmente se ha ido incorporando la cultura de la evaluación de la calidad en las instituciones y actualmente varias instituciones están afrontando su segundo, e incluso su tercer proceso de evaluación institucional. Sin dudas, a pesar de las dificultades que todavía existen, la implementación y consolidación de los procesos han llevado a una mayor toma de conciencia sobre la necesidad de asumir la evaluación como un proceso permanente y ordenar e informatizar la información, promoviendo la reflexión sobre las propias instituciones. Evidentemente, en la gestión de la información en las universidades argentinas está faltando el aporte fundamental de la investigación institucional como una pieza clave de este proceso. Por eso, se considera que es relevante abordar esta problemática desde la perspectiva de la investigación institucional, buscando las variantes que se presentan en los distintos contextos regionales. El hecho de ser un desarrollador tardío de esta actividad supone como ventaja la posibilidad de aprender de las experiencias de otros.

Referencias bibliográficas

Albrecht, K (2006), *Social Intelligence: The New Science of Success*. San Francisco: Jossey-Bass.

Araujo, S. (2007), "El cambio universitario en los procesos de evaluación institucional. Hipótesis a partir del estudio de casos". Ponencia presentada en el *V Encuentro Nacional y II Latinoamericano La universidad como objeto de investigación*. Universidad Nacional del Centro de la Provincia de Buenos Aires, 30 agosto-1 septiembre.

Association for Institutional Research (2016), *Statement of aspirational Practice for Institutional Research*. Recuperado de https://goo.gl/AZFs4a.

Association for Institutional Research (2016), *National Survey of Institutional Research Offices*. Recuperado de https://goo.gl/JbA26b.

Bernasconi, A. (2010), "Gestión de la calidad en las universidades: ¿Por dónde partir? ¿Cuáles son las dimensiones claves?". En Arata Andreani, Rodríguez Ponce (dir.), *Desafíos y perspectivas de la dirección estratégica de las instituciones universitarias*. Santiago de Chile: Ediciones CNA.

Chuvarovsky, D.; Marcalain, G.; Muiños De Britos, S.M. *et al.* (2007), "Investigación para la toma de decisiones: seguimiento de trayectorias educativas en la universidad". Ponencia presentada en el *V Encuentro Nacional y II Latinoamericano La universidad como objeto de investigación*. Universidad Nacional del Centro de la Provincia de Buenos Aires, 30 agosto-1 septiembre.

Clemons, M.L.; Nojan, M. (1987), "The practice of institutional research: perception vs. reality". Ponencia presentada en el *27th AIR Annual Meeting*. Recuperado de https://goo.gl/H9AUxy.

Coordinación de Investigaciones e Información Estadística, SPU-ME (2007), *Informe encuesta universidades nacionales*.

Coordinación de Investigaciones e Información Estadística, SPU-ME (2007), *Informe encuesta universidades privadas*.

Corengia, Á. (2015), *El impacto de la CONEAU en universidades argentinas*. Buenos Aires: Teseo.

Delaney, A.M. (1997), The role of institutional research in higher education: enabling researchers to meet new challenges. *Research in Higher Education*, 38 (1), 1-16.

Delaney, A.M. (2001), "Institutional researchers' perceptions of effectiveness". *Research in Higher Education*, 42 (2), 197-210.

Delaney, A.M. (2009), "Institutional Researchers' Expanding Roles: Policy, Planning, Program Evaluation, Assessment, and New Research Methodologies". *New Directions for Institutional Research*, 143, 29-41.

Durand, J.C.; Gregoraz, D. (2005), "Improving Institutional Quality through Knowledge Management Techniques". Ponencia presentada en el *27th Annual EAIR Forum, "Enduring Values and New Challenges in Higher Education"*, Riga, Latvia, 28-31 de agosto.

Gagliardi, J.S.; Wellman, J. (2015), *Meeting Demands for Improvements in Public System Institutional Research. Assessing and Improving the Institutional Research Function in Public University Systems*. Adelphi, MD: National Association of System Heads (NASH).

Galarza, D. (2007), *Investigación educativa y políticas educacionales. Tendencias, políticas y debates* (tesis de Maestría en Educación con orientación en Gestión Educativa). Escuela de Educación. Universidad de San Andrés. Recuperado de https://goo.gl/F27tNK.

García de Fanelli, A. (2015), "La cuestión de la graduación en las universidades nacionales de la Argentina: indicadores y políticas públicas a comienzos del siglo XXI". *Propuesta Educativa*, 43, 17-31.

García de Fanelli, A.M. (2004), "Indicadores y estrategias en relación con la graduación y el abandono universitario". En Marquís, C. (comp.). *La Agenda Universitaria. Propuestas de políticas públicas para la Argentina.* Buenos Aires, Universidad de Palermo.

Gurmendi, M.L. (2008), "El SIU en el sistema universitario nacional". En S. Araujo (comp.), *La universidad como objeto de investigación. Democracia, gobernabilidad, transformación y cambio de la educación superior universitaria.* Tandil: Universidad Nacional del Centro de la Provincia de Buenos Aires.

Gurmendi, M.L.; Williams, R. (2006), *Desarrollo informático colaborativo en el sistema universitario: la experiencia SIU-Guaraní.* Documento SIU. Recuperado de https://goo.gl/PGrPVE.

Harrington, C.; Chen, H.Y. (1995), "The Characteristics, Roles and Functions of Institucional Research Professionals in the Sourthern Association for Institutional Research". Ponencia presentada en el *35th AIR Annual Meeting.* Recuperado de https://goo.gl/w49zUb / https://goo.gl/cToXKY.

Lyons, J.M. (1976), *Memorandum to a newcomer to the field of institutional research.* Tallahassee, FL: Association for Institutional Research. Recuperado de https://goo.gl/F8iGw8.

Moler, E. (2008), "Estadísticas universitarias: fortalezas y dificultades en la sistematización de la información". En S. Araujo (comp.), *La universidad como objeto de investigación. Democracia, gobernabilidad, transformación y cambio de la educación superior universitaria.* Tandil: Universidad Nacional del Centro de la Provincia de Buenos Aires.

Moler, E.; Del Bello, M.; Bezchinsky, P. *et al.* (2007), "Estadísticas de educación superior: un análisis metodológico sobre estrategias de relevamiento de la información". Ponencia presentada en el *V Encuentro Nacional y II Latinoamericano La universidad como objeto de investigación*. Universidad Nacional del Centro de la Provincia de Buenos Aires, 30 agosto-1 septiembre.

Panaia, M. (2004), "Cambios de cultura institucional como consecuencia de los procesos de acreditación. El caso de UTN". Ponencia presentada en el *IV Encuentro Nacional y I Latinoamericano La Universidad como objeto de investigación.* Universidad Nacional de Tucumán, 7-9 octubre.

Pérez Lindo, A. (2007), "La evaluación y la universidad como objeto de estudio". *Revista de Avaliação de Educação Superior*, 12 (4), 583-596.

Saupe, J, (1990), *The functions of institutional research* (2nd Edition). Tallahassee, FL: Association for Institutional Research. Recuperado de https://goo.gl/bZFrtB.

Saupe, J. (2005), "How old is Institutional Research and how did it develop?". Comentarios de la *Annual MidAIR Conference*. Recuperado de http://midair.org/.
Saupe, J.; Montgomery, J.R. (1970), *The nature and role of institutional research. Memo to a college or university*. Tallahassee, FL: Association for Institutional Research.
Serban, A.M (2002), "Knowledge Management: the 'fifth face' of Institutional Research". *New Directions for Institutional Research*, 113, 105-112.
Suslow, S. (1972), *A Declaration on Institutional Research*. Tallahassee, FL: Association for Institutional Research. Recuperado de https://goo.gl/U2nhh5.
Terenzini, P.T. (1999), "On the nature of institutional research and the knowledge and squills it requires". *New Directions for Institutional Research*, 104, 21-29.
Volkwein, J.F. (1999), "The four faces of Institutional Research". *New Directions for Institutional Research*, 104, 9-19.
Volkwein, J.F. (2008), "The foundations and evolution of institutional research". *New Directions for Institutional Research*, 141, 5-20.
Wajeek, E.; Micceri, T.; Walters, J. (1998), "The three tracks of Institutional Research". Ponencia presentada en el *38th AIR Annual Meeting*.
Ley de Educación Superior de la República Argentina N° 24.521 (1995).

Páginas web

Association for Institutional Research (AIR): http://www.airweb.org/.
Informes finales de evaluación externa de CONEAU: https://goo.gl/4BEqKe.
Universidades públicas y privadas de la República Argentina: https://goo.gl/rnn1Ea.

SECCIÓN V.
La universidad privada

13

Expansión, impacto y particularidades del sector privado universitario argentino a partir de la sanción de la Ley de Educación Superior (1995-2015)

Marcelo Rabossi

A fines de los 1980 las entidades públicas pasaron por un período de reformas estructurales que dejaron también su huella en los sistemas de educación superior. Así, a través de la utilización de principios basados en el New Public Management, o Nueva Gestión Pública (NGP), se proponen dinámicas de mercado para regir y definir aspectos que hacen a la coordinación y administración de los organismos en manos del Estado. En definitiva, modernizar y hacer más eficiente el sector público incorporándole dinámicas competitivas generalmente prevalecientes o más relacionadas con el sector privado de la economía (Hood, 1991).

Consecuencia de estas reformas de gestión, en los sistemas postsecundarios se promueve la competencia entre instituciones públicas a partir de la distribución de fondos según indicadores de rendimiento, por ejemplo. Asimismo, el crecimiento de un sector alternativo al público fue también alentado por el modelo propuesto por el NGP y como forma de ampliar la competencia inter e intrasectorial. De alguna manera se busca premiar la eficiencia en la utilización de los recursos educativos (Borden y Banta, 1994). Por otro lado, una mayor autonomía institucional indujo un mayor control público. La aparición de las agencias de evaluación de la calidad fue la respuesta estatal a un sistema más libre en lo decisional y con el fin de evitar el crecimiento de instituciones por debajo de los estándares de calidad requeridos. Esto principalmente ante la expansión del sector privado, el que, al ampliar la heterogeneidad de la oferta educativa superior, requirió de una mayor supervisión por parte del Estado. Sin embargo, en muchos casos la aparición de esta oferta alternativa al sistema público tomó a los Estados por sorpresa. Las agencias de evaluación fueron entonces la respuesta, tardía en muchos casos, para evitar la excesiva expansión y puntualmente aquella de baja calidad (Levy, 2006).

Chile, sin duda el referente regional y tal vez mundial de los postulados que definen al NGP, no ha sido el único caso en la región sudamericana en promover estos modelos de gestión en el sector de la educación superior. Brasil y Colombia, con matices entre ellos y en relación con Chile, transitaron el camino de la reforma de mercado. La distribución de fondos públicos bajo mecanismos de incentivos y la expansión de la universidad privada dan cuenta de ello. Si bien es cierto que el caso argentino no escapó al paradigma propuesto por la ola neoliberal, lo que de alguna manera puede observarse en la sanción y el espíritu de la Ley de Educación Superior (LES) en 1995, las diferencias exhibidas con el resto de la región son grandes y significativas. La reacción contraria a las reformas de tipo competitivo y orientado al mercado, principalmente por parte de las universidades públicas, diferencia a este país de los principales de la región (Rabossi, 2009).

El objetivo de este capítulo es analizar el impacto que en el sector privado tuvo la aparición de la Comisión de Evaluación y Acreditación de la Calidad Universitaria (CONEAU) desde su creación en 1996 hasta 2005 y dentro de la lógica que promovió la LES. Específicamente, se describirá el rol que este organismo de control tuvo tanto en lo que respecta al crecimiento del sector, como en el tipo de instituciones que directa o indirectamente alentó. En este caso me refiero al tipo de oferta académica que se vio favorecida por la regulación impuesta por esta entidad de carácter regulatorio.

El sector privado universitario

El caso universitario privado argentino se circunscribe dentro de los parámetros de un nacimiento tardío. Al momento de la creación de la primera universidad en este sector, en 1959, solo tres de las veinte repúblicas de la región no contaban con una institución que no fuera de carácter estatal (Levy, 1986). Así, el sector privado desafía el monopolio público mantenido desde 1821, fecha de creación de la Universidad de Buenos Aires. Sin embargo, a pesar de este cierto rezago, los 1960 se presentan como un período de rápido crecimiento. Como consecuencia, a mediados de la década once universidades privadas ofrecen sus servicios. El avance sostenido se mantiene hasta 1974, año a partir del cual se prohíbe la apertura de nuevas universidades que no sean de carácter público. Hasta ese momento el mercado universitario contaba con 48 instituciones, 23 de ellas de origen diferente al público (Cano, 1985).

Así, esta oferta alternativa a la de carácter estatal muestra una dinámica activa durante su primera década de existencia, la que, de manera preponderante y acorde con los patrones observados en el resto de América

Latina, es dominada por instituciones de origen religioso. De hecho a fines de los 1960 la mitad de las universidades profesaban el credo católico, acorde a lo planteado por Levy (1986). Esta reacción católica es permitida por el Estado cuando este no observa en la religión una amenaza para sus intereses sociales y políticos. Si bien la oferta privada secular se concentra mayormente en el área metropolitana: 70%, solo el 20% de las religiosas optan por la misma área geográfica para abrir sus instituciones. Esto evidencia por parte del credo católico un interés de carácter presencial que va más allá del solo éxito económico (Rabossi, 2015).

En cuanto a la demanda o número de alumnos, el mercado privado no se ha mostrado tan dinámico en relación con el resto de la región, esto sobre todo a partir de la década del 1980, si bien es cierto que un crecimiento sostenido durante los 1960 y 1970 llevó al sector a reclutar a uno de cada cinco alumnos al final de esta última década (Del Bello, Barsky y Giménez, 2007). De cualquier manera, en los sistemas relevantes de la región, al menos en lo concerniente a cantidad de alumnos, a principios de los 1980, en Chile y Perú por ejemplo, la porción privada se acercaba al 40% mientras que en otros casos, como Brasil y Colombia, el número de estudiantes superaba a los inscriptos en su contraparte pública (García Guadilla, 2004).

Así, los 1980 en Argentina se presentan como la década de retroceso privado producto de una fuerte expansión pública. Ocurre que la universidad nacional se posiciona nuevamente en su rol de absorción luego de siete años (1976-1983) de acceso restringido al sector público impuesto por el gobierno militar. En ese sentido, el objetivo del gobierno electo en 1983 fue devolverle a la universidad nacional su carácter democratizador. Se elimina todo tipo de arancelamiento, exámenes de ingreso y cupos. La universidad privada siente el impacto de una política pública menos estricta en cuanto a la selección de alumnos y por primera vez el porcentaje de estudiantes que eligen la opción no estatal cae tanto en términos relativos como en absolutos. En efecto, desde 1984 a 1986 el sector privado pierde más de 10.000 alumnos. En términos porcentuales, significa una caída absoluta de un 13%. En términos relativos, y dado el fuerte crecimiento del sector público durante el período, se observa un retroceso de más de 6 puntos porcentuales hasta llegar a su nivel más bajo: 12,7% en 1988. En otras palabras, a fines de los 1980 solo un poco más de un alumno cada diez se encuentra inscripto en una universidad no estatal. En este sentido, Argentina se presenta como un caso único en la región, en donde se observa un retroceso relativo del sector privado universitario en relación con su contraparte pública. Recordemos que durante dicha década, los 1980, la fuerte absorción de la demanda por educación universitaria en la región quedó en manos del sector privado (Levy, 2013). En este sentido, Argentina es la excepción que confirma la regla.

Sin embargo, dicha restricción, que no permitió el ingreso al mercado de nuevas universidades de carácter privado, queda sin efecto a fines de los 1980. Esta nueva apertura provoca un fuerte crecimiento de la oferta no estatal. Como consecuencia directa de la nueva regulación, por primera vez la cantidad de instituciones privadas supera en número a las de origen público. Así, desde 1989 hasta la regulación impuesta por la CONEAU a partir de 1996, 22 nuevas universidades ingresan al sector de la educación superior (SPU, 2010). Esto implicó un aumento de un 85% de la oferta, o número de universidades, quedando el sector privado conformado por 48 instituciones. Sin embargo, analizando este período de fuerte promoción de lo privado, o mejor dicho, de no limitación a propuestas alternativas a lo estatal, la demanda privada no logra una similar dinámica. Así, si tomamos como referencia la década que se extiende desde 1986 a 1995, el porcentaje de alumnos en entidades privadas en relación con el sector público creció solo 0,6 puntos porcentuales. Específicamente de 12,7% a 13,1%. Queda expuesta la dificultad que enfrenta el mercado privado para expandirse en cuanto a número de alumnos ante una universidad pública que no impone ningún tipo de restricción, sea cualitativa a través de exámenes de ingreso, o cuantitativa a través de cupos o *numerus clausus*, o mediante el cobro de aranceles en la carreras de grado como forma de desalentar el ingreso.[1]

En cuanto a las características de esta segunda expansión de la oferta, la que va desde 1989 a 1995, el perfil institucional de estas nuevas universidades se circunscribe dentro de un *mix* de lo que podríamos denominar entidades de elite y aquellas definidas como de absorción de demanda, pero en este último caso de las denominadas "serias".[2] Sin embargo, dado que la Argentina se ha mostrado como un país solo tolerante a la oferta privada y no como una nación dispuesta a promover alternativas no estatales, esto como forma de descomprimir el sistema público con la doble función de sostener su condición de elite y de aliviar la arcas públicas en momentos de restricción fiscal, la función de absorción en el país fue casi siempre llevada a cabo por la universidad nacional. Nuevamente, en este sentido la diferenciación con los grandes sistemas de la región es significativa. Dicho rol, el de la absorción de nuevos alumnos en momentos

---

[1] Cabe aclarar que la Ley de Educación Superior (LES) permitió el cobro de aranceles en las carreras de grado. Sin embargo, muy pocas instituciones hicieron uso de esta facultad y cuando lo hicieron, los montos fueron bajos y hasta podría decirse de un carácter simbólico. Actualmente, y luego de la reforma que a fines de 2015 sufrieron algunos artículos de la LES, el cobro de aranceles se encuentra absolutamente prohibido. Sí se mantiene dicha prerrogativa, la del cobro, para las carreras de posgrado.

[2] En este punto hago la distinción entre las de absorción de demanda "puras", las que explican el fuerte crecimiento del enrolamiento privado en América Latina (Levy, 1986), y las que denomino "serias". Estas últimas se diferencian de las primeras por reclutar a una masa de alumnos mayor que una privada típica pero se encuentra fuertemente regulada por el Estado. Sobre todo, como en el caso argentino, cuando dicha regulación es estricta. De allí el término de "serias".

de gran expansión de la demanda por estudios universitarios, ha sido cumplido por el sector privado. Los casos de Colombia, México, Perú y Chile, según lo ya mencionado, confirman la regla con solo la excepción, al menos en América del Sur, de países como Argentina y Uruguay.

El ingreso de la CONEAU como organismo regulador rápidamente alteró el panorama privado. La fuerte expansión de la oferta que se observó durante el primer lustro de los 1990 llega a su fin. Durante dicho período en promedio se abrieron casi cuatro universidades por año. Para comprender el impacto de la comisión sobre el crecimiento privado, basta observar que desde su apertura en 1996 hasta el fin de la década solo cuatro instituciones nuevas ingresan al mercado. A partir de este momento el crecimiento se ralentiza. Por ejemplo, si tomamos como referencia la primera década del siglo XX, solo siete nuevas instituciones logran ser acreditadas como universidades. Esto implica menos de una apertura por año. Mientras tanto, el sector estatal se muestra más dinámico en términos de oferta. En ese último período se abren catorce nuevas universidades públicas. En definitiva, al finalizar el año 2010 el mercado cuenta con 112 instituciones, 57 de las cuales son privadas (SPU, 2010).

Sin embargo, desde la creación de la comisión de acreditación y evaluación la demanda por educación universitaria privada se presenta ampliamente favorable. Dicha tendencia se mantiene firme hasta el fin de la década y aun después, y hasta 2014. Los indicadores de crecimiento muestran cierta solidez con respecto a la cantidad de alumnos que eligen el sector privado para continuar estudios universitarios. En términos cuantitativos, se observa un crecimiento del 5,8% anual durante el período 2000-2010. A su vez, durante los años 2010 a 2014 sigue creciendo, pero esta vez a una tasa menor. En este caso a un promedio del 3,6% anual. Por otro lado, el sector público muestra un cierto amesetamiento, creciendo solo al 1,8% anual durante el período 2000-2010. Sin embargo, y sin duda impulsado por la expansión de la oferta académica pública a través de la apertura de seis nuevas universidades nacionales desde 2010 y hasta 2014, el sector parece incrementar su tasa de expansión al ubicarse ahora en un 2,3% anual (SPU, 2014). En definitiva, y según datos oficiales al año 2014, el mercado de estudiantes universitarios cuenta con 1.871.445 de alumnos en carreras de grado, de los cuales el 21,6% se encuentra en una universidad privada. El nivel de posgrado contribuye con 137.750 alumnos más, y en este caso solo el 19,8% de las inscripciones son absorbidas por instituciones que no son públicas (SPU, 2014). Así, si bien el crecimiento de alternativas no estatales en términos de demanda se ha mostrado activo y en pleno crecimiento durante los últimos quince años, también es cierto que los actuales niveles de reclutamiento son similares a los observados hace casi treinta y cinco años atrás. En efecto, en 1980 la contribución privada al sector universitario en términos de demanda se hallaba en el 21,8%, 0,2 puntos porcentuales más que lo observado en la última estadística oficial, la de 2014. Evidentemente, ante la falta de crédito público que aliente la expansión del sector privado junto a una universidad pública que goza de prestigio y que además no impone casi ningún tipo de restricción al ingreso, y que no arancela sus carreras de grado, es muy posible que los niveles relativos de demanda por educación privada se encuentren ya muy cercanos a su límite superior. Así, podría especularse que su probabilidad de crecimiento relativo es escasa.

Las agencias de acreditación como entidades de control

Siguiendo el concepto de Levy (2006), según el cual el crecimiento del sector universitario privado ha sido generalmente un fenómeno espontáneo que en muchos casos tomó a los Estados por sorpresa, también es cierto que producto de dicha espontaneidad el mercado universitario se beneficia al contar con una oferta más amplia y heterogénea. En una primera instancia, los gobiernos toman dicho crecimiento como ganancia, ya que son los sectores con menores recursos intelectuales los beneficiarios de dicha expansión, puntualmente en aquellos países en donde el Estado restringe el ingreso como manera de defender su condición de elite del sistema, evitando así la masividad. De esta manera se logra, a través de un medio complementario como es el sector privado, escolarizar a una parte de la población que no cumple con los requisitos de calidad en cuanto a los saberes impuestos por las instituciones de elite. Los casos de Brasil y Chile, por ejemplo, son un claro ejemplo de un Estado que prefiere fomentar el crecimiento privado para evitar la masificación de sus universidades emblema. Así, el tipo de institución privada que predominó durante este crecimiento es la definida como de "absorción de demanda" (Levy, 1986). Son estas instituciones las que descomprimen el sector estatal ofreciendo en muchos casos una educación de inferior calidad. Sin embargo, en algún punto, la reacción del Estado no se hace esperar. La escasa regulación pública también tiene sus costos. Así, el tipo de institución privada que predominó durante este crecimiento es la definida como de "absorción de demanda" (Levy, 1986). Son estas instituciones las que descomprimen el sector estatal ofreciendo en muchos casos una educación de inferior calidad, producto de un Estado laxo en cuanto a su política regulatoria. Sin embargo, la escasa regulación pública impone costos futuros y así la reacción estatal no se hace esperar. Por ejemplo, la sobreexpansión privada, producto de un Estado permisivo, ha tenido como consecuencia el posterior cierre de universidades que no cumplen con los estándares mínimos como para no poner en riesgo el sistema. El caso de Ecuador y El Salvador, en donde el cierre de un número importante de universidades privadas ejemplifica este tipo de regulación tardía (*delayed regulation*), confirma un

Estado que busca limitar o "limpiar" el mercado de universidades de baja calidad, instituciones de las que paradójicamente el mismo Estado, directa o indirectamente, alentó su apertura (Rabossi, 2014).

A partir de este punto, el de la expansión heterogénea de la oferta universitaria, es donde ingresan las agencias de acreditación de la calidad con el objeto de brindarle confiabilidad al mercado universitario. La regulación funciona asimismo como un mecanismo que brinda legitimidad a un sector, el privado en este caso, cuando este no goza del prestigio, sea por cuestiones históricas o de preferencias de lo público por sobre lo privado, que sí tiene la esfera pública. De esta manera, la barrera al ingreso de nuevos competidores de inferior calidad ayuda a quienes ya son parte del sistema, habiéndose ganado el ingreso través de mecanismos legales. En este caso, la universidad privada ya acreditada y en funcionamiento se muestra como una alternativa de calidad, o al menos, como una opción confiable.

Los procesos de acreditación y evaluación de la calidad universitaria, si bien no son fenómenos nuevos, aún se hayan en etapa de desarrollo y adaptación. La expansión de los sistemas universitarios, especialmente durante los 1980, tuvo como consecuencia el ingreso de instituciones de diversas características. Esto llevó, como ya dijimos, a que los sistemas se transformaran de pequeños y homogéneos a grandes y heterogéneos en cuanto a su calidad y propuesta académica. Influenciada por modelos de mayor libertad decisoria pero con una mirada más estricta desde el Estado, particularidad propuesta a partir del concepto de la NGP, la rendición de cuentas (*accountability*), producto de la utilización de recursos públicos, se torna inevitable. Así, la evaluación tuvo como objetivo primario garantizar mínimos estándares de calidad institucional para luego promover una mayor calidad dentro de las universidades tradicionales. Asimismo, en una década en donde los principios del neoliberalismo dominaron las decisiones a nivel de gobierno, la influencia del modelo de universidad norteamericana trajo consigo la creación de organismos de control. Y así el puntapié inicial para la creación de las agencias de acreditación y evaluación de la calidad en la región (González, 1999).

No es de extrañar entonces que el gran crecimiento de los sistemas de aseguramiento de la calidad en América Latina tenga su origen en la década de los 1990. Es esta la época de la gran expansión privada y por lo tanto la de mayor diversificación institucional. En este punto es conveniente recordar que América Latina es un jugador temprano en el tema de acreditación y evaluación de la calidad de sus instituciones terciarias, y aun mucho antes de lo ocurrido en Europa y los países de Asia y Medio Oriente (Lemaitre y Mena, 2012). Sin embargo, la calidad de una institución ya no es algo indiscutible, particularmente cuando el propio mercado es quien en gran parte coordina la expansión y propone los cambios. Bajo este contexto, la calidad debe ser formalmente demostrada y las agencias de acreditación se convierten en entidades fundamentales para mediar entre la demanda y la oferta académica. El mercado educativo, espacio fértil para que se generen asimetrías de información entre oferentes (universidades) y demandantes (alumnos), impone un control que evite la proliferación de instituciones de baja calidad. Al poseer información relevante para medir la calidad del servicio brindado, las agencias de aseguramiento de la calidad juegan un papel decisivo a la hora de decir quiénes sí y quiénes no presentan una oferta académicamente seria y necesaria. Digamos, estas entidades juegan un papel fundamental a la hora de remediar una falla producto natural de la dinámica del propio mercado (Rabossi, 2011a). Podríamos entonces decir que estamos frente a una oferta cada vez más compleja y heterogénea y por lo tanto pasible de ser cuestionada. Así, y ante el crecimiento en términos cambiantes en cuanto a diversidad y calidad, de alguna manera la confianza social de los servicios que ofrecen las universidades se ha venido erosionando (Lemaitre y Mena, 2012). Los sistemas de acreditación y evaluación de la calidad deben entonces aspirar a restituir esa confianza pública y mayormente hacia el sector privado, ya que ha sido este el que, en general, ha sido más cuestionado.

Control temprano en el caso argentino

El caso privado argentino presenta aristas y particularidades muy diferentes a lo observado en los grandes sistemas universitarios de la región, sean los casos de Chile y Colombia, países que contaban con al menos una institución privada ya a fines del siglo XIX, o Brasil, cuya primera universidad fuera del sistema público abre sus puertas en 1940. El estímulo a la expansión de ofertas alternativas a la estatal, o falta del mismo, queda en evidencia cuando se cuantifica el sector en cuanto a su participación en términos de estudiantes. Al momento de la creación de la primera universidad argentina en 1959, más del 40% de los alumnos se encontraban enrolados en instituciones privadas en Brasil y Colombia. En ese mismo momento, en Chile el 37% de los estudiantes universitarios optaba por una alternativa no estatal (Levy, 1986).

Si bien es cierto que la expansión privada ha tomado a muchos Estados por sorpresa, o deliberadamente se han dejado sorprender como forma de retener su posición de elite del sistema, según lo ya visto, la Argentina es un caso en donde la regulación y el control nació mucho antes de la creación de la propia CONEAU. Desde sus comienzos, el Ministerio de Educación (MdE) se mostró como una entidad rigurosa en la selección y acreditación de universidades privadas aptas para ofrecer el servicio educativo. En este sentido, podríamos categorizar el crecimiento del sector privado en cuatro grandes períodos. La tabla 1 sintetiza la expansión en términos de control y regulación impuestos desde el Estado.

Tabla 1. Crecimiento del sector privado y principal fuerza de regulación

Período	Principal elemento de control y coordinación
Evolución temprana (1959-72)	Ministerio de Educación
Restricción (1973-88)	Prohibición de apertura de universidades privadas
Segunda expansión (1989-96)	Ministerio de Educación y Mercado
Crecimiento regulado (1997-)	CONEAU

Fuente: elaboración propia.

La evolución temprana (1959-72) muestra un Estado presente y dispuesto a limitar la sobreexpansión del sector privado, principalmente aquel de baja calidad. Esta conducta no es sorprendente en un país que históricamente ha sido poco propenso a fomentar alternativas fuera del sistema de universidades públicas. El período de restricción (1973-88), en el cual una ley aprobada durante el gobierno de Perón prohíbe la apertura de cualquier propuesta fuera del sistema de universidades públicas, confirma que el sector privado ha sido solamente tolerado y de ninguna manera alentado, como sí ocurrió en gran parte de la región. La segunda expansión (1989-96) se da a partir de políticas de corte neoliberal que dominaron la región durante los 1990. Sin embargo esta expansión, de corta duración en el tiempo, fue limitada a partir de la creación de la CONEAU en 1997.

De cualquier manera, es ya a partir de principios de los 1990 y antes de la creación de la CONEAU que el MdE propone mecanismos de autoevaluación institucional y de evaluación externa universitaria. Esta conducta denota un Estado propenso a evitar una expansión privada cualitativamente cuestionada. Asimismo, en 1995 y de manera voluntaria se lleva a cabo un proceso de acreditación y evaluación de programas de posgrado (González, 1999). Sin embargo, es a partir de la creación de la Ley de Educación Superior (LES), también de 1995, que los procesos de evaluación y acreditación universitaria son de carácter obligatorio. El organismo creado para llevar a cabo dicha función es la CONEAU, entidad que ingresa como mecanismo de control formal en 1996.[3] Sus principales funciones son las de evaluar los proyectos de apertura de universidades privadas, las que, luego de su dictamen, son autorizadas por el MdE para funcionar como universidades reconocidas y con capacidad para expedir títulos oficiales.[4] Otra función de relevancia de la agencia es la evaluación y acreditación de las carreras de posgrado, tanto para universidades públicas como privadas, y asimismo, este organismo cumple la tarea de coordinar y llevar a cabo las evaluaciones externas de todas las universidades que ya se encuentran en funcionamiento.

La CONEAU como entidad de control isomórfica

Bajo reglas de mercado e interactuando en competencia una con otra, es posible advertir que las instituciones buscarán diferenciarse entre ellas como forma de encontrar un nicho en donde ofrecer un servicio distintivo y ejercer así un cierto poder monopolístico. Sin embargo, también es real que como mecanismo para resguardarse ante cambios en el mercado y evitar de esta manera las turbulencias que podrían generarse, la diferenciación organizacional entre ellas en cuestiones de forma y prácticas organizacionales tiende a reducirse. De esta manera, las instituciones se resguardarán imitando modelos que previamente han resultado exitosos. Este mecanismo isomórfico, o de copia, muestra sus beneficios principalmente en espacios poco cambiantes y no sometidos a abruptas variaciones tecnológicas. Las universidades interactúan dentro de un medioambiente en donde los cambios en sus procesos productivos, sean los de enseñanza o investigación, son relativamente lentos. La innovación en comparación con otros mercados de alta inversión tecnológica es limitada. Así, de acuerdo con DiMaggio y Powell (1991), las instituciones tienden a comportarse de manera rutinaria e irreflexiva. De este modo, y como manera de evitar la incertidumbre, copian de forma poco deliberada costumbres y comportamientos que han demostrado ser exitosos. En general, son las instituciones líderes, o emblemáticas, aquellas consideradas exitosas y las que de alguna manera definen las prácticas organizacionales a seguir. En todos estos casos el proceso isomórfico es voluntario y de tipo no coercitivo.

Sin embargo, el cambio en las costumbres organizacionales puede ser producto de un conjunto de normas impuestas exógenamente. En este caso, quien defina las reglas de juego deberá contar no solo con la

---

[3] La LES permite la existencia de otras agencias de evaluación externa de origen privado. Fundada en 2003 por iniciativa de dieciocho universidades privadas, FAPEYAU es el único caso que ingresa en esta categoría. Sin embargo, su impacto en el mercado ha sido escaso.

[4] Las universidades nacionales son creadas a través de una Ley del Congreso.

legitimidad social para hacerlo, sino también con la capacidad para ser obedecido por el resto de las instituciones (Tolber y Zucker, 1983). Así, la nueva estructura organizacional constituida y la forma en la que un mercado se expanda podría ser el resultado de una entidad u organismo con capacidad legal para imponer un determinado marco normativo. Ante esta situación, la diferenciación institucional tenderá a ser baja, así como también acotada la competencia que se generará entre las organizaciones que forman parte de dicho sistema. No es extraño que ante la presencia de una entidad dominante y con gran capacidad de control se obtenga como resultado un mercado universitario con una diferenciación limitada entre los sectores públicos y privados, y una baja diversidad en el diseño organizacional, prácticas y rutinas dentro de cada uno de los sectores (Levy, 1999). En este caso, la acotada distinción es producto de un proceso isomórfico de tipo coercitivo y más puntualmente uno de características normativas. El equilibrio de mercado, y como este queda constituido, no es producto de un proceso voluntario de las instituciones como manera de reducir la incertidumbre. La baja diversificación es determinada por un elemento externo a la propia institución y con capacidad de imponer sus propias leyes.

Desde su creación en 1996, la CONEAU se erige como un organismo de control que fomenta una expansión limitada del sector privado, tanto en cuestiones de formas, rutinas y conductas, como en cuanto a cantidad de universidades habilitadas para ofrecer el servicio (Rabossi, 2011b). En términos cuantitativos, desde su apertura hasta 2015 la Comisión de Evaluación y Acreditación autorizó la apertura de veinte instituciones, diez universidades y diez institutos universitarios.[5] Resulta interesante comparar la expansión resultante en la primera mitad de los 90 y hasta la entrada en vigencia de la fuerte regulación estatal, comandada por la CONEAU, con lo ocurrido en los últimos dieciocho años. De alguna manera sirve para exponer la capacidad reguladora de esta institución. En el primer período, aquel que denominamos segunda expansión (1989-96), se abrieron cuatro universidades privadas más que durante el denominado crecimiento regulado (1997-2015). En definitiva, veinticuatro nuevas

---

5   Si bien la autorización definitiva de puesta en marcha de una nueva universidad privada está en manos del Ministerio de Educación, una de las funciones de la CONEAU es pronunciarse sobre la consistencia del proyecto institucional y viabilidad de apertura. Dicho dictamen es absolutamente vinculante cuando la comisión se expresa de manera negativa.

universidades privadas ingresaron al mercado universitario durante el primero, y veinte en el segundo.[6] Esto implica 3,4 instituciones por año y 1,2 en cada período respectivamente.

No cabe duda de que la CONEAU actuó como un filtro evitando una fuerte expansión de la oferta, fenómeno que sí ocurrió en los principales países de la región (González, 1999). Para comprender aun mejor la relevancia de la CONEAU como entidad barrera al ingreso, desde 1966 hasta 2011 se presentaron 118 proyectos de apertura de nuevas universidades privadas. Solo dieciocho obtuvieron un dictamen favorable (CONEAU, 2012). En definitiva, solo el 15% de las propuestas de apertura de nuevas instituciones no públicas logró ingresar al mercado nacional universitario y así ofrecer sus servicios. No solo dicho control se presenta como una limitante que reduce la competencia entre instituciones de carácter no estatal, las que enfrentan a una universidad nacional que no impone ningún tipo de restricción al ingreso, sino que asimismo legitima en términos de calidad a un sector, como el privado, al evitar la irrupción de instituciones de baja calidad que provoque un cuestionamiento aun mayor, esto en un mercado en donde la universidad pública goza de real reputación. Desde este punto de vista, Argentina se presenta como un espacio en donde la calidad de la alternativa privada es relativamente homogénea, y así el rango en términos de seriedad de propuesta institucional entre universidades es limitado. En otras palabras, la CONEAU ha evitado una expansión de baja calidad como lo ocurrido en otros sistemas de la región (Rabossi, 2011a).

Es importante asimismo conocer las causas por las que casi nueve de cada diez propuestas de apertura de nuevas universidades privadas han sido rechazadas por CONEAU. En definitiva, este organismo ha tenido una influencia decisiva en la coordinación y en el tipo de expansión que tomó lugar en dicho mercado. La tabla 2 muestra la distribución de alumnos, o demanda, a partir de 1995, año anterior a la creación de la CONEAU, y hasta 2014, último año con datos oficiales. Para este análisis intertemporal se utilizó la división en áreas del conocimiento según lo definido por la Secretaría de Políticas Universitaria (SPU), y como forma de apreciar cuáles sectores han sido favorecidos por la institución reguladora.

---

[6] En un caso particular, una de las instituciones privadas fue absorbida por el Estado. La Universidad Popular de Madres de Plaza de Mayo, institución creada por Decreto 751 del año 2010, fue estatizada ante su incapacidad de sostenerse financieramente. La institución, ahora denominada Instituto Universitario Nacional de Derechos Humanos Madres de Plaza de Mayo, quedó constituida por Ley en noviembre de 2014. Resulta así un caso único en la experiencia universitaria argentina.

Tabla 2. Distribución relativa de alumnos de grado por rama de estudios en universidades privadas de Argentina (1995-2015)

Año	1995	2005	2014	Variación en puntos porcentuales (95-14)*
Ciencia				
Aplicadas	20,2%	17,4%	15,1%	-5,1
Básicas	0,4%	0,9%	0,8%	+0,3
Salud	3,2%	10,0%	14,2%	+11,0
Humanas	10,6%	14,4%	14,8%	+4,2
Sociales	65,6%	57,3%	54,7%	-10,9

* Diferencia producto del redondeo de los valores porcentuales.
Fuente: SPU. 1998; 2005; 2015 y propia elaboración.

Lo que se aprecia al analizar los datos contenidos en el cuadro es la caída relativa de las dos áreas que en 1995 explicaban casi el 86% de los alumnos en universidades privadas, las ciencias sociales y las aplicadas, tendencia que se evidencia ya a mediados de los 2000 y que continúa hasta 2014. Dicha caída de 16 puntos porcentuales es absorbida en casi un 70% por las carreras comprendidas en las ciencias de la salud. Por otro lado, se evidencia un incremento relativo en las humanas de casi 4 puntos porcentuales en los primeros diez años desde el ingreso de la CONEAU, para luego estabilizarse en 14,8%. Destacamos que en 1995 los estudiantes enrolados en algunas de las carreras dentro del sector de las humanidades más que triplicaban el número de alumnos inscriptos en las ciencias de la salud (tabla 3). Sin embargo, la fuerte expansión de la demanda en las ciencias que abarcan los estudios de la medicina y sus paramédicas y carreras auxiliares hace que en 2014 la distribución de alumnos en cada una de estas dos áreas de estudios sea prácticamente la misma. En valores absolutos, mientras que humanidades y las ciencias de la salud contaban en 1995 con 14.078 y 4188 alumnos respectivamente, en 2014 dichos valores se incrementan hasta llegar a 59.747 en las primeras y 57.221 estudiantes en las carreras de la salud. Si bien se observa un fuerte crecimiento en las ciencias básicas a una tasa del 8,1% anual durante el período 1995-2014, también es cierto que las mismas parten de una cantidad de alumnos muy baja.

Tabla 3. Alumnos por rama de estudios en universidades privadas de Argentina (1995-2014)

Año	1995	2005	2015	Variación porcentual anual (95-15)*
Ciencia				
Aplicadas	26.729	44.138	60.799	4,2%
Básicas	567	2.362	3.282	9,2%
Salud	4.188	25.380	60.869	14,3%
Humanas	14.078	36.600	63.783	7,8%
Sociales	86.897	145.348	221.108	4,8%
Total	132.459	253.828	411.483**	5,8%

* Diferencia producto del redondeo de los valores porcentuales.
** La suma total cuenta con 9.946 alumnos adicionales inscriptos en carreras que por sus características pueden ser clasificadas en distintas ramas de estudio.
Fuente: SPU (1998); SPU (2005); SPU (2014).

Ahora bien, que las ciencias sociales sigan dominando en cuanto a su capacidad para atraer el mayor número de alumnos no es una particularidad que lleve al asombro. De hecho es una tendencia mundial que va más allá de cualquier particularidad local (Frank y Gabler, 2006). Sin embargo, el caso argentino pareciera en parte contradecir dicho rasgo, al menos en el sector privado. De acuerdo con Rabossi (2011c), en relación con la oferta pública y privada según campos disciplinares (ver tabla 4), se detectó una particularidad en el área de las ciencias de la salud, espacio de estudio en general dominado por el sector público. Por ejemplo, al año 2006, una de cada tres universidades o institutos universitarios ofrecían la carrera de Medicina contra alrededor de una de cada cuatro en el sector público. En cuanto a las paramédicas y carreras auxiliares de la medicina, se observa una particularidad opuesta, tres de cada cuatro universidades nacionales y una de cada dos en el mercado privado incursionaban en las especialidades paramédicas y carreras auxiliares. De cualquier manera, y como forma de cuantificar esta particularidad, el crecimiento de la oferta en carreras de las ciencias de la salud, la tabla 5 muestra el conjunto de universidades privadas creadas al año siguiente de la apertura de la CONEAU y su relación con este tipo de carreras. De algún modo se busca confirmar si dicha característica se ha mantenido en el tiempo.

Tabla 4. Instituciones universitarias privadas creadas durante el período 1997-2015 y su oferta académica en relación con las ciencias de la salud

	Universidad / Instituto universitario	Año	Carrera de Medicina	Paramédicas y auxiliares
1	CEMIC	1997	–	–
2	Gastón Dachary	1998	–	Sí
3	ISALUD	1998	–	Sí
4	ESEADE	1999	–	–
5	Escuela de Medicina del Hospital Italiano	2000	Sí	Sí
6	ISEDET	2001	–	–
7	Italiano de Rosario	2001	Sí	Sí
8	Adventista de la Plata	2002	Sí	Sí
9	Escuela Argentina de Negocios	2004	–	–
10	Asociación Psicoanalítica de Buenos Aires	2005	–	–
11	del Gran Rosario	2006	–	Sí
12	San Pablo-Tucumán	2007	Sí	Sí
13	del Este	2008	–	–
14	River Plate	2010	–	–
15	Católica de Misiones	2012	Sí	Sí
16	de San Isidro "Plácido Marín"	2012	–	–
17	Metropolitana para la Educación y el Trabajo	2012	–	–
18	de Ciencias Biomédicas de Córdoba	2012	Sí	–
19	Salesiana	2014	–	–

Fuente: SPU (2017) y elaboración propia.

De las diecinueve universidades autorizadas desde 1997 hasta 2015 por la CONEAU y el Ministerio de Educación para funcionar como instituciones legales y reconocidas, seis ofrecen carreras de medicina y ocho alguna carrera dentro del grupo de paramédicas y carreras auxiliares. En cinco de las mismas la oferta abarca las dos ramas. En términos porcentuales, 31% de las nuevas instituciones forman profesionales médicos y 42% en el campo de las especialidades paramédicas y sus auxiliares. En definitiva, casi la mitad de las nuevas instituciones ofrecen alguna especialidad en las ciencias de la salud (9 de 19). Asimismo, cinco del total de estas nuevas aperturas durante el período se crearon bajo el formato de institutos universitario, brindando exclusivamente carreras dentro de las ciencias de la salud. Cuatro de los mismos, el CEMIC (1997), la Escuela de Medicina del Hospital Italiano (2000), el Italiano de Rosario (2001) y el de Ciencias Biomédicas de Córdoba (2012) ofrecen la carrera de Medicina. En definitiva, de los diez institutos universitarios creados durante el período, la mitad se encuentra ligada al sector de la salud de manera exclusiva. El resto de los institutos se concentra exclusivamente en carreras dentro de las ciencias sociales, particularmente en las ramas de las ciencias económicas y el área de los negocios.

En relación con el sistema público, y como forma de comparar la reacción de cada sector durante el período, se crean veintitrés universidades nacionales, algunas de las cuales ya formaban parte del sector formal de educación no universitaria. Tal es el caso de la Universidad Nacional de las Artes (2014) y la Universidad Nacional de la Defensa (2014), por ejemplo. A título comparativo con su contraparte privada, doce de ellas ofrecen carreras dentro del área de la salud.[7] En este sentido, la proporción entre sectores se mantiene. Así, aproximadamente el 50% de las instituciones en ambos mercados ofrece carreras dentro de las ciencias de la salud. Sin embargo, una gran diferencia durante el período se refiere a la apertura de la carrera de Medicina. En el período bajo análisis, solo una de las veintitrés instituciones nacionales ofrece dicho tipo de formación. Puntualmente la Universidad Nacional Arturo Jauretche. En el resto de las que sí incursionan en las ciencias de la salud domina la carrera de Enfermería. Esta reacción pública no es de extrañar dada la escasez en la oferta de personal de enfermería en relación con una creciente demanda de profesionales de este tipo. En definitiva, en el sector privado se abrieron seis carreras de Medicina contra una sola en el sector público. En términos porcentuales, el 31% de las nuevas instituciones privadas que se abrieron desde 1997 hasta 2015 forma médicos, mientras que solo el 5% reacciona de manera similar en el ámbito público (SPU,

---

7   Se aclara que de la totalidad de universidades nacionales creadas durante el período analizado, cuatro aún se hayan dentro del proceso de apertura, y su oferta académica todavía no está totalmente definida. Tal es el caso de la Universidad Nacional de Comechingones, la Nacional de San Antonio de Areco, la Nacional de Alto Uruguay y la Nacional Raúl Scalabrini Ortiz. De cualquier manera, y por información obtenida a través de medios gráficos o de manera informal, no parecería que exista una tendencia a crear nuevas carreras de Medicina.

2016). Resumiendo, actualmente el sector universitario nacional cuenta con trece escuelas o facultades de medicina contra veinte en el sector privado. Esto en cuanto a la oferta.

En términos específicos de demanda por la carrera de Medicina y de las paramédicas y sus auxiliares, la tabla 6 muestra la evolución de la misma en términos del número de alumnos y egresados, y como manera de cuantificar el impacto que tiene cada sector en el mercado laboral.

Tabla 5. Alumnos y egresados en las carreras de Medicina y paramédicas, y auxiliares de la medicina en los sectores público y privado (1997-2015)

Universidades / Año	Alumnos			Egresados		
	1997	2015	Variación anual	1997	2015	Variación anual
Nacionales						
Medicina	59.577	66.118	0,6%	3417	4088	1,0%
Paramédicas y auxiliares	37.995	112.128	6,2%	2302	7810	7,0%
Privadas						
Medicina	2852	12.595	8,6%	229	1038	8,8%
Paramédicas y auxiliares	2321	43.372	17,7%	186	5567	20,8%
Relación privado / público						
Medicina	4,6%	16,0%		6,3%	20,2%	
Paramédicas y auxiliares	5,8%	27,9%		7,5%	41,6%	

Fuente: SPU (1998); SPU (2015); cálculos propios.

El crecimiento relativo del sector privado en relación con el público es evidente, tanto en el *stock* de alumnos como en el flujo de egresados. En Medicina se observa un crecimiento anual en el número de estudiantes en universidades privadas del 8,9% anual contra solo el 0,3% en las nacionales. Esto en el período 1997-2013. En las paramédicas y carreras auxiliares de la medicina se observa una tendencia similar, pero con un crecimiento aun más significativo en ambos sectores. Sin embargo, la tasa de crecimiento anual en el mercado privado es relativamente más acelerada que en el público (19,4% vs. 5,8%). En cuanto al número de egresados, es esperable un crecimiento proporcional en cada uno de los sectores dado el crecimiento relativo de alumnos en ambos mercados, siendo el más significativo aquel que tomó lugar en el sector privado en el área de las paramédicas y carreras auxiliares. Aquí se observa un crecimiento a una tasa anual de casi el 24%. De esta manera, la participación privada en medicina crece, en término de números de alumnos, en 10,8 puntos porcentuales (de 4,6% a 15,2%) y 23,9 puntos en el sector de paramédicas y auxiliares (de 5,8% a 29,7%). Así, mientras la universidad privada formaba 1 de cada 21 potenciales médicos en 1997, en 2013 el sector absorbe a 1 de cada 6. En cuanto al impacto de la universidad privada en el mercado de médicos, en 1997 el país contaba con 1 profesional formado en alguna de las universidades privadas por casi 16 egresados del sector público mientras que en 2013 esa relación cayó a menos de 1 de cada 6.

Conclusiones

Como hemos visto, la universidad privada en la Argentina no ha sido utilizada deliberadamente como alternativa complementaria para absorber la expansión de este sector de educación postsecundaria como sí ha ocurrido en gran parte de América Latina, el sudeste asiático y varios países del centro de Europa, principalmente aquellos que permanecieron hasta fines de los 1980 bajo el régimen soviético (Sharma, 2009). En algunos casos, el sector no estatal ha sido visto como una alternativa a la oferta pública en tiempos de restricción fiscal para aliviar las cuentas públicas. Recordemos que mayormente solo aquellas naciones que han utilizado la universidad privada como fuente complementaria de financiamiento han sido capaces de invertir más de un 2% de su producto interno bruto (PIB) en el sector universitario (Jongbloed, 2004). Asimismo, en otros momentos, ante la fuerte demanda por educación universitaria, el sector privado cumple una función estratégica evitando que la universidad pública se transforme en un fenómeno masivo y por lo tanto con el riesgo real de perder su condición de elite.

Las restricciones impuestas desde el Estado argentino, que evitan un fuerte crecimiento privado, inclusive ya antecediendo los controles determinados por la CONEAU a partir de 1996, han provocado no solo una expansión limitada sino una de características particulares. Por ejemplo, al evitar una sobreexpansión de instituciones de baja calidad el Estado ha logrado dos claros efectos que hacen a cuestiones de a. seriedad académica y b. capacidad de autosostenimiento financiero. Así, y producto de normas estrictas que el Estado impone para la apertura de nuevas universidades privadas, no ha sido necesaria la intervención pública para cerrar instituciones que no cumplen tanto con los requisitos de calidad como aquellos que hacen a la solvencia financiera de una universidad. El caso de la ex Universidad de las Madres de Plaza de Mayo y su absorción por parte del sector público es una simple excepción que confirma la regla. La falla del Estado al permitir su apertura como universidad se debe más a cuestiones políticas que a aspectos intrínsecos de los mecanismos de control. Por otro lado, la no continuidad de otras dos instituciones privadas, el Instituto Universitario Patricios (1995-1998) y la Universidad Bar Ilán (1995-2000), ha sido producto del quiebre financiero de sus entidades fundadoras, el Banco Patricios y el Banco Mayo respectivamente. Asimismo, al evitar un crecimiento regido por normas laxas o de bajo control, el sector privado argentino se presenta como uno de los más heterogéneos de la región en cuanto a la calidad académica de sus instituciones. Dicha particularidad es producto de uno de los sistemas de aseguramiento de la calidad más estrictos de la región (Del Bello *et al.*, 2007). Si bien la Argentina no cuenta con un sector privado de elite de magnitud y financiado con fuertes flujos monetarios, sea por fundaciones privadas o el mismo Estado como sí ocurre en los casos de México, Brasil y Chile por ejemplo, también es cierto que no cuenta con universidades de calidad discutible como sí ocurre principalmente en varios países de la región.

En definitiva, y ya desde el rol cumplido por la CONEAU, recordamos que desde su creación hasta 2013 esta agencia de control ha evitado la apertura de más de cien propuestas de nuevas universidades. Esto implica una tasa de rechazo de casi el 85%. Algunos motivos de relevancia para negar el ingreso de nuevos proveedores de educación universitaria han sido: la inexistencia de un lugar propio en donde abrir la sede central, una baja capacidad financiera para sustentar el proyecto, o bibliotecas inexistentes o con escasos volúmenes o poco relacionados con el tipo de formación a ofrecer. Además, y dentro de las barreras que han impedido un mayor crecimiento del sector, nos topamos con los casos de instituciones no universitarias con aspiraciones en transformarse en universidades pero que al momento de presentar el proyecto para ser reconocidas como tales no contaban con un plantel docente de calidad para efectuar dicho paso. Dentro de esta misma particularidad se encuentran aquellos consejos profesionales que, ya dictando cursos dentro del sistema no formal de educación, han intentado transformarse en universidades reconocidas legalmente (CONEAU, 2012). En todos los casos descriptos, la CONEAU ha impuesto una barrera evitando así una expansión privada heterogénea y de baja calidad, tanto en cuanto a la propuesta académica como en lo que respecta al diseño organizacional. De cualquier manera, el fuerte control público no impidió el surgimiento y apertura de nuevas alternativas privadas. Desde la creación de la Agencia de Evaluación y Acreditación Universitaria hasta la fecha, veinte instituciones han logrado ser parte del sistema privado de universidades, donde particularmente se ha observado una sobreexpansión relativa de proyectos relacionados a las ciencias de la salud. Por ejemplo, desde el lado de la demanda, mientras que el crecimiento de alumnos en el sector privado en su conjunto evidenció un incremento del 151% durante el período 1997-2013, las carreras de Medicina y de las paramédicas y carreras auxiliares se expandieron un 292% y 1608% respectivamente.

Si bien la estructura formal que evidencian las instituciones es producto de fuerzas impuestas por la opinión pública, por aquellos que utilizan el servicio, y por el prestigio social de adoptar una u otra forma organizacional, entre otros elementos de presión implícita, la ley juega un papel de suma importancia a la hora de definir un modelo organizacional determinado (Meyer y Rowan, 1991). Evidentemente la expansión del sector privado universitario argentino estuvo trazada por características isomórficas de tipo normativo. Aquí, la imitación o escaza diferenciación entre instituciones es producto de normas y reglas que han evitado una mayor diversidad. Dentro de este marco regulatorio impuesto por la CONEAU, las instituciones que mejor se han adaptado a las reglas definidas por el organismo centralizado han sido aquellas comprendidas dentro de las ciencias de la salud. En general, la creación de institutos universitarios especializados en dicho campo del conocimiento ha sido producto de instituciones de previa existencia, como hospitales o centros de investigación, y por lo tanto con mayor capacidad para adaptarse a los requerimientos de calidad impuestos por la agencia de acreditación. Recordemos también que la Argentina cuenta con un solo organismo de control de calidad universitaria y por lo tanto los estándares que rigen para la totalidad del sistema son exactamente los mismos. Esta particularidad además reduce la diversidad de propuestas académicas y las arbitrariedades o diferencias de criterio que podrían generarse en sistemas no centralizados (Rabossi, 2011a). Por otro lado, si bien las universidades nacionales se han manejado con normativas laxas en cuanto al control de la demanda, permitiendo mayormente el ingreso a la universidad dentro de un concepto de baja selectividad, el área de las ciencias de la salud y puntualmente el de la medicina ha mostrado una baja propensión a permitir el ingreso irrestricto de estudiantes. Ante esta conducta implícita de *numerus clausus* en una carrera de interés público, como es la Medicina, el sector privado ha reaccionado abriendo sus propios espacios para así absorber parte de una demanda que la universidad nacional ha, implícita o explícitamente, decido no satisfacer. En definitiva, el crecimiento privado obedece a dos fenómenos. Por un lado, la acción del propio Estado permitiendo la sobreexpansión relativa del sector de la salud vía mecanismo de control a través de la CONEAU y en relación con instituciones con una oferta preponderantemente dentro de las ciencias sociales. Por otro, es la universidad nacional la que evita a través de mecanismos restrictivos el sobrecrecimiento de su propia demanda, para reducir, en un instinto de supervivencia, el riesgo de graduar futuros profesionales de baja calidad. En ambos casos y ante dichas conductas, las propuestas privadas dentro de las ciencias de la salud se han visto favorecidas.

Referencias bibliográficas

Borden, V. & Banta, T. (1994), *Using performance indicators to guide strategic decision making.* San Francisco, CA: Jossey-Bass.
Cano, D. (1985), *La educación superior en la Argentina.* Buenos Aires: Facultad Latinoamericana de Ciencias Sociales (FLACSO).
Comisión Nacional de Evaluación y Acreditación Universitaria (2012), *Memoria: 1996-2011.* Buenos Aires: CONEAU.
Del Bello, J.C.; Barsky, O. & Giménez, G. (2007), *La universidad privada Argentina.* Buenos Aires: Libros del Zorzal.
García Guadilla, C. (2004), "Educación superior y AGCS: Interrogantes para el caso de América Latina". En C. García Guadilla (ed.), *El difícil equilibrio: La educación superior entre bien público y comercio de servicios: Implicaciones del AGCS (GATS)* (pp. 84-100). Castilla: Universidad de Castilla-La Mancha.
Gonzáles, L. (1999), "Accreditation of higher education in Chile and Latin America". En P. Altbach (ed.), *Private prometheus: Private higher education and development in the 21st Century* (pp. 65-84). Chestnut Hill, MA: Center for International Higher Education, School of Education, Boston College.
Hood, C. (1991), "A public management for all seasons?". *Public Administration,* 69 (1), 3-19.
Jongbloed, B. (2004), *Funding Higher Education: options, trade-offs and dilemmas.* Twente: Center for Higher Education and Policy Studies, University of Twente.
Levy, D. (1986), *Higher education and the State in Latin America: Private challenges to public dominance.* Chicago: University of Chicago Press.
Levy, D. (1999), "When Private Higher Education does not Bring Organizational Diversity". En P. Altbach (ed.), *Private Prometheus: Private Higher Education and Development in the 21st Century* (pp. 15-44). Chestnut Hill, MA: Center for International Higher Education, School of Education, Boston College.
Levy, D. (2006), "The unanticipated explosion: Private higher education's global surge". *Comparative Education Review,* 50 (2), 217-240.
Levy. D. (2013), "The Decline of Private Higher Education". *Higher Education Policy,* 26 (1), 25-42.

Lemaitre, M. J. & Mena, R. (2012), "Aseguramiento de la calidad en América Latina: Tendencias y desafíos". En M. J. Lemaitre y M. Zenteno (eds.), *Aseguramiento de la calidad en Iberoamérica: Educación Superior. Informe 2012* (pp. 23-55). Santiago de Chile: CINDA.

Meyer, J. y Rowan, B. (1991), "Institutionalized organizations: Formal structure as myth and ceremony". En W. Powell & P. DiMaggio (eds.), *The New Institutionalism in Organizational Analisis* (pp. 41-62). Chicago: University of Chicago Press.

Powell, W. & DiMaggio, P. (1991), "The iron cage revisited: Institutional isomorphism and collective rationality in organization fields". En W. Powell & P. DiMaggio (eds.), *The new institutionalism in organizational analisis* (pp. 63-82). Chicago: University of Chicago Press.

Rabossi, M. (2009), "Two different organizational reactions: The University sector in Argentina and Colombia and the neo-liberal proposal". *Policy Futures in Education*, 7 (5), 532-543.

Rabossi, M. (2011a), "Public intervention in Argentina: The homogenous expansion of the private university market". *Comparative & International Higher Education*, 3 (2), 39-45.

Rabossi, M. (2011b), "The private sector in Argentina: A limited and selective expansion". *Excellence in Higher Education*, 2 (1), 42-50.

Rabossi, M. (2011c), "Differences between public and private universities' fields of study in Argentina". *Higher Education Management and Policy*, 23 (1), 1-20.

Rabossi, M. (2014), "Acceso e ingreso a las universidades nacionales argentinas: permisividad y consecuencias". *Páginas de Educación*, 7 (2), 81-103.

Rabossi, M. (2015), "Tolerated more than promoted: The private university market in Argentina". En J. M. Joshi & Saeed Paivandi (eds.), *Private Higher Education: A Global Perspective* (pp. 34-64). Delhi, India: B .R. Publishing Corporation.

Sharma, Y. (2009, July 12). Expansion of private higher education. *University World News*. Disponible en https://goo.gl/hMcpZj.

Secretaría de Políticas Universitarias (2010), *Anuario 2010 de Estadísticas Universitarias*. Buenos Aires: SPU. Disponible en https://goo.gl/jSyYw7.

Secretaría de Políticas Universitarias (2013), *Anuario 2013 de Estadísticas Universitarias*. Buenos Aires: SPU. Disponible en https://goo.gl/t8i48y.

Secretaría de Políticas Universitarias (2014), *Adelanto del anuario 2014*. Buenos Aires: SPU. Disponible en https://goo.gl/uuW4MK.

Secretaría de Políticas Universitarias (2016), *Sistema universitario*. Buenos Aires: SPU. Disponible en https://goo.gl/5ruufs.

Tolbert, P. & Zucker, L. (1983), "Institutional sources of change in the formal structure of organizations: the diffusion of civil service reform, 1880-1935". *Administrative Science Quarterly*, 28, (1), 22-39.

14

La educación universitaria privada en Argentina

OSVALDO BARSKY Y ÁNGELA CORENGIA

Evolución histórica de la educación superior privada en Argentina

a) Antecedentes

El desarrollo tardío del sistema de universidades privadas en Argentina en su etapa moderna, en comparación con el resto de América Latina,[1] y la existencia de distinto tipo de restricciones como la prohibición del financiamiento estatal o, en ciertas etapas, el control férreo del desenvolvimiento académico, se explican por las características históricas de construcción del sistema universitario nacional, así como por los conflictos que han atravesado a la sociedad argentina, esencialmente a partir de los fuertes enfrentamientos entre los sectores liberales que dominaron el Estado nacional en el proceso de Organización Nacional desde la segunda mitad del siglo XIX, y la jerarquía de la Iglesia católica.

Ello a pesar de que el sistema universitario argentino tiene como origen la creación en 1623 de la denominada Universidad de Córdoba del Tucumán, basada en la autorización otorgada por el papa Gregorio XV para que el Colegio Máximo que la Compañía de Jesús había establecido en esa ciudad en 1610 pudiera otorgar títulos universitarios, generando así dos facultades, la de Artes y la de Teología, consagrada la primera al estudio de la Filosofía y la segunda al estudio de las Sagradas Escrituras y a la Teología Moral vinculada con la política. En 1816 a través de un concordato con el obispado se inicia el proceso que desembocaría en la creación de la Universidad de Buenos Aires en 1821, siendo su primer rector el presbítero Antonio Sáenz, ya en la órbita del gobierno de la provincia de Buenos Aires. La Universidad de Córdoba, al producirse la

---

[1] Desde la fundación de la Pontificia Universidad Católica de Chile en 1888, a lo largo del siglo XX se crearon universidades privadas en la mayor parte de la región, y cuando en 1959 se ponía en marcha la primera universidad privada de Argentina, solo tres de los países latinoamericanos no tenían instituciones de enseñanza superior que no fueran de carácter estatal (Del Bello, Barsky y Giménez, 2007).

independencia, luego de depender del gobierno de las Provincias del Río de la Plata, pasó a ser provincial, y se transfirió nuevamente en 1854 a la jurisdicción nacional por falta de recursos.

A partir de la sanción en 1885 de la Ley 1597 se estableció el régimen legal para las Universidades de Córdoba y Buenos Aires. Siguiendo el modelo de educación superior napoleónico, las universidades fueron creadas como una especie de confederación de facultades con el privilegio monopólico de expedir los diplomas de las respectivas profesiones científicas con validez nacional. Al tener la facultad de autorizar el ejercicio de la profesión fueron diseñadas como agencias del Estado. Al crearse, mucho después, las instituciones privadas, ellas también tuvieron que cumplir esta función pública, justificando así el control estatal sobre las mismas.

Las Universidades de La Plata, Litoral y Tucumán se sumaron al sistema universitario estatal en las primeras décadas del siglo XX. La Iglesia católica, que solo en la Ciudad de Buenos Aires tenía 35 colegios católicos, con más de 11.000 alumnos, creó en 1910 la Universidad Católica de Buenos Aires, que alcanzó a crear la Facultad de Derecho. Esta comenzó a funcionar en 1912, pero los títulos obtenidos por sus egresados no fueron reconocidos por el Estado, lo que forzó su cierre en 1922. Paralelamente, el 23 de diciembre de 1915 el papa Benedicto XV erigió la Facultad de Teología en el Seminario Mayor de Buenos Aires, junto con una Facultad de Filosofía, y le concedió el carácter de "pontificia" al darle al arzobispo bonaerense la potestad de otorgar grados académicos en nombre de la Santa Sede, tal como acontecía en las facultades romanas. Como se aprecia, la estrategia de la Iglesia católica garantizaba la formación del clero con autonomía del Estado nacional mientras intentaba desarrollar una universidad cuyos títulos fueran reconocidos estatalmente para incorporar miembros de la sociedad civil.

A pesar de los esfuerzos desarrollados durante la década de 1940 para crear universidades privadas de investigación, que encabezaron destacados científicos como Enrique Gaviola y Eduardo Braun Menéndez inspirados en los modelos vigentes en Alemania y Estados Unidos, ellos encontraron escaso eco social y nulas simpatías en el gobierno peronista que controlaba férreamente las universidades estatales. Con el cambio de régimen político, el 23 de diciembre de 1955 se sancionó el Decreto Ley 6403, que estableció la autonomía de las universidades para la designación de los profesores, función que hasta allí llevaba a cabo el Poder Ejecutivo, y en su artículo 28 planteaba: "La iniciativa privada puede crear Universidades Libres que estarán capacitadas para expedir diplomas y títulos habilitantes, siempre que se sometan a las condiciones expuestas por una reglamentación que se dictará oportunamente". Al llegar el decreto a la Junta Consultiva Nacional, algunos partidos políticos exigieron que los diplomas o títulos pasaran por un examen de estado y que se estableciera una expresa prohibición de que las universidades privadas recibieran recursos estatales.

El tema de la reglamentación del artículo 28 quedó congelado hasta que en el gobierno de Arturo Frondizi se reactivó la iniciativa y se sancionó en 1958 la Ley 14.557, que estableció un nuevo artículo 28 que planteaba la facultad de la iniciativa privada para crear universidades con capacidad para expedir títulos o diplomas académicos, cuya habilitación para el ejercicio profesional debía ser otorgada por el Estado nacional con exámenes públicos y a cargo de los organismos que designara el Estado. Las universidades así creadas no podrían recibir recursos públicos y sus estatutos y condiciones de funcionamiento deberían ser aprobados por el Estado. A pesar de su carácter restrictivo la ley se aprobó en medio de fuertes enfrentamientos con los sectores reformistas y los partidos políticos afines a los mismos. Las consecuencias de la legislación sancionada afectarían el período de origen de las universidades privadas. Al extender burocráticamente a todas las carreras los controles estatales para que los títulos académicos otorgados por las universidades privadas obtuvieran habilitación profesional, y no solo como en la experiencia anglosajona a las profesiones reguladas por el Estado, se fortaleció un exceso de reglamentarismo. Pero, sobre todo, la prohibición de recibir recursos financieros estatales creó de hecho una gran dificultad para el desarrollo de carreras científicas que implicaban altos costos de equipamiento e insumos, y también la posibilidad de contratar recursos humanos de alta dedicación, lo que afectaba en materia de investigación y calidad de la enseñanza a todas las disciplinas.

b) La puesta en marcha de las universidades privadas

Dictado en 1955 el decreto que autorizaba la existencia de las universidades privadas, las entidades con larga tradición formativa de nivel superior fueron las primeras en tomar la iniciativa. Se necesitaba para ello contar con docentes, espacios físicos adecuados, organización académica y cierta legitimación social que impulsara la inscripción de estudiantes. El peso dominante lo tuvieron las cinco entidades católicas asentadas donde se contaba con estas condiciones. Junto con la Universidad del Museo Social Argentino y el Instituto Tecnológico de Buenos Aires (ITBA), son el núcleo de siete instituciones creadas antes de la reglamentación del artículo 28 que autorizaría su creación legal. En su conjunto ellas simbolizaban la alianza entre la Iglesia y sectores del liberalismo y de las fuerzas armadas enfrentados fuertemente con el gobierno peronista, lo que les permitió obtener apoyo político en la nueva situación creada. Durante la década del 60 además de otras cuatro universidades católicas se crean ocho laicas, por iniciativas estrictamente educacionales a partir de emprendedores con alta capacidad de gestión, volcados a la calificación profesional. El perfil de la oferta académica era relativamente similar al de las universidades de gestión estatal, pero la expansión avanzaba sobre el espacio generado por los sucesivos conflictos políticos e ideológicos que afectaban a estas universidades y que provocaban la exclusión de profesores de distinto signo, que encontraron espacio en el sector privado.

En 1967 se dicta la Ley 17.604 sobre las universidades privadas, que creó un sistema de autorización provisional que pasados quince años se transformaba en definitivo. Se estableció que las universidades privadas tenían que tener personería jurídica sin fines de lucro, lo que contrastaba con la educación inicial, primaria y secundaria, donde esta finalidad era aceptada. Entre 1966 y 1975 se crean cuatro universidades laicas y solo una escuela católica de teología, dado que la gran cantidad inicial de universidades de origen católico se había organizado previamente. Desde 1974, los gobiernos peronistas primero, y la dictadura militar y el gobierno radical después, desalentaron la creación de nuevas universidades privadas. Esta limitación provocaría que un brusco cambio de orientación en el nuevo gobierno peronista de Menem facilitara que entre 1989 y 1995 se crearan veinticuatro instituciones, un número mayor que las creadas en los treinta y dos años anteriores. Dos de origen católico, una adventista y diecinueve laicas, cerrando dos asociadas a instituciones financieras que quebraron.

A partir de la Ley de Educación Superior dictada en 1995 se crearon veintisiete instituciones más para llegar al total de cuarenta y nueve universidades y quince institutos universitarios que integran actualmente el sector universitario de gestión privada de Argentina.[2] En el origen de las universidades confluyen iniciativas ligadas a concepciones filosóficas, posiciones epistemológicas, propósitos empresariales, razones religiosas, espíritu científico, desinterés por la política partidaria en las universidades estatales, persecución y proscripción política, desarrollo educativo local. Son la causa de una realidad compleja que no reconoce una explicación monocausal.

c) La situación actual

La expansión constante de las instituciones privadas de educación superior (no se incluyen en este análisis las que en Argentina se denominan "no universitarias", y que son instituciones de nivel terciario) fue espacial y disciplinaria. Dada la distribución de la población nacional, pero

---

[2] Según la ley, las instituciones que responden a la denominación de "universidad" deben desarrollar su actividad en una variedad de áreas disciplinarias no afines, orgánicamente estructuradas en facultades, departamentos o unidades académicas equivalentes. Las instituciones que circunscriben su oferta académica a una sola área disciplinaria se denominan "institutos universitarios".

también la concentración en la Ciudad de Buenos Aires de mayores recursos materiales y humanos, una parte importante de las instituciones se ubicó en la misma, llegando a veintinueve entidades (46%), otras siete (11,1%) se ubican en el conurbano bonaerense, y cinco en otras ciudades de la provincia de Buenos Aires. Las otras entidades se distribuyen en algunas provincias de mayor densidad (Mendoza, cinco; Santa Fe, cuatro; Córdoba, tres), y el resto en algunas de menor tamaño (Tucumán, dos; Entre Ríos, dos; Salta, dos; Misiones, dos; San Juan, una; Santiago del Estero, una, y Corrientes, una). En otras once provincias solo hay ofertas de universidades nacionales, aunque en algunas hay delegaciones que ofrecen carreras específicas, y a través de la educación a distancia algunas privadas llegan a todo el país en convenios con centros educativos locales. Mientras que la oferta privada secular se concentra fuertemente en el área metropolitana, las universidades católicas se distribuyen en nueve provincias, lo que muestra una estrategia institucional que trasciende una mera demanda de mercado.

Inicialmente las universidades privadas desarrollaron estrategias de captación de alumnos de grado similares a las universidades estatales, centradas en las carreras profesionales que garantizaran una cantidad significativa de estudiantes. Todo ello en función de solventar los costos de fundación, dado que había que cubrir simultáneamente el desarrollo de las actividades académicas y la construcción de la infraestructura y equipamiento básico. De todos modos en las universidades de origen católico se desarrollaron algunos doctorados en carreras de humanidades. Al generarse institutos especializados en ingeniería y en ciencias de la computación, en ciencias de la educación y sociales, y particularmente una oferta relevante en ciencias de la administración y negocios, se fue diversificando el perfil de las ofertas.

En el último período, ha sido relevante el crecimiento de los institutos ligados a las ciencias médicas. Hay ya nueve que se suman a varias universidades privadas que tienen ofertas de carreras de Medicina, Odontología, Enfermería y en algunos casos cuentan con sanatorios y hospitales propios. Como es tradición en esta disciplina, ello está asociado a actividades de investigación en las áreas biomédicas, lo que incluye acuerdos de unidades conjuntas con el CONICET. El desarrollo del sistema de posgrados incluyó también una calificada oferta en el área de ciencias sociales y de la administración, con instituciones e investigadores de reconocido prestigio y de amplio reconocimiento en la opinión pública nacional.

El mercado de educación superior privado en el país

Al crearse las universidades privadas el mercado universitario argentino era todavía reducido. Había nacido fuertemente elitista (en 1915 el porcentaje de estudiantes universitarios sobre la población total era del 0,076%), y pese al crecimiento sostenido iniciado a mediados de la década de 1940, en 1960 la cantidad de alumnos universitarios era de 159.463, un 0,77% sobre el total de la población. En sucesivos procesos el sistema se masificó a gran velocidad. En 2013 el número de estudiantes llegó a 1.830.843, es decir un 4,25% de la población total, una de las más altas de América Latina.

Junto a la expansión significativa del sector estatal en este crecimiento ha tenido una ascendente participación el sector privado. En 1960 tenía 2480 estudiantes de pregrado y grado; en 1970, 37.859; en 1990, 94.777; en 2003, 215.410, y en 2013, 393.132. En el cuadro N° 1 se muestran los datos comparativos con el sector estatal del último decenio.

Cuadro N° 1. Evolución de los alumnos universitarios de grado y pregrado de Argentina, años 2003/2013 en número y tasa de crecimiento anual

	2003	2013	Tasa anual de crecimiento (%)
Sector estatal	1.273.832 (85,5%)	1.437.611 (78,5%)	1,2
Sector privado	215.410 (14,5%)	393.132 (21,5%)	6,2
Total	1.489.243 (100,0%)	1.830.743 (100,0%)	2,1

Fuente: Anuarios Estadísticos de la Secretaría de Políticas Universitarias. Elaboración propia.

Esta tendencia se corrobora al analizar los nuevos inscriptos, que crecieron en estos años a una tasa del 0,4% en el sector estatal contra un 5,6% en el sector privado. El sector estatal tuvo una caída en el ingreso de los nuevos alumnos entre 2002 y 2009 de 302.226 a 290.137, recuperándose a partir de la creación de nuevas universidades a 314.614 en el año 2010, estancándose hasta llegar a 315.593 en el año 2013. En materia de egresados de grado las universidades estatales crecieron entre 2002 y 2013 a una tasa del 3,0% contra 7,2% del sector privado.

En síntesis, en grado y posgrados hay continuo crecimiento porcentual del sector privado en alumnos, y continuo crecimiento en egresados en ambos casos. El crecimiento de los estudiantes del sector privado y su distribución por institución se aprecian en el cuadro N° 2.

Cuadro N° 2. Evolución de los estudiantes de pregrado, grado y posgrado de las universidades privadas (1994-2013), y distribución de la matrícula por tamaño de las instituciones universitarias privadas

	1994 Pregrado y grado	2004 Pregrado y grado	2013 Pregrado y grado	2013 Posgrado	2013 Total pregrado, grado y posgrado
TOTAL PRIVADAS	124.749	233.821	393.132	27.584	420.716
Universidades grandes					258.026
Empresarial Siglo 21	-	3879	49.949	122	53.828
Salvador	13.836	14.847	25.443	1978	27.421
Argentina de la Empresa	13.168	15.581	26.767	381	27.148
Católica de Salta	3716	19.563	25.650	193	25.843
Abierta Interamericana	-	16.128	20.464	331	20.795
Católica Argentina	9708	16.800	15.429	2160	17.589
Morón	16.978	15.140	16.572	285	16.857
Ciencias Empresariales y Sociales	775	6014	14.551	1792	16.343
Palermo	3833	7807	13.182	861	14.043
Maimónides	s/i	2828	12.644	1372	14.016
Belgrano	10.317	10.944	12.972	1023	13.995
Católica de Córdoba	4197	6591	8194	1954	10.148
Universidades medianas					97.396
Blas Pascal	880	5517	9189	36	9225
Mendoza	3022	6249	8736	460	9196
Argentina John F. Kennedy	13.162	17.417	8737	297	9034
Católica de la Plata	3021	3741	8643	108	8751

Universidad FASTA	617	3196	8141	–	8141
Católica de Cuyo	3080	3710	7482	312	7794
Católica de Santiago del Estero	2547	6528	7156	140	7296
Aconcagua	1907	4726	7053	197	7250
Cuenca del Plata	–	1629	6871	199	7070
Norte Santo Tomás de Aquino	3462	6282	6490	68	6558
Católica de Santa Fe	3239	5680	5936	577	6513
Austral	433	2322	3278	2018	5296
Cs. de la Salud Fundación Barceló			4825	447	5272
Universidades pequeñas					68.734
CAECE	1714	2522	4795	164	4959
ISALUD	–	422	3817	585	4402
Flores	–	2945	4369	3	4372
Marina Mercante	–	2164	4207	–	4207
Di Tella		1155	1173	2887	4060
Centro Educativo Latinoamericano	–	2053	3976	56	4032
Museo Social Argentino	2276	3591	3050	801	3851
Adventista del Plata	686	2238	3354	49	3403
Concepción del Uruguay	673	2580	3354	3	3357
Juan Agustín Mazza	1681	2451	3274	72	3346
Gran Rosario	–	–	2752	381	3133

Centro Educativo Latinoamericano Champagnat	1234	2999	2846	56	2902
Favaloro		453	1502	1281	2783
Gastón Dachary		2947	2413	23	2436
Congreso	-	2209	2423	-	2423
ITBA		1394	1851	284	2135
CEMA		230	749	1275	2024
San Andrés		707	1014	938	1952
Cine		586	1342	19	1361
Escuela Argentina de Negocios	-	-	1247	-	1247
Atlántida Argentina	-	936	1228	-	1228
Italiano de Rosario	-	184	655	427	1082
Escuela Medicina Hospital Italiano	-	166	397	359	756
San Pablo T.	-	-	755	.	755
ESTE	-	-	635	-	635
CEMIC	-	175	451	123	574
Metropolitana	-	-	399	-	399
Madres de Plaza de Mayo (*)	-	-	327	-	327
Notarial Argentina				280	280
ESEADE	-	-	116	126	242
Salud Mental APDEBA	-			115	115
San Isidro	-	-	114	-	114
Escuela Universitaria de Teología		78	87	-	87
ISEDET		73	56	22	78

River Plate	-	-	76	-	76
Salesiana	-	-	-	-	-
Ciencias Biomédicas de Córdoba	-	-	-	-	-
Universidad Católica de las Misiones	-	-	-	-	-

Fuente: Del Bello, Barsky y Giménez (2007), y *Anuario Estadístico 2013* de la Secretaría de Políticas Universitarias. Elaboración propia.

(*) Creada inicialmente como una universidad privada dependiente de la asociación Madres de Plaza de Mayo, su administración fraudulenta provocó deudas millonarias y la puso al borde del cierre, y por ello fue estatizada por la Ley 26.995, sancionada en octubre de 2014 por el Congreso Nacional. La ley fue promulgada el 10 de noviembre de 2014 por la presidenta Cristina Fernández de Kirchner.

Se ha tipificado a las universidades en grandes (10.000 o más estudiantes), medianas (5000 a 10.000) y pequeñas (menos de 5000). Las doce (19%) grandes tienen el 61,3% de los estudiantes, las trece (20%) medianas el 23,1%, y las treinta y ocho (60,3%) chicas el 16,3%. Pese al continuo crecimiento institucional han aumentado su peso relativo las de mayor tamaño. Parte del fenómeno se explica por el gran peso de la enseñanza a distancia en la Universidad Empresarial Siglo 21 y la Universidad Católica de Salta, modalidad que también existe en otras universidades pero sin la misma relevancia.

Por ley, las universidades son instituciones privadas sin fines de lucro. Pero dentro de esta forma legal se encubren diversas situaciones. El peso de las universidades asociadas a alguna religión ha disminuido, son dieciséis instituciones sobre las sesenta y dos existentes en total. Otras catorce son emprendimientos con fuerte peso del fundador y su familia en el control de los Consejos de Administración. En las otras treinta y dos hay presencia de instituciones con tradición organizacional en diversas disciplinas (particularmente en Medicina), cámaras empresariales, organizaciones sociales. En perfiles, disciplinas y control institucional la heterogeneidad es muy alta.

Desde su origen las universidades privadas se financian esencialmente con las matrículas de sus estudiantes. Si bien desde la sanción de La ley de Educación Superior han tenido acceso formalmente a recursos del Ministerio de Ciencia y Tecnología para actividades de investigación, y desde su fundación el CONICET ha permitido el ingreso de investigadores y becarios de las universidades privadas, estos recursos son acotados en relación con el monto total de los presupuestos de las universidades privadas. Una reciente estimación (Sánchez, 2016) sobre el gasto de las universidades privadas argentinas lo estima para 2015 en 15.000 millones de pesos, 1117,5 millones de dólares, lo que representa un 21,4% del gasto universitario nacional y un 27,2% del gasto de las universidades estatales que ese año llegó a 55.120,7 millones de pesos. En esta estimación están contemplados esencialmente los gastos en salarios que son mayoritarios, y están subestimadas las inversiones de las universidades privadas en bienes de capital.

Hay solo un caso de presencia de un grupo económico internacional. Se trata del grupo Withney University System, que es un grupo educativo sin fines de lucro con sede en Dallas en Estados Unidos, que actúa en mercados de la región diversos, tanto con la figura de la propiedad de las universidades por sociedades anónimas como de asociaciones civiles (Rama, 2015: 91). En el año 2012 creó la Red Ilumno. El director del Observatorio Económico de la Escuela de Ingenieros Julio Garavito, Eduardo Sarmiento, afirmó que en Colombia la estrategia de Whitney de comenzar desde universidades pequeñas les puede quitar clientes a las más tradicionales. Agregó que el factor publicitario es un elemento de juego. "Ellos pueden crear una ficción desde la publicidad y darle prestigio a la entidad desde un folleto", señaló Sarmiento. A través de un equipo de expertos en educación, Whitney se apoya en tecnología de última generación para mejorar el crecimiento de la matrícula. En Argentina se han asociado con la Universidad Empresarial Siglo 21. Creada en 1995 en el año 2005, esta universidad tenía 3879 estudiantes de grado. En 2013 había llegado a 49.949 con una tasa del 37,6% anual, contra el 5,5% promedio de las privadas, convirtiéndose en la mayor universidad privada de la Argentina en materia de número de estudiantes.

Al igual que lo señalado para Colombia, dicha universidad concentra una intensa y calificada propaganda en los medios de mayor audiencia del país. Esta publicidad menciona insistentemente lo siguiente: 1) que sus carreras de posgrado están acreditadas por CONEAU; 2) que el MBA virtual es el primero reconocido por CONEAU; 3) que son actividades acreditadas por CLADEA y en conjunto con Cyver Deloitte, y doble título con el Instituto Ortega y Gasset de España. Además de que las modalidades son virtuales y ello permite amplia flexibilidad. Trasmite en su conjunto la idea de legitimidad dada por el Estado nacional, conexión con el mundo internacional académico y todo ello con un sistema de alta modernidad por la educación a distancia que permite el acceso a modalidades flexibles. La universidad tiene tres sedes: dos en Córdoba y una en Río Cuarto, y 313 centros asociados distribuidos en todo el país. Con una baja inversión institucional en infraestructura propia, potencian su oferta global. Dado que el espectacular crecimiento de la matrícula de grado aparece asociado a esta intensa campaña de *marketing* que coincide con la asociación en Ilumno, lo que parece evidente es que centrando la publicidad con tan pocos elementos para la oferta de posgrados acreditados, que se refleja en la escasa cantidad de estudiantes a este nivel, que obviamente no pueden compensar la inversión realizada, lo que se busca es generar una imagen de alta calidad masiva para instalar las actividades de grado, que es donde realmente reclutan a los estudiantes.

Es muy importante la expansión de las actividades de posgrado por las universidades privadas. Las ofertas de cursos, tecnicaturas, diplomaturas, especializaciones, maestrías y doctorados son muy relevantes y abarcan un conjunto significativo de disciplinas. La información que presentamos en el cuadro N° 3 corresponde a las carreras de especialización, maestrías y doctorados que se acreditan en la CONEAU, y sobre las cuales la Secretaría de Políticas Universitarias recoge información.

Cuadro N° 3. Cantidad de estudiantes de posgrado en las universidades privadas. Año 2013, en orden descendente por número de estudiantes

Instituciones	Número estudiantes	%	% ac.	Tasa oferta de posgrados (*)	Tasa de matriculados de posgrado (**)
Torcuato Di Tella	2887	8,1	8,1	73,3	71,1
Católica Argentina	2160	6,1	14,2	42,1	12,3
Austral	2018	5,7	19,9	70,6	38,1
Salvador	1978	5,6	25,5	27,3	7,2
Católica de Córdoba	1954	5,5	31,0	60,0	19,3
UCES	1792	5,1	36,1	31,0	11,0
Maimónides	1372	3,9	40,0	39,5	9,8
Favaloro	1281	3,6	43,6	56,3	46,0
CEMA	1275	3,6	47,2	56,3	63,0
Belgrano	1023	2,9	50,1	28,2	7,3
San Andrés	938	2,6	52,7	70,0	48,1
Palermo	861	2,4	55,1	14,0	6,1
Museo Social Argentino	801	2,3	57,4	24,0	20,8
ISALUD	585	1,6	59,0	52,6	13,3
Católica de Santa Fe	577	1,6	60,6	8,8	8,9
Mendoza	460	1,3	61,9	19,6	5,0

Fund. Barceló	447	1,3	63,2	41,7	8,5
Italiano de Rosario	427	1,2	64,4	76,5	39,3
Argentina de la Empresa	381	1,1	65,5	9,1	1,4
Gran Rosario	381	1,1	66,6	28,6	12,2
Esc. Med. Hospital Italiano	359	1,0	67,6	80,0	47,5
Abierta Interamericana	331	0,9	68,5	8,1	1,6
Católica de Cuyo	312	0,9	69,4	10,0	4,0
John F. Kennedy	297	0,8	70,2	17,5	3,3
Morón	285	0,8	71,0	8,5	1,7
ITBA	284	0,8	71,8	50,0	13,3
Notarial Argentina	280	0,8	72,6	100,0	100,0
Cuenca del Plata	199	0,6	73,2	6,7	2,8
Aconcagua	197	0,6	73,8	6,7	2,7
Católica de Salta	193	0,6	74,4	10,9	0,7
CAECE	164	0,5	74,9	8,9	3,3
Católica de Santiago del Estero	140	0,4	75,3	2,9	1,9
ESEADE	126	0,4	75,7	44,4	52,1
CEMIC	123	0,3	76,0	68,4	21,4
Empresarial Siglo 21	122	0,3	76,3	10,2	0,2
Salud Mental APdeBA	115	0,3	76,6	100,0	100,0
Católica de La Plata	108	0,3	76,9	5,1	1,2
Juan Agustín Maza	72	0,2	77,1	14,3	2,2

Norte Santo Tomás de Aquino	68	0,2	77,3	7,5	1,0
Centro Educativo Latinoamericano	56	0,2	77,5	12,5	1,4
Adventista del Plata	49	0,1	77,6	7,4	1,4
Blas Pascal	36	0,1	77,7	5,1	0,4
Gastón Dachary	23	0,1	77,8	3,2	0,9
ISEDET	22	0,1	77,9	50,0	28,2
Cine	19	0,1	78,0	4,5	1,4
Flores	3	-	78,0	3,8	0,1
TOTAL UNIV. PRIVADAS	27.584	78,0	78,0		
FLACSO (***)	7604	21,5	99,5	100,0	100,0
Univ. De Bologna	190	0,5	100,0	100,0	100,0
Total gestión no estatal nacional	35.378	100,0	100,0		

(*) Tasa de ofertas de posgrado: indica el porcentaje de ofertas de posgrados (especialidad, maestría o doctorado) respecto del total de ofertas de todos los niveles, para cada institución.
(**) Tasa de matriculados de posgrado: porcentaje de estudiantes de posgrado (especialidad, maestría o doctorado) respecto del total de estudiantes matriculados, para cada institución.
(***) En el caso de FLACSO se incluyen los estudiantes de las diplomaturas y no se toman en cuenta los alumnos matriculados en los cursos cortos.

Es un sistema expandido y heterogéneo en materia institucional, con cuarenta y seis universidades que cubren numerosas provincias. En materia de estudiantes en cambio es bastante concentrado, ya que diez instituciones del sistema reciben la mitad de los estudiantes. De las primeras catorce instituciones, trece tienen asiento en la Ciudad de Buenos Aires, donde existe una demanda solvente importante para matrículas de valor significativo.

Es muy importante analizar los cambios que se han producido en relación con el peso relativo de las disciplinas en la matrícula estudiantil.

Cuadro N° 4. Evolución del número de estudiantes de las universidades privadas por disciplina (1995-2014)

Ciencias	1995	%	2005	%	2014	%	Variación % anual (95-14)	Variación en puntos % (95-14)
Aplicadas	26.729	20,2	44.138	17,4	60.800	15,1	1,3%	-5,1
Básicas	567	0,4	2362	0,9	3055	0,8	8,1%	+0,3
Salud	4188	3,2%	25.380	10,0	57.221	14,2	14,3%	+11,0
Humanas	14.078	10,6%	36.600	14,4	59.747	14,8	6,4%	+4,2
Sociales	86.897	65.6	145.348	57,3	220.799	54,7	2,3%	-10,9
Total			132.459		253.828		401.622	3,8%

Fuente: Anuarios Secretaría de Políticas Universitarias 1995, 2005 y 2014. En Rabossi, M. (en prensa).

Como se advierte, ha habido un notable crecimiento de las ciencias de la salud, asociado a la creación de una gran cantidad de instituciones de este rubro. Esta expansión se ha realizado recientemente. Rabossi (2011) muestra que de las diecinueve universidades privadas autorizadas desde 1997 por la CONEAU, seis ofrecen carreras de Medicina y ocho alguna carrera dentro del grupo de paramédicas y carreras auxiliares. En relación con las carreras de Medicina, mientras que el sector privado abría estas seis carreras, en el sector estatal se abría solamente una. Así actualmente el sector universitario nacional cuenta con trece escuelas o facultades de Medicina, contra veinte en el sector privado. Ello tiene que ver en parte con el hecho de que institutos de Medicina de larga tradición estatal se desprendieron de esta órbita y se reorganizaron como entidades de gestión privada, procesos vinculados a las crisis generadas por la alta matriculación y carencia de recursos en el sector público y a la expansión de obras sociales de gestión privada en este campo.

La rápida expansión de las universidades privadas en las últimas décadas, si bien guarda semejanza con los procesos operados en otros países de la región en cuanto al aspecto cuantitativo, no debe confundirnos sobre las peculiaridades del desarrollo operado en la Argentina en esta temática. Su creación tardía en un clima político muy adverso la sometió desde sus inicios a severos controles de calidad de sus egresados, que debían rendir exámenes de egreso al final de sus carreras en las universidades estatales, hasta los cambios legales de 1967, que establecieron el reconocimiento definitivo que eliminaba este requisito pero que comenzó a regir solo para las que tenían quince años de antigüedad. En 1995, las universidades pasaron a ser evaluadas para su creación por la Comisión Nacional de Evaluación y Acreditación Universitaria, que frenó bruscamente la expansión acelerada producida entre 1989 y ese año, y además los posgrados debieron ser acreditados por la CONEAU a través de pares evaluadores provenientes dominantemente del CONICET y de las universidades estatales; las universidades debieron someterse a la evaluación institucional continua y crecientemente las carreras de grado que comprometieran la salud, la seguridad y los bienes de los habitantes pasaron a tener acreditación obligatoria.

Todo ello determinó que a diferencia de buena parte del sistema universitario latinoamericano, donde la calidad fue controlada a través del sistema estatal restrictivo (cuyo ejemplo máximo es Brasil) y el sector privado fue complementario y con débiles controles de calidad explícitos, en Argentina las universidades privadas debieron ajustar sus estándares de calidad a las exigencias de la CONEAU y a la ley vigente, que requieren por ejemplo el desarrollo significativo de la función de investigación en las carreras de grado y posgrado acreditadas, la existencia de bibliotecas de calidad universitaria o de laboratorios y acceso a sanatorios u hospitales si así lo exigen las carreras que se dictan. Ello diferencia el caso argentino globalmente de los modelos de "absorción de demanda" que prevalecen en otros países de la región y que exclusivamente desarrollan programas de docencia. Rabossi (en prensa) señala que junto a las universidades de elite, las de absorción de demanda para el caso argentino merecen un aditamento, y las denomina "serias" dadas las restricciones impuestas desde el Estado en materia de calidad que se establecieron en las décadas en que se fundaron las universidades privadas y se acentuaron con la presencia de la CONEAU.

De todos modos, es posible apreciar una diferenciación entre un núcleo de universidades "seculares de elite" con mayores niveles arancelarios y mayor cantidad de profesores de dedicación completa, y otras universidades más volcadas a demandas profesionales con docentes con dedicación horaria parcial y donde los procesos de investigación son acotados. Un estudio integral sobre la investigación en las universidades privadas de Argentina (Barsky, *et al.*, 2016) tipifica a las mismas en cuatro grandes categorías: *a) universidades de investigación*, con un modelo institucional inspirado en el vigente en los Estados Unidos, con docentes de posgrado-investigadores que son el eje académico y con recursos presupuestales asignados elevados que permiten altas dedicaciones y retribuciones competitivas para su personal docente. La calidad y continuidad de sus procesos de investigación les permite obtener financiamientos externos, incluidos los del Ministerio de Ciencia, Tecnología e Innovación Productiva. *b) Universidades con actividades de investigación en crecimiento y consolidación.* A diferencia de las anteriores estas universidades nacieron asentadas en carreras de grado, con profesores retribuidos por horas sin dedicaciones significativas, y donde la historia institucional estuvo centrada en la consolidación institucional de la estructura física y de la oferta docente, que con el paso del tiempo y la existencia de una demanda efectiva, devino en la expansión de carreras de posgrado, inicialmente con el mismo esquema señalado. La creación de la CONEAU y el desarrollo del proceso de evaluación de posgrados por esta, con acreditación obligatoria, alteró las estrategias de las universidades. La demanda de la CONEAU fue un elemento de presión relevante. En una parte significativa de las universidades se generaron o consolidaron estructuras de gestión, incorporando investigadores de prestigio o fortaleciendo a profesionales con capacidad específica. Se diseñaron carreras de investigación en las universidades. Progresivamente aumentaron las dedicaciones y en algunas se asignaron recursos financieros para el desarrollo de investigaciones en áreas que requieren de equipamiento costoso. Pero sobre todo la calidad creciente de los procesos de investigación fue valorada como una parte importante de la oferta institucional en relación con la captación de alumnos. Se consolidaron así internamente quienes gestionan los procesos de investigación y los propios investigadores, y se reforzaron áreas estratégicas de investigación captando recursos humanos de alta calidad del sistema estatal, compitiendo en materia salarial, pero también en condiciones de infraestructuras adecuadas frente al deterioro de las condiciones laborales en que se desenvuelven docentes e investigadores de las universidades estatales desbordadas por su crecimiento. *c) Universidades con estrategias erráticas en la definición de políticas de investigación.* Otras universidades han tenido dificultades para consolidar los procesos de investigación. Más allá de decisiones puntuales pesó fuertemente la cultura institucional de estas entidades asentadas en un sistema docente con profesores por hora, en una baja integración entre sus actividades de docencia y las incipientes de investigación, y en un bajo prestigio institucional de la problemática de la investigación. *d) Universidades con asignación de baja prioridad a los procesos de investigación.* Algunas instituciones, particularmente las de más reciente creación, tienen todavía prioridades muy fuertes en términos de consolidación infraestructural, docente y de inserción en el mercado. Esta situación, más la ausencia de financiamientos estatales directos a la investigación, implica postergar la introducción de estos procesos. Esta fractura inicial con la docencia muchas veces está ligada al perfil disciplinario de carreras como las de Administración y Negocios, donde las tradiciones vigentes no demandan personal docente con prácticas asociadas a la investigación.

Globalmente, para el año 2011 las universidades privadas declaraban la presencia de 3237 investigadores, de los cuales 193 tenían carreras en el CONICET y 138 eran becarios en esta institución, lo que expande normas de investigación y representa el financiamiento de origen estatal más relevante para las universidades privadas, llegando a un 20% del gasto total de estas instituciones en este rubro.

La dinámica público privada

Ya hemos señalado que en 58 años el sistema de universidades privadas no ha dejado de expandirse en términos del número de instituciones y de la cantidad de estudiantes y graduados. En términos porcentuales en el año 2013 la fotografía era la que se ve en el siguiente cuadro.

Cuadro N° 5. Estudiantes, nuevos inscriptos y egresados de grado y posgrado en universidades estatales y privadas, año 2013

Tipo de carrera	Universidades estatales			Universidades privadas		
	Porcentaje total de estudiantes	Porcentaje de nuevos inscriptos	Porcentaje de egresados	Porcentaje total de estudiantes	Porcentaje de nuevos inscriptos	Porcentaje de egresados
Grado	78,5	74,1	68,2	21,5	25,9	31,8
Posgrado	75,5	67,0	62,9	24,5	33,0	37,1

Fuente: Anuario Estadístico de la Secretaría de Políticas Universitarias. Elaboración propia.

El porcentaje de nuevos inscriptos superior al de los estudiantes, tanto en grado como en posgrado y lo mismo en materia de egresados, marca que la tendencia de crecimiento del sector privado en forma continua está consolidada. El fenómeno no deja de ser relevante si se piensa en las condiciones difíciles de su nacimiento y las condiciones de hostilidad con que en gran parte de su historia se ha desenvuelto el sector. Ello está asociado al manejo con el que los dos grandes partidos políticos tradicionales de Argentina controlaron el sistema universitario estatal en un proceso que lleva una centuria, más allá de algunos cortes en gobiernos dictatoriales, pero que duraron pocos años. Este control, que partió del enfrentamiento del liberalismo con la Iglesia católica en el último tercio del siglo XIX, devino en el del radicalismo y el peronismo en distintos períodos, asociados a las poderosas corporaciones de los docentes de las universidades estatales y de los organismos estatales de investigación dominados por las disciplinas de las ciencias exactas y naturales. El nacimiento de las universidades privadas por el estrecho sendero de la década de 1950, enfrentado a un fuerte conflicto social adverso, marcó las limitaciones de recursos estatales para el sistema. Sistema admitido o tolerado, nunca plenamente apoyado como en otros países.

Por otra parte, la alternancia de los dos partidos en el poder significó en distintos períodos fuertes apoyos presupuestarios directos a las universidades estatales, sumando una gran cantidad de programas coordinados desde la Secretaría de Políticas Universitarias reservados solo a las universidades estatales (llamadas "nacionales" en Argentina, por su origen histórico). Parte decisiva del presupuesto de Ciencia y Tecnología a través de la Agencia Nacional de Investigaciones y de la planta del CONICET se canaliza hacia las universidades estatales, que ven así fuertemente incrementado su presupuesto. Es tal la potencia de esta alianza estructural que después del último gobierno peronista que aumentó notablemente el presupuesto universitario de las universidades nacionales, el nuevo gobierno confió la conducción de las políticas universitarias a sectores del radicalismo que provienen de la conducción de estas universidades, manteniendo la continuidad de las políticas de exclusión de las universidades privadas de los programas de apoyo.

En este contexto tan adverso, seguramente solo superado por Uruguay con una extrema cuasi monopolización de la oferta por la Universidad de la República, la fortaleza del sector privado se apoyó en varias vertientes. Por un lado, las universidades de origen confesional situadas en diversas provincias y capturando por este perfil a distintos sectores de la sociedad argentina, por otro, el mundo de los negocios y de la administración que necesitó universidades de alto nivel en este campo. Pero además hay que destacar dos corrientes relevantes que permitieron la expansión del sistema. Por un lado el gran crecimiento del área de ciencias de la salud a partir de la consolidación de carreras de Medicina y de institutos con plantas calificadas, en muchos casos desprendidas de la órbita estatal. Esta área implica además una conexión directa con tradiciones y recursos de núcleos de investigación de alta calidad y acceso a recursos públicos. Otra corriente relevante de crecimiento es la oferta de las universidades privadas de gran cantidad de actividades presenciales y virtuales en carreras tradicionales, y nuevas ofertas especializadas con gran cobertura geográfica, formas pedagógicas y duraciones adaptadas a los distintos nichos de demanda no cubiertos.

A ello debe sumarse el alto prestigio de algunas universidades privadas y de sus investigadores en las áreas de ciencias sociales y humanas (con alto peso de la economía), con fuerte y creciente presencia en los medios de comunicación, lo que ha implicado por primera vez que una parte significativa de funcionarios del nuevo gobierno hayan cursado carreras o actividades de posgrado en las mismas. El reconocimiento social de la calidad de los posgrados de las universidades privadas ha ido licuando en el imaginario social la asociación entre calidad y universidad estatal, que fue dominante durante décadas. A ello ha contribuido también la caída de la calidad de las universidades estatales, particularmente en el área de las ciencias sociales y humanas, las malas condiciones edilicias y de relación docente-alumnos provocadas por el ingreso irrestricto masivo, que genera condiciones muy difíciles para el adecuado desarrollo de las actividades, y que determina un alarmante abandono de los estudiantes, con lo cual el importante destino de recursos no se traduce en mejores niveles de formación y tampoco en una eficiencia social razonable.

La Ley de Educación Superior de 1995 creó el Consejo de Universidades con la participación de universidades de gestión estatal y privada, y creó los Consejos Regionales de Planificación de la Educación Superior (CPRES) con importantes atribuciones en relación con acordar la creación de nuevas instituciones universitarias. Lo mismo respecto de la participación de las universidades privadas en la CONEAU y en el Consejo Interinstitucional de Ciencia y Tecnología en el Ministerio de Ciencia, Tecnología e Innovación Productiva. Espacios en que el Consejo de Rectores de Universidades Privadas (CRUP), creado en 1964, fue logrando sucesivos acuerdos parciales para integrar paulatinamente al sector, desactivando prejuicios y sobre todo desconocimiento de la riqueza de las actividades de estas universidades.

La expansión del sistema de posgrado de las universidades privadas permitió atraer a muchos docentes e investigadores de las universidades estatales y el CONICET, aunque fuera en condiciones de dedicación parcial. Por razones de ingresos o de mejores condiciones laborales ello facilitó un conocimiento directo entre distintos actores del sistema, la mejora de las condiciones de evaluación y acreditación de las actividades de las universidades privadas y el fortalecimiento de distintas áreas académicas con recursos humanos calificados y con experiencia. Todo ello fue cambiando los niveles de integración público-privado en grados profundos. No se expresa todavía en el acceso a programas de apoyo de la SPU y aún no se ha conseguido reglamentar el sistema de categorización de los investigadores de las universidades privadas aprobado el 17 de junio de 2015, a partir de gestiones iniciadas por el CRUP en el año 2005, pero necesariamente esto se irá plasmando como reflejo de los cambios políticos nacionales en marcha y del creciente peso de las universidades privadas.

Políticas públicas nacionales y formas de regulación

En el sistema universitario argentino se encuentra regulada, de diversas maneras, la creación de nuevas universidades públicas y privadas, el reconocimiento definitivo de las privadas y la creación de títulos de pregrado,

grado y posgrado, tanto en su modalidad presencial como a distancia. Esta regulación viene dada por el Ministerio de Educación y por procesos de aseguramiento de la calidad implementados por la Comisión Nacional de Evaluación y Acreditación Universitaria (CONEAU) creada en 1995 por la Ley de Educación Superior 24.521 (LES).

A continuación se describen los procesos de regulación de instituciones universitarias privadas y sus titulaciones.

Creación de nuevas universidades nacionales y privadas[3]

Proyectos institucionales

La CONEAU tiene mandato legal para intervenir en la autorización de nuevas instituciones universitarias pronunciándose acerca de la consistencia y viabilidad de sus proyectos, para que el Ministerio de Educación autorice la puesta en marcha de nuevas instituciones universitarias nacionales previamente creadas por ley nacional, para el reconocimiento de instituciones universitarias provinciales creadas por ley provincial y para el otorgamiento de autorización provisoria de nuevas instituciones universitarias privadas así como su seguimiento y reconocimiento definitivo. Las resoluciones de la CONEAU, elevadas al Ministerio, son vinculantes cuando la recomendación es desfavorable.

Reconocimiento de universidades privadas

Autorización provisoria

La Ley de Educación Superior (LES), en sus artículos 46, 62 y 63, establece que la autorización provisoria para el funcionamiento de instituciones universitarias privadas y extranjeras, que otorga el Poder Ejecutivo Nacional, requiere de un informe favorable previo de la CONEAU. La Comisión debe analizar si el proyecto institucional es viable y académicamente calificado, para lo cual puede consultar expertos. Resulta fundamental evaluar la coherencia entre la misión, las finalidades previstas y los resultados esperados, como así también las capacidades institucionales para llevar a cabo el proyecto. Para ello, se pondera la trayectoria de la fundación o asociación promotora, los recursos económicos y de infraestructura y equipamiento de que dispone, el nivel académico del cuerpo de profesores propuestos, la adecuación de los planes de enseñanza a los estándares actuales de las respectivas disciplinas y la vinculación internacional, acuerdos y convenios.

---

[3] La información para este punto fue extraída de http://www.coneau.gob.ar/CONEAU

Seguimiento

La LES, en el artículo 64 inciso (a), establece que durante el período de funcionamiento con autorización provisoria (mínimo seis años) de las instituciones universitarias, la labor de la CONEAU continúa en dos instancias: análisis de informes anuales y evaluación de solicitudes de modificación del proyecto institucional.

Reconocimiento definitivo

El artículo 65 de la LES establece que una vez transcurrido el lapso de seis años de funcionamiento provisorio, las instituciones pueden solicitar su reconocimiento definitivo. Las instituciones que lo obtienen quedan así habilitadas a operar con mayor autonomía para funciones tales como la reforma de sus estatutos, la creación de carreras y modificaciones de sus planes de estudio, la creación de unidades académicas, la administración de bienes y servicios y la certificación de títulos. La recomendación favorable de la CONEAU para el otorgamiento del reconocimiento definitivo a una institución universitaria avala que dicha institución ha logrado un desarrollo académico e institucional calificado y suficiente, de modo tal que asegura no requerir la tutela, fiscalización y verificación sistemática y frecuente por parte del Estado.

Para el tratamiento de solicitudes de reconocimiento definitivo, la CONEAU consulta a expertos que analizan las dimensiones jurídico-institucionales, académicas y económico-financieras de la institución. En este proceso de análisis se examinan los logros alcanzados por la institución en correspondencia con el proyecto institucional original, el desarrollo previsto a futuro y las recomendaciones derivadas de evaluaciones previas, tanto de carácter institucional como de acreditación de carreras.

Reconocimiento oficial de títulos y consecuente validez nacional

El otorgamiento de títulos de grado y posgrado corresponde exclusivamente a las instituciones universitarias (art. 40 de la LES). El reconocimiento oficial de los títulos de pregrado, grado y posgrado lo otorga el Ministerio de Educación. Los títulos oficialmente reconocidos tendrán validez nacional (art. 41 de la LES). El nivel de regulación, y por tanto de autonomía académica, varía según se trate de a) carreras de pregrado y grado, b) carreras de grado consideradas de interés público o de riesgo social (artículo 43 de la LES), y c) carreras de posgrado. Es de señalar que el procedimiento, en todos los casos, es el mismo para universidades públicas y privadas.

La Disposición 01/10 de la DNGU explicita los criterios y procedimientos que utiliza esta Dirección para el tratamiento de los expedientes a través de los cuales se solicita la creación o modificación de las siguientes carreras: I. carreras de pregrado con modalidad presencial; II. carreras de grado pertenecientes al artículo 42 de la LES con modalidad presencial; III. carreras de ciclos de complementación curricular con modalidad presencial; IV. carreras de grado pertenecientes al artículo 43 de la LES con modalidad presencial; V. carreras de posgrado de especialización o maestría con modalidad presencial; VI. carreras de posgrado de doctorado con modalidad presencial; VII. carreras con modalidad a distancia. Los criterios de evaluación se refieren a cinco aspectos: 1. nombre del título, 2. alcances, 3. condiciones de ingreso, 4. duración en años y asignaciones horarias, 5. asignaturas y contenidos mínimos, y su contenido varía según se trate de a) carreras de pregrado y grado, b) carreras de grado consideradas de interés público o de riesgo social (artículo 43 de la LES), y c) carreras de posgrado.

Carreras de pregrado y grado

Las universidades son autónomas para definir sus planes de estudio y perfil del graduado. La DNGU evalúa los aspectos señalados en el apartado anterior.

Carreras de grado pertenecientes al artículo 43 de la LES y carreras de posgrado
Por su parte, el Decreto 499/95, artículo 7, determina que

> ... es condición necesaria para el reconocimiento oficial y la consecuente validez nacional de los títulos correspondientes a carreras de grado comprendidas en el artículo 43 de la Ley Nº 24.521 o de posgrado, la previa acreditación de la Comisión Nacional de Evaluación y Acreditación Universitaria (CONEAU), o por una entidad legalmente reconocida a esos fines.

Carreras de grado pertenecientes al artículo 43 de la LES
La CONEAU acredita también periódicamente carreras de grado declaradas de interés público por el Ministerio de Educación en conjunto con el Consejo de Universidades. Para acreditar las carreras se aplican los estándares fijados por el Ministerio de Educación. El proceso de acreditación se realiza a través de convocatorias organizadas por titulación. Acredita solo las carreras cuyas titulaciones han sido declaradas de interés público, incluidas en el artículo 43º de la LES. También deben acreditarse los proyectos de las carreras de grado declaradas de interés público, a los efectos de obtener el reconocimiento oficial del título (CONEAU, 2016).

Es decir, cuando una carrera de grado ingresa en el artículo 43 de la LES, además de la carga horaria mínima, se regulan los contenidos curriculares básicos, la intensidad en la formación práctica, las actividades reservadas exclusivamente a ese título y los estándares de acreditación agrupados en cinco dimensiones: 1. contexto institucional; 2. plan de estudio y formación; 3. cuerpo académico; 4. alumnos y graduados; 5. infraestructura y equipamiento. Esto sucede porque en la discusión previa a la sanción de la LES no prosperó la iniciativa del Poder Ejecutivo, presentada a través de la Secretaría de Políticas Universitarias, donde se proponía separar la certificación académica de la habilitación para el ejercicio profesional (Corengia, 2005). Por lo tanto, el Estado, como garante del bien común, tuvo que regular *ex ante* este tipo de titulaciones.

Las reglamentaciones de la LES establecieron la acreditación como condición necesaria para otorgar validez al título y definieron una periodicidad de seis años para la realización de los procesos de acreditación. Tras la primera carrera acreditada, la de Medicina en 2000, la CONEAU resuelve incorporar además la acreditación por tres años con compromisos de mejora. Ello respondió a que muy pocas carreras de Medicina lograron satisfacer adecuadamente los estándares de calidad para la acreditación por seis años (Villanueva, 2008). Según la Ordenanza 005/99 se acreditaría entonces por tres años, en lugar de seis, a aquellas carreras en las cuales, aun cuando no cumplieran totalmente con los estándares, existieran elementos suficientes para considerar que las carreras desarrollaban efectivamente estrategias de mejoramiento para alcanzar tal perfil. A partir de la acreditación de las carreras de ingeniería, los comités de pares comenzaron a establecer requerimientos para la acreditación, exigiendo a las carreras la formulación de planes de mejoramiento adecuados para alcanzar los estándares en un corto lapso (otros tres años). Las carreras entonces asumían una serie de compromisos de mejoramiento elaborados sobre la base de los planes de mejora establecidos. Por otro lado, las carreras nuevas (aquellas que aún no poseen graduados al momento de la acreditación) también serían acreditadas por tres años. Durante la segunda fase de acreditación, transcurrido los tres años de la primera fase, el dictamen de la CONEAU podía adoptar tres posibles resultados: a) la extensión de la acreditación por otros tres años, en el caso de que se cumpliera con los compromisos asumidos durante la primera fase y se alcanzase los estándares, o bien cuando hubiera un cumplimiento parcial de los compromisos pero presentaran estrategias de mejora factibles y viables; b) la postergación de la acreditación, cuando hubiera un cumplimiento parcial de los compromisos sin estrategias de mejora factibles y viables, y c) la no acreditación.

Tras la acreditación de la carrera de Medicina, le siguieron las catorce especialidades de las ingenierías y posteriormente Farmacia y Bioquímica, Veterinaria, Ingeniería en Telecomunicaciones, Arquitectura, ingenierías y licenciaturas en Informática, Odontología, Geología, Química, Psicología y Biología (CONEAU, 2012). A fines del año 2015 se aprobaron los estándares de la carrera de enfermería y estaban bajo estudio los que corresponden a los títulos de abogado y contador público. Para tener una dimensión del probable impacto de esta política sobre el sector universitario basta con constatar que este conjunto de carreras concentraba casi el 60 por ciento de la matrícula universitaria de grado en el año 2013 (*Anuario de Estadísticas Universitarias Argentinas*, 2013). Hasta marzo de 2016, en la página de la CONEAU se han publicado 1550 resoluciones correspondientes a las carreras de grado del artículo 43 que se dictan en distintas universidades nacionales y privadas, y que se presentaron al proceso de acreditación (Adrogué, Corengia, García de Fanelli y Pita Carranza, en prensa).

ARCU-SUR

Es el Sistema de Acreditación Regional de carreras universitarias para el Mercosur. La calidad académica de los títulos de grado, acreditados por este sistema, es reconocida mutuamente por los Estados parte y asociados del Mercosur.[4] Carreras de posgrado

La presentación de proyectos de carreras de posgrado con vistas al otorgamiento del reconocimiento oficial provisorio se realiza ante la CONEAU, en los meses de abril y de octubre de cada año. La CONEAU ha establecido que la formalización electrónica se efectivice en las primeras quincenas de los meses de febrero/marzo o septiembre de cada año, dependiendo de la fecha de presentación de los proyectos a CONEAU: abril u octubre, respectivamente. Los "proyectos" de carreras y carreras en funcionamiento de posgrados, es decir, especializaciones, maestrías y doctorados, también deben presentarse para su acreditación ante la CONEAU. Esta acreditación es condición necesaria para la obtención de la validez oficial del título por parte del Ministerio de Educación.

La acreditación de proyectos y carreras de posgrado contempla dos fases: una autoevaluación y una evaluación externa. La evaluación externa está a cargo de pares evaluadores de reconocida trayectoria académica y profesional. Se realiza contra estándares de acreditación (RM 160/11). Los estándares son fijados por el Ministerio de Educación en acuerdo con el Consejo de Universidades.[5] Esto implica que CONEAU no "crea" los estándares de acreditación, sino que los "aplica". Si lo desean, las universidades pueden solicitar la categorización de la carrera que presentan para acreditar. Las categorías existentes son: A (excelente); B (muy buena) y C (buena). Como estas categorías no están operacionalizadas, su aplicación

---

[4] Para mayor información, véase https://goo.gl/VhTpyV.
[5] En la discusión de la LES cabe destacar que para los artículos 42 y 43 el dictamen de mayoría decía "en consulta" con el Consejo de Universidades. Al mediar "un acuerdo" en lugar de "una consulta" tanto para la determinación de la carga horaria mínima que deben respetar los planes de estudio, como para los contenidos curriculares básicos y los criterios sobre la intensidad de la formación práctica en el caso de las carreras de interés público, se les está otorgando una mayor presencia a los actores de la universidad en esta decisión (Corengia, 2005).

termina quedando a criterio de los pares evaluadores, lo que atenta contra la validez y confiabilidad del proceso. El resultado de la acreditación es público solo en el caso de ser positivo. También se publican en la página web de la agencia las resoluciones de acreditación. La duración de la acreditación es de tres años la primera vez y de seis a partir de la segunda.

Cabe destacar que el origen de la acreditación de las carreras de grado con riesgo social responde a un problema estructural; mientras que la acreditación de carreras de posgrado surge por un problema más bien coyuntural (proliferación y diversificación de la oferta). El tránsito al Estado evaluador –para el caso de carreras de grado del artículo 43- responde al rechazo del sistema universitario, tanto estatal como privado, a un régimen de títulos académicos no habilitantes. Las universidades señalaban la necesidad de seguir siendo ellas las que otorgasen los títulos académicos habilitantes. A veces, bajo una mirada extremista de lo que podemos denominar "criterio autonomista", algunas universidades se oponían a la evaluación externa, aceptando como único camino el de la autoevaluación. En estos casos, las universidades, como prestadoras del servicio educativo, se consideraban garantes -por definición- de la calidad del servicio que ofrecían. El planteo del Estado fue el de encontrar un camino para resguardar el interés general y la responsabilidad con la sociedad (entrevista a Juan Carlos Del Bello en Corengia, 2005).

Así, puede observarse que los vértices *mercado* y *universidad* del triángulo de Clark (1983, 2004), más que oponerse, convergen. Si se logran instrumentos de política que otorguen mayor autonomía a las universidades, esto desencadena una mayor diversificación y competencia entre ellas. Si hay mayor competencia, hay lógica de mercado.

> Por lo tanto, las lógicas del mercado en términos de competencias están íntimamente asociadas a la autonomía universitaria. En la práctica, las figuras de competencia están asociadas a una creciente autonomía, es decir, hay una convergencia entre las dos (entrevista a Juan Carlos del Bello en Corengia, 2005).

Como se observa en el gráfico 1, la función de evaluación y acreditación tiende hacia el vértice del *Estado* como garante del bien común. La función de creación de las ofertas académicas tiende hacia la *universidad*. El tema de la información y la competencia tiende hacia el *mercado*. Por lo tanto, en lugar de ver los vértices del triángulo de Clark como polos opuestos, pueden mirarse como un triángulo virtuoso, es decir, donde el Estado, la autonomía institucional y el mercado contribuyen, entre todos, a un sistema universitario más equitativo, más justo, de mayor calidad (Corengia, 2005).

Gráfico 1. Tendencia a generar un punto de encuentro desde una perspectiva académica, del mercado y del Estado

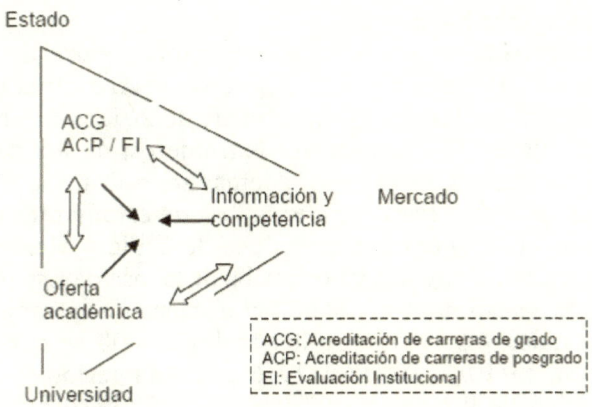

Fuente: Corengia, 2005: 74.

Internacionalización de la oferta y demanda privada

El incremento de la demanda en las últimas décadas y la creciente especialización de las universidades privadas para captarla

La demanda de educación universitaria de grado y posgrado de estudiantes extranjeros es significativa en Argentina, particularmente en la Ciudad de Buenos Aires. La resolución 1523 del año 1990 del Ministerio de Educación estableció el régimen para los estudiantes extranjeros que quieran cursar en las universidades estatales, por el cual cada universidad establece anualmente un cupo de vacantes. En estas universidades la enseñanza de grado es gratuita y los posgrados son arancelados. Bajo este sistema los datos de la SPU para 2013 indican la presencia de 987 inscriptos, la gran mayoría en las universidades nacionales de Buenos Aires y La Plata. El origen de los mismos es dominantemente de los países de América del Sur, en menor medida de América Central y menos de Europa y Estados Unidos.

Información general de la SPU de 2014 indica que los estudiantes de esta región se distribuyen de la siguiente manera: un 19,7% de Perú, un 16,7% de Colombia, un 16,4% de Brasil, un 12,1% de Bolivia, un 11,2% de Paraguay, un 9,2% de Chile, un 5,3% de Ecuador, un 4,8% de

Uruguay y un 4,5% de Venezuela. Un 3,5% provienen de Estados Unidos. Hay coincidencia en las instituciones educativas acerca de que en los últimos años el flujo de estudiantes de Colombia y Venezuela se ha incrementado sensiblemente.

Las universidades privadas absorben gran parte de esta demanda. El Programa de Promoción de la Universidad Argentina de la Secretaría de Políticas Universitarias en un informe de 2012 señalaba para ese año la presencia de 23.737 estudiantes extranjeros, de los cuales el 62% se concentra en Buenos Aires, pero además se indica que *el 61% estudia en universidades privadas*. Para ese año la tasa de estudiantes internacionales de Argentina (1,05%) era superior de la de Chile y México, en la región solo superada por Uruguay, y por arriba de la tasa de España (0,80%).

En 2015 se estimaba en 38.000 el número de extranjeros en universidades estatales y privadas, de los cuales 35.000 se quedan en Buenos Aires (*Clarín*, 23/10/2015). Para 2016 una nota periodística señalaba que la Universidad de Buenos Aires, que tenía 2220 estudiantes extranjeros en 1996, había incrementado este número a 13.200 (4,4% de su matrícula total). También que ello implicaba un costo de 360 millones de pesos para la universidad, dato que despertó una polémica importante dado el carácter gratuito de la enseñanza de grado, sin limitaciones de ingreso (en Uruguay, donde también es gratuito el acceso, se requieren tres años de residencia previos). Gran importancia tienen las facilidades migratorias para estudiar en el país.

Altísima importancia ha adquirido la cantidad de estudiantes que realizan cursos de idioma español. Según la Asociación de Centros de Idiomas (SEA) y la Cámara Argentina de Turismo (CAT), más de 50.000 jóvenes extranjeros llegan anualmente para realizar estos cursos. Argentina es el segundo país a nivel mundial, solo superado por España con 250.000.

Algunas universidades privadas son muy explícitas sobre la relevancia de los estudiantes extranjeros, que captan con convenios de doble titulación con universidades de otros países, con el reconocimiento de materias, con cursos específicos, con carreras de posgrado. Algunas iniciaron este proceso hace muchas décadas, como la Universidad de Belgrano, que mantiene convenios con una gran cantidad de universidades extranjeras. Otras lo ponen en el centro de su estrategia: "En la Universidad de Palermo el 30% de nuestros estudiantes son extranjeros y la cifra crece: solo este año el aumento total fue del 2% y ya tenemos entre 3500 y 4000 alumnos internacionales", señalaba en 2012 Gabriel Foglia, decano de la Facultad de Ciencias Económicas (*La Nación*, 8/5/2012). Unos años después la propaganda institucional de la universidad señalaba la presencia de estudiantes de cincuenta y nueve países. La Universidad Abierta Interamericana tiene una política similar y parte de sus estudiantes de grado y posgrado son de origen latinoamericano, al igual que la Universidad de Ciencias Empresariales y Sociales, siendo el costo de las matrículas de estas últimas instituciones un factor diferencial en relación con los costos en los países de origen. Actividades de alto nivel como los MBA de la Universidad Austral atraen también profesionales para perfeccionarse, al igual que quienes concurren a otras universidades especializadas. Todo ello se suma a las ventajas que ofrece la Ciudad de Buenos Aires en materia de calidad de vida y seguridad, lo que fortalece estas tendencias.[6] En distinta medida gran parte de las universidades privadas reciben alumnos y apoyan con sus aparatos administrativos a los estudiantes para legalizar su situación de ingreso al país.

En la Argentina existe una universidad internacional (FLACSO) y una universidad extranjera (Bologna). Creada por un acuerdo impulsado por la UNESCO en 1957, la FLACSO es un organismo internacional mixto de gobiernos y académicos de América Latina y el Caribe que desarrolla actividades en catorce países de la región, y en Argentina desde 1975. En 2013 FLACSO tenía 7604 estudiantes de posgrado (incluye doctorado, maestrías, especializaciones y diplomas en educación superior), lo que representaba el 21,5% del total de la gestión del sector no estatal nacional (universidades nacionales) y un 5,3% del total de los estudiantes de posgrado del país (142.953). Sus 1767 egresados representaban el 33,2% del total de los graduados del sector de gestión no estatal nacional (5320), y el 12,3% del total de los egresados de posgrado de todo el país (14.325). Después de la Universidad de Buenos Aires, que graduó en 2013 a 3045 estudiantes de posgrado, es la segunda institución a nivel nacional en este rubro.

FLACSO acredita sus especialidades, maestrías y el doctorado en la CONEAU. Pero en su estructura internacional de ofertas de posgrado siempre tuvo las diplomaturas en educación superior. Actualmente FLACSO ofrece un doctorado, nueve maestrías, y once especializaciones que acreditan en la CONEAU, y treinta y cuatro diplomas superiores que no acreditan en CONEAU. Sin embargo, la oferta académica no se agota en estas tres dimensiones. Como señala en su página web, la oferta se organiza en los siguientes niveles: doctorados; maestrías; especializaciones; diplomas superiores; cursos; seminarios; cursos de extensión.

El hecho de que los seminarios o cursos, los diplomas superiores, las especializaciones y el doctorado estén integrados en orden ascendente, amplía fuertemente el reclutamiento de estudiantes y garantiza la viabilidad de las actividades más estructuradas. Junto con la incorporación de la oferta de las diplomaturas a los registros oficiales de la Secretaría de

---

[6] Al frente del Foro Argentino de Estudios Internacionales, Ezequiel Martinich señaló en 2015: "Entre 2007 y 2012 hubo un componente económico en relación a la cantidad de estudiantes que llegaron a la ciudad. Sin embargo ahora Buenos Aires es caro y aun así los alumnos siguen llegando. Aprecian la multiculturalidad y los valores. Estos alumnos extranjeros terminan siendo embajadores en sus universidades de origen" (*Clarín*, 23/10/2015).

Políticas Universitarias, que explican el salto en este nivel en las estadísticas, y la flexibilidad curricular entre las distintas actividades. Otro factor relevante para la creciente expansión son las ofertas desarrolladas en el sistema virtual.

La representación en Argentina del Alma Mater Studiorum – Università di Bologna para toda Latinoamérica (1998) se inauguró con el propósito de crear un ámbito de discusión de los procesos de integración política y económica entre la Unión Europea y América Latina. En este sentido, la apertura de la sede argentina del Alma Mater, además de una significación académica, posee una vocación de vínculo cultural, al proponerse como un catalizador de actividades de intercambio entre alumnos, docentes, investigadores, funcionarios públicos y empresarios privados, así como *forum* de discusiones entre las dos regiones que tienen tradicionales y fuertes vínculos étnico-culturales. Esta universidad ofrece una tradicional Maestría en Relaciones Internacionales: Europa – América Latina, además de cursos en el área de las ciencias políticas, sociales, económicas e innovación tecnológica. La oferta formativa de la Unibo Argentina integra asimismo la oferta formativa de la Unibo Italia mediante programas de movilidad para estudiantes de grado y posgrado.

Políticas públicas de internacionalización de la educación superior universitaria pública y privada

El Estado argentino viene impulsando y acompañando desde el año 2003 los procesos de internacionalización del sistema universitario argentino con el objetivo de insertar a las instituciones de educación superior (IES) en el ámbito regional e internacional con una fuerte impronta de liderazgo en los procesos de integración. En particular, los programas, proyectos y acciones diseñados e implementados contribuyen a la mejora de la calidad y al incremento de la pertinencia de las ofertas académicas de las IES argentinas, en tanto la internacionalización es entendida como un proceso tendiente al "fortalecimiento y la proyección institucional, la mejora de la calidad de la docencia, el aumento y la transferencia del conocimiento científico y tecnológico, y la contribución a la cooperación para el desarrollo" de la comunidad en la que la universidad se inserta (Sebastián, 2004: 20; Larrea y Astur, 2012: 1).

Las acciones emprendidas por el Programa de Internacionalización de la Educación Superior y Cooperación Internacional (PIESCI) de la Secretaría de Políticas Universitarias (SPU) en el período 2003-2011 han denotado una alineación con estos mandatos y los que conciernen a la política exterior argentina, en tanto los principales socios de la cooperación internacional universitaria son, en el ámbito bilateral, la República Federativa del Brasil y otros países latinoamericanos, y el MERCOSUR y la UNASUR en el ámbito multilateral. Los programas y proyectos han tendido fundamentalmente a incrementar el intercambio y movilidad de estudiantes y docentes de grado y posgrado para profundizar la cooperación interuniversitaria, promoviendo así la inserción estratégica del sistema universitario argentino en el mundo (Larrea y Astur, 2012: 1 -2).

Programa de Internacionalización de la Educación Superior y Cooperación Internacional (PIESCI)

Son programas de la Secretaría de Políticas Universitarias que tienen como objetivos: a) fomentar y contribuir al proceso de integración regional e internacionalización del sistema universitario argentino; b) facilitar la vinculación y articulación de actores del ámbito de la educación superior y la cooperación internacional a fin de maximizar el aprovechamiento de todas las oportunidades que el mundo de la cooperación educativa y académica ofrecen a las instituciones de educación superior (IES) en el ámbito nacional, regional e internacional. Desde el Programa de Internacionalización de la Educación Superior y Cooperación Internacional (PIESCI) se coordinan las acciones relacionadas con la internacionalización de las IES y la cooperación internacional universitaria, poniendo particular énfasis en el desarrollo de acciones en el ámbito del MERCOSUR y la UNASUR. Con la finalidad de alcanzar los objetivos planteados, el programa desarrolla sus actividades principalmente en dos dimensiones o esferas de acción: en el plano multilateral y a nivel bilateral (*Anuario de Estadísticas Universitarias*, 2013).

Sistema nacional de aseguramiento de la calidad

Introducción

Como ya se ha mencionado, la CONEAU tiene mandato legal para intervenir en las autorizaciones de nuevas instituciones universitarias, pronunciándose acerca de la consistencia y viabilidad de los proyectos institucionales para que el Ministerio de Educación autorice su puesta en marcha. En segundo lugar, la CONEAU está a cargo de la evaluación externa de todas las universidades. Estas evaluaciones tienen como principal objetivo asistir a las instituciones en sus propuestas de mejoramiento de la calidad. Consisten en el análisis de las características y desarrollos de las instituciones universitarias en el marco de sus misiones y objetivos. Tienen lugar como mínimo cada seis años y son complementarias de las autoevaluaciones que efectúen los establecimientos para analizar sus logros y dificultades. Los informes de evaluación externa tienen carácter público. Los dictámenes con las resoluciones de evaluación externa son públicos. Aun cuando no haya ninguna penalidad ni beneficio directo asociado al resultado de este proceso de evaluación institucional, el hecho de que el mismo sea público puede llegar a afectar la reputación de la universidad y por tanto también pone un piso a la calidad de las universidades ya en funcionamiento. En tercer lugar, la CONEAU tiene a su cargo la acreditación de carreras de grado cuyos títulos corresponden a profesiones reguladas por el Estado y cuyo ejercicio pudiera comprometer el interés público poniendo en riesgo de modo directo la salud, la seguridad, los derechos, los bienes o la formación de los habitantes. La acreditación tiene como finalidad garantizar el cumplimiento de estándares mínimos de calidad e impulsar la realización de mejoras en aquellas carreras que no alcanzan los estándares. Para realizar la acreditación de carreras de grado, la CONEAU requiere que el Ministerio de Educación, en acuerdo con el Consejo de Universidades, establezca las actividades reservadas al título, la carga horaria mínima, los contenidos curriculares básicos, la intensidad en la formación, la validez al título, y así definieron una periodicidad de seis años para la realización de los procesos de acreditación. Posteriormente se dictó una nueva resolución incorporando la posibilidad de acreditación por tres años con compromisos asumidos por la carrera para su mejora. Las carreras que acreditan por tres años, en lugar de seis, deben volver a acreditar después de los tres años en una segunda fase demostrando que han cumplido con los compromisos asumidos. Entre las carreras acreditadas en su primera fase entre el año 2001 y el 2010, el sector privado presentó un mayor número de carreras no acreditadas y acreditadas solo por tres años que el sector público. Finalmente también fueron objeto de acreditación periódica las carreras de posgrado (especializaciones, maestrías y doctorados). La proporción de posgrados no acreditados del sector privado es significativamente superior a la de los posgrados del sector público. Los resultados de estos procesos de acreditación también son públicos, por tanto su probable efecto sobre el funcionamiento organizacional es doble: por el efecto directo sobre la validez del título (en las carreras de grado) y por el efecto indirecto sobre la reputación de la carrera y la universidad (García de Fanelli y Corengia, 2015).

Alcance de las evaluaciones y acreditación realizadas por la CONEAU

A continuación, se presenta el alcance de estos procesos para el sector universitario privado, en perspectiva comparada con el sector universitario estatal.

Proyectos institucionales

En el cuadro 6 se presentan los resultados de los trámites de autorización provisoria de universidades privadas, periodo 1997-2017.

Cuadro N° 6. Resultados de los trámites de autorización provisoria de universidades privadas (1997-2016)

Con informe favorable		Con informe desfavorable		Retirados por la entidad patrocinante		Devueltos al Ministerio de Educación		En análisis		Total
N°	%	N°	%	N°	%	N°	%	N°	%	
22	17	49	37	49	37	7	5	6	5	133

Fuente: elaboración propia sobre la base del *Informe Estadístico Evaluación y Acreditación Universitaria en Argentina*. CONEAU, 2016.

Se observa que CONEAU solo aprobó el 17% de los 133 proyectos presentados. Esto implica una barrera de entrada a nuevas universidades privadas que no alcanzaron mínimos pisos de calidad. Cabe señalar que de los veintidós proyectos de nuevas universidades nacionales, veinte tuvieron resolución favorable (CONEAU, 2016).

Evaluaciones externas

En el cuadro 7 se presenta la cantidad de evaluaciones externas realizadas por CONEAU.

Cuadro N° 7. Cantidad de evaluaciones externas realizadas por CONEAU (1997-2016)

Instituciones	Totales	%
Estatales	51	43
Privadas con reconocimiento definitivo	41	34
Privadas con autorización provisoria	28	23
Totales	120	100

Fuente: *Informe Estadístico Evaluación y Acreditación universitaria en Argentina*. CONEAU, 2016: 5 y 6.

La cantidad de evaluaciones externas realizadas es mayor para el sector privado que para el público: sesenta y nueve y cincuenta y uno respectivamente. Es de destacar que treinta y tres instituciones universitarias realizaron dos o más evaluaciones externas y cincuenta y cinco una sola (CONEAU, 2016). Esto muestra que a pesar de que la LES exige que las instituciones universitarias deben realizar evaluaciones externas (art. 44), un número considerable, aproximadamente veinte –entre ellas la Universidad de Buenos Aires- no han realizado aún su primera evaluación externa.

Acreditación de carreras de grado

Analizando los resultados alcanzados por todas las carreras de grado presentadas para su acreditación ante CONEAU según tipo de gestión y campo disciplinar, se observa que el porcentaje de carreras "no acreditadas" es mayor para el sector privado (18%) que para el sector público (3%). La mayor cantidad de carreras no acreditadas corresponde a la carrera de Ingeniería para ambos sectores, y a Informática y Psicología para el sector privado. Asimismo, existe un porcentaje significativamente mayor de carreras pertenecientes a universidades de gestión pública que acreditaron por seis años[7] (41% públicas, 15% privadas).

En el cuadro N° 8 se presentan los resultados de los proyectos de carreras de posgrado presentados a la CONEAU.

Cuadro N° 8. Resultados de proyectos de carreras de grado presentados a CONEAU

Sector	Hacer lugar	No hacer lugar	En proceso	Retirados	Total
Público	86	21	14	17	138
Porcentaje	62	15	10	12	100
Privado	48	12	7	6	73
Porcentaje	66	16	10	8	100
Total	134	33	21	23	211

Fuente. *Informe Estadístico Evaluación y Acreditación Universitaria en Argentina*. CONEAU, 2016: 21.

El porcentaje de proyectos de carreras que tuvieron dictamen desfavorable (no hacer lugar) o que fueron retirados por las instituciones es levemente mayor en universidades públicas (27%) que en las privadas (24%).

---

[7] Es decir que alcanzaron o superaron los estándares de calidad plasmados en las resoluciones ministeriales.

ARCU-SUR

Las carreras presentadas voluntariamente para acreditar en ARCU-SUR pertenecen en su gran mayoría a universidades públicas.

Acreditación de carreras de posgrado

Las universidades públicas tienen una mayor cantidad de carreras de posgrado que las universidades privadas. Esto se refleja también en un mayor porcentaje de carreras acreditadas ante CONEAU por parte de las universidades públicas que de las privadas (ver cuadro N° 9).

Cuadro N°9. Cantidad y porcentaje de carreras de posgrado acreditadas por tipo de gestión de la institución

Tipo de gestión de la institución	Cantidad	Porcentaje
Estatal*	3627	68
Privada*	1727	32
Total	5354	100

* Incluye 27 carreras de instituciones universitarias provinciales.
** Incluye 32 carreras de institución internacional (FLACSO) y 6 de institución extranjera (Bologna).
Fuente. *Informe Estadístico Evaluación y Acreditación Universitaria en Argentina.* CONEAU, 2016: 23.

Algunas conclusiones del impacto de la CONEAU a partir de estudios de casos de universidades privadas

Adrogué, Corengia, García de Fanelli y Pita Carranza (2014, 2015) investigaron, entre otros temas, el efecto de las políticas de aseguramiento de la calidad en la función de investigación de las universidades privadas. Del estudio de cuatro casos surge que en las universidades privadas más orientadas hacia la enseñanza, con una oferta de carreras concentrada en lo profesional, los cambios estuvieron ligados especialmente con brindar una respuesta a las normativas de la CONEAU y a los compromisos de mejora (los cuales fueron mayores en aquellas que contaban con menor desarrollo inicial en el ámbito de la investigación). Estas instituciones también desarrollaron estrategias orientadas a imitar el modelo ideal de calidad centrado en las universidades de investigación. En el despliegue de estas estrategias influyeron la presión isomórfica que ejerce el marco regulatorio y profesional (o normativo) (DiMaggio y Powell, 1991), las señales que provienen centralmente de la política de aseguramiento de la calidad y la presencia de liderazgos internos, que valoraban la actividad de investigación en la universidad y trataban de impulsar cambios en la cultura profesional predominante en algunos de estos casos analizados.

Otras investigaciones realizadas por Corengia (2010, 2015) y García de Fanelli y Corengia (2015) indagaron los efectos de la CONEAU en las universidades privadas a través de un estudio de casos y concluyeron lo siguiente:

- Respecto a si es posible establecer una relación causal entre las políticas de aseguramiento de la calidad y los cambios enunciativos y fácticos producidos en la función de investigación de las universidades privadas, se concluye que los cambios hallados no pueden considerarse un "efecto neto" de estas políticas. Es decir, los mismos no pueden aislarse totalmente de otros factores, en particular de las lógicas y misiones institucionales, tal como se ha podido apreciar contrastando los dos casos analizados. Sí podemos hablar de una "concausa" y de una "influencia" de estas políticas –principalmente con la acreditación de carreras de grado- en los cambios hacia la mejora de la función investigación de las universidades privadas estudiadas, principalmente en Medicina e Ingeniería.
- El impacto de la acreditación de carreras de grado fue más significativo en la universidad con menos tradición por su misión institucional en la investigación. La evidencia recogida da cuenta del contrapunto entre el nuevo institucionalismo (Powell y Dimaggio, 1991) y el enfoque internalista de Clark (1983). Aquellas unidades con menor investigación (carrera de Medicina para el caso 2 y carreras de ingeniería para ambos casos de estudio) cambian y mejoran como respuesta a las exigencias de una política pública. Pero es de destacar que mientras el caso 1 atribuye estos cambios a una combinación entre "las exigencias del proceso de acreditación" y el "crecimiento, la madurez de la institución y las decisiones institucionales estratégicas", el caso 2 identifica una relación más de tipo causal entre el proceso de acreditación y los cambios enunciativos y fácticos producidos en la función investigación.
- Pudo demostrarse cómo la unidad académica más fuerte en investigación (ciencias biomédicas, caso 1) no realizó cambios hacia le mejora de la investigación por la implementación de esta política, solo "los muestra" a fin de obtener la acreditación. En este caso, los cambios hacia la mejora son fruto de su misión y de su política institucional alineada a los estándares de acreditación desde antes que estos se plasmaran en una política pública.
- Se observa que no solo el isomorfismo coercitivo es relevante como presión institucional para el cambio. También lo es el isomorfismo normativo (expresado, por ejemplo, en los estándares de acreditación

de carreras, o en el juicio profesional de los pares evaluadores) e incluso el isomorfismo mimético, que se manifiesta en la prevalencia de los cambios enunciativos por sobre los fácticos.
- En lo que se refiere al sistema de selección docente, ambos casos de estudio reaccionaron resguardando sus fines institucionales y satisfaciendo de modo ritual lo solicitado por la CONEAU.
- Cabe interrogarse si el impacto significativamente menor de los procesos de evaluación institucional, respecto de los de acreditación, es por su baja visibilidad al interior de las instituciones en virtud del propósito eminentemente de mejora de la calidad y no de aseguramiento de la calidad. En Argentina no existen instrumentos explícitos de apoyo a la salida de los procesos de evaluación institucional. Además, el resultado de la evaluación institucional no tiene un costo en términos de pérdida de reconocimiento oficial como sucede en los procesos de acreditación de carreras cuya acreditación está directamente relacionada con la validez de los títulos.
- Con relación al impacto de las políticas de calidad, por un lado se aprecia que desde la puesta en marcha de la CONEAU, su accionar ha evitado la incorporación de instituciones de baja calidad. Esto implica que la CONEAU puso una barrera de entrada y un piso de calidad en la oferta privada de la Argentina.
- En cuanto a los procedimientos de evaluación de la calidad de las instituciones y de la acreditación de las carreras, han ejercido un mayor impacto los segundos que los primeros. En la Argentina los resultados de la evaluación externa institucional no se encuentran vinculados con mecanismos de financiamiento para la mejora, tales como los "contratos programa" de Francia o el otorgamiento de becas y créditos estudiantiles en los Estados Unidos. No existen por tanto incentivos económicos o mecanismos legales que promuevan la obtención de resultados destacables en estas evaluaciones institucionales.
- Por el contrario, del estudio de casos surge que la política de acreditación de carreras de grado de Medicina impactó produciendo cambios hacia la mejora en varias dimensiones de la función investigación de los casos analizados. No obstante, en el caso 1, su impacto fue insignificante debido a que la investigación es considerada, por los pares evaluadores y por la propia institución, una fortaleza de esta unidad académica. De igual modo, en la implementación de la política de acreditación de carreras de grado de ingeniería, se hallaron cambios enunciativos y fácticos para casi todas las dimensiones de la función investigación. Se concluye entonces que el impacto de la acreditación de carreras de grado en esta área del conocimiento ha sido significativo, principalmente en aquellas unidades académicas más débiles en su trayectoria de investigación. Cabe destacar que en la Argentina existen programas de financiamiento para apoyar las

mejoras comprometidas por las instituciones universitarias estatales a partir del proceso de acreditación, pero las instituciones privadas no están alcanzadas por estos incentivos.
- Puede observarse que las políticas de aseguramientos de la calidad, principalmente la referida a la acreditación de carreras de grado, conduce a la homogeneidad institucional. Esto sucede no solo porque se regulan los contenidos curriculares, la carga horaria, la intensidad en la formación práctica y las actividades reservadas exclusivamente al título, sino también porque se exigen similares estándares de calidad para la investigación a universidades cuyas misiones institucionales son diferentes en esta materia.
- Como consecuencia de ello, podemos afirmar que la CONEAU fomenta la investigación en aquellas universidades privadas cuya misión institucional está más focalizada hacia la docencia que hacia la investigación. Esto se debe a que los estándares de acreditación de carreras tienen un fuerte sesgo hacia la investigación.
- En línea con lo afirmado por Clark (2004), se observa que las exigencias del Estado por sí solas no causan los cambios pero sí los inducen y detonan. Lo que cuenta son las respuestas provistas desde dentro por las organizaciones universitarias. Los factores internos predominan sobre las políticas de calidad externa y de financiamiento de la investigación a la hora de producir cambios fácticos -y no solo enunciativos- hacia la mejora de la investigación de las universidades privadas. La capacidad diferencial de respuesta de las instituciones frente a un contexto particular de políticas de evaluación de la calidad tiende a contrarrestar la fuerza homogeneizadora que promueve el isomorfismo coercitivo.

Impacto en la percepción de actores universitarios

Según una investigación realizada por Corengia (2010, 2014), la percepción de los actores universitarios sobre los procesos de evaluación y acreditación universitaria puede ubicarse en un continuo que va desde lo que se ha denominado –siguiendo el modelo de Camou, 2007- "adopción plena" (aceptan los medios y los fines de la política de evaluación y acreditación de la calidad universitaria) y "resistencia pasiva" (aceptan los fines pero rechazan algunos medios de instrumentalización como exceso de burocratización, arbitrariedad en la evaluación, falta de formación en los pares evaluadores, respuestas formales y cosméticas por parte de los evaluados, excesiva influencia de los técnicos de CONEAU en los dictámenes, etc.). No se hallaron percepciones que permitan ubicar estas políticas en la "adopción pragmática" (rechaza los fines pero acepta los medios) ni en la "resistencia activa" (rechaza los fines y los medios).

Posibles amenazas a la validez y confiablidad en los instrumentos que utiliza CONEAU para la acreditación de carreras de posgrado

Una investigación realizada por Miceli (2016) evalúa los instrumentos de medición de la calidad que utiliza la CONEAU para acreditar carreras de posgrado. Toda evaluación es en sí misma una medición, por lo que es necesario aplicar los mismos criterios de validez y confiabilidad que se utilizan en toda medición.

Un instrumento de medición es válido cuando mide aquello que tiene que medir. Por lo tanto, la pregunta a realizarse para chequear la validez de los instrumentos es: ¿se está midiendo la calidad? En este sentido, es esencial dilucidar entonces qué se entenderá por calidad a la hora de evaluar las carreras de posgrado (2016). Como se ha mencionado, la CONEAU no define qué es calidad. Esta variable multidimensional está definida en la Resolución Ministerial 160/11 para el caso de carreras de posgrado. La CONEAU solo aplica aquellos estándares que definió el Ministerio de Educación en consulta con el Consejo de Universidades. En el análisis de la misma se observó que no hay una definición conceptual de "calidad" que se pudiera operacionalizar en determinados indicadores. Solo existen una serie de estándares que establecen algunos parámetros pero los mismos presentan muchas lagunas. La falta de un referente claramente definido es la primera y principal amenaza a la validez del proceso de acreditación, dado que el orden conceptual de toda medición considera que la operacionalización es una traducción de la idea conceptual inicial. En este sentido, la primera amenaza a la validez de todo proceso se origina porque cada sujeto puede elaborar una reconstrucción distinta de la idea original, dado que entran en juego en su interpretación, sus propios modelos mentales y experiencias. Por lo tanto, se mirará una misma realidad pero desde posibles enfoques distintos.

Además, según esta investigación de Miceli (2016), la RM 160/11 también presenta otras lagunas, tales como:

- Falta de distinción en la manera de aplicar los estándares para carreras nuevas y para carreras en funcionamiento.
- Falta de estándares diferenciados en diversos grados de exigencia para cada calificación cuando hay pedido de categorización.
- Inconsistencias dentro del mismo texto legal.
- Falta de consideración sobre aspectos epistemológicos relacionados con la disciplina de cada carrera universitaria.

La recolección de información a través de diferentes instrumentos de medición se realiza entonces sin parámetros claros en algunas dimensiones, lo que genera una doble amenaza: que los responsables de los programas evaluados adopten una actitud de desconfianza en el operativo, y en consecuencia que incluyan información al azar, sin saber exactamente cómo se la interpretará, y que los evaluadores carezcan de guías para interpretar los datos y llegar a conclusiones válidas y confiables. Por lo tanto, el proceso de acreditación que realiza la CONEAU requiere de mayor claridad al explicitar las bases sobre las que se analizarán los datos recolectados.

Conclusiones y perspectivas de la educación privada en el país

La tardía creación en términos regionales de las universidades privadas de la Argentina, las dificultades de creación y desarrollo en un contexto político generalmente desfavorable, sumado a una hostilidad importante de las comunidades académicas que mantuvieron el control de las universidades de gestión estatal y los organismos de ciencia y tecnología generaron un sistema universitario privado que difiere de otros presentes en la región. Evaluado con parámetros similares al resto del sistema por la CONEAU, que aplica las exigencias de la Ley de Educación Superior en materia de obligatoriedad de la investigación, y fija pisos de calidad importantes que instrumentan los pares evaluadores formados en las tradiciones del sistema estatal y en la cultura CONICET que dominan la CONEAU, la respuesta adaptativa de las instituciones de gestión privada ha generado un sistema con alta capacidad de "resistencia" burocrática y académica. Ello mismo provocó la consolidación de procesos de mejoras en la calidad de las instituciones, incluida su gestión, y fortaleció a los académicos de mayor capacidad.

El perfil de las instituciones fue atractivo entonces para numerosos académicos y para profesionales ligados al desarrollo de actividades importantes en el funcionamiento social, sobre todo en materia de carreras de salud, de administración y negocios, de ciencias sociales y humanas. La creciente incorporación de becarios e investigadores del CONICET y la consolidación de un sistema de posgrado con núcleos de alto prestigio fueron cambiando crecientemente la visualización de la calidad de las instituciones por la sociedad. Al mismo tiempo, dadas las alternativas políticas cambiantes del país que afectaron fuertemente a las universidades estatales en diferentes períodos, y la extrema partidización de su control por las grandes corrientes políticas, en diferentes etapas el espacio de las universidades privadas recibió académicos que además en algunos casos impulsaron la creación de institutos y universidades de gestión privada.

En un balance de las casi seis décadas de existencia de las instituciones privadas de enseñanza superior, en contextos de alta inestabilidad económica y de agudos conflictos sociales, es llamativa la consolidación y permanencia de las instituciones. Solo tres de las sesenta y siete creadas dejaron de funcionar. Dos por estar asociadas a instituciones financieras afectadas directamente por crisis en este plano, y una creada forzadamente desde el plano político sin cubrir estándares mínimos de calidad, cuya administración fraudulenta fue cubierta con una apresurada estatización. El resto de las instituciones en general han crecido sostenidamente, aunque algunas de origen familiar al no generar mecanismos de gerenciamiento profesional, afrontan dificultades frente al envejecimiento de sus fundadores.

El carácter del control social y estatal, y el bloqueo a las inversiones a través de formas societales asociadas explícitamente a la obtención de beneficios, como es permitido en las restantes áreas de educación del país, ha generado una protección que ha facilitado la consolidación de las instituciones y la incorporación institucional pausada, dadas las exigencias fijadas por el sistema de evaluación, lo que se refleja en la gran cantidad de solicitudes de nuevas universidades rechazadas. La llamativa expansión de las instituciones del área de salud ha sumado un prestigio académico y profesional a ciertas tradicionales actividades de alta calidad. Una capacidad de gestión importante ha facilitado a las universidades centradas en la captación de demanda incrementar sensiblemente el número de estudiantes. También algunas instituciones han asumido con fuerza la enseñanza a distancia con avanzados sistemas virtuales y acuerdos territoriales con instituciones locales de enseñanza que les permiten cubrir amplias zonas en un país de la gran dimensión territorial de Argentina.

La heterogeneidad del sistema privado y la natural competitividad entre sus instituciones para la captación de estudiantes, particularmente en la Ciudad de Buenos Aires, ha afectado la capacidad de iniciativas asociadas entre las instituciones que estén en relación con el peso adquirido por las mismas, a pesar de los avances impulsados desde el CRUP. Las renovaciones generacionales y la creciente profesionalización de las instituciones seguramente fortalecerán las tendencias positivas apuntadas en este artículo. La creciente inserción de cuadros técnicos y profesionales provenientes de las universidades privadas en los organismos de conducción del Estado nacional seguramente facilitará el acceso a recursos de los distintos programas existentes, y permitirá también la consolidación de apoyos provenientes de los organismos de ciencia y tecnología. Finalmente el fortalecimiento de equipos especializados en el manejo de nuevas tecnologías y la capacidad de operar con adecuados sistemas de *marketing* indican que existe un amplio campo de expansión en un país de las dimensiones territoriales en que operan. La experiencia de estas décadas indica que las universidades han sido capaces de sobrevivir en períodos de crisis económicas importantes para luego expandirse con fuerza en los momentos de auge económico. Seguramente estas condiciones de contexto y el perfil de las políticas públicas marcarán los ritmos de la expansión, pero las cifras de largo plazo presentadas parecen indicar que las tendencias de crecimiento sostenido del sistema se mantendrán.

Referencias bibliográficas

Adrogué, C.; Corengia, Á.; García de Fanelli, A. y Pita Carranza, M. (2014), "La investigación en las universidades privadas de la Argentina. Cambios tras las políticas de aseguramiento de la calidad y financiamiento competitivo". *Revista Iberoamericana de Calidad, Eficacia y Cambio en Educación*, 12 (3), 73-91.

Adrogué, C.; Corengia, Á.; García de Fanelli, A. y Pita Carranza, M. (2015), "Políticas públicas y estrategias para el desarrollo de la investigación en las universidades privadas argentinas". *Education Policy Analysis Archives* (Archivos Analíticos de Política Educativa, revista multilingüe), 23 (2), 1-34.

Adrogué, Corengia, García de Fanelli y Pita Carranza (2018). "Y 20 años no es nada. El efecto de las políticas de aseguramiento de la calidad y de financiamiento en la función de investigación de las universidades con carreras de medicina". En *La Ley de Educación Superior. Impactos, desafíos e incertidumbres*. Red de Estudios de Educación Superior (REES). Buenos Aires: Teseo.

Barsky, O.; Sigal V. y Dávila, M. (coords.) (2004), *Los desafíos de la universidad argentina*. Buenos Aires: Siglo Veintiuno Editores.

Barsky, O. y Dávila, M. (coords.) (2010), *Las carreras de posgrado en la Argentina y su evaluación*. Buenos Aires: Ed. Teseo.

Barsky, O. (2014), *La evaluación de la calidad académica en debate. Volumen I: los rankings internacionales de las universidades y el rol de las revistas científicas*. Buenos Aires: Teseo-UAI.

Barsky, Corengia, Fliguer y Michelini (2016), *La investigación en la universidad privada argentina*. Buenos Aires: Consejo de Rectores de Universidades Privadas (CRUP).

Clark, B. (1983), *The Higher Education System. Academic Organization in Cross-National Perspective*. Berkeley: University of California Press.

Clark, B. (2004), *Sustaining Change in Universities: Continuities in Case Studies and Concepts*. Maidenhead: The Open University Press-McGraw-Hill.

CONEAU (2016), *Informe Estadístico Evaluación y Acreditación universitaria en Argentina*. CONEAU.

Corengia, Á. (2005), *Estado, mercado y universidad en la génesis de la política de evaluación y acreditación universitaria argentina (1991-1995)*. Tesis de Maestría. Buenos Aires: Universidad de San Andrés.

Corengia, Á. (2010), *Impacto de las políticas de evaluación y acreditación en universidades de la Argentina. Estudio de casos.* Tesis de Doctorado. Escuela de Educación. Universidad de San Andrés, Buenos Aires, Argentina.

Corengia, Á. (2014), "Cultura de la calidad vs. burocracia evaluativa. Percepción de directivos universitarios acerca del funcionamiento de la CONEAU y de su impacto en la institución". En *La evaluación y acreditación universitaria*. Editorial UP. Colección de Educación Superior. Investigaciones. Buenos Aires. Argentina, 127-164.

Corengia, Á. (2015), *El impacto de la CONEAU en universidades argentinas.* Buenos Aires: Teseo. Prólogo de Juan Carlos del Bello y Julio Durand.

Del Bello, J.C.; Barsky O. y Giménez, G. (2007), *La universidad privada argentina.* Buenos Aires: Editorial del Zorzal.

DiMaggio, P.J. y Powell, W.W. (1991), "The Iron Cage Revisited: Institutional Isomorphism and Collective Rationality in Organization Fields". En W.W. Powel y P.J. DiMaggio (eds.), *The New Institutionalism in Organizational Analysis* (pp. 63-82). Chicago: University of Chicago Press.

García de Fanelli, A. (2016), "Argentina". En J.J. Brunner (ed.), *Informe de la Educación Superior en Iberoamérica 2016.* Santiago de Chile: CINDA (en prensa).

García de Fanelli, A. y Corengia, Á. (2015), "Public policies for quality assurance and research funding: their impact on private universities in Argentina". En J. Delgado y G. Gregorutti (eds.), *Private Universities in Latin America: Research and Innovation in the Knowledge Economy* (pp. 51-78). New York: Palgrave-Macmillan.

Larrea, M. y Astur, A. (2016), *Políticas de internacionalización de la educación superior y cooperación internacional universitaria.* Recuperado de: https://goo.gl/EB4v56 (23 de diciembre de 2016).

Ley de Educación Superior (LES) N° 24.521 (1995), Recuperado de http://www.me.gov.ar/consejo/cf_leysuperior.html

Miceli, S. (2016). *Posibles Amenazas a la validez y confiabilidad de los instrumentos de medición de la calidad en la acreditación de los posgrados de la CONEAU.* Tesis de Maestría. Buenos Aires: Universidad de San Andrés.

Ministerio de Educación (2016), *Anuario 2013 de Estadísticas Universitarias.* Recuperado de https://goo.gl/KMtmyj (23 de diciembre de 2016).

Rama, C. (2015), *La universidad sin fronteras. La internacionalización de la educación superior de América Latina.* San Salvador. Editorial UMA.

Rabossi, M. (2011), *The private sector in Argentina: A limited and selective expansión. Excellence in Higher Education*, 2 (1), 42-50.

Rabossi, M. (2018), "Expansión, impacto y particularidades del sector privado universitario argentino a partir de la sanción de la Ley de Educación Superior (1995-2015)". En *La Ley de Educación Superior. Impactos, desafíos e incertidumbres*. Red de Estudios de Educación Superior (REES). Buenos Aires: Teseo.

Sánchez, C.E. (2016), *Una estimación del ahorro para el erario público implícito en la existencia del actual sector de enseñanza universitaria de gestión privada (2011-2015)* (mimeo).

Sebastián, J. (2004), *Cooperación e internacionalización de las universidades*. Buenos Aires: Biblos.

Villanueva, E. (2008), "La acreditación en contexto de cambio: el caso de las carreras de ingeniería en la Argentina". *Revista* Avaliação, 13 (3), 793-805.

Los autores

Osvaldo Barsky

Magíster en Sociología PUCE-CLACSO. Investigador principal del Consejo de Investigaciones Científicas y Técnicas (CONICET) de Argentina. Director del Centro de Altos Estudios en Educación de la Universidad Abierta Interamericana. Ex coordinador del Área de Acreditación de Posgrados de la Comisión Nacional de Evaluación y Acreditación Universitaria (CONEAU). Ex coordinador académico del Fondo de Mejoramiento de la Calidad Universitaria (FOMEC). Asesor del Consejo de Rectores de Universidades Privadas de Argentina en temas de ciencia y tecnología. Consultor de diversos organismos internacionales. Autor de numerosos libros y artículos sobre temas de educación superior y sobre la problemática agropecuaria latinoamericana y argentina.

Ángela Corengia

Doctora y magíster en Educación por la Universidad de San Andrés y licenciada en Administración por la Universidad Nacional de Cuyo. Postdoctorado en Educación Superior. Es directora del Centro de Investigación en Políticas Educativas y Educación Superior de la Universidad Austral. Es docente titular de Evaluación de la Calidad Educativa y de Metodología de la Investigación (Universidad Austral). Ha publicado numerosos artículos en revistas científicas, capítulos de libros y libros en temáticas referidas a evaluación de la calidad universitaria. Es directora nacional de Evaluación y Acreditación Académica del Instituto Nacional de Administración Pública (INAP), del Ministerio de Modernización de la Nación, Argentina.

Eduardo Sánchez Martínez

Es licenciado en Ciencias Políticas, ha realizado estudios de posgrado en Bélgica, Brasil y Chile, habiendo obtenido becas y subsidios de investigación de instituciones nacionales e internacionales. Es especialista en Administración de Proyectos de Educación Superior y magíster en Planificación y Gestión de Sistemas Educativos. Ha sido profesor por concurso en las Universidades Nacionales de Córdoba y de Río Cuarto, y consultor de diversas organizaciones y programas de educación superior. Se ha desempeñado como vicerrector y luego rector de la Universidad

Blas Pascal. Ex subsecretario de Programación y Evaluación Universitaria (Ministerio de Educación de la Nación) y posteriormente secretario de Políticas Universitarias. Actualmente es profesor de posgrado de varias universidades, públicas y privadas, y consultor independiente. Su principal campo de interés es el de la política, planeamiento y financiamiento de la educación superior, sobre lo cual ha publicado libros, artículos y trabajos de investigación.

Juan Carlos Del Bello

Es licenciado en Desarrollo y Programación Económica. Especialista en Economía y Planificación Regional, en Educación Superior y Política Científica y Tecnológica. Rector de la Universidad Nacional de Río Negro. Ex secretario de Políticas Universitarias. Ex secretario de Ciencia y Tecnología. Ex interventor del CONICET. Ex miembro de la CONEAU. Ex director del INDEC. Ex subsecretario de Programación Económica. Consultor de diversos organismos internacionales. Autor de libros y artículos sobre temas de economía, educación superior, y ciencia y tecnología.

Graciela Gimenez

Es profesora de Literatura, especialista en gestión universitaria, secretaria de docencia, extensión y vida estudiantil de la UNRN. Editora de información universitaria en SPU. Analista de investigación institucional. Autora de publicaciones en temas de educación superior.

Ariadna Guaglianone

Es doctora y magíster en Ciencias Sociales de la Facultad Latinoamericana de Ciencias Sociales (FLACSO – Argentina). Licenciada en Sociología de la Universidad de Buenos Aires (UBA). Actualmente se desempeña como secretaria de Investigación en la Universidad Abierta Interamericana (UAI) y es investigadora del Centro de Altos Estudios en Educación. Es docente titular de Investigación Educativa de la Especialización en Docencia Universitaria (UAI). Ha sido directora del Departamento de Política Académica, Legal y Registro de la Universidad del CEMA y coordinadora de Evaluación Institucional de la Comisión Nacional de Evaluación y Acreditación Universitaria (CONEAU). Es jurado de tesis de maestría y doctorado en varias universidades e integrante de comités académicos de diversas revistas científicas internacionales. Es consultora en Educación Superior en procesos de evaluación y gestión interna de la calidad y de las funciones de I+D+i. Sus investigaciones y publicaciones se desarrollan en el área de la educación superior, siendo sus principales temas de investigación el impacto de las políticas públicas en el ámbito de la educación superior, los procesos de evaluación y acreditación universitaria, la educación superior comparada, y la gestión de la calidad en instituciones universitarias.

César Eduardo Peon

Es magíster en Ciencias Sociales por la Facultad Latinoamericana de Ciencias Sociales (FLACSO), sede México, y licenciado en Sociología por la Universidad de Buenos Aires. Profesor consulto y asesor del Rectorado de la Universidad Nacional de la Matanza, y profesor titular regular de la Facultad de Humanidades y Ciencias de la Educación de la Universidad Nacional de La Plata. Consultor y ex director ejecutivo de la Comisión Nacional de Evaluación y Acreditación Universitaria (CONEAU) y de la Secretaría de Políticas Universitarias del Ministerio de Educación, Ciencia y Tecnología. Ex jefe de Gabinete de Asesores de la Secretaría de Políticas Universitarias. Profesor de posgrado en las Universidades Nacionales de Luján, La Matanza y Quilmes y en el Instituto Ortega y Gasset de Madrid, la Universidad de Belgrano de Argentina, la Universidad de Guadalajara de México, del Programa BID Nicaragua para la Educación Superior y la sede argentina de la FLACSO. Ex director del Programa de Doctorado en Sociología de la Universidad de Belgrano. Asesor de los proyectos institucionales de las Universidades Nacionales de Río Negro y de Tierra del Fuego y de los institutos universitarios dependientes del Ministerio de Seguridad. Autor de obras de teoría sociológica y de sociología de las organizaciones aplicada a la evaluación institucional universitaria.

Juan Carlos Pugliese

Es abogado de la Universidad Nacional de La Plata (UNLP). Profesor regular UN del Centro de la Pcia. de Buenos Aires y profesor de posgrados de la UNCuyo, UNLaM, UNLaPampa-UTN, FRBA, FRMza, UNMdP, UNQ, UAustral y UMendoza. Ha sido rector de la Universidad del Centro de la Pcia. de Buenos Aires (UNCPBA). Se ha desempeñado como presidente y miembro de la Comisión Nacional de Evaluación y Acreditación Universitaria (CONEAU). Fue secretario de Políticas Universitarias y miembro del Consejo Asesor ANECA – España. Ha sido consultor para los gobiernos de Uruguay-RIACES y de Ecuador-PNUD. Ex rector del Instituto Universitario River Plate y del Instituto Universitario de la Policía Federal Argentina. Actualmente se desempeña como subsecretario de Planeamiento y Formación del Ministerio de Seguridad de la Nación.

Rodolfo De Vincenzi

Es doctor en Educación, magíster y especialista en Gestión Educativa de la Universidad de San Andrés (UdeSA). Licenciado en Sistemas de la Universidad de Belgrano (UB). Cuenta con una vasta trayectoria en gestión educativa. Entre sus cargos actuales, cabe destacar que es rector de la Universidad Abierta Interamericana, vicepresidente 1º del Consejo de Rectores de Universidades Privadas (CRUP), miembro consultivo para la Internalización de la Educación Superior de la Cancillería de la República Argentina y del Consejo Consultivo del Ministerio de Educación del Gobierno de la Ciudad de Buenos Aires, miembro del Consejo Federal de Educación y del Consejo de Universidades de la República Argentina. Además, es miembro del Comité Académico, profesor titular de la Especialización en Docencia Universitaria en Ciencias de la Salud (Instituto Universitario CEMIC) y profesor titular de la Especialización en Docencia Universitaria (UAI).

Ariana De Vincenzi

Es doctora, magíster y especialista en Educación por la Universidad de San Andrés, y licenciada y profesora en Ciencias de la Educación, egresada de la Universidad Católica Argentina. Es rectora del Instituto Universitario Escuela Argentina de Negocios. Directora y profesora titular de la Carrera de Especialización en Docencia Universitaria, de la Universidad Abierta Interamericana. Es delegada por el Consejo de Rectores de Universidades Privadas -CRUP- ante el Instituto Nacional de Formación Docente y ante la International Network for Quality Assurance Agencies in Higher Education (INQAAHE). Es autora de publicaciones científicas en el área de la pedagogía universitaria y del aseguramiento de la calidad de la educación superior. Integra comités académicos de diversas revistas científicas internacionales.

Mario Lattuada

Doctor en Antropología por la Universidad Nacional de Rosario, es actualmente investigador principal de CONICET y vicerrector académico de la Universidad Abierta Interamericana. Ha sido vicepresidente de Asuntos Tecnológicos del Consejo Nacional de Investigaciones Científicas y Técnicas (2002-2008) y subsecretario de Coordinación Institucional del Ministerio de Ciencia, Tecnología e Innovación Productiva de la República Argentina (2008-2010). Ha publicado numerosos libros y artículos sobre Estado y políticas públicas.

Ana García de Fanelli

Es investigadora principal del Consejo Nacional de Investigaciones Científicas y Técnicas (CONICET) en el área de Educación Superior del CEDES (Centro de Estudios de Estado y Sociedad), centro de investigación asociado al CONICET. Entre 2008 y 2012 fue directora del CEDES. Es licenciada y doctora en Economía de la Universidad de Buenos Aires y magíster en Ciencias Sociales, orientación Sociología de la Facultad Latinoamericana de Ciencias Sociales (FLACSO). Ha sido consultora del IIPE-UNESCO Buenos Aires, IIPE-UNESCO París, CONEAU, CINDA y MINCYT. Ha publicado diversos libros, capítulos de libros y artículos en revistas especializadas nacionales y extranjeras.

María Pita Carranza

Es doctoranda en Políticas y Gestión de la Educación Superior, magíster en Políticas y Administración de la Educación y especialista en Gestión y Evaluación de Instituciones Educativas de la Universidad Nacional de Tres de Febrero (UNTRF). Es arquitecta de la Universidad de Belgrano (UB). Actualmente se desempeña como directora de Calidad de la Universidad Austral. Las áreas temáticas de sus investigaciones son la calidad de la educación superior, la gestión de la información para la toma de decisiones en las universidades, enfocada desde la investigación institucional y los *rankings* de universidades en América Latina.

Cecilia Adrogué

Es doctora en Economía de la Universidad de San Andrés (beca interna del CONICET), magíster en Economía de la Universidad del CEMA (beca de la Fundación FIEL) y licenciada en Economía de la Universidad Católica Argentina (UCA). Es investigadora asistente del CONICET con sede en la Universidad de San Andrés y profesora asociada de la Universidad Austral. Fue becaria postdoctoral del CONICET en la Universidad de San Andrés, *visiting scholar* del Center for International Higher Education de la Lynch School of Education en Boston College.

Catalina Wainerman

Es licenciada en Sociología, Universidad de Buenos Aires y *Master of Arts* y Ph. D. en Sociología, Cornell University (EE.UU.). Dirige el Doctorado en Educación de la Universidad de San Andrés donde es profesora emérita. Fue investigadora principal del CONICET, cofundadora e investigadora del Centro de Estudios de Población e investigadora del Instituto Torcuato Di Tella. Integra comités de pares de la CONEAU, CONICET, MinCyT; dirige y es jurado de tesis de maestría y doctorado en varias universidades.

Investigó la participación económica femenina desde la perspectiva de género y su interacción con los cambios en la familia. En los últimos años investiga la pedagogía de la formación de investigadores, el rendimiento de los programas doctorales en diversos campos disciplinarios y factores relacionados con ABD (todo menos la tesis). Publicó numerosos libros y artículos en el país y el exterior.

Julio César Durand

Es contador público por la Universidad Católica Argentina de Buenos Aires y doctor en Ciencias de la Educación por la Universidad de Navarra, especializándose en la gestión de instituciones de educación superior. Es profesor titular y decano de la Escuela de Educación de la Universidad Austral. Se desempeña también como secretario académico de la Universidad, y previamente fue secretario general y director de Relaciones Internacionales. Es coordinador de la Oficina Regional para América Latina y el Caribe del Programa GLOBE de la NASA. Ha asesorado instituciones de educación superior. Investigador y autor de diversos trabajos en análisis institucional, *rankings* universitarios y gestión académica.

Claudio Rama

Es economista, máster y doctor en Educación, doctor en Derecho. Ex director del Instituto de Educación Superior en América Latina (IESALC) de la UNESCO. Consejero de la Red de Universidades ILUMNO; director del Observatorio de Educación Virtual.

Marcelo Rabossi

Es Ph.D. en Higher Education por la State University of New York, Albany (SUNY); máster en Higher Education por la University of Illinois (UC) y licenciado en Economía Empresarial por la Universidad Di Tella (UTDT). Becario Fulbright (posgrado USA). Director del Área de Educación UTDT (2000-14). Medalla de Oro UTDT (mejor promedio Licenciatura) y Presidential Dissertation Award (mejor tesis doctoral, SUNY). Investigador visitante en el International Comparative Higher Education Project (SUNY, Buffalo) y en el Rockefeller Institute of Government (Albany, USA). Publicó numerosos artículos en revistas de la especialidad (Higher Education Policy, Policy Future in Education, etc.) y capítulos en libros internacionales y locales. Actualmente se desempeña como profesor a tiempo completo (UTDT) e investigador visitante (SUNY, Albany).

Este libro se terminó de imprimir en marzo de 2018 en Imprenta Dorrego (Dorrego 1102, CABA).

www.ingramcontent.com/pod-product-compliance
Lightning Source LLC
Chambersburg PA
CBHW021937240426
43668CB00036B/76